Werner Fürst, Erik Schnauder, Konrad Schuler, Jürgen Weiss

Gastgewerbliche Berufe in Lernfeldern

Restaurantfachmann/-frau (3. Jahr)

1. Auflage

Bestellnummer 93206

Bildungsverlag EINS

Haben Sie Anregungen oder Kritikpunkte zu diesem Produkt?
Dann senden Sie eine E-Mail an 93206_001@bv-1.de
Autoren und Verlag freuen sich auf Ihre Rückmeldung.

www.bildungsverlag1.de

Bildungsverlag EINS GmbH
Hansestraße 115, 51149 Köln

978-3-427-**93206**-2

Das vorliegende Werk ist für den Beruf **Restaurantfachmann/Restaurantfachfrau** als ausbildungsbegleitendes Fachbuch für die Fachstufe 2 (3. Lehrjahr) entwickelt worden. Es ist, entsprechend den 4 Lernfeldern des Rahmenlehrplans, in 4 Kapitel gegliedert.

Jedem Kapitel sind die Zielformulierungen des Rahmenlehrplans vorangestellt, dessen Inhalte die Unterkapitel bilden.

Es wurde darauf geachtet, die Ausbildungsinhalte so aufzubereiten, dass eine praxisnahe Umsetzung ermöglicht wird. Der Berufsalltag steht im Mittelpunkt. Tipps, Exkurse und ausgewählte, im Berufsschulunterricht umsetzbare Rezepturen fördern die Lernmotivation.

Die Themen und Inhalte des Buches sind in überschaubare Einheiten gegliedert:
- Texte sind die Basis der zu vermittelnden Inhalte.
- Fotos, Tabellen, Zeichnungen und Beispielrechnungen regen dazu an, die Inhalte problemorientiert und exemplarisch zu erarbeiten. Sie schaffen den Bezug zur Praxis, sorgen für Anschaulichkeit und unterstützen das Verständnis.
- Rezepturen für exemplarisch ausgewählte Gerichte ergänzen den Theorieteil unter praxisorientierten Aspekten.
- Aufgaben, den Themen zugeordnet, dienen zur Überprüfung, Festigung und Vertiefung: Sie ermöglichen es, sich auf den Ebenen
  - Reproduktion,
  - Transfer,
  - problemlösendes Denken

  mit den Inhalten des Buches auseinanderzusetzen.
- Projektorientierte Aufgaben sollen zum selbstständigen Erarbeiten bestimmter Themenbereiche animieren.
- Auf die im Hotel- und Gaststättengewerbe so wichtige Fach- und Fremdsprache wird sowohl innerhalb der Kapitel als auch in einem besonderen Abschnitt eingegangen.
- Berechnungen sind auf die Inhalte der Kapitel bezogen.
- Grundlegende Rechtsvorschriften bilden den Abschluss.

Für Hinweise und Vorschläge aus der Praxis und Theorie zur weiteren Verbesserung sind wir dankbar.

Um die Lesbarkeit zu verbessern, sind im Buchtext meist nur die männlichen Berufsbezeichnungen gewählt worden, obwohl natürlich alle Tätigkeiten sowohl von Männern als auch von Frauen ausgeübt werden.

Die Verfasser

Lernfeld 3.1 Restaurantorganisation

Lernfeld 3.2 Getränkepflege und -verkauf

Lernfeld 3.3
Führen einer Station

Lernfeld 3.4
Arbeiten im Bankettbereich

Rechtsvorschriften

Lernfeld 3.1 Restaurant-organisation

1. Im Restaurant

1 Einsatzbereiche und Stellenbeschreibungen

Zielformulierungen

Folgende Ziele sollen von Auszubildenden im Lernfeld Restaurantorganisation erreicht werden:

- Sie sind fähig, Organisationsaufgaben des Servicebereiches im Restaurant zu erfüllen und deren Notwendigkeit zu begründen.
- Sie beschreiben Einsatzbereiche für Restaurantfachleute.
- Sie erstellen Organisationspläne für den Servicebereich.
- Sie schreiben und gestalten Speise- und Getränkekarten.
- Sie verfassen unterschriftsreife Briefe.
- Auskünfte und Mitteilungen erfolgen auch fremdsprachlich.
- Sie nutzen Gäste- und Lieferantenkarteien und -dateien zur Optimierung der Betriebsabläufe.
- Rechtsvorschriften werden eingehalten.
- Rechnerische Kontrollen werden durchgeführt.

2. Im Bankettbereich

3. An der Bar

4. Auf der Etage

1.1 Stellenbeschreibung und Stellenanforderung

1.1.1 Stellenbeschreibungen

Stellenbeschreibungen sind im Hotel- und Gaststättenbereich ein wichtiges Organisationshilfsmittel. Der Inhalt ist von der jeweiligen Betriebsart und Größe abhängig und muss – je nach Betrieb – festgelegt werden. Grundsätzlich sollten Stellenbeschreibungen sachbezogen und nicht personenbezogen formuliert werden (auch die persönlichen Entwicklungsmöglichkeiten können in eine Stellenbeschreibung aufgenommen werden). Sie sollten regelmäßig daraufhin überprüft werden, ob sie noch den betrieblichen Gegebenheiten entsprechen. Eine Stellenbeschreibung kann Bestandteil des Arbeitsvertrags werden.

In einer Stellenbeschreibung werden Kompetenzen, Aufgaben und Ziele sowie die Verknüpfungen mit anderen Stellen und Instanzen festgelegt. Grundlage der Stellenbeschreibung sind folgende Punkte:

Restaurantleiter/-in gesucht

Würden Sie bei uns die Restaurantleitung übernehmen?
Kreativität, Neugierde und Spaß an der Teamarbeit sind Ihnen in die Wiege gelegt.

Ihre Aufgaben:
- Unsere drei Restaurants in Halali betreuen
- Alle zu Ihrem Team gehörenden internen und externen Mitarbeiter koordinieren
- Kontakt zu anderen Serviceabteilungen halten
- Budget- und Personaleinsatz planen und monitoren
- Neue Servicekonzepte entwickeln und umsetzen

Wir suchen: Koordinationstalente wie Sie mit
- langjähriger Erfahrung in verantwortlicher Position
- Persönlichkeit: kommunikativ und serviceorientiert, Sie haben den Blick für das Detail, wissen Ihr Team zu motivieren und zu führen
- sehr guten Englischkenntnissen
- guten MS-Office-Kenntnissen

Was wir Ihnen zu bieten haben, ist nicht nur die Stelle der Restaurantleitung, sondern weitreichende berufliche Perspektiven. Dazu gehört, dass wir Ihre fachliche und persönliche Entwicklung unterstützen. Weitere Informationen unter www.recruitingteam.net

1. Stellenbeschreibung und Anforderung in einer Anzeige

Punkte der Stellenbeschreibung	Inhalte – Beispiele
Stellenbezeichnung	Bezeichnung der Stelle (Titel)
Stelleneinordnung	Abteilung – vorgesetzte Instanz – Untergebene
Stellenaufgaben	z. B. Planungsaufgaben, Kontrollaufgaben, Entscheidungsaufgaben, Koordination, Sonstiges, z. B. Gästebetreuung
Stellenbefugnisse (Kompetenzen)	personell: Personalauswahl, -einsatz, Gehaltsfestlegungen, Disziplinarmaßnahmen usw., Leitung von Schulungen sachlich: Entscheidungsaufgaben (z. B. Einkauf nach vorgegebenen Limits), Vertretungs- und Unterschriftsvollmachten
Stellenziele	bezogen auf die Stellenaufgaben
Stellenvertretung	nach oben und nach unten möglich

1.1.2 Stellenanforderungen

Zusammen mit der Stellenbeschreibung werden auch die Stellenanforderungen festgelegt. Sie können z. B. folgende Punkte enthalten:
a) Einstellungsalter,
b) schulische Bildung,
c) berufliche und allgemeine Kenntnisse,
d) praktische Erfahrung, spezielle Kenntnisse,
e) sprachliche Erfordernisse,
f) Arbeitsbedingungen.

Vorteile und Gründe für das Erstellen von Stellenbeschreibungen und Stellenanforderungen

Für den Arbeitnehmer:
- Information für Stellenbewerber, ob sie den Anforderungen gerecht werden können
- Richtlinie für neue Mitarbeiter durch klare Information über Aufgaben, Kompetenzen und Verantwortung
- Handlungsfreiheit im Rahmen des Delegationsbereiches
- Vermeidung willkürlicher Beurteilungen, Selbstkontrolle

Für Arbeitgeber und Vorgesetzte:
- Grundlage für Dienstaufsicht und Kontrolle
- Hilfsmittel für fachliche und führungsmäßige Beurteilung der Mitarbeiter

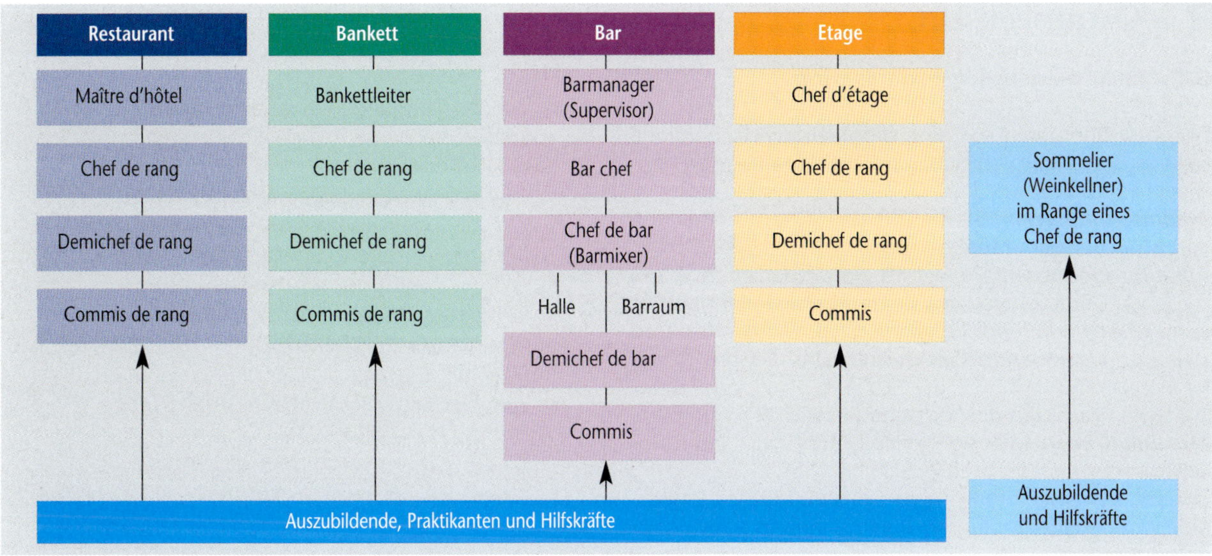

1. Einsatzbereiche und positionelle Einstufung der Servierbrigade

1.1.3 Stellenbeschreibungen des Restaurantfachpersonals

Je nach Betriebsgröße und der Art, wie der Service abläuft, ist die Servierbrigade, genau wie die Küchenbrigade, in verschiedene Hierarchien unterteilt.

Oberrestaurantfachfrau/-mann (Maitre d'hôtel, Chef de service, Chef de salle, Headwaiter):
Die persönlichen und fachlichen Anforderungen für diese Stelle sind: Meisterprüfung, Ausbildereignerprüfung, Führungseigenschaften, Organisationstalent, Beherrschung des First-Class-Service, Sprachkenntnisse in Englisch und Französisch, mehrjährige Restaurant- und Banketterfahrung, Kontaktfreude und Verkaufstalent.
Unterstellt ist diese Position je nach Betriebsstruktur dem Geschäftsführer, Restaurantdirektor oder Food-&-Beverage-Manager (Food = Speisen, Beverage = Getränke).
Überstellt ist diese Position, je nach Betrieb, dem Servier- und Arbeitspersonal am Büfett, im Restaurant, in der Halle, an der Bar, im Bankett- oder Etagenservice.
Die Aufgaben- und Entscheidungsbereiche sind je nach Betrieb die Ausbildung der unterstellten Personen, Erstellen von Stations-, Dienst- und Urlaubsplänen, Annahme von Extraessen und Tischreservierungen, Begrüßung und Platzierung der Gäste, Beratung und Verkauf, Bearbeitung von Reklamationen.

Leiter einer Station (Chef de rang)
Die persönlichen und fachlichen Anforderungen für diese Stelle sind mehrere Jahre Praxis im erstklassigen Service, die Fähigkeit, eine kleine Personengruppe zu führen, englische und französische Sprachkenntnisse, Kontaktfreude und Verkaufstalent.
Unterstellt ist diese Position der/dem Oberrestaurantfachfrau/-mann und deren Vorgesetzten.
Überstellt ist diese Position dem Servierpersonal der jeweiligen Station oder des Arbeitsbereiches.
Die Aufgaben und Entscheidungsbereiche sind je nach Betrieb die Vertretung des Vorgesetzten, die Einteilung des Servierpersonals in der jeweiligen Station, die Beratung der Gäste, der Verkauf, das Bonieren (inkassobevollmächtigt) sowie das Arbeiten am Tisch des Gastes wie Vorlegen, Flambieren, Tranchieren und Filetieren sowie die Bearbeitung von Reklamationen.

Vertreter der Stationsleiter (Demichef/Halbchef)
Das Aufgabengebiet umfasst während der Anwesenheit des Stationsleiters die Arbeiten eines Commis de rang. Zusätzlich muss er in der Lage sein, den Stationsleiter bei Abwesenheit zu vertreten.

Gehilfe (Commis de rang)
Die Anforderung für diese Stelle ist eine abgeschlossene Ausbildung. Unterstellt ist diese Position dem Chef de rang sowie dessen Vorgesetzten.
Überstellt ist diese Position allen Hilfskräften und Auszubildenden in dem betreffenden Arbeitsbereich.
Der Aufgaben- und Verantwortungsbereich umfasst das Erstellen des Mise en place (Bereitstellung), Eindecken der Tische, während der Servicezeit das Abrufen, Herantragen von Speisen und Getränken, das Abräumen des Geschirrs sowie die Unterstützung des Chef de rang beim Vorlegen, Einschenken, Flambieren, Tranchieren und Filetieren.

2 Organisation

2.1 Grundlagen der Organisation

Durch Organisieren soll eine möglichst wirtschaftliche Leistungserstellung erreicht und die Arbeit menschengerecht gestaltet werden.
Aufbauorganisation: Sie betrifft das Zusammenwirken von Mitarbeitern untereinander.
Ablauforganisation: Sie betrifft das Zusammenwirken zwischen Mitarbeitern und Sachmitteln wie Einrichtungen, Maschinen und Objekten (z. B. Rohstoffe) und zwischen Mitarbeitern, Sachmitteln und Gästen.

Die zwei Prinzipien der Wirtschaftlichkeit (Ökonomie):
Maximalprinzip: Mit gegebenen Mitteln wird ein möglichst hoher Ertrag erzielt.
Beispiel: Bei einer bestimmten Sitzplatzzahl im Restaurant wird versucht, einen möglichst hohen Gewinn zu erwirtschaften.
Minimalprinzip: Eine vorgegebene Leistung wird mit möglichst geringen Mitteln erbracht.
Beispiel: Es wird angestrebt, einen vorgegebenen Sauberkeitsstandard bei einer bestimmten Übernachtungszahl mit möglichst wenig Personal- und Sachkosten einzuhalten.

Organisieren bedeutet, Arbeit auf Dauer so zu verteilen und den Arbeitsablauf so zu gestalten, dass alles reibungslos abläuft. Zeigt sich, dass etwas besser getan werden kann, ist es entsprechend neu zu organisieren.
Disponieren ist ein nach Art, Zeit und Umfang auf den Bedarf abgestimmtes Verfügen über die Mitarbeiter und Mittel. Es geschieht lang- oder kurzfristig, laufend oder von Fall zu Fall.
Beispiel: Der Verkaufsleiter kann über die Vergabe eines Bankettraumes nur aufgrund der bisher angemeldeten Veranstaltungen entscheiden.

Improvisation ist gefordert, wenn bei unerwarteten Situationen nicht auf eine entsprechende organisatorische Regelung zurückgegriffen werden kann.
Beispiel: Ein Gast wünscht spontan eine Geburtstagstorte mit 30 Kerzen. Sie wird telefonisch bestellt und mit einem Taxi angeliefert.
Die Grenzen zwischen Organisation, Disposition und Improvisation sind fließend. Regelungen, die durch Improvisation entstanden sind, können in die Organisation oder Disposition aufgenommen werden (Prinzip der Substitution/des Ersetzens).
Zu viel Organisation engt ein und behindert die Kreativität. Organisation lässt innerhalb von festen Regeln Spielräume zu. Nicht der Weg zur Lösung ist genauestens geregelt, sondern vor allem das Ergebnis ist exakt definiert.

Organisation befasst sich mit Daueraufgaben

- Welche Tätigkeiten sind zu verrichten?
  kochen, servieren, reinigen, verwalten …
- Wer verrichtet eine bestimmte Arbeit?
  Oberkellner besorgt den Geräteeinkauf
- Welche Mittel stehen zur Verfügung?
  Maschinen, Geräte, Einrichtungen, Geschirr …
- Welche Räume stehen zur Verfügung?
  Restaurant, Magazin, Büfett, Office, Bar …
- Wer hat zu entscheiden und anzuordnen?
  Direktor, Oberkellner, Empfangschef …
- Welches Ziel soll erreicht werden?
  Umsatz pro Sitzplatz …
- Wann beginnt und endet die Arbeit?
- Wann ist der Betrieb geöffnet?

1. Organisationsbeispiele

Prinzipien der Organisation

Mechanisierung: Nutzung der maschinellen Möglichkeiten, soweit sie die Wirtschaftlichkeit und/oder die Arbeitsumstände verbessern.
Standardisierung: Vereinheitlichung von Arbeitsweise und -qualität sollen die Arbeitsproduktivität erhöhen und den Qualitätsstandard sicherstellen.
Spezialisierung: Rationellere Aufgabenerfüllung durch schneller und sicherer ausgeführte Arbeitsvorgänge.
Koordinierung: Optimierung des Zusammenwirkens der Arbeitsfaktoren Menschen, Sachmittel und Objekte.

Aufgaben- und Arbeitsteilung

Zwei Ursachen führen zur Aufgaben- und Arbeitsteilung:

- Die Aufgabe ist zu groß, um von einer Person bewältigt zu werden, z. B. das Servieren eines Menüs für viele Gäste.
- Die Aufgabe setzt verschiedenartige Spezialkenntnisse und -fertigkeiten voraus, z. B. das Mixen von Bargetränken, Bedienen eines Buchungsautomaten. Spezialisierung ist die Folge von Arbeitsteilung. Jeder Mitarbeiter übernimmt eine bestimmte Aufgabe und einen persönlichen Arbeitsbereich.

Kompetenz und Verantwortung

Aus der Arbeitsteilung und Aufgabengliederung entstehen Arbeitsbereiche, die sich gegenseitig ergänzen und voneinander abhängen, z. B. Einkauf und Nahrungszubereitung, Servieren und Kassieren.
Um die Aufgaben in seinem Arbeitsbereich erfüllen zu können und die Verantwortung dafür zu tragen, muss ein Mitarbeiter auch die entsprechende Kompetenz (Befugnis, Zuständigkeit) dafür haben.

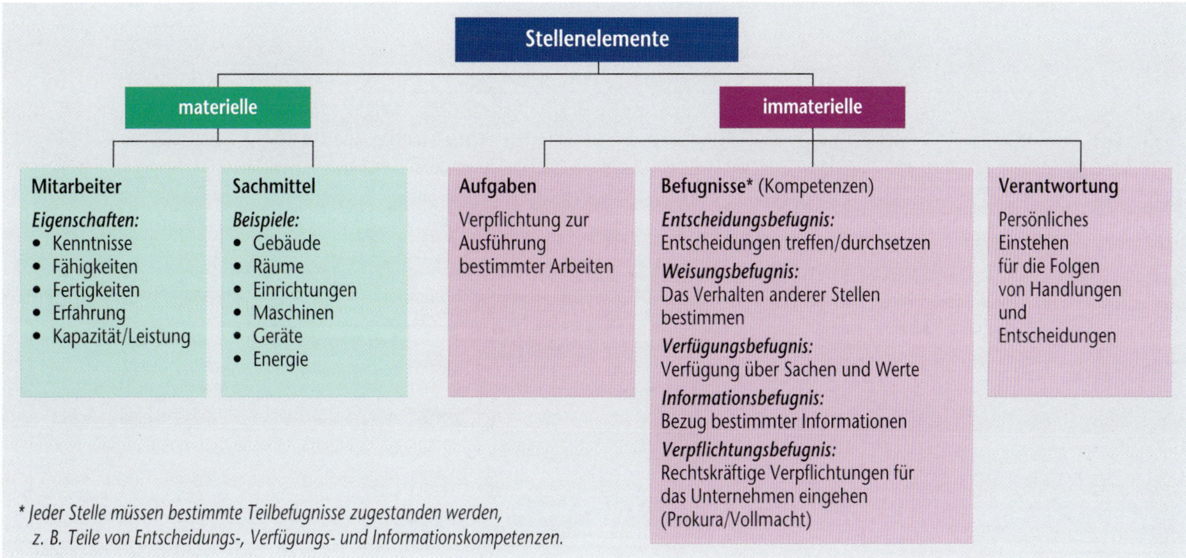

1. Elemente von Stellen

Führungsstile

Die sozialen Probleme der Arbeitsorganisation liegen in der Menschenführung. Die Führung ist abhängig von der Person und ihren Eigenschaften, Qualifikationen und Machtbefugnissen, kurz ihrer Autorität.

Patriarchalisches Ordnungsdenken: Diese Führungsform ist autoritär und basiert auf Befehlsführung. Die Machtbefugnisse werden voll ausgenutzt. Als Mittel werden Anordnung, Befehl, Druck und Zwang eingesetzt. Beim emanzipierten Menschen stößt dieses Führungsverhalten auf Ablehnung. Leistung, Aktivität und Eigeninitiative werden bei diesem Führungsverhalten eingeschränkt. Eine starke Fluktuation (häufiger Personalwechsel) im Betrieb ist meist die Folge.

Ein Vorgesetzter, der Autorität nur kraft des übertragenen Amtes ausübt, ohne die von den Mitarbeitern anerkannten persönlichen und charakterlichen Fähigkeiten zu besitzen, hat in einer zeitgemäßen Arbeitsorganisation keinen Erfolg.

Pluralistisches Ordnungsdenken: Diese Führungsform ist demokratisch und beruht auf persönlicher, freiwillig anerkannter Autorität. Die Machtbefugnisse sind gegeben, es werden jedoch überwiegend die Führungsmittel Vertrauen, Information, Anerkennung und sachliche Kritik eingesetzt. Mitdenkende, sich mitverantwortlich fühlende Mitarbeiter werden damit herangebildet. Durch Überzeugen von der Richtigkeit einer Maßnahme, Bekanntgabe der Zielsetzung sowie Lob und Anerkennung wird die Durchsetzung von organisatorischen Maßnahmen wesentlich erleichtert.

2.2 Aufbauorganisation

2.2.1 Stellenplan und Organigramm

Um einen Betrieb organisieren zu können, muss die Betriebsaufgabe durch die Betriebsleitung klar vorgegeben sein. Damit sie rationell gelöst werden kann, ist sie in Teilaufgaben zu gliedern. Grundsätzlich führen zwei Verfahren zur Stellenbildung:

- Eine Teilaufgabe, die ein Einzelner nicht bewältigen kann, muss weiter unterteilt werden.
- Teilaufgaben, die zu klein sind, um einen Mitarbeiter voll auszulasten, müssen zusammengefasst werden.

So entsteht eine Auflistung der erforderlichen Stellen, der Stellenplan. Setzt man den Stellenplan in eine hierarchische, das heißt die Rangordnung beachtende, Stellenstruktur um, erhält man die Aufbauorganisation, die in einem Organigramm zeichnerisch dargestellt werden kann. Stellen müssen gegenüber anderen Stellen abgrenzbar und mit anderen Stellen koordinierbar (abstimmbar) sein.

2.2.2 Stellenarten und Arbeitsplatz

Folgende Stellenarten werden unterschieden, wobei stets der Grundsatz der Einheit von Aufgabe, Befugnis und Verantwortung zu beachten ist.

Ausführungsstellen: Einzelaufgaben mit Dauercharakter. Inhaber einer Ausführungsstelle tragen Verantwortung für Menschen, Material und Einrichtungen, die diese Stelle betreffen. Sie haben keine Leitungsfunktionen. Beispiele: Zimmermädchen und Pagen.

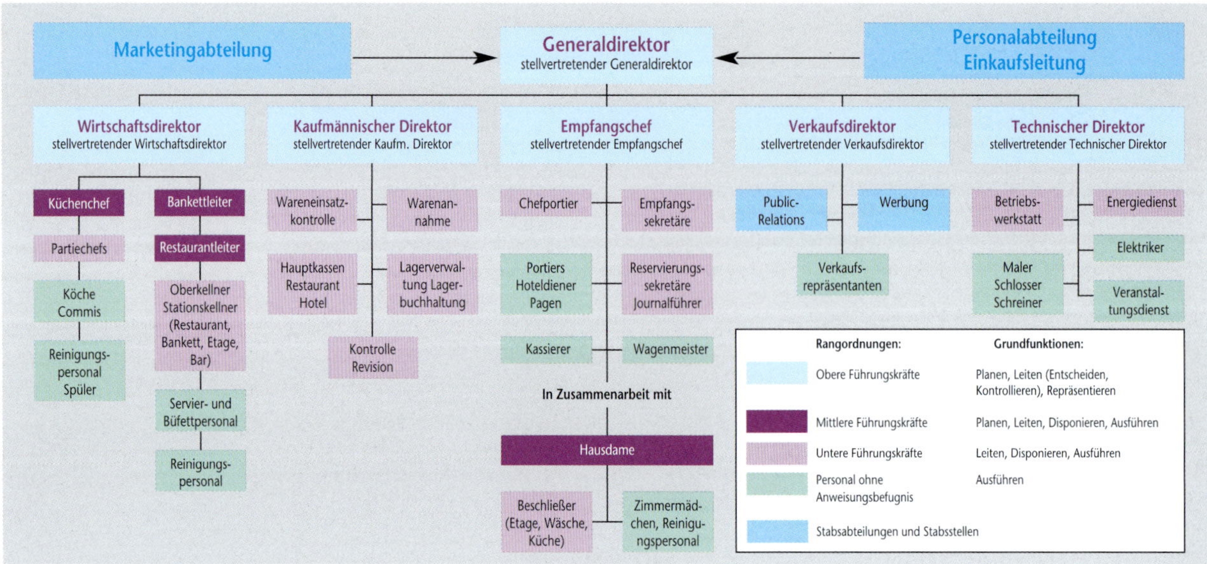

1. Organigramm eines Hotels mit Rangordnungen und Grundfunktionen

Abteilungen: Zusammenfassung von Stellen, deren Aufgaben und Ziele eng miteinander verknüpft sind.
Beispiel: Die Hauptabteilung Küche (Abteilungsleiter: Küchenchef) kann in die Unterabteilungen (Saucier, Entremetier, Gardemanger usw.) unterteilt und mit der Hauptabteilung Service zum Wirtschaftsbereich (Bereichsleiter: Wirtschaftsdirektor) zusammengefasst werden.
Einem Stelleninhaber wird die Leitung der Abteilung übertragen. Diese Leitungsstellen nennt man Instanzen.
Instanzen: Leitungsstellen mit der Befugnis, Anordnungen zu geben und Entscheidungen zu treffen, die auch für andere Stellen gültig sind. Die Instanzen können auf verschiedenen Ebenen (obere, mittlere und untere Führungsebene) angeordnet sein.
Stabsstellen: Leitungshilfsstellen mit Vorschlagsrecht, die die Instanzen unterstützen wie Einkaufsleitung oder Direktionsassistent. Ihnen werden z. B. folgende Aufgaben übertragen: Sammeln und Aufbereiten von Daten zur Entscheidungsfindung, Kontrolle der Wirksamkeit von Entscheidungen.
Stabsabteilungen: Mehrere Stabsstellen sind zu einer Abteilung mit einer leitenden Stelle (Instanz) zusammengefasst, z. B. Personalabteilung, Marketingabteilung.

Der Arbeitsplatz ist der Ort, an dem eine Person die Aufgaben, die seiner Stelle entsprechen, wahrnimmt. Eine Hotelfachfrau kann beispielsweise an mehreren Arbeitsplätzen tätig sein (Magazinausgabe, Etagenkontrolle, Gästekorrespondenz). Andererseits können sich mehrere Mitarbeiter eine Stelle bzw. einen Arbeitsplatz teilen, wenn sie zeitlich nacheinander die Aufgaben übernehmen (etwa bei Schichtarbeit und bei Urlaubsvertretung). In der Aufbauorganisation hat jeder Aufgabenträger einen abgegrenzten Funktionsbereich, der im Idealfall seinen Fähigkeiten entspricht. Überforderung führt zu nervösen, gereizten Mitarbeitern, deren Hektik sich auf andere überträgt. Unterforderung vermittelt zu wenig Erfolgserlebnisse und lässt dadurch nicht genügend Arbeitsfreude aufkommen.

2.2.3 Organisation der Arbeitsbereiche

Engagierte und gut ausgebildete Mitarbeiter sind ein kaum zu überschätzender Faktor bei der Erstellung gastronomischer Leistung. Durch gute Organisation in den Arbeitsbereichen werden diese Mitarbeiter herangezogen und im Betrieb gehalten. Ziel der Organisation der Arbeitsbereiche ist es,

- festzustellen, welche Stellen in einem Bereich notwendig sind,
- die Beziehungen zwischen den Stellen durchschaubar zu machen,
- festzulegen, welche Aufgaben in einer Stelle zusammengefasst werden,
- durch die organisatorischen Maßnahmen zur allgemeinen Zufriedenheit und zur Steigerung des Leistungswillens beizutragen (Erstellen von Dienst-, Urlaubs- und Vertretungsplänen, Durchführung von Weiterbildungsmaßnahmen und innerbetrieblichen Stellenausschreibungen).

2.2.4 Organisationssysteme (→ 16, Bild 1)

Man kann vier idealtypische Organisationssysteme unterscheiden, die durch die Art der Weitergabe von Anweisungen und der Übertragung von Aufgaben und Kompetenzen definiert sind: das Liniensystem, das Stabliniensystem, das Mehrlinien- oder Funktionssystem und das Kooperationssystem. Die in der Praxis vorkommenden Organisationsformen sind fast ausschließlich Mischformen der genannten Modelle. Zwangsläufig werden bei der Entscheidung für eine Organisationsform hierarchische Strukturen (Über-, Unter- oder Gleichordnung) festgelegt.

Linienorganisation

Nach diesem System ist jede Stelle nur mit einer vorgesetzten Instanz verbunden. Sie erhält nur von ihr Anweisungen und jeder Mitarbeiter hat nur einen direkten Vorgesetzten (Einfachunterstellung). Alle Informationen nach unten wie nach oben gehen über diese Linie. Diese straffe und auf Funktionssicherheit ausgerichtete Organisationsform erweist sich in der Praxis als schwerfällig, Nachteile sind lange Dienstwege und starker Arbeitsanfall in den oberen Rangstufen.
Direkte Kontakte und Querverbindungen zwischen verschiedenen Abteilungen, Instanzen und Stellen werden durch dieses Organisationssystem behindert, obwohl sie gerade im Gastgewerbe unerlässlich sind, um alle Aufgaben schnell und gut zu bewältigen. Die Vielseitigkeit der Aufgaben in der obersten Führung erfordert in der Linienorganisation den Alleskönner, den es selten gibt und dessen Ausbildung viel Zeit erfordert.

Stablinienorganisation

Das Stabliniensystem resultiert aus der Schwierigkeit, Spezialisten in einer Linie unterzubringen. Die oberen Führungsebenen sollen bei diesem System durch Personen (Stabsstellen) oder Personengruppen (Stabsabteilungen) mit speziellen Kenntnissen und Aufgaben beraten und entlastet werden. Stäbe werden z. B. zur Lösung von Rechts-, Finanz- oder Organisationsproblemen eingesetzt und haben in der Regel keine Anweisungsbefugnis. Notwendige Anweisungen werden auf dem Dienstweg weitergeleitet (siehe Linienorganisation).
Inhaber der Stabsstellen sind Personen mit speziellen Kenntnissen wie Steuer-, Werbe- oder Datenverarbeitungsfachleute. Mehrere Stabsstellen bilden eine Stabsabteilung (z. B. Personalwesen), die in sich wieder eine Organisationsform hat.

Mehrliniensystem (Funktionen-Organisation)

Bei diesem System werden die Zuständigkeiten nach Funktionen (Beispiel: Fußbodenreinigung, Nasszellenreinigung, Wäschewechseldienst) aufgeteilt und entsprechende Abteilungen gebildet. Jede Abteilung wird von einem Leiter in Eigenverantwortung geführt. Die Abteilungsleiter können Anweisungen an Stellen in anderen Abteilungen geben (Mehrfachunterstellung), die im Allgemeinen nicht – Gegensatz zum Liniensystem – über den Leiter dieser Abteilung laufen (z. B. würde ein Zimmermädchen von drei Abteilungsleitern Anweisungen bekommen). Die Anweisungsbefugnisse sind genau zu regeln und einzuhalten, da sonst bei den ausführenden Arbeitskräften leicht Unsicherheiten über die Dringlichkeit der angewiesenen Arbeiten entstehen.

Kooperationssystem oder Teamwork

Neben den bekannten Führungsstilen treten neue Formen der Führung auf, und zwar überall dort, wo Menschen mit verschiedenen Fähigkeiten (Spezialisten) zusammenarbeiten müssen. In dieser Situation der Zusammenarbeit tritt ein Führungsstil auf, bei dem die Führung nicht an eine Person gebunden ist. Ein Team kann aus Mitarbeitern einer Ebene, aber auch aus Mitgliedern verschiedener Ebenen des Betriebes bestehen. Für die Dauer der Teamarbeit sind alle Mitglieder gleichgestellt. Innerhalb eines Teams gibt es keinen Vorgesetzten. Der Teamleiter fungiert als Erster unter Gleichen. Das Team erkennt jeweils denjenigen als Leiter an, der imstande ist, den Beitrag einzubringen, den die Gruppe in einer bestimmten Situation benötigt, um weiterzukommen. Da die Führung nicht an eine Person gebunden ist, sondern je nach Situation wechselt, wird von einer situationellen Führung gesprochen.
Diese Form der Führung spielt eine große Rolle, wo Linien- und Stabsstellen zusammenarbeiten. Der Grundgedanke, dass die vollständige Verantwortung der Leitung beim Linienchef liegt, während der Stabsfunktionär nur beratend auftritt, ist nicht aufrechtzuerhalten. In Wirklichkeit übernimmt der Stabsfunktionär durch seine sachverständige Beratung einen Teil der Führung. Das Teamwork-Konzept wird auch bei der Planung und Durchführung eines Projekts, etwa einer Werbekampagne, angewandt. Aus jeder betroffenen Abteilung gehört ein Fachmann dem Team an, der parallel zu seiner Arbeit im Projekt weiterhin seine Funktionen in Stab oder Linie wahrnehmen kann.

Wissen Sie Bescheid?

1. Erklären Sie den Begriff Organigramm.
2. Begründen Sie die Notwendigkeit der Aufbauorganisation.
3. Wodurch unterscheidet sich eine Stelle von einer Instanz?
4. Nennen Sie die Vor- und Nachteile, die die Einhaltung des Dienstweges bringen kann.
5. Für welche Arten von gastronomischen Betrieben ist das Liniensystem zweckmäßig?
6. Welche Nachteile könnten durch die Einführung des Kooperationssystems auftreten?

	Liniensystem	Stabliniensystem	Mehrliniensystem, Funktionssystem	Kooperationssystem, Teamwork (im Liniensystem)
Organisations-schema	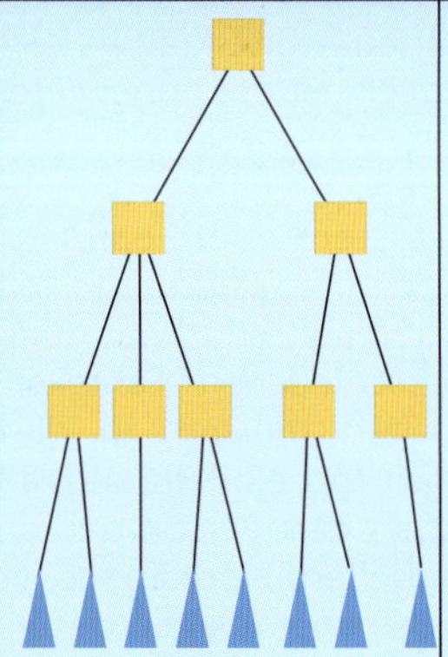	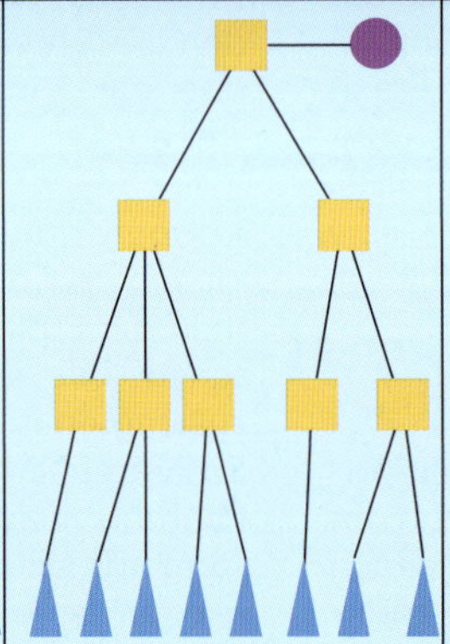	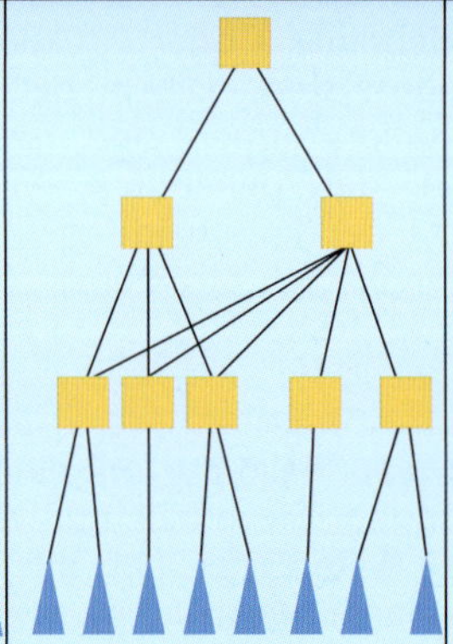	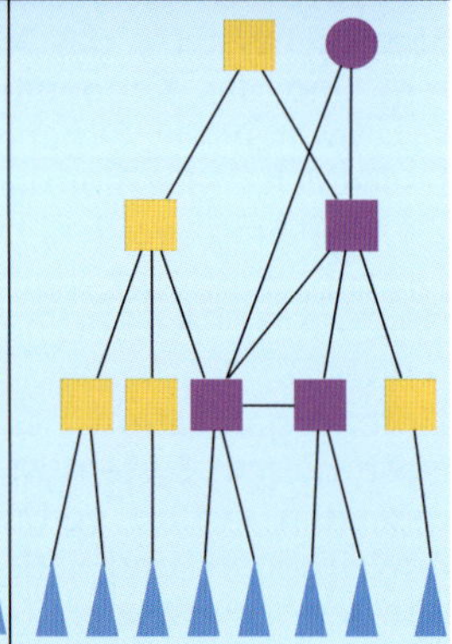
	Instanz	Stabsabteilung	Ausführungsstelle	Stabsstelle
Führungs-persönlichkeit	Generalist (Alleskönner)	Manager	Spezialisten (mittlere/untere Führungs-ebene)	Arbeitsgruppe (Teilnehmerwechsel nach Aufgabenstellung)
Befugnis der Führungskräfte	Vollkompetenz	Vollkompetenz; Teilkompetenz beim Stab	Vollkompetenz und Teilkompetenz	Voll- und Teilkompetenz; Teilkompetenz beim Stab
Beweglichkeit des Systems	gering	mittel	groß	groß
Vorteile	eindeutige Zuständigkeit, schnelle Entscheidungsdurch-setzung und Kontrolle	(wie Linie), bessere Entscheidungsgrund-lagen durch Unterstützung von Spezialisten	Spezialist für jedes Sachgebiet erteilt Aufträge und kontrolliert	Lösung schwieriger Spezialprobleme und Sonderaufgaben wird von Spezialisten gemeinsam erarbeitet und in der Linie umgesetzt
Nachteile	• breites Fachwissen der Führungskräfte nötig • Entscheidungsstau bei Abwesenheit • langer Dienstweg kann zu „Verfälschungen" von Informationen und Anweisungen führen	• Stäbe können sich gegen die Linieninstanzen nicht durchsetzen • Stäbe übernehmen aufgrund von Sachwissen die Führung • hohe Stabskosten sind nur für Großbetriebe finanzierbar	• Gefahr der Unter- oder Überlastung und Verunsicherung der einzelnen Mitarbeiter, weil mehrere Instanzen Anweisungen geben • Beurteilung und Kontrolle schwierig	• Überlastung der Teammitglieder durch Doppelfunktion in Linie oder Stab und Team • Vernachlässigung einer Funktion • schwierige Leistungs-kontrolle
Motivation der Mitarbeiter	gering	mittel	groß	sehr groß

1. Organisationssysteme

Aufgabe/Gesamtprozess: Beherbergung und Bewirtung des Gastes					
Teilprozesse (Beispiele)	**Gästeempfang**		**Verkauf/Servieren von Speisen**		
Prozessschritte	**Vorbereitungsarbeiten**	**Ablauf**	**Vorbereitungsarbeiten**	**Annahme der Bestellung**	**Servieren**
Programmschritte	• Bereithalten von Unterlagen für Serviceleistungen (Stadt- und Fahrpläne, Veranstaltungsverzeichnisse ...) • Bereithalten von Formularen (Depotscheine für Hoteltresor, Meldeblock ...) • Führung der Gästekartei	• Begrüßung • Überprüfung der Reservierung • Ausfüllen des Meldeformulars durch den Gast • Überprüfen der Vollständigkeit und Eintragung des Abreisetages • Erfragung derZahlungsweise • Begleitung zum Zimmer • Erklärung der Zimmereinrichtung	• Servietten falten • Teller polieren • Tischdecke auflegen • eindecken	• Speisekarte auflegen • Bestellung annehmen, evtl. beraten • bonieren	• Speisen abholen • präsentieren und vorlegen • einsetzen • nachservieren • abräumen • kassieren

1. Gliederung von Arbeitsabläufen

2.3 Ablauforganisation

Die Ablauforganisation befasst sich mit dem reibungslosen Vollzug der Arbeiten und dem Ineinandergreifen der einzelnen Arbeitsstufen. Zielabschnitte der Ablauforganisation:

- Nutzung aller Möglichkeiten der Arbeitsvereinfachung.
- Sicherstellung eines rationellen Arbeitsablaufes ohne Stauungen, Engpässe und Leerlauf.
- Planung der termingerechten Fertigstellung der Erzeugnisse und Dienstleistungen.
- Gewährleistung der Produktqualität durch Kontrollen.
- Erhaltung des Arbeitswillens, z.B. durch gute Menschenführung und die Einhaltung der arbeitsrechtlichen Bestimmungen (Unfallschutz, Pausenregelung).

2.3.1 Phasen der Personaleinsatzplanung

Gliederung des Arbeitsablaufes

Alle Vorgänge zur Erfüllung der Aufgabe, die zeitlich und räumlich, neben- und nacheinander ablaufen, sind in die Planung einzubeziehen und aufzugliedern. Eine Aufgabe lässt sich in Teilprozesse aufteilen, die sich wiederum in Prozessschritte und in einzelne Programmschritte gliedern lassen.

Um eine rationelle Arbeitsausführung zu erreichen, ist bei dieser Arbeitsablaufanalyse zu überprüfen, ob Programmschritte entfallen bzw. kombiniert, verbessert oder vereinfacht werden können.

Arbeitserleichterungen sind auch durch optimale Anordnung von Material, Geräten und Maschinen im Arbeitsbereich zu verwirklichen.

Entscheidungsphase (Arbeitsverteilung)

Diese Phase beinhaltet die personelle, zeitliche, räumliche und technische Konzeption.

Personell: Die Arbeit ist einzelnen Mitarbeitern oder Arbeitsgruppen zuzuordnen.

Zeitlich: Es ist festzulegen, welche Teilaufgaben zu einem bestimmten Zeitpunkt auszuführen sind, wie viel Zeit dafür aufgewendet werden darf und zu welchem Zeitpunkt die Gesamtaufgabe ausgeführt sein muss.

Räumlich und technisch: Es muss festgelegt werden, in welchen Räumen und an welchen Arbeitsplätzen die Tätigkeiten auszuführen sind. Dabei ist zu beachten, dass eine Person an mehreren Arbeitsplätzen tätig sein kann.

Beispiele: Eine Restaurantfachfrau arbeitet teils im Etagendienst, teils am Büfett, oder Personal wird im Schichtbetrieb beschäftigt. Beim Einsatz von Teilzeit-Personal kann ein Arbeitsplatz von mehreren Personen nacheinander besetzt sein.

Anweisungsphase

(Erstellen von Arbeitsanweisungen)

Es ist bekanntzugeben, wie die Arbeiten auszuführen sind (zu verwendende Rohstoffe, Art des Anrichtens und Servierens usw.). Arbeitsanweisungen werden mündlich oder schriftlich erteilt.

1. Stellen Sie die Aufgaben der Ablauf- und der Aufbauorganisation einander gegenüber.
2. Welche Stellen bzw. Instanzen sind bei der Planung der Aufbau- bzw. Ablauforganisation beteiligt?
3. Erstellen Sie die Gliederung eines Arbeitsablaufs am Beispiel „Stellen einer Festtafel".

Allgemeine Rationalisierungsmaßnahmen

- Grundsätzlich nur Waren und Dienstleistungen anbieten, die von einer ausreichenden Zahl von Gästen gewünscht und zum kalkulierten Preis abgenommen werden.
- Durch Schulung und Weiterbildung des Personals eine Leistungssteigerung herbeiführen.
- Personal so einarbeiten, dass es flexibel einsetzbar ist.
- Die Mitarbeiter durch die Einrichtung eines Vorschlagswesens zum Nachdenken über Verbesserung im Arbeitsablauf anregen.
- Entlohnung unter Leistungsgesichtspunkten vornehmen.
- Bei Neu- und Umbauten auf pflegeleichte Einrichtung Wert legen.
- Personalintensive Arbeiten „außer Haus" vergeben, etwa an Wäschereien, Reinigungsfirmen, Schreibbüros.
- Durch Einführung von Leistungsstandards und ihre Kontrolle Leerlauf vermeiden und den Leistungswillen der Mitarbeiter stärken.

Rationalisierung im Beherbergungsbereich

- Einrichtung einer automatischen Telefon- und Weckanlage.
- Aufstellen von Schuhputzautomaten auf den Fluren und Minibars in den Zimmern.
- Bedarfsweiser Einsatz von Hoteldienern und Pagen auf den Etagen und in der Halle durch die Verwendung eines Rufsystems.
- Ausstattung des Empfangs mit elektronischen Buchungsautomaten und computergesteuerten Reservierungssystemen.

Rationalisierung im Servicebereich

- Einsparung von Servierpersonal durch Aufstellen eines Frühstücksbüfetts.
- Einführung eines schnellen und sicheren Bonier- und Abrechnungssystems.
- Umstellen der Serviermethode.

Rationalisierung im Küchenbereich

- Modernere Küchentechnik und Anrichtemethode
- Einsatz vorgefertigter Produkte, sofern sie dem Qualitätsstandard des Hauses genügen.

1. Rationalisierungsmaßnahmen (Beispiele)

2.3.2 Voraussetzungen für rationelle Leistungserstellung

Eine erfolgreiche Personaleinsatzplanung ist die Grundlage rationeller Leistungserstellung. Dieses Ziel kann erreicht werden durch Kombination von Maßnahmen der Arbeitsvereinfachung, Arbeitsleistungsstandardisierung, Arbeitsplatzbesetzung, Dienstplan-Einteilung und Arbeitsüberwachung.

Arbeitsvereinfachung

Fast jede Tätigkeit lässt sich vereinfachen. Die dadurch eingesparte Zeit und Arbeitskraft kann dem Betrieb und damit dem Gast in Form von erhöhtem Arbeitsinteresse und besserer Arbeitsqualität zugute kommen. Werden die Mitarbeiter an der Suche nach Arbeitsvereinfachung beteiligt, erhöht sich automatisch deren Leistung, weil die Aufmerksamkeit erhöht ist.

2.3.3 Leistungsstandards erstellen

Darunter versteht man die schriftliche Erfassung der von einem Mitarbeiter erwarteten Produktivität. Um den Betrieb auf einem hohen Leistungsstand zu halten, müssen vorgegebene Leistungsstandards erreicht werden. Die Vorgesetzten haben die Aufgabe, in ihrer Abteilung oder ihrem Bereich die Arbeitsergebnisse anhand des Leistungsstandards zu überprüfen und, wenn möglich, zu verbessern.
Leistungsstandards sind die Voraussetzung für Arbeitsplatzbesetzung, Arbeitskontrolle und die Dienstplangestaltung.

Im Gastgewerbe lassen sich grundsätzlich folgende Arten von Leistungsstandards anwenden:
Kostenstandard: Die Frage nach den Kosten für eine Aufgabe muss dabei beantwortet werden.
Zeitstandard: Gefragt wird nach der Zeit, in der die Aufgabe erfüllt sein muss.
Qualitätsstandard: Es ist zu fragen, wie und auf welchem Niveau die Aufgabe zu erfüllen ist.
Quantitätsstandard: Es ist festzulegen, wie viele und welche Mengeneinheiten in einer bestimmten Zeit bei der Aufgabenerfüllung erreicht sein müssen.

Arbeitsplatzbesetzung

Stellenbeschreibungen und Leistungsstandards ergeben die Qualifikationen, die von einem Mitarbeiter an einer bestimmten Stelle oder Instanz erwartet werden. Die Anzahl der einzustellenden Mitarbeiter muss der erwarteten Kapazitätsauslastung angepasst werden. Dies bedeutet, dass für jede Hotelabteilung die Mindest- und Höchstbesetzung mit Personal festzulegen ist. Aus Leistungsstandard und unter Berücksichtigung der Mindest- und Höchstbesetzung lassen sich sogenannte Personalplanungs-Leitfäden erstellen, die den erforderlichen Personalbestand bei jeder Auslastungsstufe angeben.

1. Wie kann erreicht werden, dass die Arbeit rationell durchgeführt wird? Nennen Sie fünf Maßnahmen, um dieses Ziel zu erreichen.
2. Welche Vorteile bietet die Arbeitsstandardisierung für den Unternehmer und für den Mitarbeiter?

3 Organisationspläne

Um einen reibungslosen Ablauf im Restaurant zu gewährleisten, werden Organisationspläne eingesetzt.
Die wichtigsten sind:

- Belegungsvorschau,
- Reservierungen/Sonderveranstaltungen,
- Dienstplan,
- Stationsplan,
- Urlaubsplan,
- Reinigungspläne (wann, was, wie, wo?),
- Checklisten/Kontrolllisten.

3.1 Dienstplan

Er legt den kurzfristig erforderlichen Personaleinsatz fest. Das Ziel ist, die Personalkosten in vertretbarer Höhe zu halten, ohne die Leistungen für den Gast einzuschränken. Obwohl sich im Restaurant wegen der nicht immer kalkulierbaren Gästezahl Leerzeiten nicht vermeiden lassen, können unnötige Zeitverluste mit gezielter Diensteinteilung verringert werden.

§

Der Betrieb ist verpflichtet, den Dienstplan mit Beginn und Ende der Arbeitszeit und der Pausen an einer allgemein zugänglichen Stelle auszuhängen. Nach § 3 der Arbeitszeitordnung (AZO) beträgt die regelmäßige tägliche Arbeitszeit grundsätzlich acht Stunden. Davon gibt es jedoch gesetzliche und tarifliche Ausnahmen. Nach § 11 AZO darf auch in diesen Ausnahmefällen die Arbeitszeit grundsätzlich zehn Stunden täglich nicht überschreiten. Nach § 12 Abs. 1 AZO muss die Ruhezeit zwischen dem Ende der Arbeitszeit und dem Beginn der Arbeit am nächsten Tag mindestens zehn Stunden betragen. Wie die freien Tage verteilt werden, kann betrieblich geregelt werden. Es muss jedoch je Kalenderwoche (von Montag bis Sonntag) mindestens ein freier Tag gewährt werden. Oft enthalten Manteltarifverträge Vorschriften über die Gewährung zusammenhängender freier Tage oder freier Wochenenden und Urlaub. Eine besondere Arbeitszeitform stellt der Teildienst mit einer Unterbrechung von mehreren Stunden dar. Die Möglichkeit der Gestaltung des Teildienstes ist oft in den Tarifverträgen geregelt.

1. Vorschriften zur Dienstplanerstellung

WOCHENDIENSTPLAN — **Abteilung: Restaurant**

Tage	Di., 2.		Mi., 3.		Do., 4.		Fr., 5.		Sa., 6.		So., 7.	
	Mittag	Abend	Mittag	Abend	Mittag	Abend	Mittag	Abend	Mittag	Abend	Mittag	Abend
Gästezahl	160	60	100	30	120	90	100	30	160	160	200	120
Leistungsmaßstab	40	30	40	30	40	30	40	30	40	30	40	30
benötigte Servicekräfte	4	2	3	2	3	3	3	2	4	5	5	4

Tage	Di., 2.		Mi., 3.		Do., 4.		Fr., 5.		Sa., 6.		So., 7.		
Name	Mittag	Abend	Mittag	Abend	Mittag	Abend	Mittag	Abend	Mittag	Abend	Mittag	Abend	Tage +/−
Bierski, F.		A	F		F		F		F		F		+5
Dierich, S.	F			A	F		F		F		F		-2
Haro, J.	F			A	F		F		F		F		+3
Jslak, T.	A		F			S		S		S		S	-4
Krauß, B.	F		F			S		A	F		F		-1
Lomas, V.		S		S		S		A		S		S	+6
Neufert, S.		S		S		A		S		S		S	+1
Schlutt, J.	Aushilfe									Aushilfe	Aushilfe		
Teiml, F.										Aushilfe		Aushilfe	

2. Leistungsmaßstab und Dienstplan für ein Restaurant (montags geschlossen): A = frei; F = Frühschicht; S = Spätschicht

URLAUBSPLAN (1. Halbjahr ...)				Abteilung: Restaurant					
	Monate							Arbeitstage		
Name	J	F	M	A	M	J	J	erhalten	Anspruch	Tage +/–
Bierski, F.							13.-27.	10	29	+19
Dierich, S	1.-9.					28.-12.		11	31	+20
Haro, J.	10.-31.							17	26	+9
Jslak, T.			2.-18.					13	24	+11
Krauß, B.				20. - 6.				12	30	+18
Lomas, V.					1.-24.			19	28	+9
Neufert, S.				8.-19.				8	22	+14
Schlutt, J.								0	22	+22
Teiml, F.						21.-6.		14	26	+1

1. Urlaubsplan

Zeitverluste stellen Kosten für den Betrieb dar. Die gesetzlich, tariflich und durch Betriebsvereinbarungen festgelegten Arbeitszeitbeschränkungen sind bei der Dienstplangestaltung zu beachten. Dazu zählen:

- Manteltarifverträge,
- Jugendarbeitsschutzgesetz,
- Arbeitszeitgesetz,
- Berufsbildungsgesetz,
- Gesetz über Teilzeit- und befristete Arbeitsverträge,
- Sonderregelungen für Schwangere usw.

Bei der Erstellung von Dienstplänen sollten, wenn möglich, Wünsche der Mitarbeiter berücksichtigt werden, um ihnen eine sinnvolle Freizeitgestaltung zu ermöglichen. Als Grundlage der Dienstplangestaltung dienen die Belegungsvorschau des Empfangs, die festgelegten Sonderveranstaltungen, die Reservierungen und die erfahrungsgemäß zu erwartenden Gäste im À-la-Carte-Geschäft.

Das Erstellen von Leistungsstandards/Leistungsmaßstäben (→ 18), wie viele Gäste eine Person pro Tagesmahlzeit bedienen kann, ist für den Frühstücks-, À-la-Carte-Service und Hausgastbereich sehr gut möglich. Leistungsstandards für Sonderveranstaltungen müssen jeweils nach der Art der Veranstaltung (z. B. 100-Personen-Büfett oder Sechs-Gang-Menü) erstellt werden. In Bild 2 (→ 19) wurde der Leistungsmaßstab, wie viele Gäste eine Servierkraft im Restaurant bedienen muss, mittags auf 40, abends auf 30 Gäste festgelegt.

3.2 Vertretungsplan

Er ist notwendig, wenn durch unvorhersehbare Umstände Personal ausfällt. Durch einen kurzfristig erstellten Vertretungsplan, der den Dienstplan ergänzt, müssen Personalengpässe überbrückt werden.

3.3 Urlaubsplan

Bei der Erstellung des Urlaubsplans sind die Wünsche des Personals frühzeitig zu ermitteln und, wenn möglich, zu berücksichtigen. Vorgaben könnten sein:

- In den Schulferien werden Personen mit schulpflichtigen Kindern berücksichtigt.
- Urlaub in der Hauptsaison ist nicht möglich.

3.4 Stationspläne

In Stationsplänen wird festgelegt, welcher Mitarbeiter an welchem Tag in welcher Station tätig ist. Der Vorteil für die Mitarbeiter liegt darin, dass sie rechtzeitig für eventuelle kleine Sonderveranstaltungen in ihrer Station die entsprechenden Vorbereitungsarbeiten treffen können.

3.5 Kontrollpläne/-listen

Um den Standard des Restaurant-Service aufrechtzuerhalten, müssen Kontrollen über Arbeitsweise, Dienstplanerfüllung, Qualitäts-, Portions- sowie Sauberkeits- und Hygienefestlegungen durchgeführt werden.

Damit Kontrollmaßnahmen nicht den Beigeschmack einer peinlichen Untersuchung bekommen, müssen Kontrollierende frei von Misstrauen sein, und jedem Mitarbeiter müssen die Maßstäbe (z. B. schriftliche Arbeitsanweisungen, Checklisten) bekannt sein, nach denen kontrolliert wird. Kontrollverfahren sind durch drei Phasen gekennzeichnet:

- Die **Planungsphase**, die eine Standardisierung anstrebt, um Leistungsvorgabe (Soll-Zustand) und tatsächliche Leistung (Ist-Zustand) vergleichen zu können.
- Die **Vergleichsphase**, die Soll- und Ist-Zustand vergleicht und bei Abweichungen die Ursachen ermittelt.
- Die **Korrekturphase**, in der notwendige Maßnahmen zur Angleichung der Soll- und Ist-Werte durchgeführt werden.

3.6 Checklisten/Kontrollformulare

Ständig wiederkehrende Arbeiten lassen sich schnell und sicher anhand von Listen kontrollieren, auf denen alle dazugehörigen Tätigkeiten aufgeführt sind. Es wird damit sichergestellt, dass bei Routinearbeiten einzelne Arbeitsgänge nicht vergessen oder in mangelhafter Qualität ausgeführt werden. Die Erstellung und Überarbeitung dieser Listen ist zwar aufwendig, erleichtert jedoch die Kontrolle.

CHECKLISTE – Vorbereitungsdienst 10 bis 12 Uhr

Täglich:
- ❑ Polieren und Warmstellen der benötigten Geschirrteile
- ❑ Polieren der Gläser und benötigten Bestecke
- ❑ Reinigen von Untersetzern und Serviertabletts
- ❑ Reinigen und Erneuern von Kerzen in Ständern
- ❑ Abgabe und Anforderung der Tischwäsche
- ❑ Brechen von Servietten
- ❑ Reinigen und, wenn nötig, Auffüllen der Menagen
- ❑ Reinigen und Auffüllen der Flambier-, Aperitif- und Käsewagen
- ❑ Bereitstellen der Getränke- und Speisekarten
- ❑ Reinigen und Bereitstellen von Aschenbechern und Tischvasen

Montags, donnerstags und samstags sowie bei Bedarf:
- ❑ Silberbesteck und Messinggeräte putzen
- ❑ Rechauds, Clochen, Wein- und Sektkübel reinigen
- ❑ Tabakwaren auffüllen und Luftfeuchtigkeit in der Klimabox kontrollieren
- ❑ Menagen leeren und wieder auffüllen

CHECKLISTE für den Mittagsservice

Sauberkeit und Ordnung des Raumes:
- ❑ Fußboden gesaugt/gewischt
- ❑ Reinigungsutensilien aufgeräumt
- ❑ Vorhänge zurückgezogen und in korrekter Stellung
- ❑ Fenster und Fensterbretter sauber
- ❑ Raumluft, Raumtemperatur kontrolliert

Tische, Stühle, Dekoration:
- ❑ Tische, Stühle korrekt ausgerichtet
- ❑ Tischwäsche einwandfrei
- ❑ Bestecke, Gläser einwandfrei
- ❑ Blumendekoration frisch

Bereitstellung:
- ❑ Servicetische, Servietten
- ❑ Vorlegebesteck
- ❑ Speise-, Getränkekarten

Sonstiges:
- ❑ Tischreservierungen
- ❑ Musik (Lautstärke)

zu reinigender Gegenstand	Reinigungs-/ Desinfektionsmittel	Dosierung/ Einwirkzeit	Maßnahmen	Häufigkeit	verantwortlich	Kontrolle/ Datum/Zeichen
Theke aus Metall Abtropfflächen	Edelstahlreiniger	gebrauchsfertig	feucht auftragen, abwischen, trocknen	täglich	Büfettpersonal	
Unterbau, Seitenflächen	Edelstahlreiniger	gebrauchsfertig	aufsprühen, nachwischen	nach Bedarf, wöchentlich	Büfettpersonal	
Tropfmulden	Tropfmulden-Reiniger	gebrauchsfertig	vor Schankbeginn einstreuen, nach Schankschluss abspülen	täglich	Büfettpersonal	
Bier- und Getränkeleitungen	Bierrohr-Reiniger	5 %ige Lösung, 20 Minuten	Lösung durch die Leitungen pumpen, gut nachspülen	mindestens alle 7 Tage, für Weizenbier täglich	Zapfpersonal	
Zapfhähne	–	–	mit Bürste und Warmwasser	täglich	Zapfpersonal	
Kompensatorhahn	–	–	mit Reinigungsball und Wasser gründlich spülen	täglich	Zapfpersonal	
Verschlüsse	Bierrohr-Reiniger	5 %ige Lösung, 20 Minuten	Verschlüsse in die Lösung einlegen, gut nachspülen	gemäß Schankanlagen-Reinigung	Zapfpersonal	
Zapfsäule Metall	Edelstahlreiniger	gebrauchsfertig	feucht auftragen, abwischen, trocknen	täglich	Büfettpersonal	
Fußboden je nach Material	• Kunststoffreiniger • Steinfliesenreiniger • Marmorreiniger	150 ml/8 l Wasser 150 ml/10 l Wasser 150 ml/10 l Wasser	nass wischen nass wischen nass wischen	täglich täglich täglich	Reinigungspersonal Reinigungspersonal Reinigungspersonal	
Abfallbehälter	Desinfektionsreiniger	80 ml/10 l Wasser	nass wischen	täglich	Reinigungspersonal	

1. Checkliste zur Hygiene am Getränkeausschank

4 Aufbau und Gestaltung von Speise- und Getränkekarten

4.1 Speisekarten im Tagesablauf

Je nach Tageszeit werden in gastronomischen Betrieben den Gästen unterschiedliche Speisekarten vorgelegt.

Frühstückskarten werden in Betrieben aufgelegt, die schon morgens viele Gäste erwarten. Dazu zählen Cafés, Bistros, Restaurants im Stadtzentrum oder Betriebe wie Autobahnraststätten, Bahnhofs- oder Flughafenrestaurants. Das Angebot der Karte beinhaltet ein einfaches Frühstück, bestehend aus warmen Getränken, Brötchen und Brot, Butter, Konfitüre, Honig.
Je nach Gästekreis werden auf der Karte zusätzliche Angebote gemacht, mit denen sich der Gast das einfache Frühstück nach Wunsch erweitern kann (→ Grundstufe/Fachstufe 1, 140, 183). Eine Frühstückskarte, die das Angebot des Frühstücksbüfetts enthält, liegt in manchen Hotels aus und dient dem Gast als Information, was er am Büfett vorfindet.

Die kleine Speisekarte, auch Brotzeit-, Vesper- oder Nachtkarte genannt (für à la carte), bietet außerhalb der Hauptessenszeiten, also vormittags, nachmittags und am späten Abend, eine kleine Speisenauswahl.
Auch diese Karte wird nach der klassischen Speisenfolge (→ 131) aufgebaut. Dabei kommen besonders deutlich der Einfluss des Gästekreises und die Art des Betriebes zum Ausdruck:

- **Tanzlokal (nachmittags und abends):**
  - kleine Vorspeisen wie Räucherlachs, Garnelencocktail, Kanapees, Salatbar,
  - Suppen wie Schneckensuppe, Brühen mit Einlage, kleine Fleischgerichte auf Toast, Pastetchen, kleine Gerichte aus Teigwaren,

1. Die Speisekarte – oft der erste Kontakt mit Gästen

- **Ausflugslokale oder Landgasthof mit Metzgerei:**
  - meist kein Angebot an Vorspeisen,
  - kräftige Suppen und Eintopfgerichte,
  - einfache kalte und warme Hauptgerichte, Wurstsalat, Fleischkäse, Sülzen, Rippchen usw.
- **Gasthaus mit Stammtisch und Biertheke:**
  - pikante, würzige Suppen, z.B. Gulaschsuppe, Zwiebelsuppe,
  - Soleier, Hacksteaks, Tatarbrötchen, Laugenbrezeln mit Rettich, Kümmelstangen, Rollmöpse usw.

Die **große Speisekarte** (für à la carte) ist eine Angebotskarte für mittags und abends, auf der vorbereitete oder meist kurzfristig herzustellende Speisen angeboten werden. Eine Auswahl verschiedener Vorspeisen, Suppen, Zwischengerichte, Hauptgerichte und Süßspeisen soll dem Gast die Zusammenstellung seiner Bestellung in der richtigen Reihenfolge erleichtern. Die Karte ist nach der klassischen Speisenfolge aufgebaut.

Spezielle Karten

Menükarten: Sie beinhalten für den Gast zusammengestellte Menüs mit meist täglich wechselndem Angebot.
Brunchkarten, Büfettkarten: Diese Karten erleichtern dem Gast die spätere Auswahl am Büfett.
Saisonangebote: Auf diesen Karten werden meist saisonale Gerichte (Spargel, Fisch, Wild usw.) zum Mittag- und Abendessen angeboten.
Karten für Zielgruppen: Kinder, Vegetarier usw. erhalten auf sie zugeschnittene Angebote.

Geschichte der Speisekarte

Aufzeichnungen darüber, was man zu Tische aß, sind ab dem Jahre 1148 vorhanden.
Die erste in Deutschland mit einer Speisekarte vergleichbare Niederschrift als Information für den tafelnden Gast wird auf Herzog Heinrich von Braunschweig zurück geführt, der beim Reichstag von Regensburg dadurch Aufsehen erregte, dass beim „Schmaus ein langer Zedel bei ihm auf der Tafel liegen that, den er oftmals besahe".
Auf die Frage des Grafen Hugo von Montfort, was er denn so eifrig lese, ließ ihn der Herzog den Zettel sehen. Der Zeitbericht meldet: „Darin hat der Küchenmeister alle esen und trachten (Tracht = aufgetragener Gang) in der Ordnung ufgezeichnet und kunnt sich demnach der Herzog mit seinen esen darnach richten und sinen apetitum uf die besten trachten sparen."
Da die Bediensteten für jede neu aufgetragene Speise in der Menüfolge einen Gang zur Küche machen mussten, werden deshalb die einzelnen Speisen auch als Gänge eines Menüs bezeichnet.

- ❑ Lage des Betriebes
- ❑ Art des Betriebes
- ❑ technische Gegebenheiten
- ❑ räumliche Gegebenheiten
- ❑ Personalbestand
- ❑ Qualifikation des Personals
- ❑ Angebot der Konkurrenz
- ❑ zu erwartender oder gewünschter Gästekreis
- ❑ Einkaufs- und Anlieferungsmöglichkeiten
- ❑ eigene finanzielle Lage

1. Einflüsse, die beim Erstellen von Speisekarten zu berücksichtigen sind

4.2 Gestalten und Erstellen von Speisekarten

Vorüberlegungen

Die Speisekarte ist – richtig gestaltet – ein wirksames Instrument in der Verkaufsförderung. Sie ist in vielen Fällen der erste Kontakt, den der Gast mit dem Haus hat. Inhalt und Aufmachung bilden oft die Grundlage zur Beurteilung eines Hauses (AIDA-Effekt, → Grundstufe/Fachstufe 1, 345).

Bevor eine neue Speisekarte aufgestellt und gedruckt wird, ist es wichtig, folgende Fragen zu klären:

- Welche Kosten entstehen durch das Gestalten und den Druck der neuen Speisekarte?
- Stehen die Kosten in einem vernünftigen Verhältnis zur Art des Betriebes und zum Umsatz?
- Welchen Gästekreis soll die Speisekarte besonders ansprechen?
- Was bieten die Mitbewerber?
- Sind Lücken im Angebot der umliegenden Betriebe sichtbar?
- Wie ist das Verhältnis von Einrichtung, Angebot, Qualität und Preisen bei den Mitbewerbern im Vergleich zum eigenen Betrieb?
- Welche neuen Produkte würden in das Angebot des Hauses passen?

In der bestehenden Karte ist eine Angebotsanalyse der Gerichte nach Beliebtheitsgrad vorzunehmen. Nach erfolgten Streichungen der schlecht laufenden Gerichte können Überlegungen angestellt werden, ob mit neuen Gerichten eventuell ein zusätzlicher Gästekreis angesprochen werden kann.

Ein Hauptaugenmerk ist bei dieser Umgestaltung darauf zu richten, ob das erneuerte Angebot auch räumlich, personell und technisch zu bewältigen ist.

Das Format

Je nach Angebot oder Tageszeit werden Speisekarten in verschiedenen Größen und Formen aufgelegt. Die Karte sollte eine bestimmte Größe nicht überschreiten, damit sie im Verkauf kein Hindernis ist und die Kommunikation der Gäste untereinander verhindert, wenn sie wie eine Trennwand zwischen den Gästen steht oder beim Aufschlagen der Karte durch ihre Größe Gläser umgestoßen werden. Auch ein Ablegen der Karte auf dem Tisch sollte noch möglich sein.

DIN-Formate: Kostengünstig und rationell sind Kartenformate, die sich an DIN- oder Papierformaten ausrichten, weil dafür auch die im Haus gebräuchlichen Drucker, Kopierer usw. geeignet sind.

Sonderformate: Sie sind sehr individuell und wecken das besondere Interesse der Gäste. Hat das Haus einen bestimmten Namen, z. B. „Zeppelin", „Kanne", „Sonne", „Krug", „Kochtopf", so ist es sehr werbewirksam, jedoch auch teurer, Speisekarten gestalten zu lassen, die diese Form haben.

Das Material des Umschlags

Das „Kleid" der Speisekarte sollte in seinem Material zum Stil des Hauses passen. Der Umschlag muss aus hygienischen Gründen leicht zu reinigen sein. Geeignete Materialien sind z. B. drucklackiertes oder cellophaniertes Papier, Karton, Leder, Kunstleder, Kunststoff, aufklappbare Holztafeln.

1. Beispiele für die äußere Gestaltung von Speisekarten

Die äußere und innere Gestaltung

In einem Entwurf wird festgelegt, wie die Karte gestaltet werden soll. Dabei sind folgende Punkte zu klären:

- Soll die Karte einfarbig, zweifarbig, mehrfarbig sein?
- Sollen Bilder bzw. Fotografien mitverwendet werden?
- Werden Grafiken benötigt?
- Soll die Karte Werbung enthalten?
- Welche Schriftart, Buchstabengröße und Schriftbilder werden für Überschriften und Text verwendet?

Die Farbe: Die Karte muss farblich zur Einrichtung, vor allem zu Tischwäsche und Dekoration passen. Bei zu vielen Farbtönen besteht die Gefahr, dass die Karte kitschig wirkt.

Fotografien und Grafiken: Sie lockern das Gesamtbild einer Speisekarte auf, sollten jedoch von Fachleuten erstellt werden. Es ist ratsam, als Vorlage dafür Speisen und Getränke allgemeiner Art zu wählen und nicht Speisen und Getränke abzubilden, die auf der Karte angeboten werden; denn bei Fotos dieser Art legt man sich fest, ohne sicher zu sein, auch stets die Leistung wie abgebildet zu erbringen.

Werbung: Sie muss sein, ist jedoch auf der Speisekarte sehr sparsam einzusetzen.

Eigenwerbung kann in Form von Legenden, Geschichte des Hauses, besonderen Auszeichnungen oder Besonderheiten über Bezug des angebotenen Materials usw. eingesetzt werden. Da man sich wünscht, dass der Gast sie liest, sollte man sich kurz fassen.

Fremdwerbung sollte nur erfolgen, wenn es aus finanziellen Gründen notwendig ist.

Seiten – fest gebunden oder auswechselbar: Bei einer Standardkarte besteht die Wahl zwischen fest gebundenen oder auswechselbaren Seiten. Fest gebundene Seiten ergeben ein sehr schönes Gesamtbild, haben jedoch den Nachteil, dass die Karten neu gedruckt werden müssen, wenn sich Speisen oder Preise ändern, da eine Karte mit gestrichenen Gerichten oder geänderten Preisen sehr unansehnlich wirkt.

Auswechselbare Seiten erleichtern eine Neugestaltung des Angebotes und der Preise, ohne dass die Speisekarte im Gesamten neu gedruckt werden muss.

Schriftarten: Sie müssen für jeden Gast lesbar sein. Am besten eignen sich leicht lesbare, zeitgemäße und handelsübliche Schriften. Handgeschriebene Speisekarten sind originell, jedoch für viele Gäste schwer lesbar.

Buchstabengrößen: Sie dürfen nicht zu klein gewählt werden. Sie müssen an der Stelle und bei der Beleuchtung geprüft werden, wo sie auch der Gast lesen muss. Überschriften sollten sehr groß gestaltet werden. Bei Gerichten sollten der Hauptbestandteil und die Garniturbezeichnung eventuell in fetten Buchstaben, Beilagen und Erläuterungen in Normalgröße gedruckt werden.

Schriftbilder nach grafischen Gesichtspunkten:

Das Schriftbild ist rechtsbündig.

Das Schriftbild ist linksbündig.

Das Schriftbild ist zentriert (mittig).

Reihenfolge der Gerichte: Um für den Gast das Angebot der Karte übersichtlich zu gestalten, bietet es sich an, die Speisen in Angebotsgruppen zu gliedern. Als Reihenfolge dient dazu die klassische Speisefolge mit einer dazu passenden Überschrift (→ 131).

Menü

Smoked Salmon mit T. und B.
Apfelsahnemeerrettich

Klare Oxtail mit Chesterstick

Ragoût fin v. Kalbsbries

Rehsteak nach „Jäger-Art"
mit jungen grünen Bohnen,
Sce. à la crème
Pfifferlinge, Preiselbeeren
grüner Salat Kartoffelcroquetten

Sabayone mit Vanilleglace
und Gebäck

Menü

Geräucherter Lachs
mit Toast und Butter
Apfel-Sahnemeerrettich

***

Klare Ochsenschwanzsuppe mit Chesterstange

***

Feines Ragout vom Kalbsbries

***

Rehsteak nach Jägerart
in Sahnesoße mit frischen Pfifferlingen,
jungen grünen Bohnen,
Kartoffelkroketten,
Feldsalat und Preiselbeeren

***

Weinschaum von Marsala
auf Vanilleeis mit Feingebäck

1. Zweimal das gleiche Menü

Vergleichen und beurteilen Sie die beiden Menüs.

4.3 Regeln für das Erstellen von Speisekarten

Sprachengemisch auf Speisekarten ist zu vermeiden. Es muss stets in einer Sprache geschrieben werden. Dies heißt natürlich nicht, dass eine Speisekarte nicht in Französisch, Englisch oder einer anderen Sprache für ausländische Gäste geschrieben werden soll.
Ausnahmen auf einer in deutscher Sprache geschriebenen Karte sind fremdsprachliche Begriffe, die einen festen Platz in der deutschen Sprache eingenommen haben. Diese werden auch in ihrer Grundschreibweise angewandt, z.B. Grill, Toast, Cocktail, Roastbeef, Filet usw.
Textanordnungen innerhalb eines Ganges sollten immer die gleiche Reihenfolge haben. Dazu dient folgendes Raster:

	Beispiel
• Fleisch	Rehrücken
• Garnitur und/oder besondere Zubereitung	Baden-Baden, rosa gebraten, mit gedünsteter Williamsbirne
• Soße	Wacholderrahmsoße
• Pilze	frische Steinpilze
• Gemüse	junge grüne Bohnen
• Sättigungsbeilagen	Butternudeln
• Salat	Feldsalat
• Kompott	Preiselbeeren

Abkürzungen auf der Karte sollten vermieden werden. Sie sind für den Gast oft nicht deutbar und können zu Missverständnissen führen

Garniturbezeichnungen sollten deutlich erklärt werden. Zu viele Garniturbezeichnungen verwirren den Gast.

Schreibweise:

- **Endungen** bei Beilagen beachten.
  mit jungen grünen Bohnen
  mit hausgemachten Nudeln
- **Anführungszeichen** werden nicht bei klassischen Garnituren, sondern nur bei Fantasiebezeichnungen gesetzt.
  Pfirsich Melba — *Gulaschsuppe „Höllenglut"*
  Salat nach Nizzaer Art — *Gemüsesalat „Bauerngarten"*
- Eingedeutschte Wörter aus der französischen Sprache werden ohne **Akzente** geschrieben.
  Ragout — *Creme*
- Zusammengesetzte Hauptwörter werden gewöhnlich **zusammengeschrieben.**
  nach Müllerinart — *Apfelkaltschale*
  auf Jägerart — *Geflügelcremesuppe*
- **Bindestriche** können wegen der besseren Lesbarkeit bei Wortkombinationen von mehr als zwei Wörtern eingesetzt werden.
  Apfel-Sahnemeerrettich — *Grünerbsen-Püreesuppe*
- **Geografische Namen mit der Endung -er** werden großgeschrieben. In Kombinationen mit anderen Wörtern wird getrennt geschrieben.
  auf Burgunder Art — *nach Malteser Art*
- **Geografische Namen mit der Endung -isch** werden kleingeschrieben.
  auf chinesische Art — *nach türkischer Art*

1. Zwei Angebote im Vergleich

Vergleichen und beurteilen Sie die beiden Angebote.

4.4 Klarheit und Wahrheit des Angebotes

Die Klarheit des Angebotes ist im Verkauf besonders wichtig. Ein Angebot in der Fachsprache der Gastronomie ist für den Laien unverständlich. Er erwartet bei Ausdrücken wie „Reistimbale", „tournierte Karotten", „braisierter Lauch", „Salpicon von ..." usw. etwas Außergewöhnliches.
Viele Gäste scheuen sich zu fragen, wenn sie die Ausdrücke auf der Speisekarte nicht kennen, und weichen deshalb auf ihnen bekannte Gerichte aus. Wie wichtig es ist, Klarheit zu schaffen und Garnituren zu erläutern, zeigt das Beispiel des folgenden Gerichtes, dessen Garnitur den Geschmack der Speise stark beeinflusst:

Rumpsteak Mirabeau
mit Sardellenstreifen und Oliven belegt
dazu Butterbohnen und Pommes frites

Übertreibungen auf der Speisekarte führen zu enttäuschten Gästen. Ein Currystäubchen macht das Gericht noch nicht „indisch" und eine Glasnudel als Beilage macht aus einem Hühnerbrüstchen keines, das die Bezeichnung „auf chinesische Art" rechtfertigt.

Fantasienamen zu besonderen Anlässen sind angebracht und erlaubt. Aber auch hier sollte – wenn nötig – eine Erklärung folgen,
z. B.

- **Fasching:** Salat „Höllenglut" – feuriger Rindfleischsalat mit Landbrot und Butter

Die **Wahrheit** des Angebotes muss neben der Klarheit ein weiteres Prinzip der Speisekartengestaltung sein. Warenunterschiebung ist kein Kavaliersdelikt. Das Angebot auf der Karte muss der Wahrheit entsprechen.

Bei Speisen mit **Herkunftsbezeichnung**, z. B. Straßburger Gänseleberpastete, Frankfurter Würstchen, Schwarzwälder Schinken, erwartet der Gast zu Recht, dass ihm die Originalware und nicht eine Imitation serviert wird. Werden Speisen mit einer Herkunftsbezeichnung angeboten, bei denen es sich nicht um das Original handelt, so ist immer die Beschreibung „auf ... Art" oder „nach ... Art" zu verwenden:

Rostbratwürste Nürnberger Art.

Wird bzw. wurde die Speise zu **Ehren einer Person** benannt, entfällt „auf" oder „nach der Art":

Fürst-Pückler-Eis.

Unangebracht oder sogar makaber sowie vom Material her für den Gast nicht erkennbar sind Speiseangebote wie „Kinderschnitzel", „Seniorenteller", „Jäger-" oder „Zigeunersteak". Speisen, die auf der Karte mit einer bestimmten Materialverwendung (Champagnerkraut), Eigenschaft oder Qualität (zarter Wildwasserlachs) angeboten werden, müssen auch so beschaffen sein.

1. Nennen Sie fünf Beispiele für die richtige Schreibweise auf Speisekarten.
2. Erklären Sie, weshalb Übertreibungen auf Speisekarten nur zu Beginn Verkaufserfolge bringen.

Geschichte der Verwendung von Lebensmittelzusatzstoffen

10000 v. Chr.	Räucherrauch
3500 v. Chr.	Ägypten: Einsatz von Farbstoffen, Verwendung von Kochsalz aus dem Nildelta
2700 v. Chr.	China: Zimt
1500 v. Chr.	Hefe
500 v. Chr.	Färben von Wein, Überziehen von Fett mit Honig, Harzzusatz zu Lebensmitteln
300 – 400 n. Chr.	„Geschmacksverstärker"
1396	Paris: Färbeverbot von Butter
16. Jahrhundert	Einsatz von Farbstoffen „natürlicher Herkunft"
1742	Frankreich: Verordnung, Färben nur mit „ungiftig erkannten" Pflanzen
1747	Zucker
19. Jahrhundert	Zinnober, Bleichromat, Mennige, Färben von Käse und Zuckerwaren
1856	synthetische Farbstoffe
1875	Benzoesäure
1887	Deutschland: Farbengesetz

4.5 Gesetzliche Verordnungen für Speise- und Getränkekarten

§

PAng, § 7
(1) Die Preisangabenverordnung schreibt für Gaststätten die Angabe von Preisen „in Preisverzeichnissen" vor. Es bestehen drei Wahlmöglichkeiten, in welcher Form die Preisverzeichnisse dem Gast zur Kenntnis gegeben werden können. Danach sind die Preisverzeichnisse entweder auf den Tischen auszulegen oder jedem Gast vor Entgegennahme der Bestellung und auf Verlangen bei Abrechnung vorzulegen oder gut lesbar anzubringen.
(2) Neben dem Eingang zur Gaststätte ist ein Preisverzeichnis anzubringen, aus dem die Preise für die wesentlich angebotenen Speisen und Getränke ersichtlich sind. „Wesentlich" sind diejenigen Speisen und Getränke, die in dem betreffenden Betrieb besonders häufig nachgefragt und abgegeben werden.
(3) Werden Speisen oder Getränke sichtbar ausgestellt oder zur Selbstbedienung dargeboten, bedarf es der Preisauszeichnung durch Preisschilder oder Beschriftung der Ware (Absatz 2 bleibt unberührt).
(4) Die in den Preisverzeichnissen aufgeführten Preise müssen das Bedienungsgeld und sonstige Zuschläge einschließen (Inklusiv- bzw. Endpreise).
ZZulV, § 9
(1) Der Gehalt an Zusatzstoffen in Lebensmitteln muss bei deren Abgabe an Verbraucher ... kenntlich gemacht sein. Die Angaben müssen deutlich sichtbar in leicht lesbarer Schrift gemacht und mit der Verkehrsbezeichnung des Lebensmittels verbunden werden, sofern eine solche angegeben wird.

2. In Anlehnung an Preisangabenverordnung (PAngV) und Zusatzstoff-Zulassungsverordnung (ZZulV)

GETRÄNKE

Vanillemilchshake 2)	0,2 l	3,80 €
Schokomilchshake	0,2 l	3,80 €
Kindercola 1, 9, 10)	0,2 l	2,20 €
Cola light 1, 9, 10, 13)	0,2 l	2,50 €
Orangenlimonade 1, 2, 3)	0,2 l	2,50 €
Cola-Mix 1, 9, 13)	0,2 l	2,50 €

1) Mit Farbstoff
2) Mit Konservierungsstoff
3) Mit Antioxidationsmittel
9) Mit Süßungsmittel(n)
10) Enthält Phenylalaninquelle
13) Koffeinhaltig

1. Kennzeichnung auf einer Getränkekarte

1. Zählen Sie alle Arten von Speisekarten auf, die im Verlauf eines Tages eingesetzt werden können.
2. Seit wann ist es in Deutschland bekannt und üblich, den Gästen Speisekarten vorzulegen?

Kenntlichmachung von Zusatzstoffen

Die Information darüber, welche Zusatzstoffe dem Lebensmittel zugesetzt wurden, kann der Verpackung oder den Begleitpapieren der gelieferten Lebensmittel entnommen werden. Bei selbst hergestellter Ware erfolgt die Kenntlichmachung von Zusatzstoffen durch den Hersteller; z. B.: Einer Suppe wird Glutamat zugefügt, Kenntlichmachung: Mit Geschmacksverstärker. Auf Speise- und Getränkekarten dürfen die vorgeschriebenen Angaben in Fußnoten angebracht werden, wenn bei der Speise/dem Getränk mit einer Kennziffer oder einem sonstigen Zeichen auf diese Fußnote klar hingewiesen wird. Für die Angabe der Zusatzstoffe in Fußnoten oder im Aushang kann z. B. folgende Nummerierung verwendet werden:

Nr. 1	Mit Farbstoff
Nr. 2	Mit Konservierungsstoff bzw. konserviert
Nr. 3	Mit Antioxidationsmittel
Nr. 4	Mit Geschmacksverstärker
Nr. 5	Geschwefelt
Nr. 6	Geschwärzt
Nr. 7	Gewachst
Nr. 8	Mit Phosphat
Nr. 9	Mit Süßungsmittel
Nr. 9a	Mit einer Zuckerart und Süßungsmittel
Nr. 10	Enthält eine Phenylalaninquelle. Kann bei übermäßigem Verzehr abführend wirken
Nr. 11	Mit Taurin
Nr. 12	Mit Milcheiweiß
Nr. 13	Koffeinhaltig
Nr. 14	Chininhaltig
Nr. 15	Gentechnisch verändert

4.6 Erstellen von Getränkekarten

Für das Erstellen von Getränkekarten gelten die gleichen Richtlinien in Bezug auf Klarheit, Wahrheit und Verständlichkeit wie für das Erstellen von Speisekarten. Bei der **Gestaltung** und **Erstellung** der Getränkekarte lassen sich durch Werbeeindrucke zwar Kosten sparen, sie beeinflussen aber stark den Charakter der Getränkekarte und können das Image des Betriebes beeinträchtigen.
Um das Interesse des Gastes an einem bestimmten Produkt zu steigern, muss dieses ihm ständig vor Augen gehalten werden. **Tischreiter** mit Getränkespezialitäten erinnern ihn während seiner Anwesenheit ständig daran.
Die Getränkekarte im Restaurant beinhaltet mit Ausnahme der Bargetränke folgende Getränkegruppen, wobei je nach Betriebsart (Wein-, Bierlokal, Hotel, Restaurant) diese oder jene Getränkegruppen in den Vorder- bzw. in den Hintergrund gestellt werden.

- Aperitifs
- Wässer
- Alkoholfreie Getränke
- Fruchtsäfte
- Biere
- Offene Weine
- Flaschenweine
- Schaumweine
- Aufgussgetränke
- Spirituosen

Zur Information für die Gäste ist es angebracht, die einzelnen Getränke zu beschreiben. Hinweise darauf, welche Getränke zu welchen Speisen passen und Erläuterungen zum Geschmack der einzelnen Getränke erleichtern die Verkaufsgespräche. Zusätzliche Angaben, wie die Höhe des Alkoholgehaltes, sind für viele Gäste von Interesse.

4.6.1 Gesetzliche Bestimmungen

Die Ausschankmenge (→ Grundstufe/Fachstufe 1, 163) und der Inklusivpreis müssen angegeben werden. Mindestens ein nicht alkoholisches Getränk muss bei gleicher Ausschankmenge ebenso billig wie das preiswerteste alkoholische Getränk angeboten werden.

4.6.2 Getränkekarten im Tagesablauf

Je nach Tageszeit können verschiedene spezielle Getränkekarten zusätzlich aufgelegt werden.
Kaffee- und Teekarten mit einem Angebot von speziellen Zubereitungsarten dieser Getränke; geeignet für vormittags, aber überwiegend für das Nachmittagsgeschäft.
Alkoholfreie Mischgetränke: Eine Karte mit einem attraktiven Angebot dieser Getränke, die auch sehr dekorativ angerichtet werden können, ist besonders an heißen Sommertagen ein Erfolg.
Bierkarten mit Biermischgetränken, besonders beliebt und erfolgreich in Ausflugs- und Gartenwirtschaften.
Wein- und Schaumweinkarten: Das Angebot von Wein und Schaumwein ist in manchen Betrieben sehr groß, deshalb wird zusätzlich zu den Speise- und Getränkekarten eine separate Karte für Wein und Schaumwein erstellt.
Barkarten (→ 75)

1. Tischreiter mit Getränkespezialität

4.6.3 Aufbau einer Weinkarte

Bei der Erstellung der Weinkarte ist Folgendes zu beachten:

- ***Reihenfolge:*** erst offene, dann Flaschenweine, zuerst inländische, dann ausländische Weine.
- ***Anbaugebiete bzw. Weinbaugebiete:*** Man beginnt mit dem Gebiet, in dem der Betrieb liegt.
- ***Weinart:*** Weißwein, Rotwein, Rosé, Rotling, Perlwein.
- ***Qualität:*** Bei jeder Weinart abgestuft, beginnend bei einfachen bis hin zu Weinen gehobener Qualität.

Angaben, die für den Gast von Interesse sind, am Beispiel von Flaschenwein:

- Jahrgang und Herkunft: Land, Anbau- oder Weinbaugebiet sowie Lage, Gemarkung und Abfüller
- Weinart, Rebsorte oder Sortenverschnitt
- Qualitätsstufe, Geschmacksrichtung
- Alkoholgehalt, Prämierungen und besondere Empfehlungen

2010er Alde Gott **0,75 l**

Spätburgunder Rotwein – trocken –
Qualitätswein aus Baden

Abfüller: W. G. Sasbachwalden

Goldene Medaille, 11,5 Vol.-%, ein vollmundiger, harmonischer Spätburgunder, empfehlenswert zu unseren Wildgerichten

Preis: ....

5 Schriftverkehr

Der Schriftverkehr ist trotz Telefon nach wie vor von großer Bedeutung. Das Telefon ermöglicht zwar den schnellen Informationsaustausch, doch mündliche Aussagen sind nur schwer nachprüfbar und haben bei einem Rechtsstreit eine weit geringere Beweiskraft als Schriftstücke. Für die telegrafische Übermittlung von Schriftstücken mittels Telefax gelten sinngemäß die gleichen Regeln und Normen wie für Briefe.

5.1 Regeln zu Form und Inhalt von Schriftstücken

Wichtig ist der Gesamteindruck eines Briefes, der durch folgende Punkte geprägt wird:
- die ansprechende Form des Schriftstückes,
- die einwandfreie Orthografie (Rechtschreibung),
- den grammatikalischen Aufbau und die Zeichensetzung.

Die Einhaltung der Stilregeln erleichtert das Lesen und die Verständlichkeit eines Schreibens:
- Schreiben Sie einfache, kurze Sätze.
- Verwenden Sie keine nichtssagenden Redewendungen.
- Bemühen Sie sich um genaue, treffende Ausdrücke.
- Weichen Sie nicht vom Thema ab. Vermeiden Sie Wiederholungen und „Kaufmannsdeutsch" (z. B. Der Eingang ihres o. a. Schreibens wird hiermit bestätigt).
- Benutzen Sie Fach- und Fremdwörter nur, wenn davon auszugehen ist, dass sie dem Empfänger geläufig sind.
- Halten Sie den Brief möglichst kurz. Sie ersparen sich und dem Empfänger viel Zeit.

Arbeiten mit Textbausteinen

Bei der programmierten Textverarbeitung mit dem Computer können auf wirtschaftliche Weise Schriftstücke geplant, formuliert, geschrieben, verändert, registriert und abgerufen werden. Vorformulierte Teile eines Briefes können schnell kombiniert und individuell gestaltet werden.

Briefteil	Nr.	Textbaustein
Angebot	041	Gern übersenden wir Ihnen unseren Hausprospekt mit Preisliste. Unser Angebot ist verbindlich bis ...
	042	Bei einem Aufenthalt über 21 Tage gewähren wir einen Nachlass von 4 % auf den Übernachtungspreis.
Reklamation	051	Wir haben den reklamierten Sachverhalt überprüft und sind zu folgendem Ergebnis gekommen: ...
	052	Wir entschuldigen uns für den bedauerlichen Vorfall und werden geeignete Maßnahmen treffen, um Ähnliches in Zukunft auszuschließen.
Mahnung	061	Für die Rechnung vom ... ist bis jetzt noch keine Überweisung eingegangen. Bitte sorgen Sie für eine Zahlung bis zum ... .
	062	Wir berechnen Ihnen Verzugszinsen und Mahnkosten, wenn der Betrag bis zum ... nicht eingegangen ist

1. Textbausteine für Geschäftsbriefe

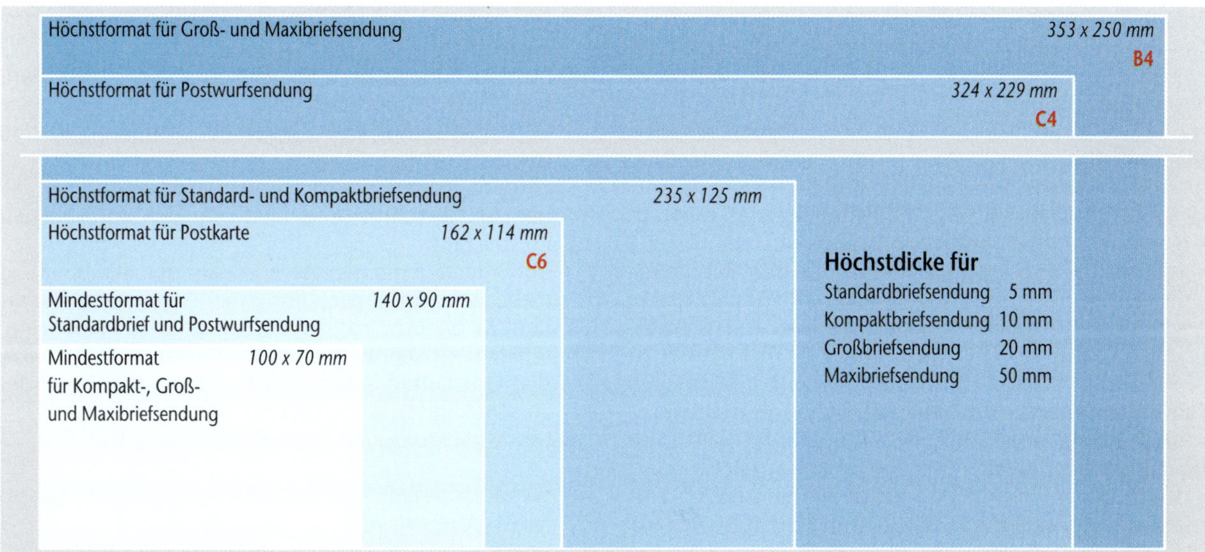

2. Formate für Briefsendungen

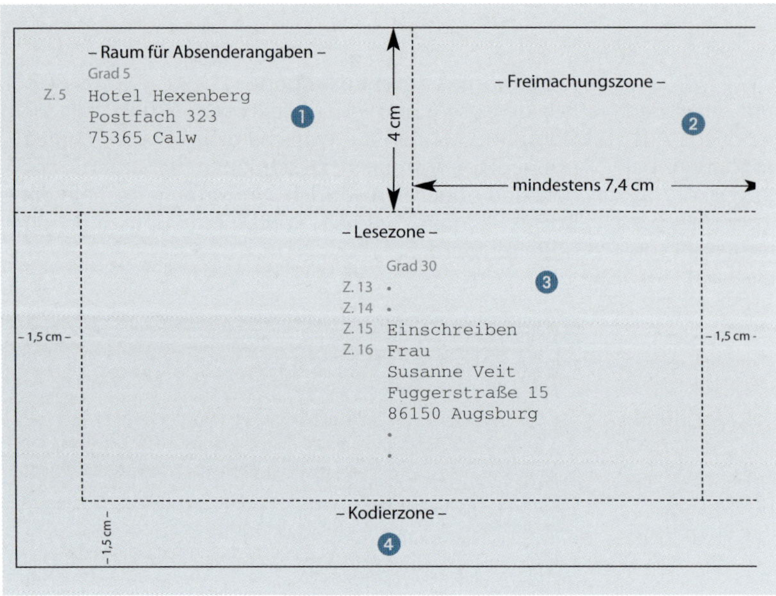

1. Briefhülle C6 DIN 678 (114 x 162 mm) ohne Aufdruck (verkleinert)

Auf Briefhüllen steht die Anschrift in der rechten unteren Hälfte der Aufschriftstelle. Empfohlene Beschriftung der Briefhülle C6 s. Muster.
Auf der Briefhülle DL DIN 678 (110 x 220 mm) beginnt die Empfängeranschrift auf Grad 40. Zum rechten und unteren Rand ist ein Mindestabstand von 1,5 cm einzuhalten.

Faltschema

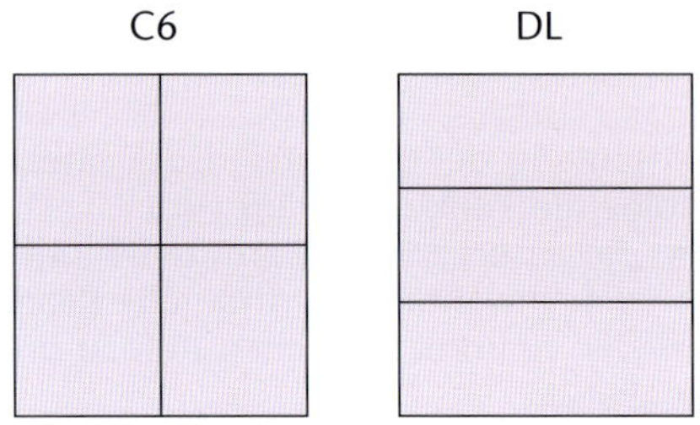

5.2 Papierformate

Um die Abwicklung des Schriftverkehrs im Büro zu beschleunigen, sind Bürogeräte (z. B. PCs, Drucker, Kopiergeräte) und Gebrauchsmaterial (z. B. Briefbögen, Briefhüllen) vereinheitlicht (genormt) und aufeinander abgestimmt. Genormte Papierformate erleichtern nicht nur das Schreiben, sondern auch die Ablage der Schriftstücke (Aufbewahren in Ordnern oder Hängeregistern).

Ihre Normung wurde international vorgenommen und entspricht somit den Bestimmungen der Internationalen Organisation für Standardisierung (ISO). Deshalb wurde die Bezeichnung DIN (Deutsche Industrie-Norm) aufgegeben.
A0 ist ein Papierformat von ca. 1 m^2 Fläche mit den Maßen 841 mm x 1.189 mm. Durch wiederholtes Halbieren der jeweils längeren Seite erhält man die nächstkleineren Formate mit den Bezeichnungen A1 bis A10. A10 hat etwa die Größe einer Briefmarke.
A4 ist das gebräuchlichste Format für den Schriftverkehr (Maße: 210 mm x 297 mm). Benutzt werden auch A5, das Halbbriefformat (148 mm x 210 mm), und die Postkarte (A6 = 105 mm x 148 mm).

Die Papierformate sind auf die genormten Briefumschläge abgestimmt (DIN 678 für Briefhüllen, DIN 680 für Fensterbriefhüllen). Das Umschlagformat C4 kann einen Brief der Größe A4 ungefalzt aufnehmen, C5 einmal gefalzt. Das Format DL (L = lang) ist für zweifach gefalzte Geschäftsbriefe im A4-Format

5.3 Beschriftung der Briefhüllen

Die Post verwendet automatische Lesegeräte zur Sortierung der Briefe. Deshalb muss die Anschrift deutlich lesbar in die dem Briefformat entsprechende Lesezone geschrieben werden.

Erläuterungen zu Bild 1:
❶ Absenderangaben und sonstige Angaben (z. B. Abbildungen und Werbedrucke) haben hier ihren Platz. Sie dürfen auch auf der Umschlagrückseite stehen.
❷ Die Freimachungszone muss von allen Angaben frei bleiben.
❸ Die Versendeform (z. B. „Eilzustellung", „Einschreiben"), die Sendungsart (z. B. Infopost) und/oder die Vorausverfügung (z. B. „Nicht nachsenden") werden über die Anschrift geschrieben. Bei Platzmangel wird die Versendeform unterstrichen. Wichtig ist die genaue Anschrift einschließlich der fünfstelligen Postleitzahl.
Auf Briefen in die meisten europäischen Staaten muss nicht unbedingt der Ländername angegeben werden. Es genügt, vor die Postleitzahl das Nationalitätenkennzeichen zu setzen. Dabei ist es angebracht, den Ortsnamen in der Sprache des Empfängerlandes zu schreiben (z. B. I-00100 Roma).
❹ Die Kodierzone darf keine Beschriftung tragen.

1. Welche Vorteile haben schriftliche gegenüber mündlichen Absprachen?
2. Welche Nachteile können auftreten, wenn Textbausteine im Schriftverkehr verwendet werden?

1 Mit neuer Anschrift an den Absender zurück 2 3 1 1 Frau 2 Martina Heidecke 3 Stephansplatz 3 // W 58 — Wohnung 58 im Haus Nr. 3 4 20354 Hamburg 5 6	1 2 3 1 Warensendung 1 Eheleute 2 Britta und Frank Opitz 3 Am Breiten Tor 2 // III — 3. Stockwerk im Haus Nr. 2 4 56077 Koblenz 5 6
1 2 3 1 Einschreiben 1 Frau 2 Eva Maier B. A. — Bachelor und Mastergrade nach dem Namen 3 An der Abzucht 2 4 75365 Calw 5 6	1 2 3 1 Express 1 Herrn Patentanwalt — Berufsbezeichnung 2 Dipl.-Ing. Werner Lins — Akadem. Grad 3 Hermann-Löns-Weg 49 a 4 13156 Berlin 5 6
1 2 3 1 Herrn — Privatbrief, wird ungeöffnet weitergeleitet 1 Hans Schreiber 2 Pnema Reifenwerke AG 3 Mittlerer Ring 158 4 81925 München 5 6	1 2 3 1 Fantasy Collection KG — Firmenbrief, wird geöffnet und an Frau Schick weitergeleitet 1 Frau Christine Schick 2 Postfach 3 05 47 3 71634 Ludwigsburg 4 5 6
1 2 3 WorldSolar AG Postfach 1234 75365 Calw 4 IIII II II II 5 Einschreiben 1 Herrn Direktor 2 Dr. Herbert Lauter 3 Ahornweg 34 4 76133 Karlsruhe 5 6	1 2 3 4 5 1 Signor — Auslandsanschrift: Bestimmungsort und Bestimmungsland in Großbuchstaben 2 Francesco Capparelli 3 Via Giardini 3 4 33054 LIGNANO 5 ITALIEN 6

1. Beispiele für die Anschriftengestaltung nach DIN 5008

Gestalten Sie folgende Anschriften nach DIN 5008

1. Herrn Thomas Lechner, Am Elbufer 26, 01219 Dresden
2. Eheleute Silke und Rainer Overbeck, Breite Straße 78//W46, 51377 Leverkusen
3. Herr Ulrich Schulz B. Sc., Wacholderweg 45, 75365 Calw-Altburg
4. Einschreiben, Frau Rechtsanwältin Monika Kluge, Am Hochgericht 15, 86150 Augsburg
5. Frau Susanne Siebert, Christal Cosmetic GmbH, Postfach 24 65 12, 68259 Mannheim
6. Bürobedarf Neumann & Steinhoff OHG, Herrn Heitkamp, Wiesbadener Str. 17–19, 55129 Mainz
7. Appartamenti Villa Anita, Viale Europa 127, 36042 RIMINI, ITALIEN

Hinweis: Nach DIN 5008 Änderung von 2011 wird über dem Anschriftfeld für Personenanschriften ein Feld für Rücksendevermerke angebracht. Dieses gehört nicht zum Anschriftfeld. Bei Anschriften mit intergrierter Rücksendeangabe besteht das Anschriftenfeld aus 11 Zeilen. Die Leerzeilen entfallen. Zusätze und Vermerke können Vorausverfügungen (z. B. Nicht nachsenden!), Produkte (z. B. Einschreiben) und elektronische Freimachungsvermerke sein.

5.4 Geschäftsbriefe

Viele gastgewerbliche Betriebe verwenden vorgedrucktes Briefpapier mit grafisch gestaltetem Briefkopf. Bei Normbriefen der Form A4 umfasst der Briefkopf maximal sieben Zeilen.
Spezielle Vordrucke für Rechnungen, Bestellungen und Bestellungsannahme sind ebenfalls gebräuchlich und rationalisieren den Schriftverkehr.
Ein Geschäftsbrief wird formal nach DIN 5008 (Regeln für die Textverarbeitung) gestaltet.

Erläuterungen zur Gestaltung eines Geschäftsbriefes (Bild 1)

❶ **Faltmarken**
Erleichtern das normgerechte Falzen der Schriftstücke.

❷ **Lochmarken**
Erleichtern das normgerechte Lochen und Abheften der Schriftstücke.

❸ **Warnzeichen**
Die Beschriftung sollte hier enden, um einen sauberen unteren Rand zu erhalten.

❹ **Briefkopf**
Er enthält den Namen des Betriebs und des Inhabers oder Leiters.

❺ **Postanschrift des Absenders**
Sie steht im Kleindruck direkt über dem Anschriftenfeld des Empfängers. Dadurch ist sie bei Fensterbriefhüllen sichtbar und braucht nicht auf den Umschlag geschrieben zu werden.

❻ **Anschrift**
Es gelten die Regeln zur Anschriftengestaltung (→ 31). Das Anschriftenfeld (neun Zeilen) wird in eine Zusatz- und Vermerkzone (drei Zeilen) und eine Anschriftenzone (sechs Zeilen) aufgeteilt.

-
-

Einschreiben
Empfänger (Frau, Herr, Firma)
Empfängerbezeichnung/Firma oder Vor- und Nachname
Postfach oder Straße und Hausnummer
Postleitzahl und Bestimmungsort
Bestimmungsland (wenn Ausland)

-

❼ **Eingangs- und Bearbeitungsvermerke**
Der Raum rechts neben dem Anschriftenfeld kann für Eingangseintragungen (Datum, Uhrzeit) und Hinweise zur Bearbeitung genutzt werden.

❽ **Bezugszeichenzeile**
Sie erleichtert die Bearbeitung des Schriftverkehrs durch Hinweise auf den vorangegangenen Schriftwechsel. Die Buchstaben und Zahlenkombinationen geben Auskunft über die Bearbeiter des Schriftverkehrs.

❾ **Betreff**
Er soll den Inhalt des Briefes kurz angeben. Er endet ohne Satzzeichen. Ist das Wort „Betreff" oder „betr." nicht vorgedruckt, wird es auch nicht geschrieben. Dem Betreff folgen zwei Leerzeilen (bei A4) oder eine Leerzeile bei kleineren Formaten.

❿ **Anrede**
Ist der Brief an eine Person gerichtet, die dem Absender bekannt ist, so wird der Name in der Anrede benutzt, andernfalls sind beide Geschlechter anzusprechen (Sehr geehrte Damen und Herren, ...). Nach der Anrede und einer Leerzeile wird klein weitergeschrieben.

⓫ **Brieftext**
Er soll den Empfänger über den Zweck des Schreibens vollständig informieren. Es darf nichts Wesentliches fehlen. Außerdem muss jeder Brief korrigiert werden.

⓬ **Hervorhebungen im Text**
Wichtige Worte oder Sätze können hervorgehoben werden durch Unterstreichen, Fett- oder Kursiv-Schreiben, Einrücken des Textes (Zeilenbeginn bei Grad 20), Schreiben in Großbuchstaben, Farbwechsel oder Änderung des Schrifttyps.

⓭ **Grußformel**
Text und Grußformel sollten durch eine Leerzeile getrennt werden. Üblich sind „Mit freundlichem Gruß" oder „Mit freundlichen Grüßen". Die Formulierung „Hochachtungsvoll" signalisiert Distanz.

⓮ **Unterschriftenfeld**
Durch seine Unterschrift erkennt der Unterschreibende den Inhalt des Schriftstückes an. Für den Schriftzug sind mindestens drei Zeilen vorzusehen. Der Name des Unterzeichnenden wird maschinenschriftlich wiederholt.

⓯ **Anlagen- und Verteilervermerke**
Mindestens eine Leerzeile sollte zwischen Unterschriftenwiederholung und Anlagenvermerk eingehalten werden.
Der Anlagenvermerk gibt Auskunft über die Anzahl und Art der Anlagen. Der Verteilervermerk macht deutlich, welche Personen eine Kopie des Schreibens erhalten.

⓰ **Geschäftsangaben**
Sie enthalten Angaben über Fernschreibverbindungen, Telegrammkurzanschrift und die Bankverbindungen, E-Mail- und Internet-Adressen.

4 **Hotel Hexenberg**
Inhaberin: Karin Weihrauch

5 Hotel Hexenberg · Postfach 323 · 75365 Calw

6
Frau
Gabriele Falkenstein
Heganweg 9
72280 Dornstetten

7

8 Ihr Zeichen, Ihre Nachricht vom	Unser Zeichen, unsere Nachricht vom	Telefon, Name (0 70 51) 25 53 -	Datum
1 gf-mb 20..-09-24	cm-bp	4 43 Herr Marl	20..-09-24

9 **Information über unser Haus**

10 Sehr geehrte Frau Falkenstein,

11 für Ihre freundliche Anfrage vom 20..-09-08 sagen wir Ihnen besten Dank.

2 Gerne übersenden wir Ihnen den gewünschten Hotelprospekt mit Preisverzeichnis, aus dem die Leistungen unseres Hauses ersichtlich sind. Beachten Sie bitte auch unser 12 Angebot **Bunter Herbst**.

Aus dem beigefügten Lageplan können Sie ersehen, dass unser Haus mit allen Verkehrsmitteln bequem zu erreichen ist.

Wir würden uns freuen, Sie bald als Gast begrüßen zu dürfen.

13 Mit freundlichen Grüßen

Hotel Hexenberg

14 i. A. Claus Marl

1 Claus Marl

15 Anlagen
1 Hotelprospekt
1 Lageplan

3

16

Anschrift	Telefon	Telefax	Kontoverbindungen		
Am Hexenberg 5	0 70 51 25 53 - 55	0 70 51 25 53 - 01	Calwer Volksbank	IBAN DE04 6069 1180 0000 3471 88	BIC CVDFDE50GKD
75365 Calw	E-Mail Hexenberg@t-online.de		Kreissparkasse Calw	IBAN DE56 6065 1040 0000 0266 81	BIC PZHSDE66XXX

1. Vorschriften für die Gestaltung eines Geschäftsbriefes nach DIN 5008

5.5 Schriftverkehr mit Lieferanten

Anfrage: Im Schriftwechsel mit Lieferanten tritt der Gastwirt oder Hotelier als Käufer auf. Er kann eine Anfrage an Lieferanten richten, um Angebote zu erhalten. Eine Anfrage ist stets unverbindlich (ohne Kaufverpflichtung).

Bestellung der Waren: Hat man sich für ein Angebot entschieden, ist eine Bestellung abzugeben. Sie verpflichtet im Allgemeinen zur Abnahme und zur Bezahlung. Wichtig ist, sich die Bestellung schriftlich bestätigen zu lassen, sofern Art und Umfang des Geschäftes dies sinnvoll erscheinen lassen. Man erhält dadurch die Möglichkeit zur Korrektur und im Streitfall ein wichtiges Beweismittel.

Folgende **Kaufformen** sind gebräuchlich:

- Kauf nach Probe: Man bestellt unter der Bedingung, dass die Ware der Probe entspricht. Zur Sicherung eines Beweismittels ist die Probe aufzubewahren.
- Kauf zur Probe: Man kauft einen kleinen Posten einer Ware, um deren Verarbeitungs- und Absatzmöglichkeiten zu prüfen. Bei positivem Ergebnis wird der Kauf einer größeren Menge in Aussicht gestellt.
- Kauf auf Probe: Diese Einkaufsart wird besonders bei Geräten und Maschinen praktiziert. Sie können während einer vereinbarten Frist geprüft werden.
- Kauf auf Abruf: Der Kaufvertrag wird über eine große Warenmenge abgeschlossen und während eines vereinbarten Zeitraumes abgerufen. Vorteile für den Käufer: Mengenrabatt, Preisstabilität, geringerer Lageraufwand.
- Kommissionskauf: Der Käufer muss die Ware erst dann bezahlen, wenn er sie selbst verkauft hat.
- Fixkauf und Zweckkauf: Wird die Ware zu einem bestimmten Zweck an einem bestimmten Termin benötigt (Fisch für eine Fischwoche, Gänse für das Weihnachtsmenü), ist eine Lieferung nach diesem Termin sinnlos.
  Man vereinbart mit dem Lieferanten deshalb einen fixen (festen) Liefertermin. Trifft die Lieferung bis dahin nicht ein, befindet sich der Lieferant sofort in Nicht-rechtzeitig-Lieferung. Der Käufer kann vom Vertrag zurücktreten, auf die Lieferung verzichten und gegebenenfalls Schadenersatz verlangen (siehe Deckungskauf).
- Deckungskauf: Ist man gezwungen, bei einem anderen Lieferanten Waren einzukaufen, weil der vorgesehene Lieferant nicht rechtzeitig geliefert hat oder die Ware durch einen Mangel nicht verwendbar ist, spricht man von einem Deckungskauf. Die Mehrkosten kann man dem leistungspflichtigen Lieferanten in Rechnung stellen.

Mängelrüge: Man unterscheidet Mängel

- in der Art, wenn ein falscher Artikel geliefert wurde (Erbsen statt Bohnen),
- in der Menge, wenn zu viel/zu wenig geliefert wurde,
- in der Einheit (0,75-l statt 1-l-Flaschen),
- in der Qualität (angefaultes Obst oder Gemüse).

Der Mangel muss bei der Warenannahme sofort angezeigt werden. Versteckte Mängel (Mängel, die nicht sofort feststellbar sind) sind innerhalb sechs Monaten zu rügen (falls im Kaufvertrag nicht anders geregelt). Die Fristen gelten nicht, wenn der Lieferant einen ihm bekannten Mangel arglistig verschwiegen hat. Bei der Mängelrüge ist der Käufer verpflichtet, die Art des Mangels anzugeben.

Bei mangelhafter Ware hat der Käufer

- Recht auf Verweigerung der Warenannahme,
- Recht auf Wandelung, d.h., der Vertrag wird rückgängig gemacht,
- Recht auf Minderung, d.h., der Kaufpreis wird herabgesetzt,
- Recht auf Ersatzlieferung oder Umtausch,
- Recht auf Schadenersatz (z.B. bei Deckungskauf).

Nicht-rechtzeitig-Zahlung: Trifft die Ware nicht rechtzeitig ein, wird (außer bei Fixkauf) die Lieferung angemahnt. Durch die Mahnung gerät der Lieferant in Verzug. Der Käufer kann auf einer Lieferung bestehen und eine angemessene Nachfrist setzen, nach deren Ablauf er die Warenannahme verweigern kann. Wird diese Frist nicht eingehalten, kann er die Lieferung ablehnen, vom Vertrag zurücktreten und unter Umständen Schadenersatz verlangen (siehe Deckungskauf).

5.6 Schriftverkehr mit Gästen

Gegenüber seinen Gästen tritt der Wirt als Verkäufer auf. Die Gäste haben sinngemäß die oben beschriebenen Rechte und Pflichten des Käufers.

Nicht-rechtzeitig-Zahlung: Zahlt der Käufer nicht zum genau vereinbarten Datum den vereinbarten Preis, gerät er in Zahlungsverzug (Vorgehensweise und einzuhaltenden Fristen siehe → S. 35, Tabelle 3).

5.7 Schriftwechsel mit Behörden

Für die meisten Angelegenheiten, die mit Behörden zu regeln sind, gibt es Formulare (auch im Internet). Aus ihnen sind die geforderten Daten ersichtlich.

Beispiele für Anlässe zum Behörden-Schriftwechsel

- Anmeldung eines Betriebes bei der zuständigen örtlichen Behörde, beim Finanzamt, bei der Berufsgenossenschaft und bei der Industrie- und Handelskammer,
- An- und Abmeldung des Personals bei der Krankenkasse,
- Gesuch um Erlass eines Mahnbescheides beim Amtsgericht.

Art des Geschäftsbriefes	Einleitung	Hauptteil	Schluss
Bestellung	Dank für das Angebot (und für Zusendung der Proben)	Genaue Beschreibung der gewünschten Ware nach Art und Qualität (Art.-Nr. aus dem Angebot übernehmen). Genaue Angabe der Bestellmenge und der Verpackungseinheit	Nochmaliger Hinweis auf Punkte, die besonders wichtig sind. Sonderwünsche, Umtausch-, Rückgaberecht ansprechen. Mit freundlichen Grüßen
Mängelrüge	Bestätigung der Warenlieferung Hinweis auf Mängel	Genaue Mängelbeschreibung. Hinweis auf rechtliche Situation. Vorschlag zur Behandlung der Angelegenheit und/oder Bitte um Stellungnahme des Lieferanten.	Mit freundlichen Grüßen
Nicht-rechtzeitig-Lieferung	Hinweis auf die Bestellung und den vereinbarten Liefertermin	Gründe für die schnellstmögliche Lieferung nennen. Nachfrist setzen. Auf rechtliche Folgen bei Überschreitung der Nachfrist hinweisen.	Mit freundlichen Grüßen
Nicht-rechtzeitig-Lieferung	Hinweis auf Bestellung und Betonung des Fixkaufes	Feststellung der Nichterfüllung Darstellung der Rechtslage und Geltendmachung des Rechtes	Mit freundlichen Grüßen

1. Schriftverkehr mit Lieferanten

Art des Geschäftsbriefes	Einleitung	Hauptteil	Schluss
Antwort auf eine Anfrage	Dank für Anfrage Hinweis auf mitgeschicktes Informationsmaterial	Auflistung der interessanten Angebotseinzelheiten (Zimmerausstattung, Zimmerpreise, Hervorhebung besonderer Angebote, evtl. Veranstaltungsübersicht der Stadt, der Region)	Mit freundlichen Grüßen
Antwort auf eine Bestellung	Dank für Bestellung Zusicherung der sorgfältigen Ausführung	Wiederholung wichtiger Details (z. B. Termin, Personenzahl, Rechnungsanschrift), evtl. Bezug auf schriftliches Angebot. Irrtümer, Unklarheiten, Änderungen telefonisch abklären und in Bestellungsannahme aufnehmen	Mit freundlichen Grüßen
Antwort auf eine Reklamation	Bedauern, dass der Gast nicht zufrieden war. Versichern, dass Reklamation sorgfältig geprüft wurde.	Stellungnahme: Bei Widerlegung: Gründe darlegen Bei Anerkennung: Klärungsvorschläge, Eingehen auf Wünsche des Gastes, Entschuldigung für mangelhafte Leistung	Mit freundlichen Grüßen

2. Schriftverkehr mit Gästen

Zeitpunkt	Inhalt und Gliederung des Schreibens			
	Betreffangabe	**Einleitung**	**Hauptteil**	**Schluss**
nach Überschreitung des Zahlungstermins	Zahlungserinnerung	Hinweis auf offene Rechnung	Beifügung einer Rechnungskopie	Mit freundlichen Grüßen
14 Tage später	1. Mahnung	Hinweis auf offene Rechnung	zu zahlender Betrag, Setzen einer Zahlungsfrist	Mit freundlichen Grüßen
weitere 14 Tage später	2. Mahnung	Hinweis auf 1. Mahnung	offen stehender Betrag, Hinweis auf Verzugszinsen	Mit freundlichen Grüßen
weitere 14 Tage später	3. Mahnung	Hinweis auf vorangegangene Mahnschreiben	Setzen eines neuen Termins, Hinweis auf Einzug der Schuld durch Postnachnahme	Mit freundlichen Grüßen
weitere 7 Tage später	Zustellung der Postnachnahme			
nach Rückkunft der uneingelösten Postnachnahme	4. (letzte) Mahnung	Hinweis auf bisherige Mahnbemühungen	Setzen einer Frist, bei deren Nichteinhaltung gerichtliches Mahnverfahren eingeleitet wird. Nennen des Rechnungsbetrages einschl. aller Kosten	Hochachtungsvoll

3. Vorgehen bei Nicht-rechtzeitig-Zahlung

6 Gäste- und Lieferantenkarteien und -dateien

6.1 Gästekarteien und -dateien

Der Unterschied zwischen Karteien und Dateien besteht darin, dass Karteien „von Hand", Dateien im Computer geführt werden. In beiden Hilfsmitteln werden Daten über Gäste gesammelt und gespeichert, um die Qualität der Gästebetreuung zu steigern. Für den gastgewerblichen Betrieb können die Gästedaten zur Optimierung der Betriebsabläufe beitragen, wenn

- die Daten ständig aktualisiert werden,
- sie den betroffenen Mitarbeitern zum richtigen Zeitpunkt zur Verfügung stehen und
- die Informationen im Sinne des Gastes und des Betriebs umgesetzt werden.

Welche Daten in Karteien und Dateien aufgenommen werden ist von Betrieb zu Betrieb unterschiedlich (→ Bild 1); dies gilt auch für deren Verwaltung nach Ordnungsprinzipien. Im Restaurantbereich können u. a. folgende Angaben wichtig sein:

- Name und Anschrift/Titel/Stellung,
- Firma/Rechnungsanschrift/Zahlungsweise
- Telefon- und Telefax-Nummern, E-Mail-Adresse,
- bisherige Reservierungen/Umsätze,
- bevorzugter Restaurantteil/Tisch,
- besondere Vorlieben bzw. Abneigungen (z. B. Bedienungspersonal, Tischdekoration/Blumenschmuck, Speisen/Getränke, Raucher/Nichtraucher usw.),
- bisherige Reklamationen und deren Behandlung,
- bisherige Werbemaßnahmen und positive Reaktionen,
- persönliche Besonderheiten: Diabetiker, Vegetarier,
- Rollstuhlfahrer usw.

Besondere Verhaltensanweisungen/Daten können zusätzlich von den sogenannten VIP-Gästen (very important persons) in Karteien oder Dateien aufgenommen werden. Beispiele dafür sind:

- Die Tischreservierung muss der Geschäftsleitung/Service- und Küchenleitung angezeigt werden.
- Ein Parkplatz ist zu reservieren.
- Besondere Speisen/Getränke sind bereitzuhalten.

Erstellen einer Gästekartei/-datei für das Restaurant

Bei einer schriftlichen (Brief, Fax, E-Mail) Anfrage oder Bestellung ist festzustellen, ob der Gast bereits in Dateien oder Karteien geführt wird. Wenn nicht, wird aus den Daten des Schriftstücks eine Datei oder Kartei erstellt. Bei mündlichen oder telefonischen Bestellungen sind die Regelungen des Betriebs zu beachten. Bei Bezahlung mit Kreditkarte oder auf Rechnung sind Daten eventuell bei dem Gast zu erfragen und in die Dateien und Karteien aufzunehmen.

Umgang mit der Gästekartei oder -datei

Hat sich ein Gast angesagt, von dem eine Kartei oder Datei mit aktualisierten Daten vorhanden ist, können Bereitstellungsmaßnahmen, z. B. Personaleinteilung und -unterweisung (Vorlieben), Raum- und Tischauswahl, Tischdekoration und Temperieren von Getränken getroffen werden. Erfahrungen, die bei Besuchen des Gastes gemacht wurden, können die Gästekartei oder -datei ergänzen.

Datenschutz

Selbstverständlich sind die datenschutzrechtlichen Bestimmungen (→ 174) einzuhalten; darüber hinaus wird das Ansehen des Hauses schwer geschädigt, wenn Gästedaten missbraucht werden oder in falsche Hände geraten.

Bearbeiten - Gast

Nachname:	Schulz			Zimmer	151	Market		OK
Vorname:	Markus			Kategorie Zi.	Junior	Vip	Stammgast	
Straße 1:	Kiefernweg 27			Sonderpreis	0,00	Fibu.Deb.		Abbrechen
Straße 2:				Kredit	0,00	Mahnung		
PLZ - Ort:	12345	Irgendwo						Hilfe
Land/Region:								
Land:	Deutschland	Nat.	D	Pass. - Nr:				Neu
Geburtstag:	01.02.1973			Löschen	Sales	0		Druck
				Bemerkungen: Allergie gegen Gräser!				Gast Hist.
Anrede:	Herr Doktor	Titel	Dr.					Rechnung
Per. Anrede:	Sehr geehrter Herr Dr. Schulz,							Master
Telefon:	0123 - 456 789							Marketing
Fax:	0123 - 456 101			Letzter Aufenthalt	21.08.05	Letzter Preis	150,00	
Funktelefon:	0712 - 123 456 78			Letztes Zimmer	210			
E-Mail:	M.Schulz@powermail.de			Erfasst	17.08.05 - Herr Meier - 14:30 Uhr			
Kreditkarte:	Visa	1231 2343 4564 2	12/06	Aufenthalte	3			
Beruf:	Rechtsanwalt			Logis	750,00	Nächte	5	
Firma:	BD Chemie			F & B	180,00			
Kfz:	IR - AS 236			Extras	99,00	Stornos	0	
				Total	1029,00			

1. Gästedatei

Lieferantenkartei				
Firma: Weinhaus Blau Anschrift: Winzerweg 2, 74072 Heilbronn Ansprechpartner: Rüdiger Blau Telefon: 07131/65111 Fax: 62616 E-Mail: BlauWein@t-online.de Lieferbedingungen: ab Hof		Rabatt: 8 % Umsatzbonus: je 10 000,00 € 1 % Zahlungsbedingungen: 2 % Skonto/10 Tage Ziel Reklamationen: keine Reaktion: Laufende Verträge: 3 Abgelegt unter Wein/Blau/2005 Werbemittel: Prospekte, Deko-Material, Probiergläser		
Warenbezeichnung	**Gebinde**	**Flaschen**	**Angebot vom**	**Einzelpreis in €**
2013 Trollinger, Spätlese	0,75 l	144	28.08. ...	6,86
2012 Riesling, trocken	0,375 l	96	02.09. ...	3,20
2012 Riesling, halbtrocken	0,75 l	84	02.08. ...	5,80
2013 Schillerwein	1,0 l	48	02.09. ...	4,08

1. *Lieferantenkartei*

6.2 Lieferantenkarteien und -dateien

Für jeden Lieferanten, von dem öfter Waren bezogen werden, ist eine Lieferantenkartei (→ Bild 1) oder -datei (sinngemäß gleiche Datensammlung, die im Computer verwaltet und gespeichert wird) anzulegen und nach bestimmten Ordungsprinzipien abzulegen (→ Grundstufe/Fachstufe 1, 19).

Diese Datensammlung ist als Organisationsmittel für den Wareneinkauf und die Abwicklung von der Lieferung bis zur Bezahlung sowie bei Reklamationen und Streitigkeiten wichtig. Sie ist ständig zu aktualisieren.

Die Datenverarbeitung im Computer kann wesentlich zur Vereinfachung und Übersichtlichkeit beitragen.

Je genauer die Datensammlung der Lieferanten für eine Ware oder Warengruppe (Wein, Bier, Kaffee, Fisch, Fleisch, Geflügel, Wild, Gemüse und Obst, Teigwaren usw.) ist, desto besser kann die Kaufentscheidung ausfallen.

Begriffserklärungen bei Lieferantenkarteien und -dateien

- **Umsatz-Bonus:** Im Kaufvertrag wurde vereinbart, dass ab einem bestimmten Umsatz, z. B. innerhalb eines Jahres, ein Preisabschlag gewährt wird.
- **Natural-Rabatt:** Bei Abnahme einer bestimmten Menge (z. B. pro 100 Flaschen) wird vereinbart, dass z. B. sechs Flaschen ohne Bezahlung mitgeliefert werden.
- **Reklamationen:** Es wird aufgezeichnet, welche Reklamationen bei diesem Lieferanten notwendig waren und wie der Lieferant darauf reagiert hat. Die möglichen Reaktionen können von kulant (die reklamierte Ware wird anstandslos ersetzt) bis zu einem Rechtsstreit vor Gericht reichen.
- **Werbemittel:** Stellt ein Lieferant (z. B. für eine Sonderveranstaltung) Werbemittel zur Verfügung, kann der Betrieb Kosten sparen. Manche Lieferanten nutzen diese Möglichkeit der Kundenwerbung und -bindung; es lohnt sich, danach zu fragen.

Prospekt- und Preislistensammlung

Die momentan gültigen Prospekte, Kataloge und Preislisten der Lieferanten sind, z. B. nach Warengruppen geordnet, als Ergänzung zu den Lieferantenkarteien wichtige Hilfsmittel bei Kaufentscheidungen.

Datenschutz

Die Lieferantenkarteien und -dateien enthalten Daten, die für die Konkurrenz des Betriebs und der Lieferanten wettbewerbsrelevante Bedeutung haben. Deshalb ist, wie bei den Daten der Gästekarteien und -dateien (→ 36), dafür zu sorgen, dass ausschließlich mit deren Umgang beauftragte Personen Zugriff haben.

1. Welcher Unterschied besteht zwischen Karteien und Dateien?
2. Zählen Sie drei Bereiche auf, bei denen eine Gästekartei als Organisationsmittel Verwendung findet.
3. Nach welchen Prinzipien kann eine Kartei oder Datei organisiert sein?
4. Wie erstellt man eine Gästekartei oder -datei? Woher bekommt man die notwendigen Daten?
5. Welche Vorteile bietet eine Gästekartei, wenn ein Stammgast einen Tisch bestellt,
   a) für den Gast,
   b) für den Betrieb?
6. Nennen Sie vier Vorkommnisse/Informationen, die Sie in die Gästekartei oder -datei eintragen würden, um sie auf dem aktuellen Stand zu halten.
7. Erklären Sie, welche negativen Folgen ein unsachgemäßer Umgang mit den Daten in Karteien oder Dateien haben kann.
8. Wozu dient eine Lieferantenkartei oder -datei?
9. Entwerfen Sie eine Kartei für einen Kaffee-Lieferanten.
10. Welche Werbemittel könnte Ihnen ein Gemüse- und Obstlieferant für eine Sonderveranstaltung zur Verfügung stellen?

7 EDV

7.1 Einsatzmöglichkeiten von EDV-Systemen in der Restaurantorganisation

Organisation im Restaurant
- Erstellen von Checklisten für Vorbereitungsarbeiten mit entsprechenden Angaben, z. B. Reinigungstätigkeit, Häufigkeit, Vorgehen usw.
- Tischreservierungen bearbeiten und vermerken.
- Einteilung für die entsprechenden Dienste, Reviere oder Tische vornehmen.
- Bestellvorgänge bzw. Warenanforderungen werden in Verbindung mit dem Kassensystem eingeleitet.
- Verwaltung von Terminen, z. B. Besprechungen, die abteilungsübergreifend sind

Organisationspläne/Personalplanung
- Führen von Arbeitszeitkonten
- Erfassung der Arbeitszeiten durch An- und Abmelden am EDV-System durch das Kassensystem, Magnetkarten usw.
- Erstellen von Dienstplänen in Verbindung mit Urlaubsplänen und unter Berücksichtigung von Sonderaktionen, bei denen vermehrter Personalbedarf besteht
- Entwerfen, Gestalten und Erstellen von Angebots-, Speise- und Getränkekarten
- Durchführen und Planen von Sonderaktionen mit den entsprechenden Maßnahmen
- Standardisiertes Layout von Rechnungen und einheitliches Erscheinungsbild des Schriftverkehrs

7.2 Gäste- und Lieferantendateien

- Anlegen von Gästedateien mit den entsprechenden Kontaktdaten
- Anlegen einer Gastlegende, hierbei werden z. B. Umsätze im laufenden Jahr, Anzahl der Besuche, bevorzugte Tische vermerkt
- Werden Kundenrabatte gewährt, so können diese in der Gastlegende hinterlegt und bei Kassiervorgängen automatisch berücksichtigt werden.
- Kunden- oder Debitorennummern können vergeben werden; diese erleichtern den Export in andere Programme, z. B. Tabellenkalkulation.
- Anlegen von Lieferantenkarteien, insbesondere Anbieter von Non-Food-Artikeln und Zusatzleistungen, z. B. Floristen, Künstler

Schriftverkehr
- Erstellen von E-Mail- oder Brief-Aktionen in Verbindung mit vorhandenen Kundendaten, z. B. Besuchshäufigkeit, Umsatz, Neukunde
- Bearbeiten von Gästeanfragen in Bezug auf Reservierung, Terminvereinbarungen und ihre Beantwortung
- Korrespondenz mit Lieferanten in Form von Anfragen, Angebotsanforderungen, Bestellungen und Reklamationen

1. Erläutern Sie die Vorteile eines EDV-gestützten Kassensystems gegenüber einer herkömmlichen Registrierkasse.

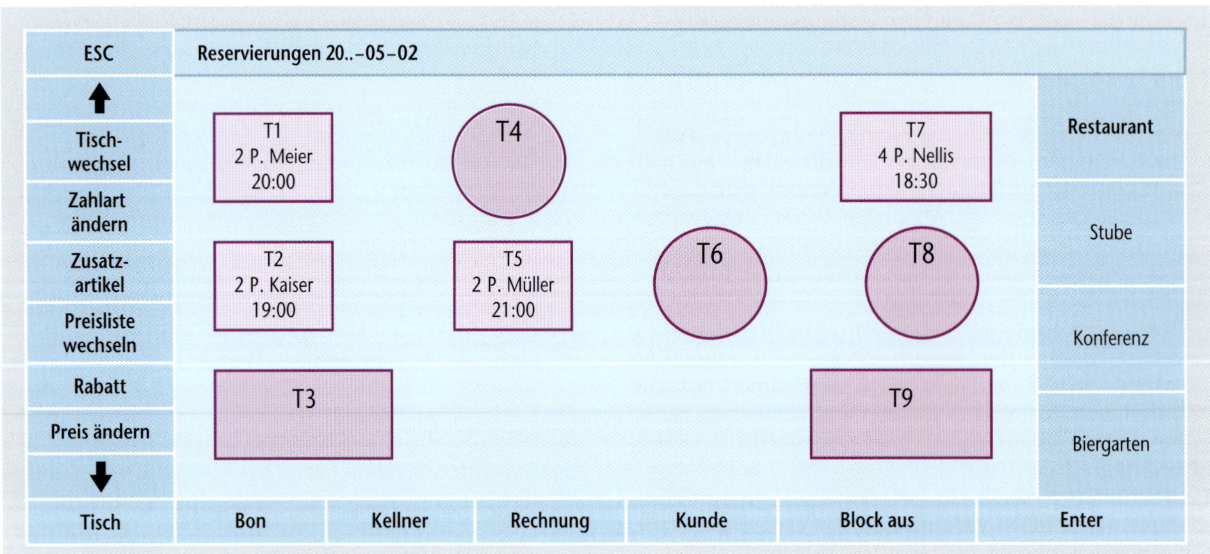

1. Übersicht über Reservierungen

8 Berechnungen Restaurantorganisation

Ein Brautpaar möchte am ersten Samstag im Juni seine Hochzeit im Hotel Schwarzwaldhöhe ausrichten. Bei der Menübesprechung sind auch die Brauteltern anwesend, da sie die gesamten Kosten übernehmen wollen. Nach einigen Überlegungen entscheiden sie sich für das Menü 1 zum Preis von 38,00 €. Von den 130 Hochzeitsgästen sind 20 % Kinder und Jugendliche, die das Menü mit kleineren Portionen serviert bekommen. Der Preis für das Kindermenü beträgt 30,00 €.

Als Hauptgang sollen Schweinelendchen in Blätterteig angerichtet werden; dazu empfiehlt der Hotelier einen badischen Grauburgunder, den er bei der Firma WeinEx bestellt.

a) Errechnen Sie die Anzahl der Kinder und Jugendlichen.

b) Wie viele Flaschen Grauburgunder (Listenpreis 5,01 €) werden benötigt, wenn mit einem Schankverlust von 5 % und einem Durchschnittsverbrauch von 0,15 l pro Erwachsenen gerechnet wird?

c) Außerdem werden noch 30 Flaschen Spätburgunder Rotwein trocken (Listenpreis 7,57 €) bestellt. Erstellen Sie die Gesamtrechnung, die der Hotelier von der Firma WeinEx erhält.

d) Wie viele Flaschen Mineralwasser zu je 0,75 l werden benötigt, wenn von einem durchschnittlichen Bedarf von 0,4 l pro Erwachsenen ausgegangen wird?

e) Wie viele Gläser Cola und Apfelsaft zu je 0,2 l werden ausgeschenkt, wenn 60 % (Ergebnis aufrunden) der Kinder und Jugendlichen Cola und der Rest Apfelsaft pur trinkt (jeweils 0,6 l/Person).

f) Erstellen Sie die Gesamtrechnung (mit Ausweisung der MwSt.) an die Brauteltern, wenn vom Spätburgunder Rotwein 24 Flaschen ausgeschenkt und noch 26 Pils à 0,4 l getrunken wurden.

Inklusivpreise – Getränkekarte

Winzersekt	0,75 l	24,00 €	Cola	0,2 l	1,50 €
Grauburgunder	0,75 l	15,00 €	Pils	0,4 l	2,80 €
Spätburgunder Rotwein	0,75l	24,00 €	Apfelsaft	0,2 l	1,50 €
Orangensaft	0,25 l	2,00 €	Mineralwasser	0,75l	4,00 €

a)

100 % ≙ 130 Personen
20 % ≙ x Personen

$$\frac{130 \cdot 20}{100} = \mathbf{26\ Personen}$$

130 Personen
– 26 Personen
104 Personen

104 Erwachsene
26 Kinder und Jugendliche

Lösung: 26 Personen der Gesellschaft sind Kinder.

b)

104 Personen · 0,15 l = 15,6 l Grauburgunder

100 % ≙ x l
95 % ≙ 15,6 l

$$\frac{15{,}6 \cdot 100}{95} = 16{,}421\ l$$

16,421 l : 0,75 l = **21,89 Flaschen, gerundet 22 Flaschen**

Lösung: Es müssen 22 Flaschen Grauburgunder bestellt werden.

c) Rechnung de Firma WeinEx

Anzahl	Artikel	Einzelpreis in €	Gesamt in €
30	Spätburgunder	7,57	227,10
22	Grauburgunder	5,01	110,22
		Summe netto	337,32
zuzüglich 19 % MwSt.			64,09
Rechnungsbetrag			**401,41**

Lösung: Der Rechnungsbetrag lautet 401,41 €.

d)

104 Personen · 0,4 l = 41,6 l Mineralwasser

41,60 l : 0,75 l = **55,47 Flaschen, gerundet 56 Flaschen**

Lösung:
Es müssen 56 Flaschen Mineralwasser bestellt werden.

e)

100 % ≙ 26 Personen
60 % ≙ x Personen

$$\frac{60 \cdot 26}{100} = 15{,}6\ P. = 16\ Personen$$

16 Personen · 0,6 l = 9,6 l Cola

9,6 l : 0,2 l = **48 Gläser à 0,2 l**

Lösung: Es werden 48 Gläser Cola ausgeschenkt.

26 Personen – 16 Personen = 10 Personen

10 Personen · 0,6 l = 6,0 l Apfelsaft

6,0 l : 0,2 l = **30 Gläser**

Lösung: Es werden 30 Gläser Apfelsaft ausgeschenkt.

f) Rechnung an die Brauteltern

Menge	Artikel	Einzelpreis in €	Gesamt in €
104	Menü	38,00	3.952,00
26	Kindermenü	30,00	780,00
22	Fl. Grauburgunder	15,00	330,00
24	Fl. Spätburgunder	24,00	576,00
26	Glas Pils	2,80	72,80
48	Glas Cola	1,50	72,00
30	Glas Apfelsaft	1,50	45,00
56	Fl. Mineralwasser	4,00	224,00
		Summe	**6.051,80**
Enthaltene MwSt. 19 %			966,25
Nettobetrag			**5.085,55**

Lösung: Der Rechnungsbetrag lautet 6.051,80 €, darin sind 966,25 € MwSt. enthalten.

9 Fachsprache, Fremdsprache

Deutsch	Englisch	Französisch (m. = maskulin, le; f. = feminin, la (Mehrzahl = les))
Restaurantorganisation	**Restaurant organization**	**Organisation de Restaurant**
Stellenbeschreibungen	Job describtions	Descriptions des professions
Arbeitsbereiche	Areas of work	Champ d'activité
Organisationsmittel	Means of organization	Moyen d'organisation
Dienstpläne	Duty schedule	Plans de service
Urlaubspläne	vacation plans	Plans de vacances
Arbeitsplan	Duty roster	Plan des traveaux
Angebotskarten	**Offer cards**	**Cartes d'offre**
Speisekarten	Menus	Cartes des mets
Getränkekarten	Beverage lists	Cartes des boissons
Weinkarten	Wine lists	Cartes des vins
Kaffeekarten	Coffee lists	Cartes des cafés
Teekarten	Tea lists	Cartes des thés
Barkarten	Bar lists	Cartes du bar
Tageskarte	Daily menu	Menu du jour
Eiskarte	Ice cream menu	Cartes du glaces
Schriftverkehr	**Correspondence**	**Correspondance**
Aufbau, Formatierung	Layout	Organisation de l'espace de la lettre
Geschäftsbriefe	Business letters	Lettres commerciales
Textbausteine	Letters of moduls	Eléments de texte
per Einschreiben	by registered letter	par envoi revommandé
Luftpost	airmail	par avion
Rundschreiben	Newsletter	bulletin
Hochachtungsvoll	yours sincerely	mes sentiments distingués
Umschlag	envelope	enveloppe
Briefmarke	stamp	timbre postal

10 Projektorientierte Aufgabe

Thema: Restaurantorganisation

Zur Neueröffnung Ihres First-Class-Restaurants mit sechs Servicemitarbeitern, 80 Sitzplätzen und Bar suchen Sie für den Servicebereich einen Stellvertreter, der Sie tatkräftig unterstützen und bei Ihrer Abwesenheit vertreten soll.

Mit Ihrem Partner, der für den Küchenbereich zuständig ist, wollen Sie die für die Eröffnung benötigten Speise- und Getränkekarten erstellen.

Aufgabe: Erstellen Sie

- eine detaillierte Stellenbeschreibung und Stellenanforderung für den stellvertretenden Restaurantleiter,
- eine Checkliste zur Kontrolle der neuen Angebotskarten hinsichtlich der Einhaltung aller Regeln (→ 23 ff.).

Lösungsvorschlag

(Lösungsvorschläge geben Anregungen, wie die Projektaufgabe bearbeitet werden kann, und sind keine fertigen Lösungen.)

- Erforderliche Punkte für die Stellenbeschreibung zusammenstellen.
- Gewünschte Stellenanforderungen festlegen.
- Reihenfolge und Bezeichnung der einzelnen Daten in der Stellenbeschreibung festlegen.
- Termin für das Mitarbeitergespräch, an dem die Stellenbeschreibung besprochen und unterschrieben werden soll, festlegen.
- Argumente über Vor- und Nachteile einer Stellenbeschreibung für beide Parteien zusammenstellen.
- Beim Erstellen der Checkliste für Angebotskarten alle Punkte beachten (beginnend bei den Vorüberlegungen bis zum Druck der Speise- und Getränkekarten).

Lernfeld 3.2 Getränkepflege und -verkauf

1 Spezielle Getränkekunde – Weinbau in Europa

Zielformulierungen

Folgende Ziele sollen von Auszubildenden im Lernfeld Getränkepflege und -verkauf erreicht werden:

- Sie sind in der Lage, Getränke zu pflegen, diese den Gästen anzubieten und zu servieren.
- Sie präsentieren Getränke und beraten Gäste über ein Getränkeangebot hinsichtlich Art, Qualität und Geschmack.
- Es werden Kommunikationsregeln, verkaufspsychologische und produktbezogene Kenntnisse angewendet.
- Die Beratung erfolgt auch in einer Fremdsprache.
- Sie degustieren Getränke, insbesondere Weine, und klassifizieren sie im Hinblick auf die Gästeberatung.
- Sie sind in der Lage, korrespondierende Getränke für Speisen und Speisenfolgen auszuwählen.
- Sie beschreiben und beurteilen Verfahren der Sicherung des Getränkeangebotes.
- Mischgetränke werden nach wirtschaftlichen Gesichtspunkten, auch vor dem Gast, hergestellt und serviert.

	Bezeichnungen für Landweine (gebietstypischer Charakter und landschaftsbezogener Name)	**Bezeichnungen für Qualitätsweine** Anbaugebiete (mit Bereichen) für Qualitätsweine und Prädikatsweine
Deutschland	**g. g. A.** (geschützte geografische Angabe) Landwein (Gebiet)	(g. U.) „geschützte Ursprungsbezeichnung" **QbA Q**ualitätswein **b**estimmter **A**nbaugebiete **Prädikatswein** (Prädikate: Kabinett, Spätlese, Auslese, Beerenauslese, Trockenbeerenauslese, Eiswein) **DC D**istrictus **C**ontrollatus
Österreich	**g. g. A.** (geschützte geografische Angabe) Landwein (Gebiet)	**Q.b.A.** Qualitätswein bestimmter Anbaugebiete (auch Kabinett) **Prädikatswein** (Prädikate: Spätlese, Auslese, Beerenauslese, Eiswein, Strohwein, Ausbruch, Trockenbeerenauslese) **DAC D**istrictus **A**ustria **C**ontrollatus
Frankreich	**IGP** (Indication Géographic Protégée = geschützte geografische Angabe) Vins de pays	**AOP** (**A**pellation **O**rigine **P**rotégée = geschützte Ursprungsbezeichnung) **A.O.C** (**A**ppellation d'**o**rigine **c**ontrôlée = höchste Qualitätsstufe)
Italien	**IGP** (Indicazione Geografica Protetta = geschützte geografische Angabe) **IGT** (Indicazione Geografica Tipica = typische geografische Angabe)	**DOP** (**D**enominazione di **O**rigine **P**rotetta = geschützte Ursprungsbezeichnung) **DOC** (**D**enominazione di **O**rigine **C**ontrollata = kontrollierte Ursprungsbezeichnung) **DOCG** (**D**enominazione di **O**rigine **C**ontrollata e **G**arantita = kontrollierte und garantierte Ursprungsbezeichnung)
Spanien	Vino de la Tierra	**DO** (Denominación de Origen = geschützte Herkunftsbezeichnung) **DOCa** (Denominación de Origen Calificada = qualifizierte, geschützte Herkunftsbezeichnung) **Vinos de Pago** höchste Qualitätsstufe

1. Beispiele für Bezeichnungen von Land- und Qualitätsweinen in der EU

1. *Übersicht über die 13 bestimmten Anbaugebiete Deutschlands*

2. *Anbaugebiet Baden; Bereiche und wichtige Rebsorten (□ weiß, ■ rot)*

1.1 Deutschland – Anbaugebiete, Bereiche und wichtige Rebsorten

Deutschland ist in 13 Anbaugebiete unterteilt (→ Grundstufe/Fachstufe 1, 298 ff). Jedes Anbaugebiet hat seine Weinspezialitäten durch Rebsorten, die in ihm besonders gut gedeihen. Unterschiedliche klimatische Bedingungen, verschiedene Bodenarten und Standorte beeinflussen zusätzlich das Ergebnis. Der begrenzte Raum für die Herstellung von Qualitätswein ist das jeweilige bestimmte Anbaugebiet, für Prädikatsweine jeweils ein Bereich.

Die **wichtigsten Rebsorten** und ihr Anteil an bestockter Fläche in Hektar (ha):
weiße Rebsorten insgesamt ca. 86.000 ha, davon
Müller-Thurgau .... ca. 25.000 ha
Riesling .... ca. 22.000 ha
Kerner .... ca. 8.000 ha
Silvaner .... ca. 7.500 ha

rote Rebsorten insgesamt ca. 18.500 ha, davon
Spätburgunder .... ca. 6.500 ha
Portugieser .... ca. 4.500 ha
Trollinger .... ca. 2.500 ha
Müllerrebe (Schwarzriesling) .... ca. 2.000 ha

Die **Bodenarten** sind vielfältig und charakterisieren durch ihren Einfluss auf die Reben die Weinqualität.

- Löss- und Lehmböden: bukettreiche, gehaltvolle Weine
- Schieferböden: spritzige, pikante, feinrassige Weine
- Vulkanböden: gehaltvolle, füllige, feurige Weine
- Keuper- und Muschelkalkböden: herzhafte Weine
- Sandböden: leichte, milde Weine

Anbaugebiet Baden

Das Anbaugebiet Baden liegt in der südwestlichsten Ecke Deutschlands. Es zieht sich vom Bodensee entlang der Oberrheinischen Tiefebene, geschützt von Schwarzwald und Odenwald, hinauf bis zu den Flüssen Main und Tauber. Seine Länge beträgt über 300 km. In der Nähe Freiburgs (Achkarren, Ihringen) ist die wärmste Gegend Deutschlands. Baden zählt als einziges Anbaugebiet Deutschlands zu der Weinbauzone B.

Die **Rebfläche** beträgt ca. 15.000 ha, unterteilt in neun Bereiche, 17 Großlagen und ca. 300 Einzellagen.

Die **Böden** sind, bedingt durch die große Nord-Süd-Ausdehnung des Anbaugebietes, sehr unterschiedlich, z. B. Moränenschotter am Bodensee, vulkanische Böden am Kaiserstuhl und im Markgräflerland, Muschelkalk und Keuper im Kraichgau und Taubertal.

Bereich	Gemeinde	Lage	Rebsorte
Bodensee	Meersburg	Sonnenufer	Spätburgunder
Markgräflerland	Auggen	Schäf	Gutedel
Tuniberg	Merdingen	Bühl	Spätburgunder
Kaiserstuhl	Achkarren	Schloßberg	Spätburgunder
Breisgau	Malterdingen	Bienenberg	Riesling
Ortenau	Sasbachwalden Neuweier	Alde Gott Mauerberg	Spätburgunder Riesling
Bad. Bergstraße	Heidelberg	Herrenberg	Spätburgunder
Kraichgau	Michelfeld	Himmelberg	Riesling
Tauberfranken	Beckstein	Kirchberg	Müller-Thurgau

Die aufgeführten Weinbaugemeinden, Lagen und Rebsorten sind Beispiele; es ist keine Wertung damit verbunden.

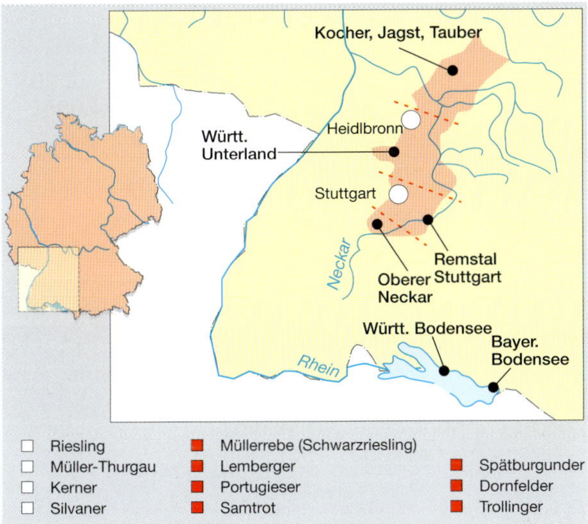

1. Anbaugebiet Württemberg; Bereiche und wichtige Rebsorten (□ weiß, ■ rot)

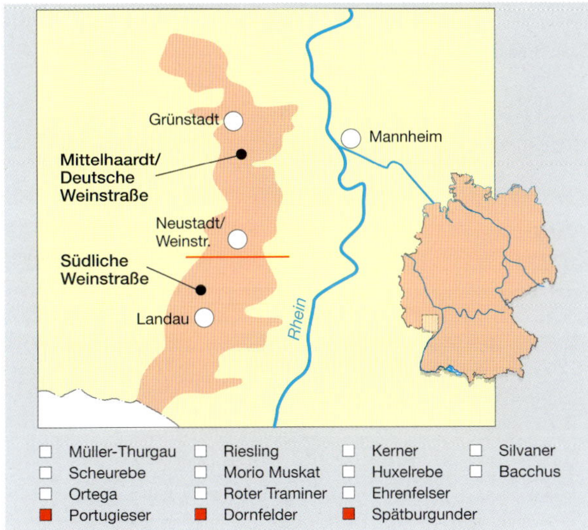

2. Anbaugebiet Pfalz; Bereiche und wichtige Rebsorten (□ weiß, ■ rot)

Anbaugebiet Württemberg

Das Anbaugebiet Württemberg beginnt am Bodensee und setzt sich nach einer Unterbrechung ab Reutlingen, geschützt durch Schwarzwald und Schwäbische Alb, zum Teil im Neckartal liegend, bis Bad Mergentheim an dem Fluss Tauber fort. Als Kuriosität gilt wohl der Bereich „Bayerischer Bodensee", der im Anbaugebiet Württemberg liegt. Württemberg ist das Anbaugebiet mit den meisten roten Rebsorten und der größten Rotweinproduktion Deutschlands. An erster Stelle steht Trollinger (Vernatsch in Südtirol genannt), danach der Lemberger (in Österreich Blaufränkisch) und die Müllerrebe (Schwarzriesling).

Die **Rebfläche** beträgt etwa 11.500 ha, unterteilt in sechs Bereiche, 16 Großlagen und ca. 200 Einzellagen.

Die **Böden** bestehen aus Keuperformationen und teilweise Muschelkalk im mittleren Neckarraum.

Bereich	Gemeinde	Lage	Rebsorte
Württ. Bodensee	Kreßbronn	Berghalde	Spätburgunder
Bayerischer Bodensee	Lindau Nonnenhorn	Seegarten Seehalde	Müller-Thurgau Spätburgunder
Oberer Neckar	Tübingen	Sonnenhalden	Portugieser
Remstal Stuttgart	Cannstatt Stetten	Zuckerle Brotwasser	Trollinger Riesling
Württ. Unterland	Flein	Altenberg	Riesling
Kocher, Jagst, Tauber	Criesbach Weikersheim	Bergstall Schmecker	Riesling Riesling

Die aufgeführten Weinbaugemeinden, Lagen und Rebsorten sind Beispiele; es ist keine Wertung damit verbunden.

Anbaugebiet Pfalz

Die Pfalz ist nach Rheinhessen das zweitgrößte Anbaugebiet in Deutschland. Von der französischen Grenze (Elsass) südlich von Bad Bergzabern und Landau zieht sich das Anbaugebiet in ca. 6 bis 10 km Breite und 80 km Länge längs der Bergrücken des Haardt und des Pfälzer Waldes, zum Teil in der Rheinebene gelegen, bis südlich von Worms.

Seit 1935 durchzieht von Norden nach Süden die Deutsche Weinstraße bis an die Elsässer Grenze das Anbaugebiet und endet dort in einem großen Weintor. Das günstige Klima lässt nicht nur Wein, sondern in geschützten Lagen auch Kiwis, Feigen und Zitronen gedeihen.

Die **Rebfläche** beträgt etwa 23.000 ha, unterteilt in zwei Bereiche, 25 Großlagen und über 300 Einzellagen.

Die **Böden** sind überwiegend Buntsandstein-, Mergel- und Keuperböden sowie kalkhaltige Lehm- und Tonböden.

Bereich	Gemeinde	Lage	Rebsorte
Mittelhaardt/ Deutsche Weinstraße	Deidesheim Wachenheim Dürkheim Kallstadt Haardt Hambach	Hergottsacker Fuchsmantel Fronhof Saumagen Bürgergarten Römerbrunnen	Riesling Riesling Scheurebe Huxelrebe Muskat Riesling
Südliche Weinstraße	Kirrweiler Nußdorf Albersweiler Landau	Mandelberg Herrenberg Ladt Altes Löhl	Silvaner Dornfelder Kerner Riesling

Die aufgeführten Weinbaugemeinden, Lagen und Rebsorten sind Beispiele; es ist keine Wertung damit verbunden.

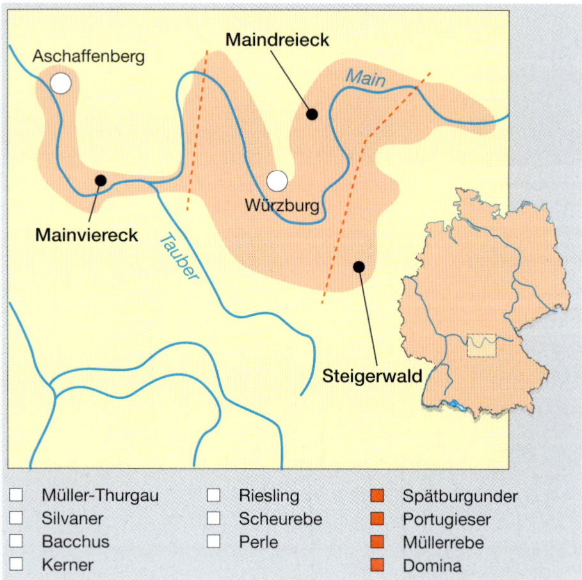

1. Anbaugebiet Franken; Bereiche und wichtige Rebsorten (□ weiß, ■ rot)

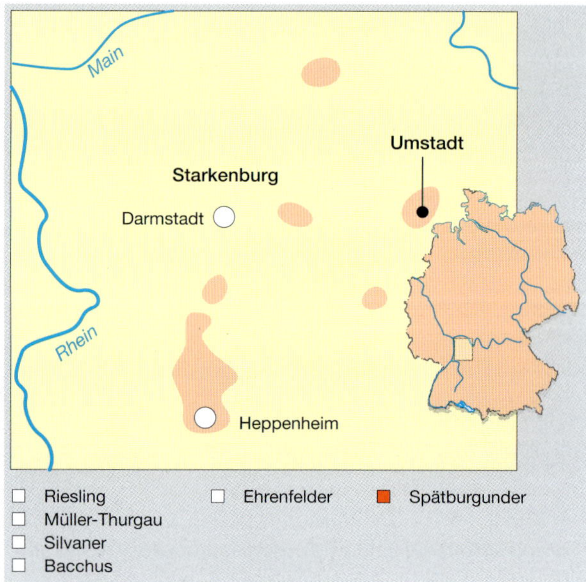

2. Anbaugebiet Hessische Bergstraße; Bereiche und wichtige Rebsorten (□ weiß, ■ rot)

Anbaugebiet Franken

Das Anbaugebiet Franken liegt überwiegend an den südwärts gerichteten Talhängen des Flusses Main. Es zieht sich von Bamberg mainabwärts bis Aschaffenburg. Das schon als kontinental zu bezeichnende Klima hat trockene Sommer und kalte Winter. Spätfröste im Frühjahr und Frühfröste im Herbst bereiten den Winzern Sorgen. Bocksbeutelflaschen aus Franken sind für jeden Weinliebhaber ein Begriff. In diesen Flaschen werden die besten Tropfen, überwiegend trocken ausgebaut, vor allem von den Rebsorten Silvaner und Müller-Thurgau abgefüllt. Die Weine sind oft von kernigem, auch fruchtigem sowie erdig-würzigem Geschmack. Nicht geklärt ist die Namensgebung der Flasche, ob sie vom Beutel des Bockes oder der bauchigen Buddel oder dem niederdeutschen Booksbüdel (Bücherbeutel) stammt.

Die **Rebfläche** beträgt ca. 6.000 ha, aufgeteilt in drei Bereiche, über 20 Groß- und über 200 Einzellagen.

Die **Böden** sind in jedem Bereich unterschiedlich: im Mainviereck Buntsandstein, im Bereich Maindreieck überwiegend Muschelkalk sowie Lehm- und Lössboden, im Bereich Steigerwald Keuperböden.

Bereich	Gemeinde	Lage	Rebsorte
Steigerwald	Iphofen Castell	Kalb Feuerbach	Silvaner Domina
Mainviereck	Hörstein	Abtsberg	Müller-Thurgau
Maindreieck	Würzburg Homburg	Stein/Harfe Kallmuth	Riesling Silvaner

Die aufgeführten Weinbaugemeinden, Lagen und Rebsorten sind Beispiele; es ist keine Wertung damit verbunden.

Anbaugebiet Hessische Bergstraße

Zwischen Neckar, Rhein und Main gelegen liegt das kleine Anbaugebiet Hessische Bergstraße. Der Odenwald schützt es vor den oft vom Osten herkommenden Kälteeinbrüchen. Die in die Rheinebene abfallenden, in südlicher und südwestlicher Richtung liegenden Lagen bieten ideale Voraussetzungen für den Weinbau. Das Klima ist mild. Einem zeitigen Frühjahr mit blühenden Mandelbäumen folgt eine Vegetationszeit mit ausreichendem Niederschlag und ein langer Herbst.

Die **Rebfläche** beträgt ca. 400 ha, unterteilt in zwei Bereiche, drei Großlagen und über 20 Einzellagen.

Die **Böden** bestehen aus einer Mischung von verwittertem Gestein und fruchtbarem Löss.

Bereich	Gemeinde	Lage	Rebsorte
Starkenburg	Heppenheim Zwingenberg Bensheim	Steinkopf Alte Burg Streichling	Riesling Spätburgunder Riesling
Umstadt	Roßdorf	Roßberg	Müller-Thurgau

Die aufgeführten Weinbaugemeinden, Lagen und Rebsorten sind Beispiele; es ist keine Wertung damit verbunden.

1. Beschreiben Sie die Lage eines der Anbaugebiete Württemberg, Pfalz oder Franken.
2. Welches deutsche Anbaugebiet ist bekannt für seine Vielfalt an roten Rebsorten und Rotweinen?
3. Ordnen Sie die Bereiche Bayerischer Bodensee, Südliche Weinstraße, Mainviereck und Starkenburg dem jeweiligen Anbaugebiet zu.

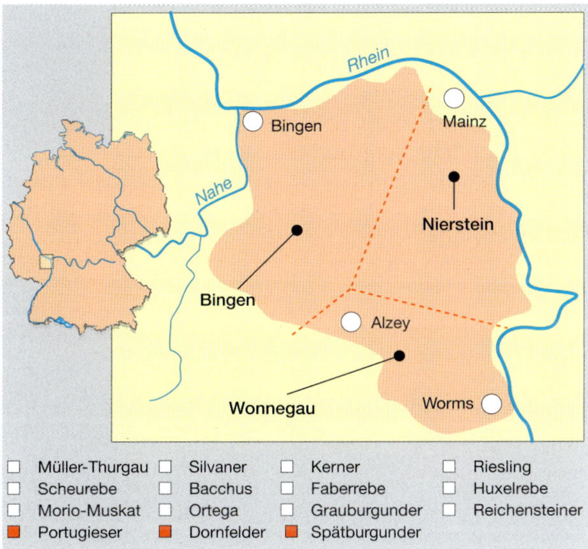

1. Anbaugebiet Rheinhessen, Bereiche und wichtige Rebsorten (□ weiß, ■ rot)

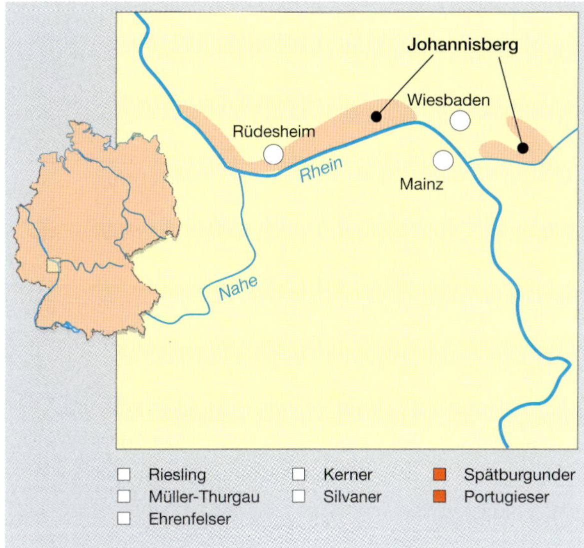

2. Anbaugebiet Rheingau; Bereich und wichtige Rebsorten (□ weiß, ■ rot)

Anbaugebiet Rheinhessen

Rheinhessen ist flächenmäßig das größte Anbaugebiet Deutschlands. Im Dreieck der Städte Bingen, Mainz und Worms liegt es linksrheinisch zwischen den Flüssen Rhein und Nahe, geschützt durch Taunus und Odenwald im Bundesland Rheinland-Pfalz. Das Klima hat milde Durchschnittstemperaturen mit viel Sonnenschein und nur 500 mm Niederschlag im Jahr.

Als Exportschlager hat sich der Typenwein Liebfrauenmilch entwickelt. In Rheinhessen liegt die weltweit größte Anbaufläche für Silvaner. Funde weisen darauf hin, dass Rheinhessen das älteste Gebiet für Weinanbau in Deutschland ist. Die Römer fanden schon 100 v. Chr. Reben vor.

Die **Rebfläche** beträgt ca. 25.000 ha, unterteilt in drei Bereiche, 24 Großlagen und über 400 Einzellagen.

Die **Böden** sind vielfältig: fein sandiger Mergel, Löss, Quarzit, Sedimente und Verwitterungsböden.

Bereich	Gemeinde	Lage	Rebsorte
Bingen	Ockenheim Hackenheim Ingelheim	Laberstall Klostergarten Rheinhöhe	Silvaner Riesling Spätburgunder
Nierstein	Nierstein Oppenheim Dienheim	Hipping Sackträger Kreuz	Riesling Silvaner Grauer Burgunder
Wonnegau	Monsheim Alzey Bechtheim	Silberberg Römerberg Hasensprung	Rieslaner Kerner Faberrebe

Die aufgeführten Weinbaugemeinden, Lagen und Rebsorten sind Beispiele; es ist keine Wertung damit verbunden.

Anbaugebiet Rheingau

Bei Hochheim am Untermain, bevor dieser in den Rhein mündet, beginnt das Gebiet Rheingau. Hier ändert der Rhein für kurze Zeit seine Richtung und fließt von Ost nach West. Am rechten Rheinufer, unter voller Südeinstrahlung der Sonne, liegen die Rebhänge des Rheingaus. Geschützt durch den Taunus zieht sich das Gebiet längs des Rheins von Mainz über Rüdesheim bis Lorch. Diese klimatischen Bedingungen sind ideal für die Rieslingrebe, die auch zu 80 % angebaut wird. Kein anderes Anbaugebiet hat einen so hohen prozentualen Anteil dieser Rebsorte. Bei den roten Rebsorten dominiert die Rebsorte Spätburgunder, die auf den Schieferböden um Assmannshausen beste Qualitäten erbringt.

Die **Rebfläche** beträgt ca. 3.000 ha mit einem Bereich, elf Großlagen und über 100 Einzellagen.

Die **Böden** bestehen aus Sandstein und Schiefer sowie tiefgründigem, meist kalkhaltigem Löss.

Bereich	Gemeinde	Lage	Rebsorte
Johannisberg	Lorch Rüdesheim Assmannshausen Johannisberg Oestrich Wicker Eltville	Schloßberg Bischofsberg Höllenberg Vogelsang Lenchen Stein Sandgrub	Riesling Riesling Spätburgunder Riesling Riesling Spätburgunder/Weißherbst Riesling

Die aufgeführten Weinbaugemeinden, Lagen und Rebsorten sind Beispiele; es ist keine Wertung damit verbunden.

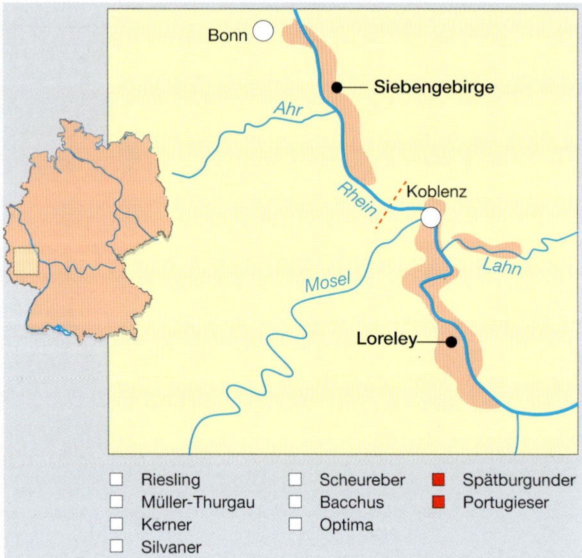

1. Anbaugebiet Mittelrhein; Bereiche und wichtige Rebsorten (☐ weiß, ■ rot)

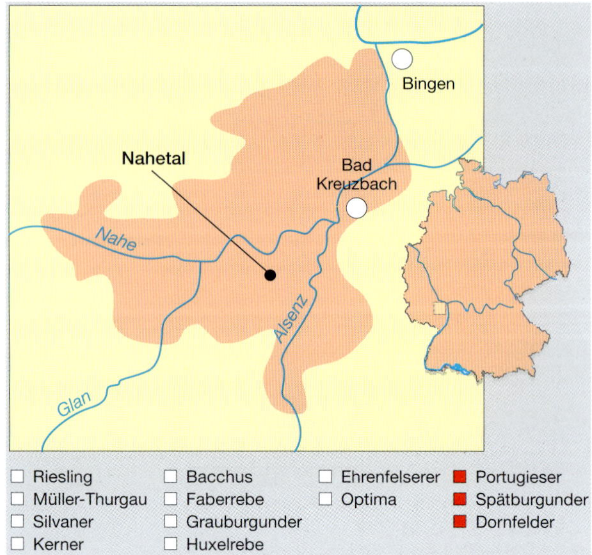

2. Anbaugebiet Nahe; wichtige Rebsorten (☐ weiß, ■ rot)

Anbaugebiet Mittelrhein

Mittelrhein als relativ kleines Anbaugebiet ist der Inbegriff deutscher Rheinweinromantik sowie Landschaft der Burgen. Es liegt auf 100 km Länge auf der linken und auf der rechten Seite des Rheins: linksrheinisch von der Nahe bis Koblenz und rechtsrheinisch weiter in nördlicher Richtung bis zum Siebengebirge. Orte wie St. Goarshausen nahe dem Loreleyfelsen, Boppard oder das alte Weinhandelszentrum Bacharach sind bekannte Namen. Die oft steilen Terrassen der Rebhänge liegen im Windschutz von Hunsrück, Westerwald und Taunus und können, bedingt durch ihre Lage, den Sonneneinfall optimal ausnützen. Der Rhein wirkt als Wärmespeicher und dabei gleichzeitig als Temperaturregler.

Die **Rebfläche** beträgt ca. 700 ha, unterteilt in zwei Bereiche, elf Großlagen und über 100 Einzellagen.

Die **Böden** sind aus Schiefer und einzelnen Lössinseln, im nördlichen Teil des Anbaugebietes sind die Böden überwiegend vulkanisch.

Bereich	Gemeinde	Lage	Rebsorte
Loreley	Bacharach Boppard St. Goar Werlau Koblenz	Posten Hamm Feuerlay Frohwingert Ameisenberg Schnorbach	Riesling Kerner Riesling Müller-Thurgau Riesling
Siebengebirge	Königswinter Niederdollen-dorf	Drachenfels Heisterberg	Riesling Müller-Thurgau

Die aufgeführten Weinbaugemeinden, Lagen und Rebsorten sind Beispiele; es ist keine Wertung damit verbunden.

Anbaugebiet Nahe

Das Anbaugebiet Nahe, zwischen den Anbaugebieten Pfalz und Saar-Ruwer gelegen, erstreckt sich von der Mündung des Flusses Nahe, der in den Rhein mündet, naheaufwärts bis kurz vor Kirn und in die Täler der Nebenflüsse Glan und Alsenz. Geschützt durch den Soonwald im Nordwesten und das Hügelland im Osten herrscht hier ein ausgeglichenes Weinklima. Der durch vulkanische Beben entstandene Nahegraben weist eine Bodenvielfalt auf, die sich oft schon nach 100 m ändert. Der Nahewein hat eine unverkennbare persönliche Note mit oft eigenwilligem, erdigem Geschmack und wird bei Blindverkostungen von Fachleuten deshalb häufig sofort erkannt.

Die **Rebfläche** beträgt ca. 4.600 ha mit einem Bereich, elf Großlagen und über 300 Einzellagen.

Die **Böden** sind vielfältig: Quarzit und Schiefer (untere Nahe), Sand-, Lehm-, Vulkan- und Schieferboden (mittlere Nahe), Ton, Löss, Sandstein bei Bad Kreuznach.

Bereich	Gemeinde	Lage	Rebsorte
Nahetal	Kreuznach Trais Laubenheim	Narrenkappe Bastei Krone	Grauer Burgunder Riesling Riesling

Die aufgeführten Weinbaugemeinden, Lagen und Rebsorten sind Beispiele; es ist keine Wertung damit verbunden.

1. Nennen Sie die Hauptrebsorten, die in den Gebieten Rheinhessen und Rheingau angebaut werden.
2. Zählen Sie einige bekannte Orte des Anbaugebietes Mittelrhein auf.

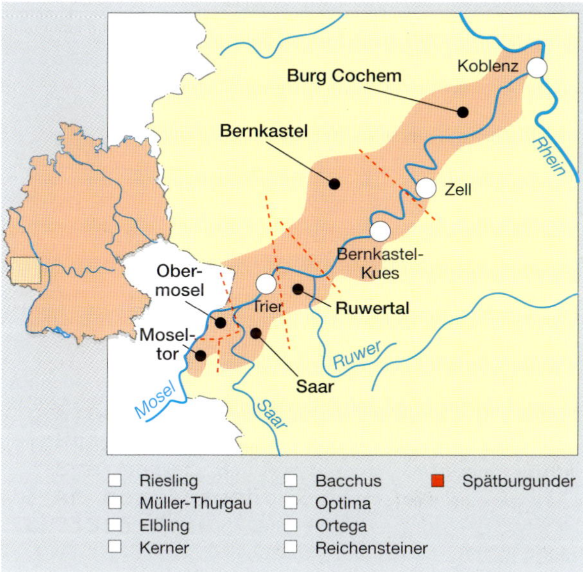

1. Anbaugebiet Mosel-Saar-Ruwer; Bereiche und wichtige Rebsorten (□ weiß, ■ rot)

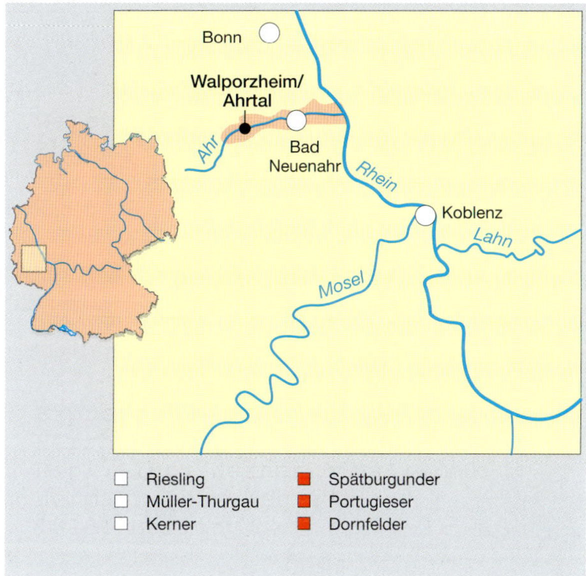

2. Anbaugebiet Ahr; wichtige Rebsorten (□ weiß, ■ rot)

Anbaugebiet Mosel

Das Anbaugebiet beginnt an der Mosel bei Perl im Saarland. Flussabwärts münden vor Trier die Saar und nach Trier die Ruwer in die Mosel. Danach schlängelt sich die Mosel in vielen Windungen zwischen Eifel und Hunsrück durch das Rheinische Schiefergebirge bis Koblenz, wo sie in den Rhein mündet. An der unteren Mosel befinden sich die steilsten Lagen für Rebenanbau in Deutschland, die jedoch auch noch im Herbst dank ihrer Lage viel Sonne erhalten. Bekannt ist das Anbaugebiet für hochwertige Rieslingweine, die zu den besten Weißweinen der Welt zählen und im Prädikatsbereich oft jahrelang haltbar sind.

Die **Rebfläche** beträgt ca. 9.000 ha, unterteilt in 6 Bereiche, 19 Großlagen und ca. 500 Einzellagen.

Die **Böden** in den Tälern der Saar und Ruwer bestehen überwiegend aus Schiefer, an der Obermosel aus Muschelkalk und Keuper, unterhalb Zell in den Tallagen aus Schotter-, Kies- und Sandablagerungen.

Bereich	Gemeinde	Lage	Rebsorte
Burg Cochem	Winnenden	Röttgen	Riesling
	Neef	Frauenberg	Riesling
Bernkastel	Erden Wehlen Piesport	Treppchen Sonnenuhr Goldtröpfchen	Riesling Riesling Riesling
Obermosel	Igel	Dullgärten	Riesling
Moseltor	Perl	Hasenberg	Riesling
Ruwertal	Kasel	Nies'chen	Riesling
Saar	Ayl	Kupp	Riesling

Die aufgeführten Weinbaugemeinden, Lagen und Rebsorten sind Beispiele; es ist keine Wertung damit verbunden.

Anbaugebiet Ahr

Tief eingeschnitten im Schutz der Hohen Eifel und im Nordwesten begrenzt vom Ahrgebirge liegt das Tal, in dem die Ahr fließt. Auf ca. 25 km Länge wird an dem breiteren unteren Ahrtal und an den Hängen des gewundenen mittleren Ahrtales Weinbau betrieben. Das Klima ist mild (Kölner Bucht) und in den Steillagen teilweise treibhausartig. Auf 75 % der Anbaufläche werden rote Rebsorten angebaut. Kein anderes Weinbaugebiet in Deutschland hat einen so hohen prozentualen Anteil. Bekannt bei den Ahrweinen sind vor allem die samtigen Spätburgunder-Rotweine sowie die Rotweine aus der Rebsorte Portugieser.

Die **Rebfläche** ist ca. 5.000 ha groß mit einem Bereich und ca. 40 Einzellagen.

Die **Böden** im unteren Ahrtal sind tiefgründig und lössreich. Im mittleren Ahrtal überwiegen Schiefer und vulkanisches Gestein.

Bereich	Gemeinde	Lage	Rebsorte
Walporzheim/ Ahrtal	Walporzheim Neuenahr Altenahr	Gärhammer Schrefelay Eck	Spätburgunder Spätburgunder Riesling

Die aufgeführten Weinbaugemeinden, Lagen und Rebsorten sind Beispiele; es ist keine Wertung damit verbunden.

1. Zählen Sie Gründe auf, weshalb die Rebsorte Spätburgunder in dem verhältnismäßig nördlich gelegenen Anbaugebiet Ahr so gut gedeiht.
2. Nennen Sie drei Bereiche aus dem Anbaugebiet Mosel-Saar-Ruwer.

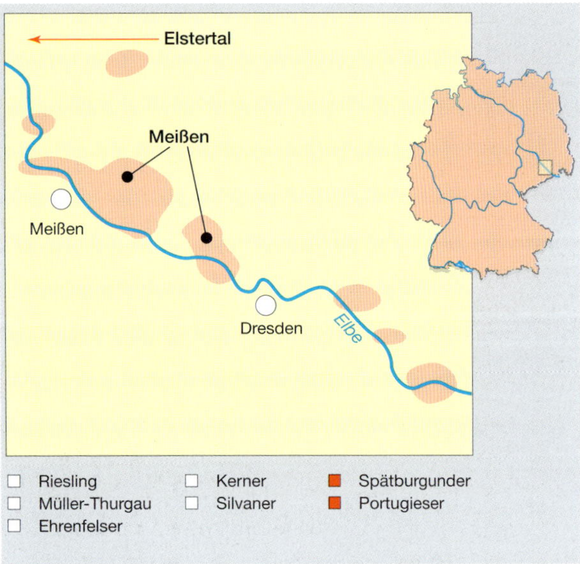

1. Anbaugebiet Sachsen; Bereiche und wichtige Rebsorten (☐ weiß, ■ rot)

2. Anbaugebiet Saale-Unstrut; Bereiche und wichtige Rebsorten (☐ weiß, ■ rot)

Anbaugebiet Sachsen

Mit etwas mehr als 300 ha bestockter Rebfläche ist Sachsen das kleinste der 13 Anbaugebiete Deutschlands. Im Elbtal und seinen Nebentälern wird auf etwa 50 km zwischen Pirna und Diesbar-Seußlitz Weinbau betrieben. Zum Anbaugebiet zählt auch noch der etwas abseits gelegene Bereich Elstertal. Das Klima ist mild, mit jedoch teilweise rauen Wintern und Spätfrösten im Frühjahr. Der Anbau der Reben erfolgt ausschließlich an Steilhängen auf kleinen Rebenterrassen, die überwiegend von Hand bearbeitet werden. Die Weine Sachsens sind rar und teuer. In der Stadt Meißen wurde die erste Winzerschule der Welt gegründet.
Die **Rebfläche** beträgt ca. 300 ha, unterteilt in zwei Bereiche, vier Großlagen und 17 Einzellagen.
Die **Böden** sind aus Granit, Sandstein und Löss.

Bereich	Gemeinde	Lage	Rebsorte
Meißen	Seußlitz Proschwitz Radebeul	Heinrichsburg Katzensprung Lößnitz	Müller-Thurgau Traminer Scheurebe
Elstertal	Jessen	Gorrenberg	Müller-Thurgau

Die aufgeführten Weinbaugemeinden, Lagen und Rebsorten sind Beispiele; es ist keine Wertung damit verbunden.

1. Zeichnen Sie den Rhein mit seinen für den Weinbau wichtigen Nebenflüssen auf und tragen Sie die ungefähre Lage der Anbaugebiete Deutschlands ein.
2. Nennen Sie drei Bodenarten und erläutern Sie ihren Einfluss auf Rebsorten und Wein.

Anbaugebiet Saale-Unstrut

Nördlich des 51. Breitengrades, der als Grenze des Weinbaus gilt, liegt das Anbaugebiet Saale-Unstrut. Selbst die Anbaugebiete in England liegen südlicher. Dennoch wird in den engen Tälern der Saale und Unstrut erfolgreich Weinbau betrieben, auch wenn harte Winter manchen Rebstock erfrieren lassen. Die jährliche Niederschlagsmenge ist oft zu gering und die Erntemenge pro Hektar liegt gegenüber den anderen Anbaugebieten in Deutschland meist niedriger. Doch bedingt durch reichlichen Sonnenschein, der sogar die anspruchsvolle Rebsorte Riesling zur Reife bringt, wird ein Wein von guter Qualität erzeugt, der meist trocken ausgebaut wird.
Die **Rebfläche** beträgt etwas über 400 ha, unterteilt in zwei Bereiche, vier Großlagen und 18 Einzellagen.
Die **Böden** bestehen aus Muschelkalk und Buntsandstein.

Bereich	Gemeinde	Lage	Rebsorte
Schloss Neuenburg	Naumburg Freyburg Steigra Goseck	Paradies Schweigenberg Hahnenberg Dechantenberg	Weißburgunder Traminer Müller-Thurgau Riesling
Thüringen	Großheringen	Sonnenberg	Müller-Thurgau

Die aufgeführten Weinbaugemeinden, Lagen und Rebsorten sind Beispiele; es ist keine Wertung damit verbunden.

3. Zählen Sie die wichtigsten in Deutschland vorkommenden weißen und roten Rebsorten auf und ordnen Sie jedem Anbaugebiet eine typische Rebsorte zu.

1. Anbaugebiete Frankreichs für Wein

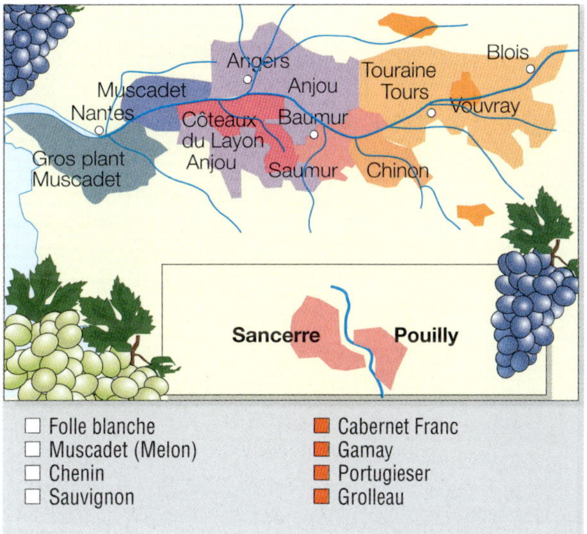

2. Anbaugebiet Loire, wichtige Rebsorten (□ weiß, ■ rot)

1.2 Frankreich – Anbaugebiete, Weine und wichtige Rebsorten

Frankreich ist eines der bekanntesten Weinbauländer der Welt. Die Weinanbaufläche in Frankreich ist in mehr als zehn Herkunftsgebiete für Qualitätsweine unterteilt (Güteklassen → Grundstufe/Fachstufe 1, 311).

Die Sprache des Etiketts bei französischen Weinen
Appellation: Ursprungsbezeichnung
Cépages: Rebsorten
Château, Domaine: Weingut
Climat: Einzellage
Clos: Weingut, nur Weinanbau
Commune: Gemarkung
Côte de ...: Hügelzüge der ...
Cru Bourgeois: Angabe im Médoc (Bordeaux)
Cru Classé und Grand Cru Classé: Zusatzangabe klassifizierter Betriebe im Anbaugebiet Bordeaux für Weine aus Médoc, Sauterne, Graves und St. Emilion sowie im Anbaugebiet Provence in der Côtes de Provence. In den anderen Anbaugebieten sind diese Bezeichnungen Teile des AOC.
Cru: Wachstum, Gewächs, Einzellage
Mise en bouteilles à la propriété, au Domaine, au Château: Weingutabfüllung
Mise par le propriétaire: Erzeugerabfüllung
Premier Cru Classé (1ers crus) bis Cinquième Cru Classé (5^{iemes} crus): Klassifizierung für Weingüter im Médoc
Récolte: Jahrgang
Sélection de grains nobles: Auswahl edler Beeren
Vendanges tardives: Späte Ernten
Vignerons réunis: Winzervereinigung
Villages: Ausgewählte Gemeinden der Region

Anbaugebiet Loire
Die Loire, der längste Fluss Frankreichs, hat dem Anbaugebiet Loire (ca. 38.000 ha Rebfläche) seinen Namen gegeben. Das Klima ist mild; selbst im Winter sind Minusgrade die Ausnahme. Das Anbaugebiet beginnt am französischen Zentralmassiv und endet am Atlantik. Flussabwärts unterteilt es sich in mehrere Regionen:
Weinberge des Zentralmassivs: Hier werden aus der Gamayrebe fruchtige Rotweine erzeugt.
Pouilly-sur-Loire und Sancerre sind bekannt für ihre Weißweine aus der Rebsorte Sauvignon.
Touraine: Nach der Einmündung der Vienne in die Loire im mittleren Abschnitt des Loiretales liegt dieses durch besonders mildes Klima verwöhnte Anbaugebiet. Auf Kalktuffuntergrund werden erstklassige Weiß- und Rotweine produziert. Die Weinlagerung erfolgt in Höhlen.
Anjou: Überwiegende Weinart und eine Spezialität des Gebietes Anjou ist der Roséwein. Bekannt sind u.a.

- Rosé d'Anjou, größtenteils aus der Rebsorte Grolleau hergestellt; er wird frisch und jung getrunken,
- Cabernet d'Anjou, meist halbtrocken bis lieblich, und
- Rosé de Loire, ein aus mehreren roten Rebsorten hergestellter trockener, frischer Rosé.

Pays Nantais: Muscadet ist die überwiegend angepflanzte Rebsorte, nach der das Gebiet um Nantes benannt wird. Weine, die nur einen Winter lang im Fass oder Tank blieben und sich zur Zeit der Flaschenabfüllung noch auf dem Bodensatz befinden, werden in diesem Stadium abgefüllt, als „sur lie“ bezeichnet. Sie sind frisch, fruchtig und perlen leicht. Bekannt ist dafür die Appellation Muscadet Sèvre et Maine.

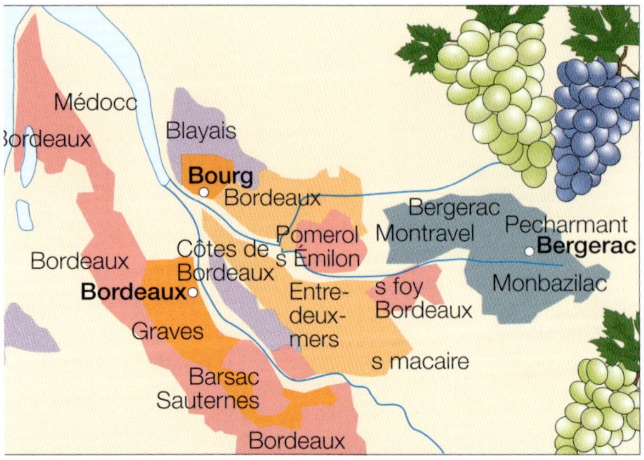

☐ Souvignon
☐ Sémillon
■ Cabernet Franc
■ Cabernet Sauvignon
■ Merlot
■ Malbec
■ Petit Verdot
■ Carmenére

1. Anbaugebiet Bordeaux mit Bergerac, wichtige Rebsorten (☐ weiß, ■ rot)

1ers crus (auszugsweise von insgesamt 5)	Ort
Château Lafite-Rothschild	Pauillac
Château Mouton-Rothschild	Pauillac
Château Margaux	Margaux
Château Latour	Pauillac
2mes crus (auszugsweise von insgesamt 14)	
Château Léoville-Las Cases	Saint-Julien
Château Rausan-Segla	Margaux
Château Brane-Cantenac	Cantenac
3mes crus (auszugsweise von insgesamt 15)	
Château Calon-Ségur	Saint-Estèphe
Château La Lagune	Ludon
Château Giscours	Labarde
4mes crus (auszugsweise von insgesamt 10)	
Château Sains-Pierre-Bontemps	Saint-Julien
Château La Tour-Carent	Saint-Laurent
Château Prieuré-Lichine	Cantenac
5mes crus (auszugsweise von insgesamt 18)	
Château du Tertre	Arsac
Château Cantemerle	Macau
Château Haut Brion	Pessac (Graves)

2. Klassifizierung der Crus aus dem Médoc (auszugsweise)

Anbaugebiet Bordeaux

Im Departement Gironde, am Flussbecken der Garonne, liegt das Anbaugebiet Bordeaux. Mit 105 km in nord-südlicher und 130 km in ostwestlicher Richtung ist es eines der größten Anbaugebiete für Qualitätsweine in der Welt (Rebfläche ca. 100.000 ha; zum Vergleich: ganz Deutschland ca. 106.000 ha). Die Böden bestehen aus Flussablagerungen mit hohem Kieselanteil, teilweise Mergel sowie Sand und Ton. Das Klima bietet milde Winter und warme, sonnige Sommer, wobei Atlantikwinde zu große Hitze verhindern. Bekannte Gebiete in Bordeaux sind:

Médoc: Es liegt, flussabwärts gesehen, auf der linken Flussebene der Gironde. Als Ursprungsbezeichnungen gibt es Médoc und Haut-Médoc sowie Saint-Estèphe, Pauillac, Saint-Julien, Moulis, Listrac und Margaux. Im Médoc werden fast ausschließlich Rotweine produziert. 1855 wurden die Weingüter im Médoc klassifiziert (Bild 2). Diese Klassifizierung gilt noch heute, mit Ausnahme des Château Mouton-Rothschild, der 1973 zum Premier Cru aufstieg. Neben den klassifizierten Gewächsen gibt es im Médoc noch die Bezeichnung „Crus Bourgeois". Sie entstand im 15. Jahrhundert, als Bürger des Gebietes von Bordeaux Land erwerben und bewirtschaften durften. Die Weine aus dem Médoc zählen zu den berühmtesten der Welt. Sie werden zum Teil mehrere Jahre in Eichenfässern (Barriques, 225 l) gelagert und bekommen dadurch ihr typisches, an Vanille erinnerndes Bukett. Sie werden folgendermaßen beschrieben:

- Margaux: samtig-weiches Bukett, fruchtig und elegant;
- Saint Julienne: wie Margaux, jedoch kräftiger;
- Pauillac: gehaltvolles, feines Bukett.

Graves liegt in der Verlängerung des Gebietes Médoc. Die Rotweine haben einen etwas kräftigeren Körper als Médocweine. Zu den besten Rotweinlagen zählen die AOC Pessac-Léognan. Ca. 2/5 der Produktion sind Weißweine.

Sauternes liegt westlich der Stadt Langon. Fünf Gemeindegebiete, Sauternes, Barsac, Bommes, Preignac und Fargues, stellen einen edelsüßen Weißwein aus Reben, die bei der Ernte 150° Oechsle und mehr haben, her. Am bekanntesten ist der Premier Grand Cru Château d'Yquem.

Saint-Emilion ist ein Gebiet, in dem ausschließlich Rotweine angebaut werden. Sie sind kräftig, granatrot und haben ein leichtes Trüffelaroma. Berühmte Lagen sind die Premier Grand Crus „A" Château Ausone und Château Cheval-Blanc.

Entre-Deux-Mers, zwischen der Garonne und Dordogne gelegen, liefert trockene, fruchtige Weißweine.

Pomerol ist bekannt für seine samtigen, gehaltvollen Rotweine, zum Beispiel von Château Petrus.

1. Beschreiben Sie die Lage des Anbaugebietes Loire.
2. Zählen Sie Weinspezialitäten aus den Gebieten Anjou und Pays Nantais auf.
3. Nennen Sie bekannte Ursprungsbezeichnungen für Weine aus dem Médoc.
4. Wie werden die Weine aus dem Médoc klassifiziert?
5. Nennen Sie die Herkunft folgender Weine: Château d'Yquem, Château Cheval blanc und Château Petrus.
6. Ordnen Sie folgende Rebsorten in weiß und rot: Merlot, Sauvignon, Folle blanche, Muscadet und Malbec.

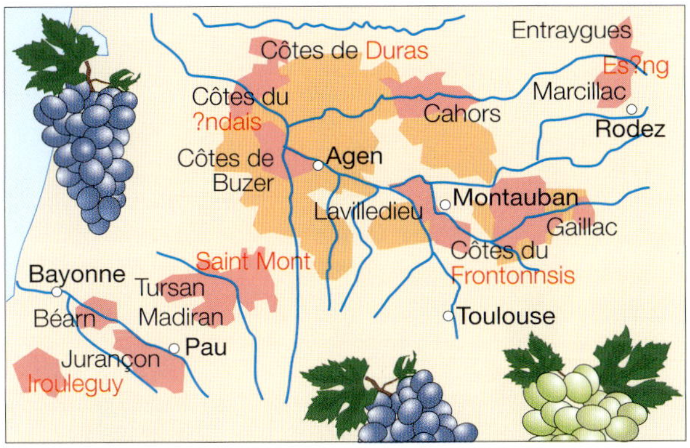

- ☐ Colombard
- ☐ Lon de l'El
- ☐ Petit Manseng
- ☐ Mauzac
- ☐ Muscadelle
- ☐ Sauvignon
- ☐ Sémillon
- ☐ Ugni blanc
- ■ Cabernet Franc
- ■ Cabernet Sauvignon
- ■ Malbec (Côt)
- ■ Merlot
- ■ Tannat

1. Anbaugebiet Südwest-Frankreich (ohne Bergerac), wichtige Rebsorten (☐ weiß, ■ rot)

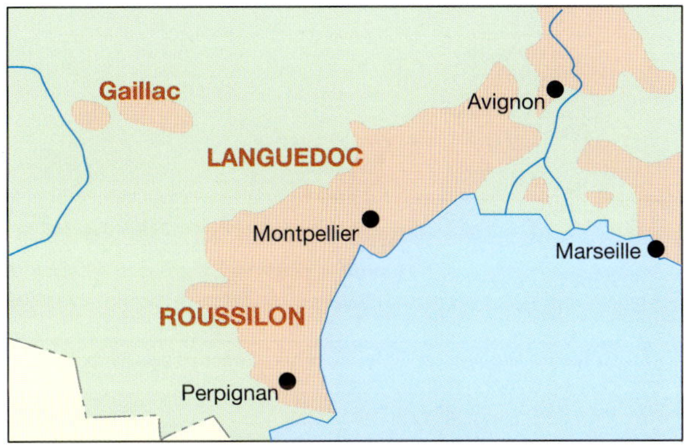

- ☐ Bourboulenc
- ☐ Clairette
- ☐ Grenache blanc
- ☐ Macabeu
- ☐ Muscat à petits grains
- ■ Carignan
- ■ Cinsaut
- ■ Grenache noir
- ■ Mourvèdre
- ■ Syrah

2. Anbaugebiet Languedoc Roussillon, wichtige Rebsorten (☐ weiß, ■ rot)

Anbaugebiet Südwest-Frankreich
Der Südwesten Frankreichs, unterhalb der Loire bis zu den Pyrenäen, ist in viele kleinere Weinbauregionen von ca. 30.000 ha Rebfläche insgesamt unterteilt. Einige Weinbauregionen davon sind:
Bergerac an der Dordogne nordöstlich von Bordeaux. Hier werden die gleichen Rebsorten angebaut wie im Anbaugebiet Bordeaux. Bekannte Weine sind
- Pécharmant, ein kräftiger, ausgeglichener Rotwein,
- Monbazillac, ein edelsüßer Weißwein mit Honigaroma.

Cahors: an den Ufern des Lot ist ein Gebiet, in dem ausschließlich Rotweine hergestellt werden. Sie sind sehr körperreich mit vielen Gerbstoffen, die sich nach längerer Lagerzeit abrunden.
Gaillac an der Tarn: bekannt für fruchtigen Schaumwein.
Madiran: Aus der Rebsorte Tannat, ergänzt mit etwas Cabernet France und Cabernet Sauvignon, wird hier der Madiran produziert, ein Rotwein, der oft eine lange Lagerung benötigt, um seine Reife zu erlangen.
Jurançon: Aus den anderswo kaum angebauten Rebsorten Petit Manseng, Gros Manseng und Courbu wird hier einer der berühmtesten Weine Südwest-Frankreichs, ein edelsüßer Weißwein, hergestellt mit leichter Säure und einem an Zimt und Gewürznelken erinnernden Geschmack.

1. Beschreiben Sie die Lage der Anbaugebiete Südwest-Frankreich und Languedoc Roussillon.
2. Erklären Sie gastgerecht den Begriff Vin du sables.
3. Für welche Weinspezialität ist Banyuls bekannt?

Anbaugebiet Languedoc Roussillon
Zwischen Nîmes und Perpignan entlang des Mittelmeeres liegt dieses größte Weinanbaugebiet Frankreichs (ca. 400.000 ha Rebfläche), fast viermal so groß wie alle Anbaugebiete Deutschlands zusammen. Begrenzt wird es im Norden durch die Ausläufer des Zentralmassivs, im Westen durch die Klimagrenze des Mittelmeeres und im Süden durch die Pyrenäen. Die Sonne meint es im Sommer oft zu gut. Für unangenehme Abkühlung sorgt der Tramontane, ein kühler Wind aus dem Roussillon. Im Languedoc Roussillon werden über 60 % der französischen einfachen Weine und Landweine produziert. Als Vin de Sables (Sandwein) bezeichnet man den Wein, dessen Reben auf den Sandflächen am Mittelmeer angebaut werden. Bekannte Ursprungsbezeichnungen für AOC/VDQS sind:
Banyuls: bekannt für Süßweine aus Grenache-noir-Reben.
Côtes de Roussillon im Département Pyrénées-Orientales mit gehaltvollem Rot-, fruchtigem Rosé- und „grünem" Weißwein. Côtes de Roussillon Villages ist eine Ursprungsbezeichnung für Rotwein aus 28 Dörfern (Mindestanforderung: 12 Vol.-%, max. 45 hl/ha).
Corbieres ist ein Bergmassiv, in dem überwiegend körperreiche Rotweine erzeugt werden.
Minervois produziert zarte, lagerfähige Rotweine.
Coteaux du Languedoc liefert viele AOC-Weine. Bekannte Rot- und Roséweine sind von
- Saint-Chinian, ein gut lagerfähiger Wein, der ein charakteristisches Pinien- und Ginsteraroma entwickelt,
- Faugères, ein gehaltvoller, samtiger Wein mit dem Aroma frischer Früchte.

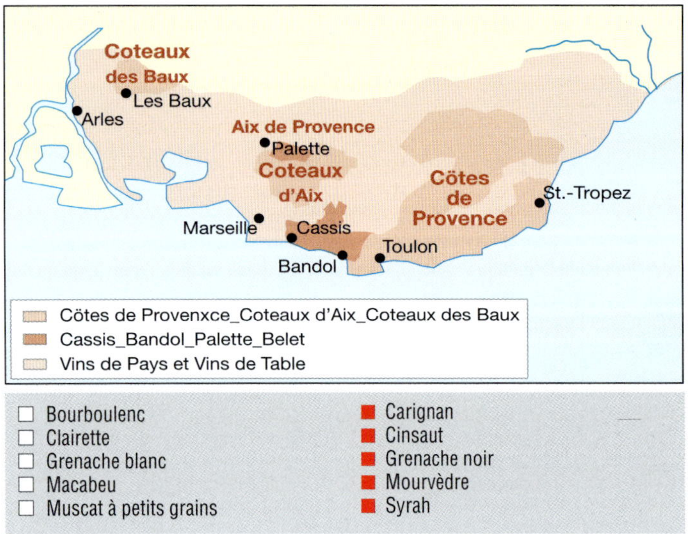

1. *Anbaugebiet Provence, wichtige Rebsorten (□ weiß, ■ rot)*

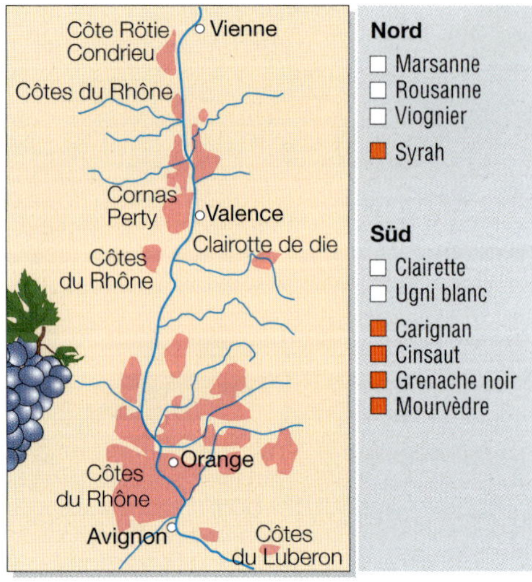

2. *Anbaugebiet Rhône, wichtige Rebsorten (□ weiß, ■ rot)*

Anbaugebiet Provence

Die Provence, zwischen Arles und Cannes gelegen, ist das wohl älteste Weinanbaugebiet Frankreichs (ca. 116.000 ha Rebfläche). Der Einflussbereich des Mittelmeers bewirkt, dass die Temperaturen auch im Winter gemäßigt sind. Typisch sind trockene, heiße Sommer und der Mistral, ein vom Zentralmassiv kommender Wind, der Temperaturstürze verursacht.

Bekannte Gebiete sind
Côtes de Provence: Hier werden die meisten AOC-Weine der Provence, überwiegend trockene, fruchtige Rosé-, aber auch Weiß- und Rotweine produziert.
Palette erzeugt geschmeidige Rosé-, Weiß- und Rotweine.
Cassis ist bekannt für trockene, säurearme Weißweine.
Bandol liefert samtige Rotweine mit einem hohen Anteil an Mourvèdretrauben.
Bellet im Umkreis von Nizza, mit seinen kleinen, inmitten von Blumenkulturen gelegenen Weinbergen, produziert nervige, frische Weine.
Coteaux d'Aix-en-Provence, Coteaux de Pierrevert sowie Coteaux Varois sind Gebiete, in denen überwiegend VDQS- und Tafelweine in allen Weinarten hergestellt werden. Es sind gefällige, fruchtige Weine.

Anbaugebiet Korsika

Schon vor der christlichen Zeitrechnung bauten die Griechen auf der Mittelmeerinsel Korsika Reben an. Es werden heute überwiegend bukettreiche Rotweine produziert, die gut lagerfähig sind. Die bekanntesten Herkunftsbezeichnungen sind Ajaccio, Patrimonio und Vin de Corse.

Anbaugebiet Rhône

Zwischen Lyon und Avignon erstreckt sich auf über 200 km das Anbaugebiet Rhône (ca. 58.000 ha Rebfläche). Es unterteilt sich in einen nördlichen und einen südlichen Teil sowie einige kleinere angrenzende Gebiete.
Nördliche Côtes du Rhône: An steil abfallenden Hängen wird auf Granit- und Schieferböden unter schwierigen Bedingungen Weinbau betrieben. Im nördlichsten Teil werden Weißweine produziert. Die Weine von

- Condrieu und Château-Grillet zählen mit ihren Weißweinen zu den besten Frankreichs.
  Etwas südlicher werden ausschließlich aus der Rebsorte Syrah Rotweine hergestellt. Sie benötigen eine lange Lager- und Reifezeit. Spitzengewächse kommen von
- Côtes Rôtie und Cornas,
- Crozes-Hermitage, Saint-Joseph und Hermitage.

Die ist eine kleine Region zwischen Norden und Süden, die für Clairette de Die, einen leichten Schaumwein aus den Rebsorten Clairette und Muskat, bekannt ist.
Südliche Côtes du Rhône: An ihrem rechten Ufer befinden sich bekannte Gebiete wie Tavel und Lirac mit den besten Roséweinen Frankreichs. Am linken Rhôneufer, nördlich von Avignon, liegt Château-neuf-du-Pape. Ein Cuvé aus 13 dafür zugelassenen Rebsorten ist die Grundlage für diesen bekannten vollmundigen, schweren, alkoholreichen Rotwein mit würzigem Aroma. Ein seltener Wein ist der weiße Château-neuf-du-Pape.
Tricastin, Ventoux, Lubéron, Vivarais sind vier Gebiete im südlichen Bereich, die überwiegend Rot- und Roséweine produzieren.

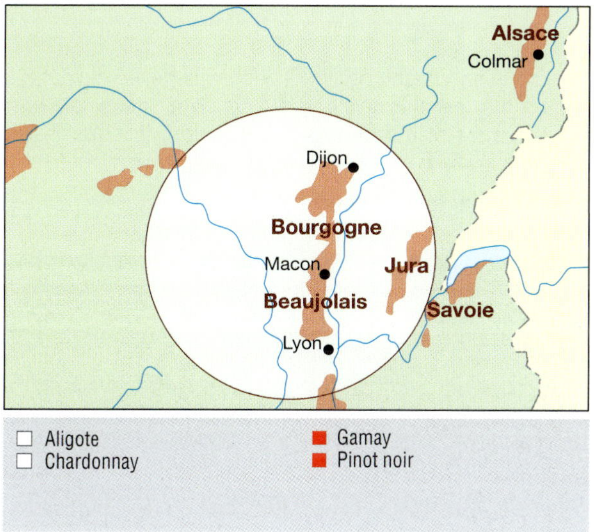

1. Anbaugebiet Burgund/Beaujolais, wichtige Rebsorten (☐ weiß, ■ rot)

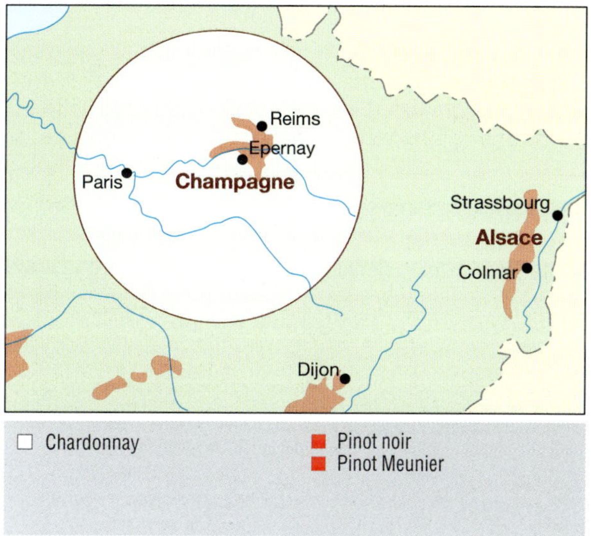

2. Anbaugebiet Champagne, wichtige Rebsorten (☐ weiß, ■ rot)

Anbaugebiet Burgund/Beaujolais

Von Auxerre bis südlich von Villefranche-sur-Soane befindet sich auf einer Länge von 300 km das weltbekannte Anbaugebiet Burgund/Beaujolais (ca. 44.000 ha Rebfläche). Im Gegensatz zu Bordeaux wird hier Weinerzeugung mit nur wenigen Rebsorten betrieben. Bekannte Gebiete sind:

Chablis: In diesem Gebiet, in der Nähe von Auxerre, werden aus der Chardonnayrebe lebhafte, körperreiche, trockene Weißweine hergestellt. Von Chablis gibt es vier Ursprungsbezeichnungen (Appellationen):

- Chablis Grand Cru, goldgelber, trockener Wein, der bis zu zehn Jahre gelagert werden kann,
- Chablis Premier Cru, von fast gleicher Qualität,
- Chablis, ein fruchtiger, eleganter Wein, der zwei bis drei Jahre nach der Lese auf seinem Höhepunkt ist,
- Petit Chablis, ein lebhafter, angenehmer Wein, der nicht lagerfähig ist und jung getrunken werden sollte.

Côte d'Or: Die Weine der Côte d'Or werden nur aus zwei Rebsorten hergestellt, Pinot noir und Chardonnay. Die Côte d'Or teilt sich in drei Gebiete auf:

- Côte de Nuits, südlich von Dijon bis Beaune, mit den bekannten Rotweinen von Chambertin und Musigny,
- Côte de Beaune von Ladoix-Serrigny bis Santenay, mit den berühmten Rotweinen Volnay, Pommard oder Aloxe-Corton sowie den Weißweinen Montrachet, Meursault oder Corton-Charlemagne, Hautes Côtes, unterteilt in
- Hautes Côtes de Nuits und Hautes Côtes de Beaune mit einfacheren Weinen.

Chalonnais liegt zwischen der Côte de Beaune und dem Mâconnais. In den Bereichen Mercurey und Givry wird hauptsächlich Rotwein produziert, in Rully und Montagny überwiegend Weißwein. Die Weine ähneln denen der Côte d'Or, erreichen jedoch nicht ganz ihre Qualität.

Mâconnais, von Tournus bis südlich von Mâcon gelegen, produziert bekannte Weißweine wie Pouilly-Fuissé, Pouilly-Loché und Pouilly-Vinzelles sowie Saint-Véran. Rot- und Roséweine spielen eine untergeordnete Rolle.

Beaujolais reicht südlich von Mâcon bis Villefranche. Im nördlichen Beaujolaisgebiet wird auf granithaltigem Boden aus der Gamayrebe der Beaujolais Villages hergestellt. Diese Weine sind kräftiger als die aus dem Süden und länger lagerfähig. Bekannte Weine sind

- Fleurie, Juliénas, Morgon und Moulin-à-Vent. Im südlichen Beaujolais werden fruchtige Rotweine hergestellt, die jung getrunken werden. Sie tragen die Ursprungsbezeichnung Beaujolais und Beaujolais Supérieur und kommen nach der Lese, ab dem dritten Donnerstag im November, als Beaujolais primeur in den Handel.

Anbaugebiet Champagne

In den Bereichen Montagne de Reims, Vallée de la Marne, Côte des Blancs, Côte de Sézanne und in der Gegend um Bar-sur-Aube und Bar-sur-Seine werden auf dem mit einer dünnen Humusschicht bedeckten Kalkboden der Champagne (ca. 34.000 ha Rebfläche) drei Rebsorten angebaut: Pinot noir, Pinot Meunier als blaue Trauben und die weiße Rebsorte Chardonnay. Der überwiegende Teil des Weines wird zu Champagner verarbeitet. Coteaux Champenois nennen sich die AOC-Weine, die es in geringen Mengen als Weiß-, Rot- und Roséweine gibt. Sie werden jung getrunken.

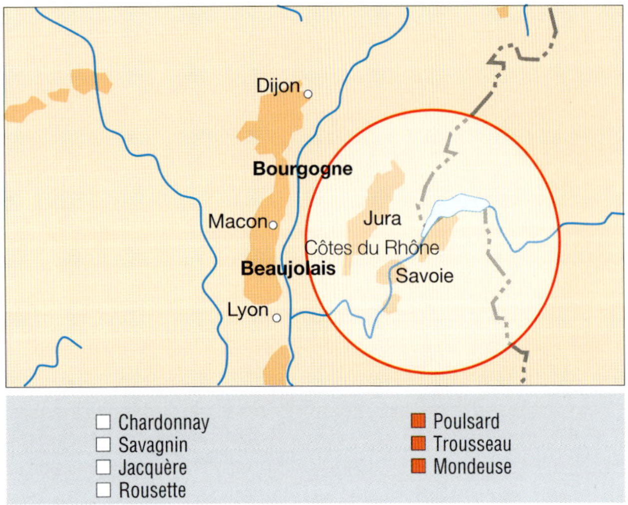

1. Anbaugebiet Jura und Savoyen, wichtige Rebsorten (☐ weiß, ■ rot)

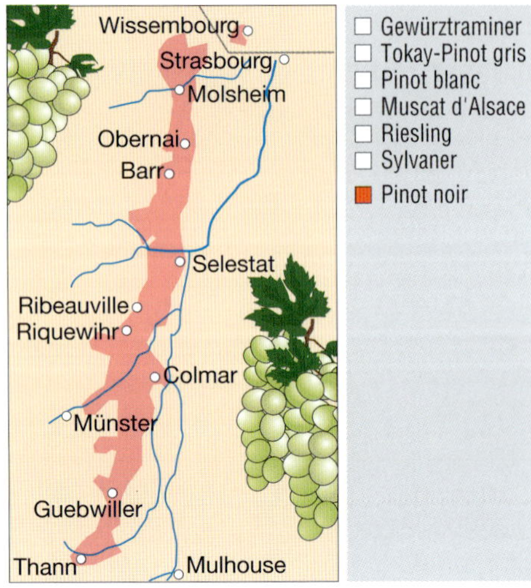

2. Anbaugebiet Elsass, wichtige Rebsorten (☐ weiß, ■ rot)

Anbaugebiet Jura

Die kleine, gebirgige Region Jura (ca. 15.000 ha Rebfläche) erstreckt sich am Fuße des Juraplateaus zwischen Poligny und Saint Amour. Außer Rot-, Rosé- und Weißwein gibt es hier noch zwei Spezialitäten:

- Vin jaune (Gelbwein) aus der Savagninrebe ist ein sherryartiger Wein, der nach der Gärung, ohne dass Verdunstungsverluste aufgefüllt werden, noch sechs Jahre reift, wobei sich auf der Oberfläche eine Schicht Mikroorganismen bildet. Sein Aroma erinnert an Walnüsse und Mandeln. Am bekanntesten ist dafür die Appellation Château Chalon.
- Vin de paille (Strohwein). Vollreife, gesunde Trauben werden zwei bis drei Monate auf Stroh oder aufgehängt getrocknet. Sie ergeben einen Wein mit besonders hohem Alkoholgehalt bis 15 Vol-%.

Anbaugebiet Savoyen

Es reicht vom Genfer See bis zum Tal der Isère. In dem für Weinbau harten Klima werden überwiegend frische, fruchtige Weißweine hergestellt.

1. Zeichnen Sie die Karte Frankreichs mit den Flüssen Loire, Garonne und Rhône.
2. Nennen Sie die wichtigsten Anbaugebiete Frankreichs und tragen Sie deren ungefähre Lage in diese Karte ein.
3. Erklären Sie folgende Angaben, die sich auf einem Weinetikett befinden: Appellation, Château, Climat, Côte de ..., Vignerons réunis, Villages, Cru und Clos.

Anbaugebiet Elsass

Westlich des Rheins, an den Hängen der Vogesen gelegen, liegt das Anbaugebiet Elsass (13.000 ha Rebfläche). Um Wissembourg und nach einer Unterbrechung von Höhe Straßburg aus zieht es sich südlich in ca. 100 km Länge und ein bis 5 km Breite bis Thann. Die nach Südosten ausgerichteten Rebhänge werden durch die Vogesen gegen kalte Nordwestwinde geschützt.

Im Elsass werden übewiegend Weißweine produziert. Die Rotweinproduktion ist gering. Im Gegensatz zu den meisten anderen Anbaugebieten Frankreichs ist bei Elsässer Weinen die Rebsorte auf dem Etikett meist angegeben. Weine aus den Rebsorten Gewürztraminer, Riesling, Tokay-Pinot gris und Muscat können, wenn natürlicher Zuckergehalt und Produktionsverfahren den Vorschriften entsprechen, die Zusätze „Vendanges tardives" oder „Selection de grains nobles" tragen.

Edelzwicker wird im Elsass ein Verschnitt aus verschiedenen weißen Rebsorten genannt. Der Wein ist meist fruchtig und wird überwiegend trocken ausgebaut.

4. Ordnen Sie folgende Teilgebiete dem Anbaugebiet zu, in dem sie liegen:
   a) Médoc, b) Anjou, c) Banyuls,
   d) Cassis, e) Chablis, f) Die.
5. Erklären Sie Ihren Gästen die Besonderheiten folgender französischer Weinspezialitäten: Beaujolais primeur, Vin jaune, Vin de paille, Edelzwicker.

1. Regionen Italiens

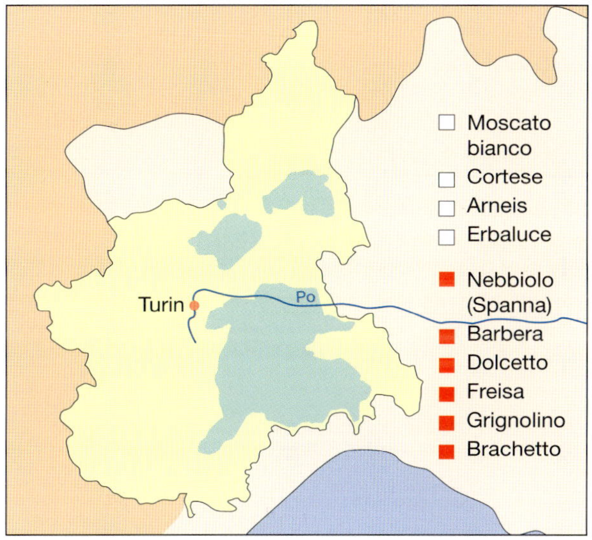

2. Region Piemont; wichtige Rebsorten (☐ weiß, ■ rot)

1.3 Italien – Regionen, Anbaugebiete, Weine und wichtige Rebsorten

In Italien werden in 18 Regionen auf ca. 980.000 ha Rebfläche pro Jahr etwa 67 Mio. hl Wein produziert. Die Lage im Mittelmeer und die geografische Beschaffenheit bieten ideale Voraussetzungen für den Weinbau, der vom Apennin im Norden bis Sizilien im Süden betrieben wird. Aufgrund der verschiedenen Klimazonen werden Weine mit unterschiedlichsten Eigenschaften erzeugt. Die Weine sind, wie in allen Ländern der Europäischen Union, in Güteklassen eingeteilt (→ Grundstufe/Fachstufe 1, 312).

Die Sprache des Etiketts bei italienischem Wein
Abbocato: milder Wein
Annata: Jahrgang
Asciutto/Secco: trocken, **Amabile:** lieblich, **Dolce:** süß
Cantina Sociale: Kellerei/Winzergenossenschaft
Chiaretto: Weißherbst
Classico: Herz des Ursprungsgebietes
Cooperative Viticola: Winzergenossenschaft
DOC/DOCG: → Grundstufe/Fachstufe 1, 312
Fattoria (Tenuta, Viticola): Weingut
Imbottigliato all'origine: Originalabfüllung
Imbottigliato dal produttore: Weingutabfüllung
Passito: Trockenbeerwein
Riserva: Wein mit gesetzlich festgelegter Lagerzeit
Vino bianco/rosato/rosso: Weiß-/Rosé-/Rotwein
Vino frizzante: Perlwein
Vino santo: Strohwein
Vino spumante: Schaumwein

Auf den folgenden Seiten werden auszugsweise einige der bekanntesten Regionen vorgestellt.

Region Piemont
Piemont, das „Land zu Füßen der Berge“ mit seiner Hauptstadt Turin, liegt südlich am Fuß der Alpen. Das Klima ist im Winter kalt und feucht, im Sommer warm mit viel Sonnenschein. Weinbau wird vor allem in den Provinzen Asti, Cuneo Allessandria, Novara und Vercelli betrieben. Bekannte Weine des Anbaugebietes sind:

- **Asti Spumante**, der berühmte süße Schaumwein Italiens aus der Rebsorte Moscato Bianco, wird in den Provinzen Asti, Cuneo und Alessandria produziert. Typisch für diese Rebsorte ist die goldgelbe Farbe und das charakteristische Muskataroma. Der nicht schäumende Asti aus der Moscato-Bianco Traube wird Moscato d'Asti genannt.
- **Barbera-Weine:** Barbera ist die im Piemont am häufigsten angebaute rote Rebsorte. Rebsortenreine Weine daraus verfügen über einen an Weichselkirschen erinnernden Duft. Bekannte Qualitätsweine aus dieser Rebsorte sind Barbera d'Alba aus der Provinz Cuneo, Barbera d'Asti aus den Provinzen Asti und Allessandria, Barbera del Monferrato aus der Provinz Allessandria.
- **Barbaresco** ist ein etwas leichterer Rotwein als Barbera aus der Rebsorte Nebbiolo, in ihren lokalen Abarten wie Michet, Lampia und Rosé aus vier Gemeinden der Provinz Cuneo und Gemarkungen bei Alba.
- **Barolo** ist der wohl berühmteste Rotwein des Piemont. Er kann sich mit den besten Rotweinen der Welt messen. Produziert wird er in zehn im Hügelgebiet um Arolo liegenden Gemeinden in der Provinz Cuneo aus der Rebsorte Nebbiolo. Die obligatorische Lagerzeit beträgt drei Jahre, davon zwei Jahre im Holzfass.

1. Region Venetien (Veneto); wichtige Rebsorten (□ weiß, ■ rot)

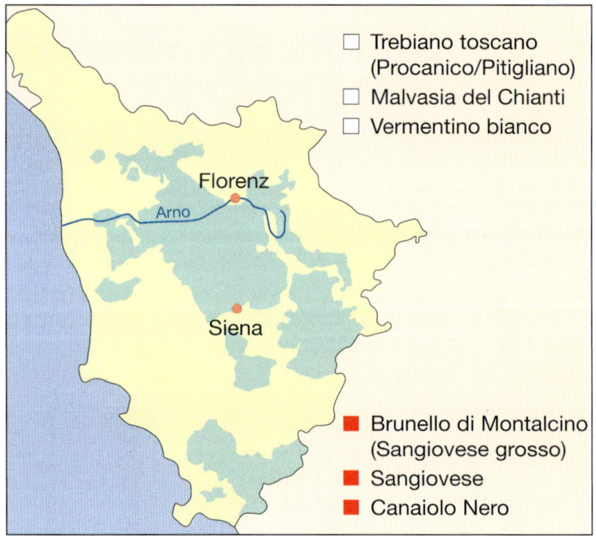

2. Region Toscana; wichtige Rebsorten (□ weiß, ■ rot)

Region Venetien (Veneto)
Venetien erstreckt sich in Ost-West-Richtung von der Küste am Golf von Venedig bis zum Gardasee und von den Dolomiten im Norden bis zur Mündung des Flusses Po im Süden. Die für den Weinbau wichtigsten Provinzen sind Treviso, Verona, Padua, Venetien und Vicenza. Bekannte Weine dieser Region sind:

- **Bardolino:** Aus den Rebsorten Corvina Veronese, Rondinella, Molinara und einigen anderen wird dieser rubin- bis granatrote, delikat duftende Wein in 16 Weinbaugemeinden hergestellt. Die bekanntesten davon sind Bardolino, Garda, Costermano, Lazise und Affi. Wird der Wein im Weißweinverfahren hergestellt, erhält man den roséfarbenen Chiaretto.
- **Valpolicella:** Nördlich von Verona wird dieser Wein aus fast den gleichen Rebsorten wie Bardolino hergestellt. Stammen die Trauben aus dem Herzstück der Anbauzone, darf er die Bezeichnung Classico führen. Aus ausgelesenen, getrockneten Trauben wird der liebliche, füllige Recioto della Valpolicella gewonnen. Die trockene Version heißt Amarone della Valpolicella.
- **Prosecco di Conegliano/Valdobbiadene:** Im Hügelgebiet der Marca Trevigiana, in der Provinz Treviso, wird aus der Rebsorte Glera ein strohgelber, fruchtiger Weißwein mit Mandelton hergestellt. Aus der gleichen Rebsorte wird auch ein perlender Frizzante sowie ein Spumante erzeugt.
- **Soave,** einer der bekannten Weißweine Italiens, wird überwiegend aus der Rebsorte Garganega hergestellt. Die Anbauzone für Saove Classico liegt um die Ortschaften Soave und Monteforte d'Alpone.

Region Toscana
Von den Apenninen im Nordosten und dem Ligurischen Meer im Westen begrenzt ist die Region Toscana mit ihrer Hauptstadt Florenz. Die Gebiete, in denen Weinbau betrieben wird, liegen überwiegend im Landesinneren und nicht am Meer. Bekannte Spitzengewächse sind u.a.:

- **Chianti,** der wohl bekannteste Wein Italiens, bekannt auch durch die bauchige, strohumkleidete Flasche (Fiasko). Die Produktionszone dieses Weines ist eine genau begrenzte Anbauzone in den Provinzen Arezzo, Florenz, Pisa, Pistoia und Siena. Chianti ist ein Verschnitt aus den Rebsorten Sangiovese (75 % bis 90 %). Canaiolo Nero, Trebbiano Toscano und Malvasia del Chianti. Chianti gibt es mit folgenden Ursprungsbezeichnungen: Chianti-Colli Fiorentini, -Rufina, -Cilli Senesi, -Colli Aretini, -Colline Pisane und -Montalbano. Chianti Classico muss aus bestimmten Gemeinden der Anbauzone stammen.
- **Brunello di Montalcino** ist ein Spitzenrotwein der Toscana aus der gleichnamigen Rebsorte und mit einem ausdrucksvollen Bukett; tanninbetont in jungen Jahren, mit zunehmendem Alter elegant, rassig und voll. Bevor der Wein in den Handel gelangt, muss er mindestens vier Jahre reifen, davon dreieinhalb Jahre in Eichen- oder Kastanienholzfässern. Ihm wurde als einem der ersten Weine Italiens die Qualitätsstufe D.O.C.G. zuerkannt.

1. Erklären Sie gastgerecht folgende Etikettangaben: Classico, Chiaretto, Riserva, Frizzante.
2. Ordnen Sie die Weine Bardolino, Chianti, Soave und Barolo den Regionen Ihrer Herkunft zu.

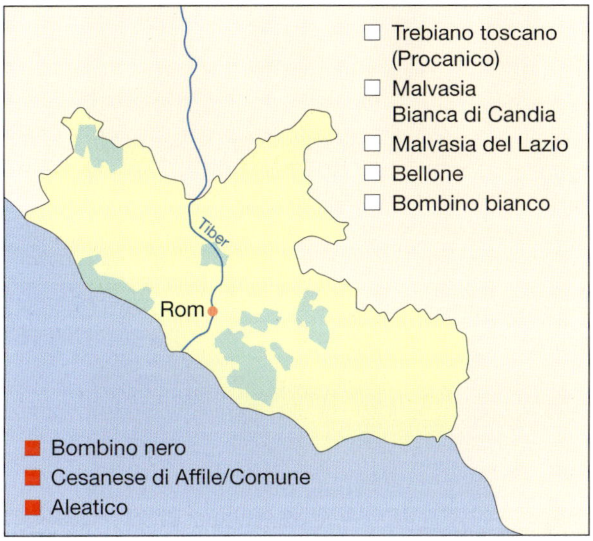

1. Region Latium (Lazio); wichtige Rebsorten (□ weiß, ■ rot)

2. Region Sizilien; wichtige Rebsorten (□ weiß, ■ rot)

Region Latium (Lazio)

Mit einer Länge von über 300 km erstreckt sich Latium über die Ebenen und Täler von Tiber, Aniene und Sacco. Reben gedeihen in diesem Gebiet, außer in den Apenninen, fast überall. Die Provinzen Latiums sind Viterbo, Rieti, Rom, Latina und Frosinone. Latium, dessen Hauptstadt Rom ist, gehört mit zu den größten Weinproduzenten Italiens. Ca. 2/3 der Produktion Latiums sind Weißweine. Bekannte Weine sind:

- **Frascati:** Dieser bekannte Weißwein wird in den Gemeinden Frascati, Grottaferrata, Monteporzio, Catone sowie Teilen von Rom und Montecompatri produziert. Die hauptsächlich verwendeten Rebsorten sind zu mindestens 70 % Malvasia Bianca di Candia und Trebbiano Toscano, zusätzlich maximal 30 % Greco und Malvasia del Lazio sowie andere weiße Sorten aus der Zone. Der Wein hat in der Regel eine strohgelbe Farbe und einen extraktreichen, weichen Geschmack. Eine Besonderheit ist der süßliche Canellino, zu dessen Süßung auch edelfaule Trauben verwendet werden.
- **Est! Est!! Est!!!:** Ein erstklassiger Weißwein aus der Provinz Viterbo, der überwiegend aus den Rebsorten Trebbiano Toscano und Malvasia Bianco Toscana hergestellt wird. Die Legende berichtet: Als der niederländische Kardinal Est dem Papst seine Aufwartung machen wollte, schickte er einen weinkundigen Diener voraus, der an den Weinschenken des Weges die Weine verkosten musste und wo er einen Wein für gut befand, das Wort „Est" an die Tür schreiben musste. In einer Schenke in Monte Fiascone fand der Vorauseilende den Wein so gut, dass er an die Tür „Est! Est!! Est!!!" schrieb.

Region Sizilien

Die Insel Sizilien liegt von der Stiefelspitze des italienischen Festlandes nur 3 km entfernt, getrennt durch die Meerenge von Messina. Auf der Insel, durch subtropisches Klima begünstigt, wird in allen neun Provinzen Weinbau betrieben. Die Hauptstadt der Region ist Palermo. Die Produktionsmenge beträgt ca. 1/6 der italienischen Weinerzeugung. Die größte Wein erzeugende Provinz ist Trapani; auf sie entfällt knapp die Hälfte der gesamten Weinernte. Die Rotweine Siziliens sind rund und voll mit einem herben und dennoch samtigen Geschmack. Die hochwertigen Weißweine werden meistens trocken ausgebaut. Nicht zu vergessen sind die Likörweine Marsala, Moscato di Noto Liquoroso und Passito. Als hervorragende Weine Siziliens gelten z. B.:

- **Cerasuolo di Vittoria**, ein Rotwein mit Geschmacksanklängen an Granatapfel aus der Gemeinde Vittoria und Gemeinden der Provinz Ragusa und Catania. Hergestellt wird er aus den Rebsorten Frappato und Calabrese.
- **Alcamo/Bianco di Alcamo**, ein Weißwein aus dem Gebiet der Stadt Alcamo in Nordwest-Sizilien zwischen Palermo und Trapani aus den Rebsorten Catarratto Bianco Comune und Catarratto Bianco Lucido.
- **Etna-Rosso**, ein trockener Rotwein, manchmal an den Duft von Orangenblüten erinnernd, zu 80 % aus der Rebsorte Nerello Mascalese.

1. Beschreiben Sie die geografische Lage Siziliens.
2. Erklären Sie gastgerecht Herkunft, Farbe, Rebsorten und Geschmack eines Frascati-Weines.

1. Anbaugebiete Spaniens

2. Rotwein aus Rioja

1.4 Spanien – Regionen, Anbaugebiete, Weine und wichtige Rebsorten

In Spanien werden auf ca. 1,6 Mio. ha Rebfläche ca. 35 Mio. hl Wein pro Jahr produziert; davon wird ca. 1/3 als Qualitätswein ausgebaut. Spanien hat seine Anbaufläche in über 40 Anbaugebiete für Qualitätswein und Schaumwein unterteilt. Die Anbaugebiete befinden sich in verschiedenen autonomen Regionen.

Region Andalusien mit der Hauptstadt Sevilla liegt im südlichsten Teil Spaniens. Die bekanntesten Anbaugebiete dieser Region sind Jerez und Malaga, die überwiegend Likörwein erzeugen. In den anderen Anbaugebieten werden hauptsächlich leichte Tischweine produziert.

Region Castilla-Leon: In den Anbaugebieten dieser Region finden die Reben teilweise recht harte und karge Bedingungen vor. Überwiegend werden leichte, frische Weißweine sowie charaktervolle Rot- und Roséweine hergestellt.

Region Katalonien: Im nordöstlichen Teil Spaniens bis zur französischen Grenze hin liegt die Region Katalonien mit ihrer Hauptstadt Barcelona. Aus den küstennahen Anbaugebieten Kataloniens mit ihrem milden mediterranen Klima kommen überwiegend Weißweine, Cavas (Schaumweine) und süße Dessertweine. Eines der bekanntesten Anbaugebiete ist Penedès (→ 60).

Regionen Castilla-La Mancha: In diesen Regionen, im Zentrum des Landes, befindet sich das größte zusammenhängende Weinbaugebiet Spaniens. In beiden Regionen herrscht kontinentales Klima mit harten Wintern und trockenen Sommern. Eine Spezialität ist der Verschnitt von Weißwein aus der Rebsorte Airén mit etwas Rotwein als leichte Sommerweine, auch Claretes genannt.

Region Navarra: In dieser Region liegt das Anbaugebiet Navarra (→ 60).

Region Valencia: In den Anbaugebieten der Region Valencia werden – so sagt man – Rotweine mit der intensivsten Farbe des gesamten spanischen Ostens erzeugt. Fruchtige, aromatische Weißweine, die zum Teil einen leichten Mandelgeschmack besitzen, sowie süße Likörweine sind eine regionale Spezialität.

Region Rioja: In diesem Gebiet liegt das bekannteste Anbaugebiet Spaniens namens Rioja (→ 59).

Region Galizien: im Nordwesten Spaniens gelegen, nahe der portugiesischen Grenze, ist die feuchteste und kühlste Region Spaniens. Aus Rebsorten wie Treixadura, Torrontes und Godello, in anderen Regionen kaum angebaut, werden leichte, sehr frische Weißweine hergestellt. Auch die leichten Rotweine dieser Gegend entwickeln ein elegantes Fruchtaroma.

Region Aragon: Zu Füßen der Pyrenäen, östlich von Navarra liegt die gebirgige Region Aragon. Auf steinigem und armem Boden wird in den Anbaugebieten dieser Region überwiegend die Rebsorte Garnacha angebaut; daraus wird körperreicher Rotwein hergestellt. Auch Weißwein aus der Rebe Macabeo mit seinem typischen fruchtigen, milden Charakter ist eine Spezialität der Anbaugebiete dieser Region.

Region Murcia und Jumilla: Die Rotweine der Region Murcia aus der hauptsächlich angebauten Rebsorte Monastrell sind bekannt für ihr mildes, warmes Bukett mit geringer Säure und hohem Alkoholgehalt. Die Rotweine der Region Jumilla aus der gleichen Rebsorte sind kräftig und vollmundig.

1. Etikettgestaltung bei einem spanischen Wein

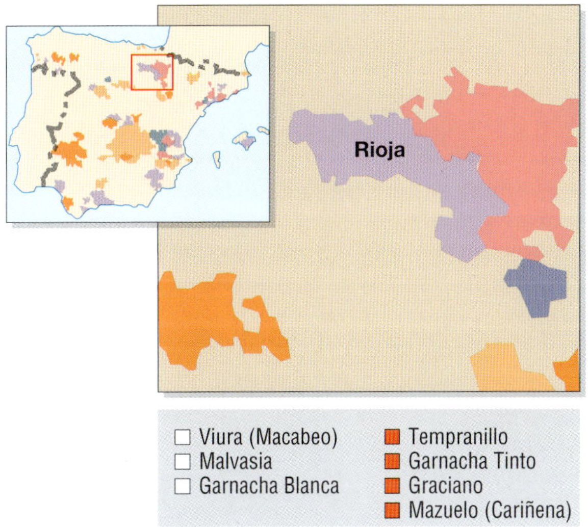

2. Anbaugebiet Rioja: wichtige Rebsorten

Die Sprache des Etiketts bei spanischem Wein

Jedes Anbaugebiet hat für seine Qualitätsweine eigene Regelungen für die einzelnen Kategorien. Die im Folgenden angegebenen Reifegrade und Altersstufen für Qualitätsweine sind Mindestanforderungen.

Bodega: Weinkellerei bzw. Weinerzeugungsunternehmen
Cosecha: Jahr der Ernte, Jahrgang
Elaborado por ...: erzeugt von ...
Roble: Eiche
Viejo: alt
Vino de Calidad: Junge Qualitätsweine ohne vorgeschriebene Reifungszeit im Fass oder auf der Flasche.
Vino de Crianza: Weißweine müssen eine mindestens sechsmonatige Lagerung in Holz und Flasche erhalten, Rotweine ein Jahr im Fass und ein Jahr in der Flasche.
Vino de Reserva: Rotweine mit dieser Bezeichnung müssen mindestens ein Jahr in Eichenfässern und weitere zwei Jahre auf der Flasche gealtert sein.
Für Rosé- und Weißweine darf die Gesamtausbauzeit im Fass und auf der Flasche nicht unter 24 Monaten liegen, davon mindestens sechs Monate in Eichenfässern.
Vino de Gran Reserva: Beste Rotweine mit einer Mindestlagerung von zwei Jahren im Fass und drei Jahren in der Flasche; Rosé- und Weißweine müssen vier Jahre, davon mindestens sechs Monate im Fass gelagert werden.

1. Erklären Sie die qualitativen Abstufungen bei spanischen Qualitätsweinen.
2. Wodurch unterscheidet sich der Bereich Rioja Baja von den anderen Bereichen des Anbaugebietes Rioja?

Anbaugebiet Rioja

Am Mittellauf des Ebro, ca. 50 km südlich von Pamplona, erstreckt sich auf 120 km Länge und 40 km Breite eines der bekanntesten Weinbaugebiete Spaniens, die Rioja (ca. 45.000 ha Rebfläche), benannt nach dem Fluss Rio Oja. Das Anbaugebiet wird im Norden durch das Kantabrische Gebirge und im Süden durch die Sierra de la Demanda begrenzt. Das Anbaugebiet gliedert sich in die drei Teilgebiete Rioja Alavesa, Rioja Alta und Rioja Baja auf.

Das Klima in Rioja Alta und Rioja Alavesa wird durch den Atlantik mit beeinflusst. Einem warmen Frühjahr, heißen Sommer und milden Herbst folgt ein Winter mit gelegentlichen Schneefällen und häufiger Reifbildung. Im Rioja Baja macht sich der Einfluss des mediterranen Klimas stark bemerkbar; die Region ist heißer und trockener.

Rioja Alavesa: Auf diesem kleinsten der drei Teilgebiete werden auf Kalktonböden, die an Südhängen liegen, Weine mit niedrigem Säuregehalt und ausgeprägter Blume produziert. Zu den wichtigsten der 18 Weinbaugemeinden gehören Laguardia, Elciego und Oyon.

Rioja Alta ist das eigentliche Zentrum des Weinbaus. Hier befinden sich auch die meisten und größten Bodegas der Region. In 75 Gemeinden sowie dem kleinen Bezirk El Ternero wird auf hellbraunen kalkhaltigen Lehmböden vorwiegend die Tempranillo-Traube angebaut. Die daraus hergestellten Weine haben eine kräftige Farbe, eine ausgewogene Säure und sind leicht und frisch.

Rioja Baja schließt sich südlich an Rioja Alta an. Die Erträge in diesem Gebiet sind höher. Die Weine weisen einen höheren Alkoholgrad und geringeren Säuregrad auf als in den anderen Gebieten.

1. Anbaugebiet Navarra; wichtige Rebsorten

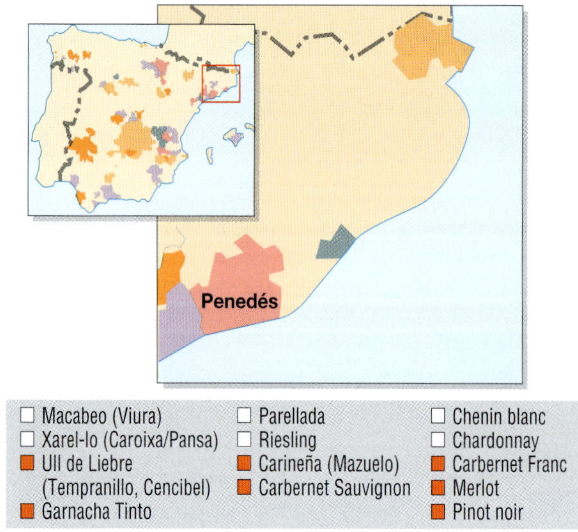

2. Anbaugebiet Penedés; wichtige Rebsorten

Anbaugebiet Navarra

Die Region Navarra liegt zwischen den Pyrenäen und dem Tal des Flusses Ebro. Weinbau wird im südlichen Landesteil, südlich der Hauptstadt Pamplona, auf ca. 24.000 ha betrieben. Das Anbaugebiet ist in fünf Bereiche unterteilt. Das Klima in den drei nordwestlichen Teilgebieten Tierra Estella, Valdizarbe und Baja Montana steht noch unter dem Einfluss des Atlantiks. In Ribera Alta überwiegt das trockenere, wärmere Mittelmeerklima, während Ribera Baja das trockenste und heißeste Klima der fünf Gebiete aufweist. Ähnlich wie das Klima variieren auch die Böden, von kalkhaltigen kalkweißen bis rötlich-gelblich gefärbten Böden mit Eisenbeimischungen.

Die rote Garnacha-Rebe wird auf 80 % der Fläche angebaut und ist die Grundlage für die Navarra-Roséweine. Sie sind alkoholreich und arm an Säure.

Tierra Estella ist das am westlichsten gelegene Gebiet. Sein Zentrum ist die Stadt Estella am Jakobspilgerweg. Zu den 26 Weinbaugemeinden zählen bekannte Orte wie Ayegui, Di Castillo und Villamayor de Monjardin.

Valdizarbe liegt im Herzen der Region und setzt sich aus 24 Gemeinden zusammen, zu denen auch der Ort Puente de la Reina am Jakobspilgerweg zählt.

Baja Montana liegt im Nordosten. Bekannte Weinbauorte sind San Martin de Unx und Sangüesa.

Ribera Alta besteht aus 24 Gemeinden, darunter sind bekannte Namen wie Lerin, Olite und Villafranca.

Ribera Baja am Ebro ist das größte der Gebiete. Im trockenen, heißen Klima gedeihen gehaltvolle Weine. Bekannte Orte der 13 Gemeinden sind Cascante und Corella.

Anbaugebiet Penedés

Wenige Kilometer hinter den bekannten Touristenstränden der Costa Dorada, zwischen Barcelona und Tarragona, liegt das Anbaugebiet Penedés mit ca. 25.000 ha Rebfläche. Das Klima des gesamten Anbaugebietes ist mediterran. Auf trockene, heiße Sommer folgen milde Winter. Von Meereshöhe bis auf eine Höhe von knapp 800 m wird Weinbau betrieben. Das Anbaugebiet ist in drei zusammenhängende Bereiche unterteilt:

Bajo Penedés im Südwesten zieht sich flach zum Meer hin und ist der heißeste Bereich des Anbaugebietes. Auf sandigen Böden werden für Rotweine die Rebsorten Garnacha und Cariñena angebaut. Xarel-lo und Macabeo dominieren unter den Weißweinsorten. Bekannte Namen der 38 Gemeinden sind Bellvei, Calafell, Albinyana und Llorenc del Penedés.

Garraf, das sich in Richtung Barcelona an den Bajo Penedés anschließt, steigt mit seinen kalkhaltigen Böden bis auf 400 m an. Hier werden überwiegend die weißen Rebsorten Xarel-lo und Macabeo angebaut. Aus ihnen werden frische, fruchtige Weine erzeugt. Ein Großteil wird zur Cava-Herstellung (Schaumweinherstellung) verwendet. Von den neun Weinbaugemeinden sind Sant Pere de Ribes, Canyelles und Olivella bekannt.

Alto Penedés: Die Weinberge, zum Teil auf fast 800 m Höhe, gehören zu den höchstgelegenen Europas. Die Böden sind Lehm-Sand-Mischungen, begleitet von Kalkstein. Hier werden Weißweinreben wie Chardonnay und Riesling angebaut. Von den 38 Weinbaugemeinden sind Vilafranca de Penedés, Sant Sadurni d'Anoia, Les Cabanyes und Vilovi bekannt.

1. Anbaugebiete Portugals

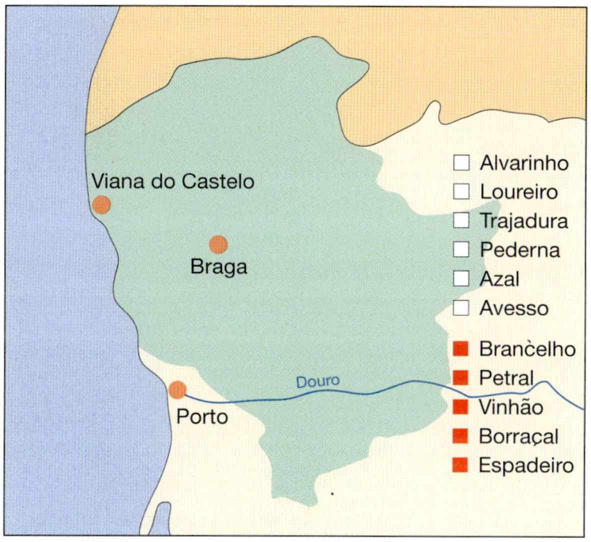

2. Anbaugebiet Vinho Verde; wichtige Rebsorten (□ weiß, ■ rot)

1.5 Portugal – Anbaugebiete, Weine und wichtige Rebsorten

In Portugal werden auf fast 400.000 ha des Landes Reben angebaut. Mit über 500 authentisch festgestellten Sorten wird ein breites Spektrum an Geschmacksrichtungen abgedeckt. Die über 40 Anbaugebiete für Qualitätsweine sind wie in Frankreich in höher eingestufte DOC-Gebiete und in IPR-Gebiete eingeteilt, die bei entsprechender Qualität zu DOC-Weinen aufsteigen können.
Die fünf wichtigsten Gebiete bzw. Regionen für DOC-Weine sind: Vinho Verde, Douro, Dão, Bairrada sowie die Region Alentejo als Sammelbegriff für acht Anbaugebiete für Qualitätswein.

Die Sprache des Etiketts bei portugiesischem Wein
Adega: Keller
Adamado: lieblich
Casa: Haus (vinho da casa)
Colheita: Jahrgang
Doce: süß
Garrafeira: Prädikatsweinstufe
IPR, DOC, VQPRD: Qualitätswein
Meio seco: halbtrocken
Paço/Palácio: Schloss/Palast (Weingut)
Quinta: Weingut/Landgut
Reserva: Prädikatsweinstufe
Rosado: Roséwein
Seco: trocken
Vinha: Weinberg
Vinho branco/vinho tinto: Weißwein/Rotwein
Vinho generoso: Likörwein
Vinho regionais: Landwein

Anbaugebiet Vinho Verde
Mit über 70.000 ha ist Vinho Verde das größte Anbaugebiet Portugals. Der Name Vinho Verde, auf Deutsch „grüner Wein", stammt in erster Linie von der immer grünen Landschaft, dem Minho, im Nordwesten Portugals. Das Klima ist gemäßigt und wird stark vom Atlantik beeinflusst. Außergewöhnlich ist die heute noch zum Teil praktizierte traditionelle Reberziehungsform. Reben wachsen an Stangen und sogar an Bäumen bis zu 6 m hoch, bilden Gänge und Alleen und werden mithilfe von Leitern geerntet.
Produziert werden etwa je zur Hälfte roter und weißer Vinho Verde. Der weiße Vinho Verde ist ein leichter, erfrischender, säuregeprägter, lebendiger Wein mit oft nur 8,5 Vol.- % oder 9 Vol.- % Alkohol. Der rote Vinho Verde ist ein herber, säurebetonter Rotwein von schwarzroter Farbe mit ebenfalls geringem Alkoholgehalt; er wird gekühlt getrunken.

Anbaugebiet Douro
Der Name Douro stammt von dem aus Spanien kommenden Fluss gleichen Namens. Die Weinberge des Douro (ca. 32.000 ha) beginnen etwa 100 km landeinwärts der Hafenstadt Porto. Weltbekannt ist das Dourotal als Herkunftsgebiet für Portwein (→ Grundstufe/Fachstufe 1, 316), wozu etwa die Hälfte der ca. 125 Mio. l produzierten Weines verarbeitet wird. Außer Portwein werden auch frische, lebendige Weißweine, vor allem jedoch Rotweine von oft rotschwarzer Färbung produziert. Der Geschmack der Rotweine erinnert an Kirschen. Im Abgang ist ein hoher Tanningehalt (Gerbstoffgehalt) festzustellen.

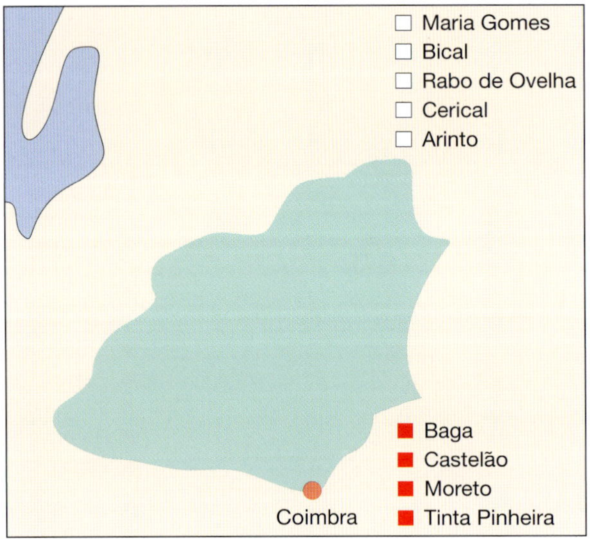

1. Anbaugebiet Bairrada; wichtige Rebsorten (□ weiß, ■ rot)

2. Anbaugebiete Region Alentejo; wichtige Rebsorten (□ weiß, ■ rot)

Anbaugebiet Bairrada

Der Name Bairrada ist von dem Wort „Bairo“ abgeleitet, was so viel wie toniger Lehm bedeutet. Auf diesem Boden wird auf ca. 21.000 ha bei günstigem Meerklima in der Provinz Beira Litoral nördlich der berühmten Universitätsstadt Coimbra Weinbau betrieben. Bairrada ist auch das Zentrum der portugiesischen Sektherstellung, die in klassischer Flaschengärung erfolgt. Den Sekt gibt es in allen Geschmacksrichtungen, eine Spezialität ist der herbe, tiefrote Baga-Sekt.

Die Weißweine, meist aus einer Cuvée mehrerer Rebsorten, schmecken frisch, mit einer feinen Säure und werden überwiegend jung getrunken. Die Rotweine werden fast ausschließlich aus der Rebsorte Baga hergestellt. Sie sind gut lagerfähig; ihr Geschmack erinnert oft an Cassis.

Anbaugebiet Dão

Südlich von Douro und östlich von Bairrada liegt das nach dem Fluss Dão benannte Anbaugebiet. Es ist eines der ältesten und traditionsreichsten portugiesischen Qualitätsweinanbaugebiete. Auf ca. 20.000 ha werden auf kargen Granitböden im Jahr durchschnittlich nur 400.000 hl Wein erzeugt. Eine Spezialität ist der Dão Novo, ein körperreicher Primeur-Wein im Beaujolais-Stil. Für lange in Fass und Flasche gereifte Spitzenweine gibt es die Prädikate Reserva und Garrafeira. Das Prädikat Dão Nobre, in Verbindung mit den genannten Prädikaten, ist das anspruchsvollste Dão-Prädikat mit einem Mindestalkoholgehalt von 12,5 Vol.-% bei Rot- und 12 Vol.-% bei Weißwein. Spitzenrotweine aus dem Dãogebiet eignen sich zur jahrzehntelangen Lagerung und Reifung.

Anbaugebiete der Region Alentejo

Die Region Alentejo ist die flächenmäßig größte Region Portugals. Sie liegt nördlich der Algarve und östlich von Lissabon, Richtung spanischer Grenze. In der Region liegen acht Anbaugebiete, in denen sehr verstreut auf etwa 13.000 ha Weinbau betrieben wird. Diese Besonderheit des nicht zusammenhängenden Anbaus lässt die Region Alentejo auf den ersten Blick kaum als Weinbaulandschaft erkennen. Das Klima ist heiß und trocken und bildet zusammen mit den kargen, oft schiefergeprägten Böden die Grundlage für einen Wein von jährlich gleichbleibender Qualität.

Im Gegensatz zu den anderen Anbaugebieten ist die Auswahl der Rebsorten in der Region Alentejo begrenzt. Jeweils drei bis fünf Sorten von Rot- und Weißwein sind für jedes Anbaugebiet festgelegt. Alentejo-Weine – dies gilt besonders auch für die Rotweine – sind schon in ihrer Jugend nach zwei bis drei Jahren ausgewogen und gut trinkbar. Trotzdem sind sie noch jahrelang lagerfähig. Die Weißweine sind körperreich, säurearm und werden zum Teil rebsortenrein, das heißt nicht als Verschnitt ausgebaut.

1. Erklären Sie folgende Angaben auf dem Etikett eines portugiesischen Weines: Vinho branco, Meio seco und Garrafeira.
2. Beschreiben Sie gastgerecht den roten und weißen Vinho Verde.
3. Nennen Sie jeweils eine Weinspezialität aus den Anbaugebieten Douro, Bairrada und Dão.
4. Zählen Sie einige Anbaugebiete der Region Alentejo auf.

1. Anbaugebiete Griechenlands

„Die Tränen Griechenlands"

Retsinawein (Retsine = Harz): Hierbei handelt es sich um ein ausschließlich griechisches Produkt. Die Geschmacksrichtung dieses Weines entstand, als vor Jahrhunderten Amphoren und andere Gefäße durch eine Mischung aus Gips und Pinienharz versiegelt wurden. Dabei gingen Geschmacksstoffe des Harzes in den Wein über und gaben diesem einen etwas eigenwilligen Geschmack. Heutzutage wird Retsina genau wie anderer Wein hergestellt. Vor oder während der Gärung werden jedoch einige Stücke Pinienharz dem Most zugesetzt und zusammen mit der Hefe beim ersten Abstich wieder entnommen. Als bestes Harz gilt das Harz der Attinischen Pinie. Am besten eignen sich für die Herstellung die weißen Rebsorten Savatiano und Rhoditis. Bekannt für die Retsinaherstellung sind die Landweinregionen Attika, Viotia und Evia. Retsina ist als einfacher und Landwein erhältlich. Er ist ein trockener, frischer, in Geruch und Geschmack kräftiger, leicht bitterer Wein und wird gekühlt (8 °C bis 10 °C) getrunken.

1.6 Griechenland – Anbaugebiete, Weine und wichtige Rebsorten

Griechenland ist das Land, das mit der Geschichte des Weines am engsten verbunden ist. Schon im 13. Jahrhundert v. Chr. war der Weinbau in Griechenland sehr bedeutend. Griechen waren es, die sich im Jahre 600 v. Chr. bei Marseille ansiedelten und den ersten Wein in Frankreich erzeugten. Rebenanbau wird in Griechenland auf ca. 185.000 ha meist stark verstreut betrieben. Ein Teil davon wird nicht zur Weinherstellung, sondern als Tafeltrauben oder zur Rosinenherstellung verwendet. Der Anbau der Reben erfolgt größtenteils in Mischkulturen. Die mehr als 20 Anbaugebiete für Qualitätswein liegen weit auseinander und sind zudem noch über zahlreiche Inseln verteilt. Außer Tafel-, Land- und Qualitätswein wird auch viel Likörwein hergestellt.

2. Retsina

Anbaugebiete der Zykladen

Von den Zykladen-Inseln sind vor allem die Anbaugebiete Paros und Santorini (Thera) bekannt (Anbaufläche ca. 5.000 ha).

Paros: Auf dieser Insel werden die beiden Rebsorten Monemvassia (weiß) und Mandilaria (rot) angebaut. Beide liefern ausgezeichnete Moste, die zur Vermouth-Herstellung in alle Welt versandt werden. Aus einem Verschnitt der beiden Rebsorten wird ein roter Qualitätswein mit der Ursprungsbezeichnung Paros erzeugt.

Santorini: Auf der südlichsten der Zykladen-Inseln werden auf Kalkstein und Schiefer die Rebsorten Assyrtiko und Aïdani angebaut. Nykteri nennt sich ein exzellenter trockener Weißwein aus der Rebsorte Assyrtiko. Außerdem wird aus beiden Rebsorten ein Likörwein mit dem Namen Liastos als „Strohwein" hergestellt; das heißt, die gelesenen Trauben werden vor der Weinbereitung auf Stroh getrocknet.

Anbaugebiete Insel Kreta

(Anbaufläche ca. 50.000 ha)

Sitia und Daphnes: In Sitia, das im äußersten Osten Kretas liegt, und dem westlich davon gelegenen Anbaugebiet Daphnes werden überwiegend aus der Rebsorte Liatiko Rotweine und ein fruchtiger Likörwein hergestellt.

Archanes und Peza: Weine mit dieser Herkunftsbezeichnung stammen von der roten Rebsorte Kotsifali, die in Griechenland nur in diesen beiden Gebieten angebaut wird. Außerdem wird noch rubinroter Wein aus der Rebsorte Mandilari gewonnen sowie ein fruchtiger Weißwein aus der Vilana-Traube, einer alten kretischen Rebsorte.

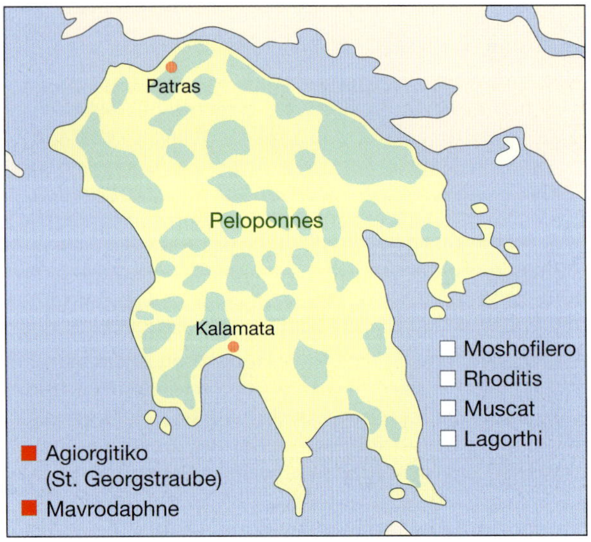

1. Peloponnes; wichtige Rebsorten (□ weiß, ■ rot)

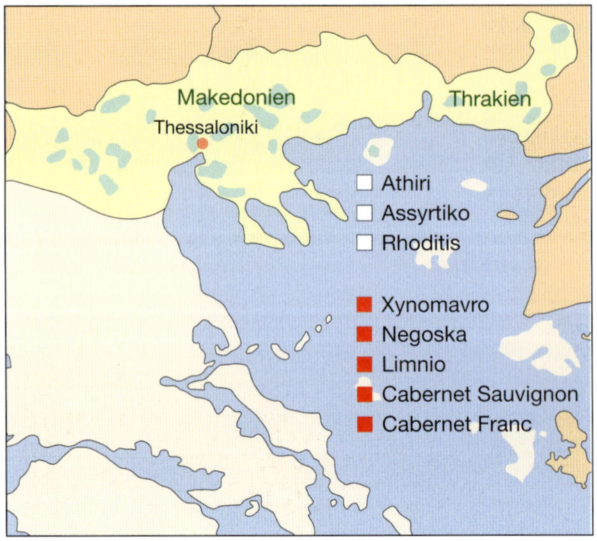

2. Makedonien/Thrakien; wichtige Rebsorten (□ weiß, ■ rot)

Anbaugebiete der Halbinsel Peloponnes
Durch den Kanal von Korinth vom Festland getrennt liegt die Halbinsel Peloponnes. Hier werden in verschiedenen Anbaugebieten auf ca. 60.000 ha Reben angebaut. Dies ist ca. 1/3 der griechischen Produktion. So wie die Rosinentraube die wichtigste Pflanze für die Landwirtschaft im Nord- und Südwesten Griechenlands ist, so ist es die Keltertraube auf dem Peloponnes. Durch eine Gebirgskette, die den Peloponnes von Nordosten nach Südwesten durchzieht, wird die Halbinsel in zwei sehr unterschiedliche Regionen geteilt: eine regenreiche westliche und eine regenarme, trockene östliche Region.
Nemea: Von der Küste bis ins Landesinnere erstreckt sich von 250 m bis 800 m Höhe der Weinanbau. Hier wird aus der Rebsorte Agiorgitiko ein gehaltvoller, trockener Wein von dunkelroter Farbe mit langer Lagermöglichkeit produziert, dem die Winzer den Beinamen „Blut des Herkules" gegeben haben.
Mantinia: Im Herzen des Peloponnes, in ca. 650 m Höhe, werden aus der Rebsorte Moshofilero trockene, fruchtige Weißweine mit lebhafter Säure und einem Aroma, das an Akazienhonig erinnert, hergestellt.
Patras: Aus der hauptsächlich angebauten Rebsorte Rhoditis wird ein leichter, frischer Weißwein gewonnen, der die Herkunftsbezeichnung Patras trägt.

- Mavrodaphne de Patras ist ein körper- und bukettreicher Likörwein aus der Rebsorte Mavrodaphne, der seine volle Reife in Holzfässern erreicht.
- Muscat de Patras und Muscat Rion de Patras sind topasfarbene Likörweine, die sich gleichermaßen als Aperitif- und als Dessertweine eignen.

Anbaugebiete von Makedonien/Thrakien
Die klimatischen Verhältnisse Nordgriechenlands mit bedeutenden Niederschlägen und reicher Vegetation unterscheiden sich grundlegend von denen Zentralgriechenlands und der Inseln. Die Anbaufläche beträgt ca. 15.500 ha.
Naoussa, Goumenissa und Amynteon: Im Gegensatz zu der samtig-fülligen Rebsorte Agiorgitiko im Süden Griechenlands wird im Anbaugebiet Naoussa, im Norden, aus der Rebsorte Xinomavro (xino = sauer, mavro = schwarz) ein robuster Rotwein mit einem relativ gerbstoffbetonten Geschmack hergestellt, der eine längere Lagerung in Holzfässern benötigt, um sein Aroma und seine Milde zu entwickeln. In den anderen beiden Anbaugebieten wird diese Rebsorte mit der Sorte Negoska zu einem harmonischen Wein verschnitten.
Côtes de Meliton: Auf der Halbinsel Sithonia werden aus einheimischen weißen Rebsorten frische, fruchtige Weißweine und markige, üppige Rotweine als Verschnitt aus der griechischen Rebsorte Limnio mit den französischen Rebsorten Cabernet Franc und Cabernet Saugvinon hergestellt. Diese Weine tragen die Herkunftsbezeichnung Côtes de Meliton.

1. Nennen Sie einige Ihnen bekannte griechische Anbaugebiete, die nicht im Text beschrieben sind.
2. Beschreiben Sie die Herstellung und den Geschmack von Retsina.
3. Ordnen Sie folgende Rebsorten einem Anbaugebiet zu: a) Mavrodaphne, b) Xinomavro, c) Agiorgitiko.

1. Österreich – Weinbauregionen und Weinbaugebiete

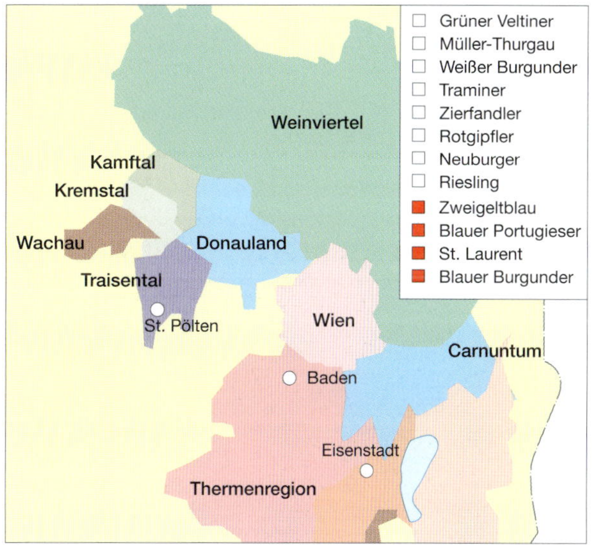

2. Weinbauregionen Niederösterreich, wichtige Rebsorten (□ weiß, ■ rot)

1.7 Österreich – Weinbauregionen, Weinbaugebiete, Weine und wichtige Rebsorten

In Österreich wird in vier Weinbauregionen, unterteilt in 16 Weinbaugebiete, auf ca. 57.000 ha Rebfläche Wein angebaut. Die Weinbaugebiete konzentrieren sich, mit Ausnahme der Steiermark, nördlich und östlich von Wien. Wie in Deutschland sind auch in Österreich die Weißweine am besten. Bedingt durch das etwas südlichere Klima haben die Reben einen höheren Reifegrad.

Die Sprache des Etiketts bei österreichischem Wein
Die Angaben auf dem Weinetikett sind in deutscher Sprache aufgeführt und gleichen denen Deutschlands (Güteklassen → 41 und Grundstufe/Fachstufe 1, 313).

Weinbauregion Niederösterreich
Mit ca. 33.500 ha Weinbaufläche, unterteilt in acht Weinbaugebiete, ist dies die größte Weinbauregion Österreichs. Die Rebsorte Grüner Veltliner, eine der in Österreich am häufigsten angebauten Rebsorten, ist besonders in der Weinbauregion Niederösterreich stark vertreten. Die Weine daraus sind von pfeffriger Würze, fruchtig und meist trocken ausgebaut. Angeboten werden sie leicht, jung und spritzig als Heuriger, aber auch als lagerfähige Spätlese.

***Weinbaugebiet Wachau* (1.450 ha):** Auf steilen Urgesteinsarten werden im engen Donautal zwischen Melk und Krems überwiegend Grüner Veltliner und Riesling angebaut.

Weinbaugebiet Kremstal (2.440 ha): Das Weinbaugebiet Kremstal ist bekannt für bukettreiche und fruchtbetonte, elegante Weißweine.

Weinbaugebiet Kamptal (4.190 ha): Grüner Veltliner und Riesling sind die am meisten angebauten Rebsorten. Der Anbau roter Rebsorten gewinnt an Bedeutung.

Weinbaugebiet Traisental (700 ha): Das Traisental liegt beiderseits der Traisen, nördlich von St. Pölten zur Donau hin. Auf sandigem Lössboden gedeihen Reben für fruchtig-duftige Weißweine.

Weinbaugebiet Donauland (2.950 ha): Entlang der Donau, östlich von Krems bis nach Klosterneuburg werden auf löss- und kalkhaltigen Böden typische und markante Rot- und Weißweine produziert.

Weinbaugebiet Weinviertel (18.000 ha): Dieses größte und nördlichste Weinbaugebiet Österreichs könnte man auch als Veltlinerland bezeichnen. Über die Hälfte der Weinbaufläche ist mit dieser Rebsorte bepflanzt.

Weinbaugebiet Carnuntum (955 ha): Das Weinbaugebiet ist durch den Neusiedlersee und die Donau klimatisch begünstigt. Es liegt um die Orte Göttlesbrunn, Höflein und Prellenkirchen.

Weinbaugebiet Thermenregion (2.814 ha): Durch das Gebiet führt eine vulkanische Bruchlinie. Kraftvolle Weißweine aus den Rebsorten Zierfandler (Spätrot) und Rotgipfler sind eine Spezialität dieses Anbaugebietes.

1. *Weinbauregion Steiermark, wichtige Rebsorten (□ weiß, ■ rot)*

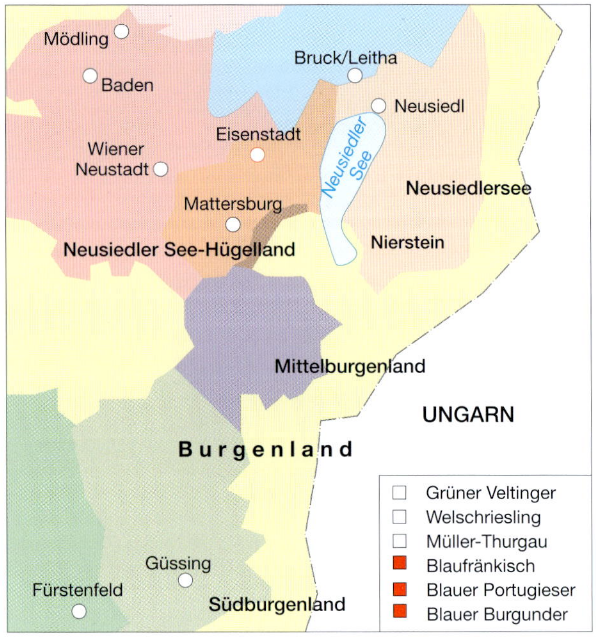

2. *Weinbauregion Burgenland, wichtige Rebsorten (□ weiß, ■ rot)*

Weinbauregion Steiermark

Die Weinbauregion Steiermark teilt sich in drei Anbaugebiete auf. Auf ca. 3.500 ha wird Weinbau betrieben:

Weinbaugebiet Südoststeiermark (1.200 ha): Das Gebiet liegt an der Grenze zwischen trockenem panonischen Klima und feuchtem Mittelmeerklima. Produziert werden vorwiegend fruchtbetonte Weißweine.

Weinbaugebiet Südsteiermark (1.900 ha): Auf steilen Hügeln wächst eine große Rebsortenvielfalt für fruchtige Weißweine, in erster Linie Welschriesling, Riesling, Traminer, Sauvignon blanc und Morillon (Chardonnay).

Weinbaugebiet Weststeiermark (480 ha): Schilcher (Blauer Wildbacher) ist eine Spezialität dieses steierischen Weinbaugebietes. Unter „Schilchen" versteht man Schillern. Der Wein hat die Farbe eines Roséweines. Er ist fruchtig, frisch-herb und spritzig und hat eine kräftige, manchmal sogar agressive Säure.

Weinbauregion und Weinbaugebiet Wien

Wien (730 ha) ist das einzige Weinbaugebiet der Welt, das innerhalb der Grenzen einer Hauptstadt liegt. Bekannte Weinbau- und Heurigenorte wie Nußdorf, Grinzing und Sievering liegen hier.
Traditionell angebaut werden im „gemischten Satz" Trauben verschiedener Rebsorten für Schankweine sowie Grüner Veltliner. Bei Rotweinen dominieren Blauburgunder und Zweigelt.

Weinbauregion Burgenland

Die Weinbauregion Burgenland, mit einer Anbaufläche von ca. 19.000 ha, ist in vier Anbaugebiete unterteilt:

Weinbaugebiet Neusiedlersee (10.387 ha): Auf über 80 % der Rebfläche werden weiße Rebsorten, besonders Welschriesling und Weißburgunder, angebaut.

Weinbaugebiet Neusiedlersee – Hügelland (6.260 ha): Die größte Tradition als Weinbauort hat die Freistadt Rust. Hier werden zum Teil auch wie im benachbarten Ungarn süße Weine produziert. Bekannt ist der Ruster Ausbruch. Die Prädikatsstufe Ausbruch liegt zwischen Beerenauslese und Trockenbeerenauslese.

Weinbaugebiet Mittelburgenland (2.100 ha): In reizvoller Hügellandschaft wird auf schweren Lehmböden überwiegend die Rebsorte Blaufränkisch angebaut. Das Weinbaugebiet ist bekannt für seine Rotweine.

Weinbaugebiet Südburgenland (460 ha): Es ist das kleinste Weinbaugebiet Österreichs. Auf sandig-tonigen Lehmböden werden Weiß- und Rotweine mit einem eigenständigen Charakter produziert.

1. Beschreiben Sie, in welchem Landesteil Österreichs Weinbau betrieben wird.
2. Nennen Sie die Weinbauregionen Österreichs.
3. Beschreiben Sie die Weine aus den Rebsorten Grüner Veltliner und Blauer Wildbacher (Schilcher).

2 Degustation – Weinprobe

Aus der Römerzeit gibt es zahlreiche Aufzeichnungen, die sich mit dem Thema Weinprobe befassen. Aus dieser Zeit stammt auch die Formel: Color (Farbe), Odor (Geruch), Sapor (Geschmack) – eine Reihenfolge, wie sie beim Verkosten von Wein auch heute noch eingehalten wird. Die beste Tageszeit für eine Verkostung ist der späte Vormittag, da zu dieser Zeit die Sinne am sensibelsten sind.

Wichtige Voraussetzungen für eine Weinprobe:
- Der Probierraum muss frei von Gerüchen sein.
- Die Weine müssen die richtige Temperatur haben.
- Das Probierglas soll ein dünnwandiges, tulpenförmiges Stielglas, farblos, rein und ohne Schliff sein.
- Das Licht sollte nicht zu dunkel sein; Kerzenlicht ist meistens nicht ausreichend. Neonlicht hat den Nachteil, unnatürliche Brauntöne zu erzeugen.
- Die Prüfperson muss über eine fein empfindende Zunge und gesunde Atemwege verfügen (keine Erkältung). Parfüm und Tabakgeruch sind störend.
- Die richtige Reihenfolge der Weine ist sehr wichtig; dabei gilt die Regel: leicht vor schwer, jung vor alt, trocken vor lieblich, trockene Rotweine vor Weißweinen.

Zwischen den Proben sind die Geschmacksnerven durch einen Schluck Wasser oder einen Bissen Weißbrot zu neutralisieren. Um Farbe, Aroma und Geschmack zu beschreiben, fehlen oft die passenden Worte. Deshalb wird dazu ein Weinvokabular (siehe unten) oder das in den 80er-Jahren von den Amerikanern entwickelte Weinaroma-Rad verwendet. Bei der Prüfung wird in drei Schritten vorgegangen.

Die Sichtprüfung
Die Sichtprüfung gelingt am besten, wenn man den Wein im Glas vor einem weißen Hinter- oder Untergrund (z. B. weiße Tischdecke oder weißes Blatt Papier) vornimmt.

Geprüft werden:
- Die Klarheit: Dabei wird festgestellt, ob der Wein trübe, blind, blank oder blitzblank ist oder ob er noch sonstige Unreinheiten enthält. Weinsteinablagerungen bei Weißwein sind nicht negativ.
- Der CO_2-Gehalt: Es wird geprüft, ob sich gar keine, wenig oder viele Bläschen im Wein befinden.
- Die Farbe: Der Farbton verrät, wie alt und in welchem Zustand der Wein ist. Als einfachste Regel gilt: Je älter ein Wein der gleichen Rebsorte und Lage ist, umso dunkler ist er. Junge Weißweine z. B. sind hellgelb/hellgrün, mit zunehmendem Alter goldgelb. Junge Rotweine haben ein kräftiges Rot bis Rot-Violett, mit zunehmendem Alter mischen sich Brauntöne darunter. Es entsteht eine „Rostfarbe". Wenn bei Rotwein das Rot nicht mehr zu erkennen ist, ist er meist ungenießbar. Dieses ist vor allem am Außenrand gut erkennbar.
- Der Alkoholgehalt: Dabei wird der Wein im Glas geschwenkt; er läuft entweder schnell wieder ab oder er bildet am Glasrand ölige Streifen (auch Schlieren, Zähren bzw. Tränen genannt) und Fenster. Je deutlicher diese zu erkennen sind, umso alkoholreicher ist der Wein. Es kann aber auch ein hoher Zuckergehalt die Ursache sein; dies ist jedoch bei der Geschmacksprüfung sehr gut festzustellen.

Prüfgegenstand	Eigenschaften				abwertend
	Intensitätssteigerung →				
	1	2	3	4	
Klarheit	hell	blank	glanzhell	blitzblank	trübe, blind
Farbe Weißwein Rotwein	gelbgrün,grün blaßrot	hellgelb rot	gelb rubinrot, granatrot	bernsteinfarben dunkelrot	blass, farblos, hochfarbig
Geruch	zart, dezent feinduftig	duftig blumig	ausgeprägt bukettreich	intensiv sortentypisch	ausdruckslos, fremd, unsauber, parfümiert
Geschmack (Restsüße)	trocken durchgegoren, herb	dezent zartsüß	lieblich süffig	natursüß edelsüß	hart, pappsüß, unharmonisch, Bonbonton
Säure	mild, zart verhalten	frisch feinrassig spritzig	nervig herzhaft pikant	kernig stahlig elegant	unreif, fad spitz, hart grasig, bissig
Körper **Extrakt**	leicht	mundig	vollmundig	gehaltvoll, samtig feurig, ölig, stoffig extrafein, schwer	dünn, klein brandig, schnapsig dünn, leer, plump
Aroma, Bukett (Geschmacks- und Geruchsstoffe)	neutral	zart, blumig	fruchtig, würzig herzhaft, erdhaft saftig	feinwürzig bukettreich edel	kurz, ohne Frucht dick, aufdringlich parfümiert
Gesamtbeurteilung	jung frisch	erfrischend spritzig	reif ausgebaut	vollreif fein, edelfein	leer, tot, matt schal, abgebaut, passé
Alter	jung, zart fein	sauber, typisch herzhaft	rund gehaltvoll, reif	edel körperreich	klein, dünn, mager, körperarm, unharmonisch

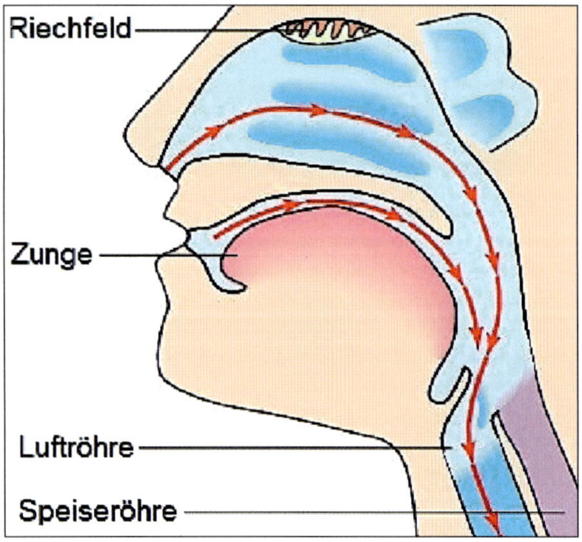

1. Riechfelder der Nase

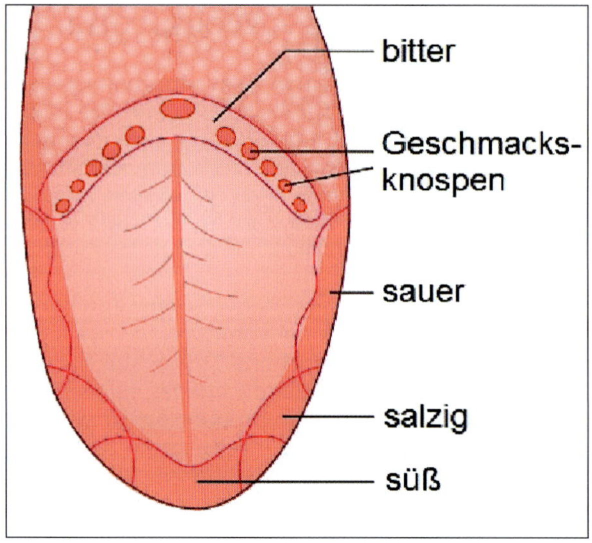

2. Geschmacksfelder der Zunge

Die Geruchsprüfung

Bei der Geruchsprüfung werden Geruchssubstanzen aufgenommen. Sie gelangen durch die Nasenlöcher oder während des Kauens und Schluckens über eine Verbindung zwischen Rachen- und Nasenhöhle an das Riechfeld. Um mehr Luft beim Einatmen an das Riechfeld zu transportieren, wird die Luft in kurzen Ein- und Ausatemstößen (Schnüffelatmung) zum Riechfeld transportiert. Diese Technik wird auch bei der Weinprobe eingesetzt, um die Aromastoffe der Weine besser riechen zu können.

Bei der Geruchsprüfung werden die Aromen und das Bukett des Weines bewertet. Die Düfte können verschiedenen Gruppen wie Früchten, Blumen, Pflanzen oder auch negativen Gerüchen (z. B. Korkgeruch) zugeordnet werden.

Dabei sollte man vom Einfachen zum Schwierigen übergehen. Empfindet man einen Geruch z. B. als fruchtig, wäre der nächste Schritt, herauszufinden, welcher Art von Früchten dieser Geruch entströmt, z. B. Beerenfrüchte, und dann als Höhepunkt noch die Beerensorte, z. B. Brombeer-, Erdbeer- oder Johannisbeergeruch, zu bestimmen.

Die Geruchsprüfung erfolgt in zwei Schritten. Bei beiden Schritten schnuppert man dicht über dem Glas an den entfliehenden Duftstoffen.

- 1. Schritt: Das Glas mit dem Wein wird ohne Bewegung des Glases und des Weines gehalten und die Aromastoffe werden aufgenommen (Primärbukett).
- 2. Schritt: Beim zweiten Schritt schwenkt man das Glas so, dass der Wein fast bis an den Rand schwappt. Dadurch wird eine maximale Glasfläche mit Wein benetzt und die Aromen und Bukettstoffe können von einer größeren Oberfläche aus verfliegen.

Die Geschmacksprüfung

Wenn sich der Wein im Mund befindet, werden durch die Verbindung zwischen Nase und Mund auch Aromastoffe wahrgenommen. Diese dürfen nicht mit dem eigentlichen Geschmack verwechselt werden. Während mit den Riechfeldern viele Aromastoffe aufgenommen werden können, werden auf der Zunge lediglich vier Geschmacksrichtungen in verschiedenen Zonen intensiver wahrgenommen: die Süße überwiegend an der Zungenspitze, die Säure an den seitlichen und unteren seitlichen Zungenrändern, die Bitter-/Gerbstoffe im hinteren Zungenbereich. Die Gesamtheit aller Geschmacksstoffe nennt man Körper. Die Summe der Duft- und Geschmacksstoffe nenn man Bukett.

Bei der Geschmacksprüfung wird folgendermaßen vorgegangen:

- Einen kleinen Schluck Wein dezent schlürfen. Durch die Sauerstoffanreicherung wird der Geschmack deutlicher wahrgenommen.
- Den Wein durch „Kauen" im Mund gut verteilen, um alle Geschmacksknospen anzusprechen.
- Den Wein schlucken oder ausspucken.

Nach dem Schlucken oder Ausspucken bleibt ein Nachgeschmack (Abgang, auch als Schweif des Weines bezeichnet), der von drei/vier Sekunden bis über zehn/fünfzehn Sekunden anhalten kann. Ein sauberer, frischer Nachgeschmack ist dabei ein gutes Zeichen.

1. Erklären Sie, wo sich die Riechfelder der Nase und die Geschmacksfelder der Zunge befinden.
2. Nennen Sie die Voraussetzungen für eine Weinprobe.
3. Beschreiben Sie den Vorgang der Sicht-, Geruchs- und Geschmacksprüfung bei Wein.
4. Erläutern Sie, was mit den Wörtern Abgang, blumig, duftig, kräftig bei einer Weinverkostung ausgedrückt wird.

Weinvokabular – Lexikon der Weinbeschreibung

Wein zu verkosten bedeutet auch, die Entdeckungen, die man gemacht hat, auszudrücken, das heißt darüber zu sprechen. Das Vokabular, mit dem Weine beschrieben werden, ist deshalb sehr umfangreich und mit Ausnahme der klar zu definierenden Eindrücke wie süß, sauer, bitter, klar, hellgelb, dunkelrot usw. von blumigen, bildhaften beschreibenden Ausdrücken geprägt.

Abgang (Schwanz): Nachgeschmack beim Weinverkosten im hinteren Gaumen; hat der Wein keinen Abgang, so setzt die Geschmacksempfindung am Gaumen nach dem Schlucken aus – der Wein ist „kurz"
Abgebaut: der Wein hat Teile seiner Güte eingebüßt und ist bald „tot"; besonders bemerkbar bei Verlust von Frische und Säure
Adstringierend: junger, noch viel Gerbstoffe enthaltender Rotwein
Blumig: Ausdruck für klar erkennbare Aromen wie z. B. von Rosen oder Veilchen
Bukett: Geruchstoffe, die sich während der Reifung des Weines entwickelt haben; bei jungen Weinen spricht man nicht von Bukett, sondern von Aromen
Duftig: zarte, feine Bukettstoffe
Edel/hochedel: von großer Art und feiner Reife
Edelsüß: Wein mit hohem Restzuckergehalt und Botrytisgeschmack (Edelfäule)
Elegant: fein abgestimmt in Säure, Alkohol und Bukett
Feurig: Charakterbezeichnung für besonders frische, gehaltvolle Rotweine
Fruchtig: Wein, der an Aromen von Früchten erinnert wie Kirsche, Johannisbeere, Himbeere, Brombeere bei Rotwein sowie Pfirsich, Zitrusfrüchte, Aprikose, Apfel bei Weißwein
Gehaltvoll: reich an Zucker, Glyzerin, Gerb- und Farbstoffen
Grün: Wein mit viel Säure oder junger, unfertiger Wein
Harmonisch: abgestimmtes Verhältnis der Inhaltsstoffe
Herb: gerbstoffreich (bei Rotwein)
Herzhaft: kräftig, markant, ohne viel Säure
Holzig: typischer Duft eines im Eichenholzfass ausgebauten Weines
Kernig: kräftig, mit sortentypischer Säure; alkohol-, glyzerin- und extraktreich, eindrucksvoll im Abgang
Kräftig: ein Wein, der gleichzeitig köperreich, ausgeglichen und reich an Alkohol ist
Pappig: zu wenig oder abgebaute Säure
Stahlig: trocken, mit erdig-metallischem Geschmack, kräftige Fruchtsäure
Süffig: Bezeichnung für ausgewogene Kneipweine
Unreif: mit viel Säure, wenig Körper, zu jung
Zart: leicht, unaufdringlich, elegant in Säure und Duft

3 Korrespondierende Getränke

Mit der Frage „Welches Getränk zu welcher Speise?" ist die Vorrangigkeit der Speise bereits betont. Das Getränk hat eine dienende Funktion und soll die Speise hervorheben und ergänzen.

Wasser als korrespondierendes Getränk: Die in vielen Ländern übliche Sitte, zu den Tagesmahlzeiten Trinkwasser (Leitungswasser) – oft auch in Karaffen mit Eis – zu reichen, ist in Deutschland nicht verbreitet. Bevorzugt werden Mineral-, Quell- oder Tafelwasser, wobei Wässer mit geringem Eigengeschmack und reduziertem Kohlensäuregehalt (Medium-Mineralwasser) am besten mit den Speisen korrespondieren.

Erfrischungsgetränke: Sie werden als korrespondierende Getränke besonders von Besuchern der Fast-Food-Betriebe zu diesen Speisen getrunken.

Fruchtsäfte: Sie eignen sich als korrespondierende Getränke, oft in Verbindung mit kohlensäurehaltigem Wasser, besonders gut in der warmen Jahreszeit zu leichten Gerichten von Geflügel, Kalb oder Fisch.

Gemüsesäfte als korrespondierende Getränke: Sie werden oft in Betrieben angeboten, deren Hauptangebot aus fleischlosen Speisen besteht.

Bier: Es wird als korrespondierendes Getränk von vielen Menschen bevorzugt. Je nach Gegend wird von den Gästen das für die Region charakteristische Bier bevorzugt. Bier passt besonders gut zu deftigen Wurstwaren und Schinken, Grillgerichten, Gänse- und Entenbraten Schlachtplatten und Geräuchertem.

Bier sollte nicht zu Speisen empfohlen werden, die in oder mit viel Wein zubereitet wurden, sowie zu zarten Gerichten von weißem Schlachtfleisch oder Geflügel wie Frikassee oder zartem ohne Farbgebung zubereitetem Fisch, wie Forelle blau.

Spirituosen: Sie werden oft noch als zusätzliches korrespondierendes Getränk zu Speisen angeboten.
Man reicht

- Korn, Kirschwasser, Obstler zu Vespertellern,
- Aquavit zu Speisen mit kalten, geräucherten Fischen,
- Wodka zu Kaviar, geräuchertem Lachs und Stör,
- Anisschnaps zu würzigen Gerichten der griechischen oder türkischen Küche.

Sekt oder Champagner: Er wird dem Gast bei speziellen Menüs als begleitendes Getränk gereicht. Dabei gelten die gleichen Regeln über die Einhaltung der Reihenfolge wie bei Wein.

Wein als korrespondierendes Getränk

Werden zu Speisen oder in einer Speisenfolge Weine als korrespondierendes Getränk gereicht, sollten diese, mit Ausnahme zu Süßspeisen, halbtrocken oder trocken sein. Dies schließt die obersten Prädikatsstufen (→ Grundstufe/Fachstufe 1, 300, Bild 2) aus, da diese zu viel Restsüße besitzen. Wein wird nicht zu Speisen, die mit Essig oder Zitrusfrüchten angemacht sind, und zu Süßspeisen mit Schokoladenguss empfohlen.

Welcher Wein zu welchen Speisen?

Grundregeln:

- Helles Fleisch/Fisch → Weißwein
  Garungsart ohne Farbgebung
- Helles Fleisch/Fisch → Weißwein/Rosé,
  Garungsart mit Farbgebung leichte Rotweine
- Dunkles Fleisch/Fisch → mittlere bis schwere
  Garungsart mit Farbgebung Rotweine
- Milde Speisen → leichte Weine
- Kräftige Speisen → schwere Weine
- Süße Speisen → Weine mit großer Restsüße
- Stark gewürzte Speisen → fruchtige Weine

Reihenfolge der Weine im Menü

- Weiß vor Rosé und Rot

Ausnahme: trockene Likörweine bei einer Vorspeise vor Weißweinen!

- Leicht vor schwer
- Jung vor alt
- Trocken vor lieblich/süß

Welcher Wein zu welchen Speisen?

◉ sehr geeignet
● geeignet

Welcher Wein zu welchen Speisen?	Fisch, Meeresfrüchte	Eierspeisen	Huhn, Kalb gebraten	Fleischpasteten	Schwein gebraten	Rind, Lamm gebraten	Wild gebraten, geschmort	Ente, Gans gebraten	Eintopf, Brotzeit	Nudelgerichte, Pizza	milder Käse	scharfer Käse	Eis
Deutschland													
Trockener Riesling (Mosel-Saar-Ruwer, Nahe, Mittelrhein, Rheingau, Pfalz	◉		◉	●	●				◉		◉		
Neutrale trockene Weißweine (Silvaner, Weißburgunder, Ruländer, Gutedel)	●	◉	●	●	●				●		●		
Trockener Müller-Thurgau		●	●	●	●				●		●	●	
Halbtrockener Riesling und Kerner			●	◉							◉		
Halbtrockene bis milde Bukett-Sorten (Scheurebe, Gewürztraminer)				●							●	●	
Trockener Weißherbst			◉	●	◉				●		●		
Trockene Rotweine wie Spätburgunder, Portugieser (Pfalz, Baden, Ahr)				●	◉		●	◉			●		
Weißwein mit deutlicher Süße (gut gekühlt)				●									◉
Frankreich													
Rassige trockene Weißweine (Sancerre, Chablis, Muscadet, Entre-deux-mers)	◉			◉							◉		

Welcher Wein zu welchen Speisen?	Fisch, Meeresfrüchte	Eierspeisen	Huhn, Kalb gebraten	Fleischpasteten	Schwein gebraten	Rind, Lamm gebraten	Wild gebraten, geschmort	Ente, Gans gebraten	Eintopf, Brotzeit	Nudelgerichte, Pizza	milder Käse	scharfer Käse	Eis
Volle trockene Weißweine (Elsässer, Meursault, Bordeaux blanc)	●	●	●	●	◉						●	●	
Süße Weißweine (Sauternes, Monbazillac)				●									◉
Trockene Rosé-Weine			◉	◉	●					●	●		
Leichte frische Rotweine (Bourgueil, Beaujolais)				●	◉			●		◉	●	●	
Rote Landweine (Roussillon, Minervois, Corbières)					●	●	●	●	◉	●	●	●	
Rote Burgunder						◉	◉	◉			●		
Schwere gerbstoffreiche Rotweine (Bordeaux, Rhône)						◉	◉	●			●	●	
Italien													
Rassige trockene Weißweine (Soave, Südtiroler, Terlaner, Orvieto)	●		●	◉							●	●	
Weiche trockene Weißweine (Friaul. Verdicchio, Vernaccia di S. Gimignano)	●	●	●	●							●		
Rotweine (Bardolino, Valpolicella)			◉	●	●				●	◉	●	●	
Derbe jüngere Rotweine (Barbera d'Asti, Montepulciano d'Abruzzo)				●	●	●	●	●	●	◉	●	●	
Schwere Piemonteser Rotweine (Barolo, Barbaresco)						◉	●	●			●		
Schwere Toscana-Rotweine (Chianti classico, Nobile di Montepulciano)						◉	●	◉			●		
Andere Länder													
Spanische Weißweine (Rioja, Navarra, Penedés)	◉	●	●	●							●		
Mittelschwere spanische Rotweine (Rioja, Navarra)						◉	●	◉			●		
Schwere spanische Rotweine (Alicante, Valdepenas, Valencia)						●	◉	●		●	●	●	
Schweizer Weißweine (Fendant, Dorin, Johannisberger)	●	●	●	●							●		
Schweiz. Rotweine (Dole)			●	●	●		●			●	●		
Trockene österr. Weißweine (Grüner Veltiner)	●	●	●	●	●						●		
Süße Burgenländer													●

4 Verkaufsgespräche und -techniken

4.1 Im Restaurant über Wein als korrespondierendes Getränk

In vielen Betrieben sind Flaschenweine nur in den Größen von 0,75 l im Angebot. Im À-la-Carte-Geschäft sind diese Mengen pro Gang für zwei Personen zu viel bzw. eine bestellte Flasche Wein, die dann während der ganzen Mahlzeit getrunken wird, nicht zu jedem Gang passend.

Fallbeispiel
Ein Paar bestellt sich folgende Gerichte im À-la-Carte-Geschäft:
- zweimal Räucherlachs mit ...
- zweimal Steinpilzkraftbrühe
- zweimal Hirschrückensteak in Sahnesoße mit ...
- Folgendes Verkaufsgespräch könnte sich daraus entwickeln:

Nicht so	Sondern so
E = Er, **S** = Sie, **R** = Restaurantmitarbeiter	**E** = Er, **S** = Sie, **R** = Restaurantmitarbeiter
Nach dem Aufnehmen der Essensbestellung: **R:** „Was darf ich Ihnen zu trinken bringen?" **E** zu **S:** „Wer fährt heute?" **S** zu **E:** „Heute bist du an der Reihe, aber eine ganze Flasche Wein ist mir zu viel." **R:** Steht ungeduldig wartend daneben, ohne ein Verkaufsgespräch zu beginnen. **E** zu **S:** „Dann nimm eben einen offenen 1/4 l Wein und ich nehme eine Apfelsaftschorle." **S:** „Gut ich nehme 1/4 l Riesling, die Nummer 8." **E:** „Für mich eine große Apfelsaftschorle bitte." **R:** „Vielen Dank für Ihre Bestellung."	Nach dem Aufnehmen der Essensbestellung: **R:** „Was darf ich Ihnen zu trinken bringen?" **E** zu **S:** „Wer fährt heute?" **S** zu **E:** „Heute bist du an der Reihe, aber eine ganze Flasche Wein ist mir zu viel." **R:** „Darf ich Ihnen vielleicht zur Vorspeise 0,2 l von unserem ... Riesling empfehlen und zum Hauptgang 0,2 l den ... Spätburgunder jeweils in der Karaffe mit zwei Gläsern. Dazu vielleicht 0,5 l Medium Mineralwasser. Dann haben Sie zu jedem Gang das passende Getränk und zusammen nur 0,4 l." **E:** „Gute Idee, dann kann ich auch ein Schlückchen trinken." **R:** „Vielen Dank für Ihre Bestellung."

4.2 An der Bar

Oft bestellt ein Gast im Restaurant oder in der Bar, ohne sich anhand der Karte zu informieren, ein Bier, ein Glas Wein, einen Schnaps oder Sonstiges. Bei dieser Art von Bestellung ist im Verkauf von den Restaurantfachleuten das Wissen über das eigene Angebot besonders gefragt, damit sich ein vernünftiges Verkaufsgespräch durch bestimmte Verkaufstechniken entwickeln kann.

Bei diesem Ablauf eines Verkaufsgesprächs ist es wichtig, sich immer vom **Grobziel** zum **Feinziel** hinzutasten, wie es in dem unten aufgeführten Fallbeispiel gezeigt wird.

Fallbeispiel
Ein Gast betritt den Barraum; nach der Begrüßung setzt er sich an die Bar und sagt sofort, ohne sich die Barkarte anzusehen: „Ich möchte gerne einen Whiskey!" Daraus kann sich je nach Wissen über das Angebot folgendes Verkaufsgespräch entwickeln:

Nicht so	Sondern so
G = Gast, **B** = Barmitarbeiter/in	**G** = Gast, **B** = Barmitarbeiter/in
B: „Guten Abend!" **G:** bestellt, bevor er nach seinen Wünschen gefragt wird, oder sich die Barkarte angesehen hat: „Ich hätte gerne einen Whiskey!" **B:** „Was für einen hätten Sie gerne?" **G:** nennt eine Whiskey-Sorte. **B:** nach vergeblichem Suchen: „Führen wir leider nicht." **G:** nennt eine andere Whiskey-Sorte. **B:** nach vergeblicher Suche: „Tut mir leid, haben wir ebenfalls nicht da." **G:** leicht verärgert: „Was haben Sie denn da?" **B:** mit dem Angebot nicht vertraut, reicht **G** die Barkarte.	**B:** „Guten Abend!" **G:** bestellt, bevor er nach seinen Wünschen gefragt wird, oder sich die Barkarte angesehen hat: „Ich hätte gerne einen Whiskey!" **B:** „Schottischen, irischen, amerikanischen oder kanadischen?" **G:** „Ich trinke gern schottischen." **B:** „An schottischem Whiskey kann ich Ihnen ... anbieten." (Er zählt sein Angebot an Whiskeysorten auf.) **G:** „Ich nehme den ... Whiskey." **B:** „Wie hätten Sie ihn gerne, pur, mit Eis, mit Wasser?" **G:** „Ich trinke ihn gerne pur." **B:** schenkt den Whiskey ein: „Bitte schön, sehr zum Wohl!"

5 Präsentation und Service von Getränken

5.1 Servieren von Wein in Flaschen

Weinflaschen werden im à-la-Carte-Geschäft immer im verschlossenen Zustand an den Tisch des Gastes gebracht und dort an einem Beistelltisch geöffnet. Um Flaschen mit Korken fachgerecht öffnen und servieren zu können, werden folgende Arbeitsgeräte benötigt:

- Weinkübel eventuell mit Ständer,
- Korkenzieher mit Seelenachse und Messer,
- kleiner Teller für den Korken, eventuell ein Korkhalter,
- Trinkgläser, Probierglas, saubere Servietten.

Servieren von Weiß- und Roséwein

- Die Flasche wird in der Hand, die Gläser werden auf einem Tablett zum Tisch des Gastes gebracht; die Gläser werden eingesetzt.
- Die Flasche wird mit dem Hauptetikett zum Besteller von rechts präsentiert, damit er sich von der Richtigkeit der Ausführung seiner Bestellung überzeugen kann; dabei werden diskret Jahrgang, Lage, Rebsorte und Geschmacksrichtung genannt.
- Danach wird die Flasche auf dem Beistelltisch geöffnet. Das Etikett sollte dabei stets in Richtung Gast weisen. Die Flasche sollte beim Öffnungsvorgang so wenig wie möglich bewegt bzw. gedreht werden.
- Als Erstes wird die Flaschenkapsel großzügig auf oder unterhalb des Flaschenwulstes abgeschnitten. Um sich nicht zu verletzen, wird das Messer linksherum geführt.
- Nach dem Entfernen der Kapsel werden eventuelle Ablagerungen auf Flaschenhals und Korken mit einer sauberen Stoff- oder Papierserviette entfernt.
- Der Korkenzieher wird in der Mitte des Korkens angesetzt und eingedreht. Der Korken soll dabei nicht durchbohrt werden, da Korkkrümel in den Wein fallen könnten.
- Der Korken wird langsam herausgezogen, zum Schluss durch leichtes Hin- und Herbewegen, damit durch das entstandene Vakuum in der Flasche keine Korkkrümel vom Flaschenrand in die Flasche gesaugt werden. Beim Herausziehen des Korkens darf nicht mit der Hand, die die Flasche festhält, der Flaschenmund berührt werden. Falls nötig, wird eine Serviette zu Hilfe genommen.
- Der Korken wird diskret auf Geruch geprüft, mit einer Serviette abgedreht und auf einem kleinen Teller dem Gast präsentiert, damit dieser ebenfalls Geruch und Korkbrand (eingebrannte Zeichen) prüfen kann.
- Die Flaschenöffnung wird mit einer Serviette gereinigt.
- Die Flasche wird zum Einschenken so in die rechte Hand genommen, dass das Etikett zum Gast zeigt, die linke Hand liegt auf dem Rücken.
- Dem Besteller wird ein Probeschluck eingeschenkt.
- Während er verkostet, wird die Flasche erneut präsentiert.
- Nach dem Verkosten des Weines durch den Besteller oder auf dessen Wunsch durch das Servierpersonal wird der Wein, wenn er für gut befunden wurde, in der Reihenfolge des klassischen Service eingeschenkt (→ Grundstufe/Fachstufe 1, 132).
- Der Glasrand darf dabei nicht berührt werden. Der Wein muss geräuschfrei in das Glas fließen und nicht plätschern. Die Einschenkmenge soll je Glas etwa 0,1 l betragen. Um ein Nachtropfen zu verhindern, wird die Flasche nach dem Einschenken kurz nach rechts abgedreht.
- Je nach Raumtemperatur und Verbleibdauer am Tisch kann der Wein in einen Weinkübel eingesetzt werden.

1. Präsentieren von Wein

2. Flaschenhaltung bei Schlegelflaschen (Handinnenfläche auf Rückenetikett)

1. Flaschenhaltung beim Einschenken aus einer Bocksbeutelflasche

2. Bereitstellung zum Dekantieren

3. Dekantiervorgang bei Weinen mit Depot

Servieren von Bocksbeutelflaschen

Bocksbeutelflaschen müssen, im Gegensatz zu schlanken, hohen Flaschen, beim Einschenken flach auf die Handfläche gelegt werden. Bei dieser Haltung kann beim Einschenken die Luft besser in den Flascheninnenraum strömen. Dadurch wird ein Gluckern beim Einschenken vermieden.

Servieren von Rotwein

Der Service von Rotwein verläuft im Prinzip wie der Service von Weiß- und Roséwein. Zusätzlich ist zu beachten:

- Die Flaschen können im Korb oder in einem Ausschankgestell liegend serviert werden.
- Um Rotweintropfen aufzufangen, kann der Flaschenhals mit einer Manschette versehen werden.
- Beim Einschenken können die Gläser ausgehoben werden, um eine Verunreinigung der Tischdecke durch Rotweintropfen zu vermeiden. Werden die Gläser beim Einschenken nicht ausgehoben, so sollten eventuell am Flaschenhals herunterlaufende Tropfen nach jedem Einschenken mit einer Papierserviette kurz abgewischt werden.
- Rotweinflaschen dürfen nicht in einen Kübel mit Eis und Wasser eingesetzt werden, da dadurch die Temperatur, die der Rotwein im Weinklimaschrank erhalten hat, verändert wird. Stattdessen kann er in Weinkübel eingesetzt werden, die die Temperatur des Weines konstant halten, wie es bei Thermokübeln der Fall ist.

1. Welche Ziele verfolgt man mit dem dekantieren von Rotweinen?
2. Erklären Sie dem Gast die Entstehung des Depots.
3. Welche Geräte müssen für den Rotwein-Service bereitgestellt werden?

Dekantieren von Rotwein

Dekantieren von Rotwein ist notwendig, wenn bei Weinen mit Depot (Ablagerungen) die Gefahr der Trübung beim Einschenken zu groß ist. Ein weiterer Grund, den Wein in eine Karaffe umzufüllen, könnte sein, dass sich der Wein durch den dabei aufgenommenen Sauerstoff geschmacklich verbessert, was jedoch nicht immer der Fall ist.

Bereitstellung von zusätzlichen zu den sonst üblichen Arbeitsgeräten beim Öffnen von Wein zum Dekantieren:

- **Dekantierkaraffe**: Am besten eignet sich eine Karaffe mit langem Hals. Damit die muffige, abgestandene Luft in der Karaffe nicht mit dem Wein in Berührung kommt, muss die Karaffe vor dem Dekantieren viniert (mit etwas Wein ausgeschwenkt) werden.
- **Kerze im Ständer:** Sie dient vor allem bei älteren, dunklen Weinen zur rechtzeitigen Erkennung der Trübung.

Dekantieren und Servieren des Rotweines:

- Weinflasche im Korb bzw. Flaschenhalter liegend vorsichtig an den Tisch des Gastes bringen und präsentieren.
- Verschlusskapsel längs aufschneiden, im Ganzen entfernen und den Korken ziehen. Flaschenöffnung reinigen; dabei darf die Flasche nicht bewegt werden.
- Kerze entzünden und vor dem Kerzenlicht den Wein vorsichtig in die Karaffe umleeren, bei Erscheinen von Depot am Flaschenhals das Dekantieren abbrechen.
- Wein verkosten lassen und servieren (siehe Weißwein).
- Danach kann die Karaffe mit dem Wein, damit er seine Temperatur nicht verändert, in einen passenden Thermobehälter eingesetzt werden (→ Grundstufe/Fachstufe 1, 124, Bild 1).

1. Mögliche Flaschenhaltung bei Schaumwein

5.2 Servieren von Schaumwein/Sekt

Bereitstellung auf dem Beistelltisch:
- Schaumweinkühler, Serviette, kleiner Unterteller,
- Sektbrecher, falls die Drahtschlaufe nicht abbricht,
- Sektzange für festsitzende Naturkorken,
- zusätzliches Glas, falls der Schaumwein überschäumt.

Servieren des Schaumweines:
- Die Flasche wird wie bei Weißwein präsentiert.
- Beim Öffnen am Beistelltisch wird die Flasche mit der linken Hand am Hals gehalten und mit dem Daumen der Kork abgesichert. Die Flasche wird dabei schräg (nicht in Richtung Gast) gehalten.
- Durch Auf- und Abbewegen der Drahtschlaufe wird der Draht abgebrochen. Dadurch verbleibt der Daumen beim Abnehmen des Sicherungsbügels auf dem Korken.
- Mit der rechten Hand schlägt man rasch eine Serviette über Korken und Daumen der linken Hand und sichert gleichzeitig mit der rechten Hand und der Serviette ab.
- Durch langsames Herausdrehen des Korkens mit der rechten Hand wird die Flasche geräuschlos geöffnet.
- Der Flaschenhals wird mit einer Serviette gereinigt, der Korken (bei Naturkorken) dem Gast präsentiert.
- Nach der Verkostung wird nur wenig in die Gläser gegossen, da Schaumwein beim Eingießen in zimmerwarme Gläser stark aufschäumt, danach wird aufgefüllt.
- Die Schaumweinflasche wird anschließend in den Kühler eingesetzt und über den Flaschenhals eine schmal gefaltete Stoffserviette gelegt.

1. Begründen Sie, warum Schaumwein nicht in Pfandflaschen angeboten wird.
2. Nennen Sie drei Sicherheitsregeln beim Öffnen von Schaumweinflaschen.

Mögliche Reklamationen und ihre eventuelle Behebung beim Servieren von Wein und Schaumwein

- Das Getränk schmeckt nach Kork oder riecht artfremd.
- Das Bukett ist abgebaut (eventuell Altersfirne).
- Der Schaumwein hat zu wenig Kohlensäure.
- Der Wein enthält Trübstoffe oder Korkkrümel.
  - *Bei diesen Reklamationen ist nach einer Bitte um Entschuldigung unverzüglich Ersatz anzubieten.*
- Der Gast hat sich die Art der Säure oder den Süßegrad des Weines anders vorgestellt.
- Im Wein befindet sich Weinstein (kein Qualitätsmangel).
  - *Hier sollte im Ermessen des Hauses gehandelt werden, wobei freundliche, aufklärende Worte oft schon ausreichen.*
- Der Wein ist zu warm.
  - *Bei zu warmen Getränken kann die Flasche am Büfett in Eis und Salz eingesetzt und langsam in eine Richtung gedreht werden; diesen Vorgang nennt man Frappieren.*
- Der Wein ist zu kalt.
  - *Bei zu kühlen Getränken kann die Flasche mit feuchten, warmen Tüchern umhüllt werden (Chambrieren).*

5.3 Servieren von Spirituosen, Longdrinks und Cocktails

Spirituosen werden entweder vom Büfettpersonal am Büfett oder vom fahrbaren Aperitif- bzw. Digestifwagen vor den Augen des Gastes am Tisch eingeschenkt. Spirituosen müssen immer in Gläser eingeschenkt werden, die mit einem Füllstrich versehen sind (siehe Eichgesetz und Ausnahmeregelung (→ Grundstufe/Fachstufe 1, 163). Eiswürfel dürfen erst zugesetzt werden, nachdem der Gast die Möglichkeit gehabt hat, die Spirituosenmenge zu überprüfen.

Servieren von Spirituosen:
- Die richtig temperierte Spirituose (→ Grundstufe/ Fachstufe 1, 164) wird auf einem Untersetzer mit Manschette angerichtet und auf einem Tablett dem Gast serviert. Je nach Gegebenheit wird von rechts eingesetzt oder von links angeboten.
- Bei Spirituosen mit Eis werden Eiswürfel in einem kleinen Behälter mit Eiszange dazu eingesetzt.
- Wird eine Spirituose mit einer Flüssigkeit aufgegossen, wie es bei **Longdrinks** der Fall ist (z. B. Gin Tonic), so soll dies erst nach dem Einsetzen der Getränke geschehen, sofern der Gast nicht selbst einschenken möchte.

Servieren von Cocktails:
Die **Cocktails** werden auf einem Untersetzer mit Manschette und einer kleinen Mundserviette angerichtet und dem Gast auf einem Tablett serviert. Bei Cocktails, die mit einer Garnitur versehen sind, die nicht vollständig verzehrbar ist, müssen ein zusätzlicher Ablageteller und eventuell ein kleiner Löffel mit angerichtet werden.

6 Mischgetränke (Barkunde)

Zur beruflichen Ausbildung von Restaurantfachleuten gehört auch das Arbeiten an der Bar. Hier wird der Grundstock für eine spätere Fortbildung zur Barmixerin oder zum Barmixer gelegt.
Außer den Bars in Hotels gibt es noch andere Bartypen wie Cocktail-Bar, Snack-Bar, Bier-Bar, Milch-Bar. Die Bar in Hotels ist als Kommunikationszentrum sehr beliebt. Man trifft sich hier vor dem Essen zum Aperitif und abends nach dem Essen zum Ausklang des Tages. Das Wort Bar entstand aus dem Wort Barriere, die Wirte, vor allem im Wilden Westen, als Abgrenzung vor ihren Regalen errichteten. Die Barriere wurde später mit einer Auflage versehen, die sowohl zur Getränkeausgabe als auch zum Auflehnen benutzt werden konnte. Gleichzeitig schützte sie die dahinter Arbeitenden, wenn es „turbulent“ wurde.

6.1 Arten der Barführung und Barkontrolle

- Die Ware wird vom Magazin angefordert und zu den festgelegten Preisen verkauft und abgerechnet.
- Die Ware wird von der Barführung vom Hotel zum Verkaufspreis gekauft und zu festgelegten Preisen verkauft. Eine Abrechnung der Einnahmen erfolgt nicht.
- Die Bar wird vom Hotel verpachtet und vom Pächter als eigenständiger Betrieb geführt.

Barkontrolle

Bei der Barkontrolle werden Ist- und Soll-Bestand miteinander verglichen (Inventur/Stocktaking); Abweichungen müssen begründet werden.

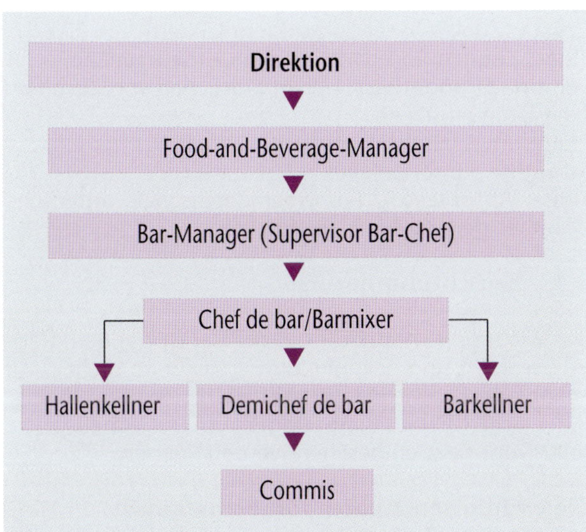

1. Rangordnung eines Großbetriebes mit mehreren Bars

6.2 Die Barkarte

Die Barkarte enthält ein Verzeichnis aller Getränke, die in der Bar erhältlich sind. Für die Barkarte gelten die gleichen Bestimmungen wie für Speise- und Getränkekarten (→ 23).
Die wichtigsten davon sind:

- Beachtung der Zusatzstoff-Zulassungsverordnung,
- Einhaltung der Eichgesetz- und Schankgefäßverordnung,
- die Klarheit des Angebotes. Der Gast muss aus der Karte ersehen können, aus welchen Zutaten sein Getränk besteht.

ALEXANDER-COCKTAIL
kremig, lieblicher Cocktail aus Weinbrand, Sahne und Creme de Cacao

Die Barkarte kann folgendermaßen aufgebaut werden:

- Cocktails dry, medium, sweet,
- Longdrinks nach Gruppen gegliedert,
- Spirituosen nach Gruppen gegliedert,
- Likörweine/Schaumweine,
- Biere,
- alkoholfreie Getränke,
- Heißgetränke.

1. Erstellen Sie auf einem Blatt ein Organigramm über die Rangordnung in der Bar.
2. Zählen Sie verschiedene Typen von Bars auf.
3. Erklären Sie drei Arten der Barführung.

2. Barkarte

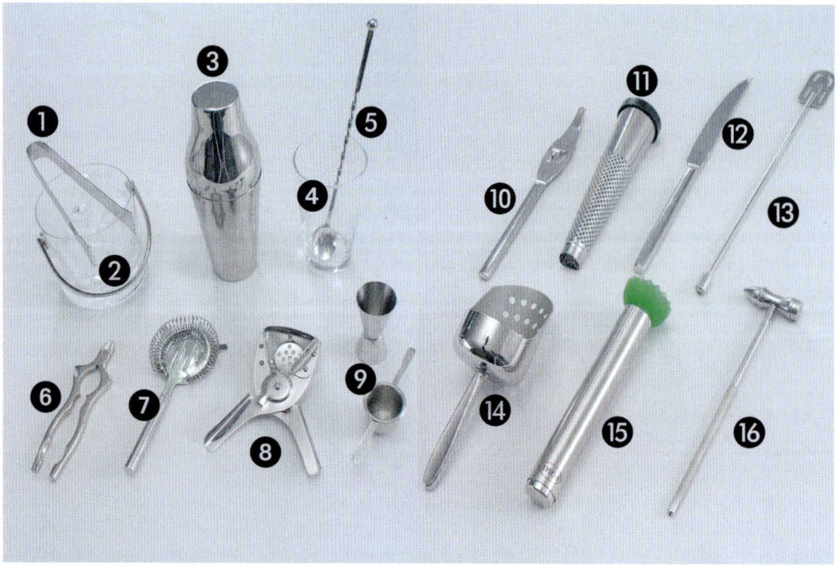

① Ice-tongs
② Ice-bucket
③ Shaker
④ Barglas
⑤ Barspoon
⑥ Bartongs
⑦ Strainer
⑧ Lemonsqeezer
⑨ Jigger mit und ohne Griff
⑩ Cestmaker
⑪ Grater/Grander
⑫ Barknife
⑬ Stirer
⑭ Iceshovel
⑮ Muddler
⑯ Icehammer

1. Arbeitsgeräte in der Bar

6.3 Fachausdrücke in der Bar

Die Fachsprache in der Bar ist Englisch.

Arbeitsgeräte

Barspoon (Barlöffel): langstieliger Löffel zum Abmessen und Umrühren
Barglass/Mixing Glass (Rührglas): etwa 1 l fassendes Glas zum Kaltrühren bzw. Mischen von Getränken
Blender (Mixmaschine), meist elektrisch
Bottle-opener (Flaschenöffner)
Carving Board (Schneidebrett)
Coaster/Underlinder (Untersetzer)
Cocktailsticks (Cocktailspießchen): für Kirschen, Oliven usw.
Corks (Korken) verschiedener Größe, auch mit Gießer
Dashbottle (Spritzflasche): kleine Glasflasche mit Spritzkorkenverschluss; ein Dash = ein Spritzer
Grater/Grander (Reibe): zum Reiben von Muskatnüssen
Ice-bucket (Eiskübel): kleiner Eiskübel, in dem Roheis den Gästen auf den Tisch gestellt wird
Ice-grinder (Eismühle)
Icepic (Eispickel)
Iceshovel (Eisschaufel)
Ice-tongs (Eiszange): zum Anfassen von Roheis
Jigger/Measure (Messbecher): meist für 2, 3 und 4 cl
Muddler (Stößel): oft am Ende des Barlöffels angebracht
Shaker (Schüttel- oder Mixbecher): zwei- oder dreiteilig zum Mixen von Cocktails
Stirer, Sticks oder Ähnliches, zum Umrühren
Strainer (Barsieb)
Squeezer (Fruchtpresse), wenn möglich elektrisch
Swizzle Sticks (Quirls), zum Ausquirlen der Kohlensäure

Eissorten

Cobbler-ice (feinkörniges Eis)
Crushed Ice (zerstoßenes Eis)
Icecube (Eiswürfel)
Shaved Ice (fein gemahlenes, geschabtes Eis)

Weitere gängige Fachausdrücke in der Bar

After-Dinner-Drinks: Getränke nach dem Essen, süßlich
Before (Pré)-Dinner-Drinks: Getränke vor dem Essen
Built im Glas: im Gästeglas zubereitet
Crusta: Zucker- oder Salzrand an Gläsern
Float: Zutaten vorsichtig auf ein Getränk gießen
Lemon-/Orangetwist: kleines Stückchen von Zitronen- oder Orangenschale
Plain: unvermischt, ohne Eis; eventuell Wasser extra
Straight: pur, ohne alles
Twist: Abspritzen – aus einer Zitrusschale ätherische Öle über dem Getränk ausdrücken

6.4 Einrichtung der Bar

Das wichtigste Möbelstück in der Bar ist das Barbüfett. Im Barbüfett sind gekühlte und ungekühlte Fächer und Schubladen sowie Gläserspülmaschinen, Eiswürfelbereiter und Mixmaschine eingebaut. Die Arbeitsplatte sollte vom Gast eingesehen werden können.

Die wichtigsten Zutaten für Bargetränke
Salz, Pfeffer, Muskat, Paprika, Öl, Essig, Tomatenketchup, Worcestershire-Soße, Eier, Milch, Sahne, Kaffee, Früchte, Würfel-, Puder-, Läuterzucker, Oliven, Perlzwiebeln.

1. Bargläser

2. Erstellen von Zucker-, Salz- oder Kräuterrändern

Arbeitsgänge
- Glasrand in Saft, Likör oder Eiklar tauchen
- eventuell abtropfen lassen
- in Zucker, Salz oder Kräuter tauchen

6.5 Bargläser

Da der Arbeits- und Stauraum an der Bar meistens sehr beschränkt ist, sollte bei der Auswahl der Gläser darauf geachtet werden, dass sie vielseitig verwendbar sind. Nur einseitig verwendbare Gläser (z. B. Reklamegläser) nehmen unnötig viel Platz in Anspruch und erschweren das Arbeiten.

Standardgläser

Tumbler groß oder Longdrinkglas: für viele Sorten von Longdrinks, z. B. Highballs, Collinses, Egg-Noggs sowie für alkoholfreie Erfrischungsgetränke
Tumbler mittelgroß: Fizzes, Sours, Sodas, Coolers
Tumbler klein: Old fashioned, Spirituosen on the rocks, Fixes, Glacés
Cocktailgläser in verschiedenen Formen
Sektkelche: Flips, Frappés
Sektschalen: Daisies, Sektcocktails
Likörschalen: Liköre
Schwenker (Sniffer oder Snifter): Weinbrand, Branntwein, Calvados
Stamper: klare Spirituosen wie Gin, Wodka, Korn
Groggläser: Grogs, Slings, Hot Toddies
Glaskaraffen: Bowlen- und Kalte-Ente-Krüge
sowie die gängigen Gläser für Bier, Wein und Likörweine

Spezielle Gläser in der Bar

Neben den gängigen Glastypen gibt es noch Gläser für spezielle Getränke, z, B,: Pousse-Café-Glas für Schichtcocktails, Kullerpfirsichglas, Absinthglas, Crustaglas.

6.6 Arbeiten an der Bar

Bei allen Arbeiten an der Bar sind Sauberkeit und Ordnung oberstes Gebot. Alle Materialien haben ihren festen Platz und sind so stets griffbereit. Grundsätzlich gilt: Die Getränke immer in der gleichen Reihenfolge mixen, das heißt die benötigten Bestandteile immer in der gleichen Reihenfolge in den Shaker oder Mixbecher geben, um den Arbeitsablauf zur Routine werden zu lassen. Garniturbestandteile und Eis dürfen aus hygienischen Gründen nie mit den Händen angefasst werden.

- **Zugabe der Zutaten:** Werden Eier verwendet, werden diese mit einem Messerrücken angeknackt. Sie werden immer zuerst zugegeben; danach folgen Sirup, Säfte, Bitters und zum Schluss die Spirituosen. Die Zugabe von kohlensäurehaltigen Zutaten erfolgt, um Kohlensäureverlust zu vermeiden, immer erst im Gästeglas. Die angegebenen Mengen müssen abgemessen werden.
- **Handhabung des Shakers:** Er wird mit beiden Händen gehalten und in Schulterhöhe waagerecht vom Körper weg und zu ihm hin bewegt, je nach Inhalt zehn bis 20 Sekunden. Längeres Shaken verwässert das Getränk.
- **Rühren im Barglas** geschieht, indem man den Barlöffel bis zum Boden des Rührglases schiebt und in kreisenden Bewegungen von unten nach oben „schlägt".
- **Einsatz des Strainers:** Die Drahtspirale muss beim Passieren des Getränks in das Barglas bzw. den Shaker zeigen.
- **Zuckerränder:** Sie werden hergestellt, indem man den oberen Glasrand in Säfte, Liköre oder Eiklar taucht und danach in Zucker (→ Bild 2).

Barmaße und Definitionen

1 d = dash (Spritzer)	1 g
1 BL = Barlöffel	5 g = 1/2 cl
1 Messglas	5 cl
Spirituosen	2 cl und 4 cl

Cocktail (Shortdrinks) Gesamtmenge .... maximal 7 cl
Before-Dinner(Pré-Dinner)-Cocktails dürfen maximal enthalten: 6 cl Alkohol (Spirituose), 2 cl Zucker, Likör oder Sirup, 5 Ingredienzen inkl. Drops bzw. Dashes. After-Dinner-Cocktails wie Before-Dinner-Cocktails; die süßenden Zutaten sind jedoch nicht in der Menge begrenzt.

„Kingsize-Cocktails"
oder Medium-Drinks ....7 cl bis 14 cl

Longdrinks (All-Days-Drink)
Menge: ....14 cl bis 30 cl
Maximal: 5 Produkte inkl. Drops bzw. Dashes
Garnitur: aufwendiger als bei Cocktails, essbar

Bekannte Getränkegruppen in der Bar

Aperitifs
trockene Likörweine, aromatisierte Weine, Mischgetränke auf Anis- oder Bitter-Basis

Cocktails (Shortdrinks)
Before(Pré)- und After-Dinner-Cocktails dry, medium und sweet

Longdrink-Gruppen
Cobblers, Collinses, Couler, Crustas, Daisies, Egg-Noggs, Fizzes, Fixes, Flipps, Frappés, Highballs, Juleps, Puffs, Rickeys, Sangarees, Slings, Smashes, Sodas und Sours, Swizzles

Heißgetränke
heiße Bowlen und Kaffeemischungen, Glühweine, Grogs, Punsche, Slings, Toddies

Alkoholfreie Mischgetränke
Aufteilung wie alkoholhaltige Mischgetränke

6.7 Mixen, Rühren und Bauen von Mischgetränken

In der Bar werden aus verschiedenen Getränken und Zutaten durch Mixen/Rühren/Bauen andere Getränke in den verschiedensten Geschmacksrichtungen hergestellt. Dabei werden unterschiedliche Arbeitstechniken angewandt. Wann welche Technik eingesetzt wird, richtet sich nach der Mischbarkeit (leicht oder schwer) der Getränke und Zutaten und ob dabei Eis verwendet wird oder nicht.
Herstellung im/in:

- **Rührglas (Mixglas):** Auf diese Art werden Getränke hergestellt, die aus klaren, dünnflüssigen und daher leicht mischbaren Zutaten bestehen (keine Zutaten wie Sirups, Eier, Sahne, Liköre usw.)
- **Mixbecher (Shaker):** Bei diesen Getränken handelt es sich meist um schwerer mischbare Zutaten wie kremige Liköre, Sahne, Eier, Sirups usw. Durch kräftiges Schütteln werden diese Zutaten vermischt und dabei durch Zugabe von Eis gekühlt.
- **Mixmaschine (Blender):** Getränke, die im Mixbecher hergestellt werden, können auch in der Mixmaschine zubereitet werden. Bei Zutaten wie Eiklar und Zitronensaft wird jedoch ein geschmacklich und optisch anderes Ergebnis erzielt.
- **Trinkglas des Gastes:** Hierbei handelt es sich entweder um gekühlte Zutaten, die sich von selbst mischen wie Kir, Kir-Royal, Brandy-Soda oder um Zutaten, die im Glas des Gastes „aufgebaut" werden, wie es bei Pousse-Cafés oder Float-Whiskey der Fall ist.
- **Turbomixer:** Bei Mehrfachorder eines Getränkes oder zum Pürieren, z. B. Erdbeermilch

6.8 Herstellen eines Mixgetränkes

Die Arbeitsgänge, die bei der Herstellung eines Mixgetränkes erforderlich sind, sollten immer in der gleichen Reihenfolge durchgeführt werden:

- Passendes Glas und flüssige Zutaten bereitstellen,
- Eis in das benötigte Arbeitsgefäß (Shaker, Blender, Rührglas) füllen,
- Gästeglas kühlen,
- Garnitur erstellen wie Zuckerrand, Fruchtspieße,
- angesammeltes Schmelzwasser aus dem benötigten Arbeitsgefäß abgießen,
- Zutaten abmessen und auf das Eis gießen,
- je nach verwendetem Arbeitsgefäß shaken, rühren oder in der Maschine mixen,
- das gemischte Getränk in das gekühlte Glas passieren (durch Strainer oder Siebeinsatz im Shaker),
- wird das Mischgetränk mit kohlensäurehaltigen Getränken hergestellt, z. B. Gin-Fizz mit kohlensäurehaltigem Wasser, so geschieht dies im Gästeglas,
- das Getränk dekorieren und auf Untersetzer servieren,
- bei Longdrinks empfiehlt es sich, immer einen Trinkhalm und einen Stirer mit in das Glas zu geben,
- das verwendete Roheis aus dem Arbeitsgerät entfernen (wegschütten) und die benutzten Arbeitsgeräte unter fließendem kalten Wasser ausspülen.

1. Zählen Sie die bekanntesten Barmaße auf.
2. Nennen Sie die maximale Flüssigkeits- und Zutatenmenge für Cocktails und Longdrinks.
3. Beschreiben Sie die Herstellung eines Mixgetränkes.

Before(Pré)-Dinner-Cocktails	
Martini-Cocktail (dry) *Barglas und Eis* *4 cl Gin* *2 cl Wermut weiß, trocken*	**Manhattan** *Barglas und Eis* *4 cl Canadian Whisky* *2 cl Wermut rot* *1 Dash Angostura*
Absieben in Cocktailglas Garnitur: Olive am Spieß	Absieben in Cocktailglas Garnitur: Kirsche am Spieß
Wodka Gibson *Barglas und Eis* *5 cl Wodka* *1 cl Wermut weiß, trocken*	**Wodka Gimlet** *Barglas und Eis* *5 cl Wodka* *2 BL Lime Juice*
Absieben in Cocktailglas Garnitur: Perlzwiebel	Absieben in Cocktailglas
Kir *Weißweinglas* *1 BL Cassislikör* *5 cl trockener Weißwein* *(von Aligoté-Reben)*	**Kir Royal** *Sektglas* *1 cl Cassislikör* *10 cl herber Sekt*
im Glas des Gastes zubereiten	im Glas des Gastes zubereiten
After Dinner Cocktails	
White Lady *Shaker und Eis* *2 cl Gin* *2 cl Orangenlikör* *2 cl Zitronensaft*	**Side Car** *Shaker und Eis* *2 cl Cognac* *2 cl Orangenlikör* *2 cl Zitronensaft*
Absieben in Cocktailglas	Absieben in Cocktailglas
Brandy Alexander *Shaker, Blender und Eis* *2 cl Crème de Cacao braun* *2 cl Brandy* *2 cl frische Sahne*	**Daiquiri** *Shaker und Eis* *5 cl weißer Rum* *1 BL Zitronensaft* *1 BL Zuckersirup*
Absieben in Cocktailglas	Absieben in Cocktailglas
Grasshopper *Shaker und Eis* *2 cl Crème de Menthe grün* *2 cl Crème de Cacao weiß* *2 cl Sahne*	**Morning-Rose** *Shaker und Eis* *2 cl weißer Rum* *2 cl Curaçao weiß* *1 cl Grenadine* *1 cl Zitronensaft*
Absieben in Cocktailglas	Absieben in Cocktailglas
Pousse-Café	
American Flag *kleines Tulpenglas* *2 cl Grenadine* *2 cl Maraschino weiß* *2 cl Curaçao blau*	**Angel's Kiss** *kleines Tulpenglas* *2 cl Crème de Cacao* *2 cl flüssige Sahne* *2 cl Cognac*
„Bauen" im Glas des Gastes	„Bauen" im Glas des Gastes

6.9 Alkoholhaltige kalte Mischgetränke

Aperitifs

Aperitifs sind Getränke, die zur Appetitanregung vor den Mahlzeiten getrunken werden. Sie sollten wenig Alkohol enthalten, da Alkohol auf leeren Magen besonders stark wirkt, trocken im Geschmack und klein in der Menge sein sowie wenig Kohlensäure enthalten, da sie sonst ein Völlegefühl auslösen. Bei den klassischen Aperitifs unterscheidet man „natürliche" und „künstliche". Natürliche Aperitifs sind alle Likörweine (→ Grundstufe/Fachstufe 1, 315); künstliche werden in drei Gruppen unterteilt:

- Bittergeschmack (Campari, Martinazzi, Rossi usw.),
- Anisgeschmack (Pernod, Ricard, Berger),
- auf der Basis von Wein (Dubonnet, Amer-Picon).

Aperitifs mit Bittergeschmack werden in kleinen Tumblern mit einem Stückchen Zitronenschale und Eiswürfel serviert und mit Soda abgespritzt.
Aperitifs mit Anisgeschmack serviert man mit frischem Wasser und Würfelzucker. Der Zucker wird auf einen Speziallöffel gelegt, über das Glas gehalten und mit Wasser übergossen.
Die dritte Gruppe auf der Basis von Wein wird im Allgemeinen als Mischung zubereitet, sehr oft mit einem Schuss Sirup, Orangenachtel und Sodawasser.
Die Aperitifgläser sollen für diese Getränke nicht zu groß sein, denn es handelt sich hier nicht um durststillende, sondern um appetitanregende Getränke.

Cocktails

Über die Entstehung des Namens „Cocktail" gibt es viele Legenden. Eine besagt, dass der Sieger bei Hahnenkämpfen die Schwanzfedern des besiegten Hahnes bekam (cock, engl.: Hahn, tail: Schwanz). Alle während der Siegesfeier getrunkenen Getränke wurden Cocktails genannt.
Cocktails teilt man in „Before(Pré)-Dinner-Cocktails" und „After-Dinner-Cocktails" ein. Before-Dinner-Cocktails bestehen aus trockenen (Geschmacksrichtung!) Zutaten und sind appetitanregend. After-Dinner-Cocktails sind süße, unter Verwendung von Sahne, Honig oder Likören hergestellte Cocktails, die die Verdauung fördern. Cocktails trinkt man vor oder nach, jedoch nie zum Essen.

Pousse-Cafés (Couleurdrinks, Schichtgetränke)

Diese Getränke werden aus verschiedenen Spirituosen und Sirups zubereitet, die geschmacklich zueinander passen. Sie werden nach dem Essen getrunken.
Die Spirituosen und Sirups werden über einen Löffel in der Reihenfolge ihres spezifischen Gewichts in ein schlankes, kleines Tulpenglas eingefüllt (aufgebaut): die alkoholarmen, stark zuckerhaltigen zuunterst, die stark alkoholhaltigen, zuckerarmen sind für die oberen Schichten geeignet. Die Zutaten dürfen sich nicht miteinander vermischen. Pousse-Cafés werden mit einem Trinkhalm schichtweise getrunken.

Longdrink-Gruppen und Longdrinks

Cobblers werden hergestellt, indem man ein Cobblerglas zu ca. 1/3 mit feinkörnigem Eis füllt, die alkoholischen Zutaten darübergießt, mit frischen Früchten ausgarniert und mit Soda oder Sekt auffüllt.
Juleps werden immer mit frischer Minze hergestellt. Die gewaschenen, frischen Blätter werden mit etwas Läuterzucker in einem Highballglas mit dem Muddler zerdrückt, bis sie Aromastoffe abgeben; danach werden sie entfernt. Das Glas wird zu 3/4 mit fein gestoßenem Roheis aufgefüllt, mit den angegebenen Spirituosen übergossen und mit dem Rührlöffel kalt gerührt.
Fizzes sind erfrischende Longdrinks, die meistens aus Spirituosen, Saft von Zitrusfrüchten und etwas Läuterzucker bestehen. Aufgegossen werden sie nach der Fertigstellung überwiegend mit Soda. Bei Zugabe von Eiklar werden sie Silver-Fizz, bei Eigelb Golden-Fizz und bei Zugabe von Sahne oft Cream-Fizz genannt.
Sours werden nach der Fertigstellung nur mit einem Schuss Sodawasser abgespritzt.
Sodas und Highballs sind die „Durstlöscher". Die Grundrezepturen unterscheiden sich nicht, lediglich die Flüssigkeit, mit der sie aufgegossen werden, ist unterschiedlich. Sodas werden ausschließlich mit reichlich Sodawasser aufgegossen, während Highballs oft mit Ingwerlimonade (Ginger Ale) aufgegossen und mit einer Zitronenspirale dekoriert werden (Beispiel: Whiskey-Soda, Whiskey-Highball). Die Herstellung erfolgt, indem Eiswürfel in das Gästeglas gegeben werden, die Spirituosen und Sonstiges zugefügt und mit Sodawasser oder Ginger Ale aufgefüllt wird.
Daisies sind leichte, oft süßlich schmeckende Longdrinks. Sie werden in Sektschalen abgeseiht, man gibt – je nach Rezeptur – Fruchtstücke hinzu und spritzt mit etwas Sodawasser ab.
Crustas sind Longdrinks, die in Gläsern mit einem Zuckerrand serviert werden. Es sind After-Dinner-Drinks.
Egg-Noggs können heiß oder kalt zubereitet und getrunken werden. Sie bestehen immer aus Eiern (bei heißen nur Eigelb), Zuckersirup oder Honig, Milch, Muskatnuss und eventuell Spirituosen.
Flips sind beliebte Erfrischungs- und Aufbaugetränke, die immer mit Eigelb hergestellt werden und zusätzlich Spirituosen, Likörweine und Sahne enthalten können. Abgerundet werden sie mit geriebener Muskatnuss.

Fancy-Drinks und Pick me ups

Fancy-Drinks sind Getränkemischungen, die keiner bestimmten Kategorie der Mixgetränke zugeordnet werden können und für die es auch keine Grundrezepturen gibt. Sie sollten nicht mehr als 6 cl Alkohol enthalten.
Pick me up ist die Bezeichnung für Getränkemischungen, die auch als „Katerkiller" oder „Muntermacher" bezeichnet werden. Sie sind meist sehr scharf gewürzt und werden in Longdrink- oder in Cocktailgröße zubereitet.

Longdrink-Gruppen und Longdrinks	
Cobbler: Balaton Cobbler *Cobblerglas und Eis* *2 cl Peach Brandy* *2 cl Apricot Brandy* *2 cl Barack Palinka* *Pfirsich, Kirschen, Aprikose*	**Julep: Mint Julep** *kleiner Tumbler und Eis* *Minzblätter* *2 BL Wasser* *1 cl Zuckersirup* *4 cl Bourbon Whiskey*
Zubereitung im Gästeglas, aufgießen mit Champagner Zugabe: Löffel, Trinkhalm	Zubereitung im Gästeglas Garnitur: Cocktailkirsche Zugabe: Löffel, Trinkhalm
Fizz: Gin Fizz *Shaker und Eis* *4 cl Gin* *2 cl Zitronensaft* *2 BL Zuckersirup*	**Sour: Whiskey Sour** *Shaker und Eis* *4 cl Bourbon-Whiskey* *2 cl Zitronensaft* *2 BL Zuckersirup* *1 Dash Angostura*
Absieben in mittl. Tumbler, aufgießen mit Sodawasser Garnitur: Zitronenscheibe	Absieben in kl. Tumbler, abspritzen mit Sodawasser Garnitur: Orangenscheibe, Kirsche
Daisy: Rum-Daisy *Shaker und Eis* *4 cl brauner Rum* *2 cl Maraschino* *2 cl Zitronensaft* *2 BL Läuterzucker*	**Crusta: Balance-Crusta** *Shaker und Eis* *2 cl Wodka* *1 cl weißer Rum* *1 cl Cucaçao Triple sec* *1 BL Grenadine*
Absieben in Longdrinkglas, aufgießen mit Sodawasser Garnitur: Minzezweig	Absieben in Cocktailglas mit Zuckerrand Garnitur: Cocktailkirsche
Egg-Nogg: Rum-Egg-Nogg *Blender* *1 Eigelb* *2 BL Zuckersirup* *2 BL Ananassaft* *4 cl Jamaika-Rum* *10 cl heiße Milch*	**Flips: Amore-Flip** *Shaker oder Blender* *und Eis* *1 Eigelb* *2 cl Crème de Vanille* *2 cl Maraschino* *2 cl Cognac*
Abgießen in Gästeglas Garnitur: geriebene Muskatnuss	Absieben in Flip-, Sektglas Garnitur: geriebene Muskatnuss

Pick me ups	
Virgin Mary *Mittelgroßer Tumbler* *15 cl Tomatensaft* *3 Dash Worchestershire-Soße* *2 Dash Tabasco* *Salz, Pfeffermühle* *2 bleistiftgroße Stücke* *Stangensellerie*	**Prairie Oyster** *Cocktailglas* *3 BL Tomatenketchup* *1 BL Olivenöl* *2 Dash Worchestershire-Soße* *2 Dash Tabasco* *1 BL Zitronensaft o. Essig* *1 Eigelb* *Salz, Pfeffermühle*
Alle Zutaten verrühren Garnitur: Stangensellerie	Alle Zutaten einfüllen, Eigelb oben, Glas Wasser extra

Heißgetränke, heiße und kalte Bowlen	
Teepunsch *250 g Zucker* *Saft von 3 Zitronen* *1/2 l Arrak* *2 l schwarzer Tee*	**Irish Coffee** *2 TL Rohrzucker* *4 cl Irish Whiskey* *15 cl heißer Kaffee* *4 cl Schlagsahne*
Servieren in Punsch-/Teeglas	Bauen im Irish-Coffee-Glas
Feuerzangenbowle *2 l Rotwein* *Zuckerhut (250 g)* *1/2 l Rum oder Arrak* *Zitronen-, Orangensaft nach Geschmack*	**Waldmeisterbowle** *3 cl Zitronensaft* *5 cl Orangensaft* *1,5 l Weißwein trocken* *0,75 l Schaumwein* *2 EL Zucker* *8 g Waldmeisterblätter*
Servieren mit vorgewärmten Punschgläsern	Bowlengefäß in Eis einsetzen
Zubereitungen im folgenden Text	

1. Abbrennen des Alkohols und Schmelzen des Zuckerhutes bei der Herstellung der Feuerzangenbowle

6.10 Alkoholhaltige heiße Mischgetränke, heiße und kalte Bowlen

Grog wird aus Spirituosen wie Rum, Arrak, Whisky usw. unter Zusatz von heißem Wasser und Kandiszucker hergestellt. Auf einem Tablett werden heißes Wasser in einem hitzebeständigen Stiel- oder Henkelglas, eine erwärmte Portionsflasche (2 oder 4 cl) Spirituose sowie Kandiszucker und Zitronenscheibe angerichtet.

Glühwein wird aus Rotwein, Zucker und würzenden Zutaten hergestellt. Bei Verwendung von Weißwein muss er als Glühwein aus Weißwein deklariert werden. Rotwein, Zucker und Gewürze (Zimtstange, Nelke, eventuell Zitronenscheibe) werden erhitzt. Die Gewürze werden vor dem Servieren entfernt.

Punsch (z. B. Teepunsch): Die heißen Punsche gehören zur Gruppe der Grogs und Glühweine. Als Spirituosen werden Rum, Arrak und Whisky verwendet.

Irish Coffee: Irischer Whiskey und brauner Zucker werden in einem Stielglas erhitzt. Sehr starker, heißer Kaffee wird dazugegossen. Nach dem Umrühren wird halbsteif geschlagene Sahne vorsichtig darübergegeben. Er wird, ohne umzurühren, durch die Sahne getrunken. Trinkhalm oder Löffel werden auf Wunsch gereicht.

Feuerzangenbowle (Krambambuli): Der Rotwein wird mit Zitronen- und Orangensaft in einer Kasserolle erhitzt. Ein Zuckerhut wird auf eine Auflage über die Kasserolle gelegt. In einer Schöpfkelle werden über einer offenen Flamme Rum oder Arrak erhitzt, bis der Alkohol entflammt, und danach schubweise brennend über den Zuckerhut gegossen, bis dieser geschmolzen ist.

Kalte Bowlen

Alkoholhaltige Bowlen bestehen meist aus Wein, Schaumwein, kohlensäurehaltigem Wasser, Früchten, Säften und Aromaträgern wie Pfefferminze, Waldmeister, Zitrusschalen. Kalte Bowlen sollten im Geschmack erfrischend und durstlöschend sein und nicht zu viel Alkohol enthalten.

Folgende Grundsätze müssen bei der Herstellung von kalten Bowlen beachtet werden:

- Nie Eiswürfel in die Bowle geben! Sie würden die Bowle verwässern. Entweder muss das Bowlengefäß in Eis gestellt oder ein mit Eis gefüllter Einsatz verwendet werden.
- Zucker sollte vor der Zugabe immer in Flüssigkeit aufgelöst werden.
- An Früchten darf nur einwandfreie, entsteinte Ware verwendet werden. Werden Schalen mitverwendet, müssen sie unbehandelt sein.
- Kohlensäurehaltige Zutaten wie Mineralwasser und Schaumwein dürfen erst der fertig angesetzten Bowle zugegeben werden.

Kalte Ente: Eine Zitrone wird in Spiralform geschält, die Spirale in einen Glaskrug gehängt und mit Weißwein übergossen. Danach wird mit Schaumwein (mindestens 25 %) aufgefüllt. Die Zitronenschale wird entfernt, damit der Geschmack nicht zu intensiv wird (→ Grundstufe/Fachstufe 1, 317).

Waldmeisterbowle – Maibowle: Waldmeisterblätter (höchstens 3,5 g pro Liter) werden mit Zucker überstreut und mit etwas Wein übergossen. Wenn genügend Geschmackstoffe extrahiert sind, werden die Blätter entfernt. Dann wird mit Weißwein und Schaumwein aufgefüllt.

Zutaten

- Glas mit Zuckerrand
- Blender:
Eis,
3 cl Zitronensaft,
2 cl Orangensaft,
2 cl Mangosaft,
2 cl Ananassaft,
1 cl Läuterzucker
1 Dash Vanillessenz,
1 Eigelb
- in das Glas absieben,
- mit 5 cl Mineralwasser auffüllen,
- 1 cl Grenadine langsam zugießen.

1. Etincelle du Jour (Star des Tages)

6.11 Alkoholfreie kalte und heiße Mischgetränke

Alkoholfreie Mischgetränke werden in den letzten Jahren immer beliebter. Je nach Getränkeart gelten für die Herstellung die gleichen Regeln wie bei den alkoholischen Getränkegruppen.

Wissen Sie Bescheid?

1. Zählen Sie verschiedene Bartypen auf und erklären Sie Arten der Barkontrolle.
2. Erklären Sie den Aufbau einer Barkarte.
3. Beschreiben Sie die Einrichtung einer Bar.
4. Nennen Sie die wichtigsten Arbeitsgeräte in der Bar und ihren Verwendungszweck.
5. Übersetzen Sie folgende Fachausdrücke: Built in Glass, Float, Twist, Shaved Ice, Swizzle Sticks.
6. Welche Bargläser verwenden Sie für folgende Getränke: Highballs, Fizzes, Flips, Grogs, Weinbrand, Pousse-Cafés?
7. Welche Mischgetränke werden im Rührglas, Mixbecher oder im Gästeglas hergestellt?
8. Beschreiben Sie, wie Before- und After-Dinner-Cocktails beschaffen sein sollen.
9. Beschreiben Sie die Herstellung der Feuerzangenbowle.

Cocktails

Der Wecker
Mixmaschine und Eis
5 cl Sangrita
1 Eigelb
Absieben in Cocktailschale
Garnitur: Schnittlauch

Russisches Feuer
Mixmaschine und Eis
4 cl Sauerkrautsaft
2 cl Sangrita
Absieben in Cocktailschale
Garnitur: Scheibe Salzgurke

Ananascocktail
Shaker und Eis
4 cl Ananassaft
3 cl Orangensaft
1 cl Grenadine
Absieben in Cocktailschale
Garnitur: Sternfrucht

Abendsonne
Shaker und Eis
4 cl Sahne
2 cl Bananensaft
Absieben in Cocktailschale
Garnitur: 1/8 Ananasscheibe

Kalte Fruchtbowle für 3 Personen
250 g Honigmelonenfleisch in Würfeln
250 g frische Erdbeeren in Würfeln
0,5 l Maracujasaft, 10 cl Zitronensaft
1 Messerspitze gemahlener Ingwer
Läuterzucker nach gewünschtem Süßegrad
0,5 l Mineralwasser zum Auffüllen

Longdrinks

Soda: Bananen-Soda
2 Kugeln Vanilleeis
10 cl Bananensaft
1 cl Zitronensaft
Vanilleeis und Säfte im Longdrinkglas verrühren, mit Sodawasser auffüllen

Cooler: Orange-Cooler
Shaker und Eis
2 cl Mandelsirup
4 cl Orangensaft
2 cl Zitronensaft
Absieben in Longdrinkglas, auffüllen mit Bitter-Orange
Garnitur: Orangen-Scheibe, Kirsche

Fizz: Apricot-Fizz
Shaker und Eis
6 cl Aprikosensaft
1 cl Orangensaft
1 cl Zitronensaft
Absieben in Longdrinkglas, auffüllen mit Sodawasser

Egg-Nogg: Sanddorn-Egg-Nogg
Shaker und Eis
2 cl Sanddornsirup
20 cl kalte Milch
1 Eigelb
Absieben in Longdrinkglas

Heiße Mischgetränke

Gewürzpunsch
1 l Traubensaft rot
1 l Apfelsaft
Saft von 2 Zitronen
Saft von 1 Orange
3 Nelken, 1 Stück Zimt
1 Prise Muskat
1-2 BL Honig
Schale einer halben Zitrone
Zutaten aufkochen, ca. 10 Minuten ziehen lassen, abseihen

7 Sicherung des Getränkeangebots

Das Getränkeangebot eines Betriebs wird durch vorausschauenden Einkauf und durch produktgerechte Lagerhaltung gesichert.

7.1 Überlegungen beim Einkauf von Getränken

- Die Geschäftsleitung muss entscheiden, welche Angebotsbreite und -tiefe dem Niveau des Betriebs angemessen ist (Bild 1). Je anspruchsvoller der Gästekreis, desto breiter und tiefer ist im Allgemeinen das Angebot. Unterschiedliche Qualitäts- und Preisniveaus sind anzustreben. Das Getränkeangebot sollte auf die angebotenen Speisen abgestimmt sein. Es ist festzulegen, wie viel Kapital durch die Getränkelagerung gebunden werden darf.
- Die räumlichen Voraussetzungen zur sachgerechten Lagerung müssen vorhanden sein, z. B. in Bezug auf Größe, Kühlung, Heizung, Belüftung, Einhaltung der Luftfeuchtigkeit, Hygiene (Einhaltung der Standards und Dokumentation der Kontrollen), technische Einrichtung (Zapfanlagen) und Diebstahlsicherung.
- Lieferanten müssen gefunden werden, die bereit sind, entsprechend den Vorgaben zu liefern (Kauf auf Abruf, Just-in-time-Warenwirtschaft) und nicht weiterverkaufte Getränke wieder zurückzunehmen (z. B. Wein nach einer Sonderveranstaltung). Es ist sinnvoll, für jedes Getränk mindestens zwei Lieferanten auszuwählen: Der Getränkebedarf ist besser gesichert; Konkurrenz veranlasst die Lieferanten zu besserer Serviceleistung.
- Durch eine moderne Lagerverwaltung ist sicherzustellen, dass die Menge und der Wert der gelageren Getränke stets abrufbar sind.

7.2 Sonderkaufverträge beim Getränkeeinkauf

Kauf nach Probe: Ein Getränk wird geprüft und unter der Bedingung gekauft, dass die Qualität der Probe entspricht.
Beispiel: Spanischer Wein für eine Spezialitätenwoche mit Tapasauswahl.
Kauf zur Probe: Ein Getränk wird in relativ kleiner Menge gekauft, um dessen Verarbeitungs- und Absatzmöglichkeiten zu testen. Bei positivem Testergebnis wird die Abnahme größerer Mengen in Aussicht gestellt.
Beispiel: 0,2-l-Sektflaschen sollen als Alternative zum offenen Ausschank in 0,1-l-Gäsern angeboten werden.
Kauf auf Abruf: Es wird eine bestimmte Menge, z. B. eines bestimmten Weins, gekauft. Geliefert wird jedoch erst, wenn der Betrieb ihn benötigt und beim Lieferanten, eventuell in Teilmengen, abruft.
Beispiel: Der Weinbedarf von einem bestimmten Weigut liegt bei 2.000 Flaschen pro Jahr. Die Flaschen werden zum Großabnahmepreis gekauft, aber erst auf Abruf angeliefert, wenn der Weinkeller im Betrieb aufgefüllt werden muss.
Fix- und Zweckkauf: Die Getränke werden zu einem festen (fixen) Termin und für einen einmaligen Zweck bestellt. Beispiel für Fixkauf: Als Aperitif bei einer Geburtstagsfeier soll ein exklusiver Champagner des Jahrgangs ausgeschenkt werden, in dem das Geburtstagskind geboren wurde. Nach diesem Termin ist das Getränk unverkäuflich.
Beispiel für Zweckkauf: Italienischer Weißwein für eine italienische Fisch-und-Pasta-Woche. Eine Lieferung nach diesem Anlass ist zwecklos.
Bierlieferungsvertrag: Er kann dazu dienen, den Getränkebedarf vor allem an Fassbier zu sichern (weitere Besonderheiten siehe Kapitel Rechtsvorschriften → 170).

	ANGEBOTSBREITE					
ANGEBOTSTIEFE	**Bier**	**Weißwein**	**Rotwein**	**Schaumwein**	**Spirituosen**	**Likörweine**
	Pils	Riesling	Blauer Spätburgunder	Sekt	Weinbrand	Sherry
	Weizen	Rivaner	Blauer Portugieser	Champagner	Cognac	Portwein
	Export	Silvaner	Trollinger	Krimsekt	Whisky	Madeira
	Alt	Kerner	Lemberger	Asti spumante	Whiskey	Malaga
	Kölsch	Scheurebe	Dornfelder	Prosecco	Calvados	Marsala
	Bock	Gutedel	Samtrot	Cava	Kirschwasser	Samos
	Weiße	Traminer	Blauer Frühburgunder	Crémant	Himbeergeist	Tokajer
	Märzen	Grauer Burgunder	Müllerrebe	Perlwein	Gin	Pineau de Charents
	Rauchbier	Weißer Burgunder	Merlot		Grappa	
		Bacchus	Cabernet Sauvignon		Wodka	

1. Angebotsbreite und Angebotstiefe alkoholischer Getränke

1. Weinkeller

Anforderungen	Begründungen
Lage möglichst nach Norden, gleichbleibend kühl und dunkel	Wein ist sehr empfindlich gegen Wärme und Licht. An der Nordseite von Gebäuden sind die Temperaturschwankungen am geringsten. Ideale Kellertemperatur 8 °C bis 12 °C.
Relative Luftfeuchtigkeit 60 % bis 70 %	Zu hohe Luftfeuchtigkeit lässt den Keller modern.
Gute Luftzirkulation	Unangenehme Gerüche werden vermieden.
Mit Naturkorken verschlossene Weine nicht bei stark riechenden Waren lagern	Da der Naturkork die Flaschen nicht völlig luftdicht verschließt, können Geschmack- und Geruchsstoffe des Weins beeinflusst werden.
Erschütterungsfrei lagern	Erschütterungen lassen den Wein nicht in Ruhe reifen. Gerbstoffablagerung (Chemise) ist kaum möglich.

2. Anforderungen an einen Weinkeller

7.3 Vorratshaltung von Getränken

Eine Vorratshaltung mit langer Lagerdauer, vor allem bei Wein, ist heutzutage nicht mehr üblich (Kapitalbindung).

7.3.1 Vorratshaltung von Weiß- und Roséwein

Bei Weiß- und Roséwein stimmen die Lager- und Trinktemperatur in etwa überein (8 °C bis 12 °C); bei längerer Lagerung um 12 °C. Diese Weine sind daher nach der Anlieferung und vor dem Verkauf zu kühlen. Die Kühlzeit hängt vom Gebinde (Fass, Flascheninhalt) und der Anlieferungstemperatur ab; Weiß- und Roséwein in Flaschen muss deshalb spätestens mehrere Stunden vor dem Servieren angeliefert werden.

Der Tagesvorrat am Getränkebüfett ist im Kühlschrank aufzubewahren.

Folgende Regeln sind bei der Weinlagerung zu beachten:

- Wein reagiert auf starke Temperaturschwankungen mit Qualitätsverlust. Sie sollten beim Transport und bei der Lagerung vermieden werden.
- Wein ist bei längerer Lagerzeit dunkel zu lagern, weil Lichteinfluss zu unerwünschten Alterungserscheinungen führen kann.
- Weinflaschen mit Naturkorkverschluss sollen bei längerer Lagerzeit liegend aufbewahrt werden, damit der Kork nicht austrocknet und so nicht mehr dicht schließt. Geschmack und Aroma des Weins würden durch Reaktion mit Luftsauerstoff negativ beeinflusst. Für einige Tage oder wenige Wochen kann Wein mit Naturkorkverschluss durchaus stehend aufbewahrt werden, ohne dass negative Veränderungen stattfinden.

7.3.2 Vorratshaltung von Rotwein

Die Regeln für die Vorratshaltung für Weißwein gelten sinngemäß auch für Rotwein. Die Ausschanktemperatur ist jedoch höher. Sie beträgt bei leichten bzw. jungen Rotweinen etwa 14 °C bis 16 °C, bei älteren bzw. schweren Rotweinen bis 18 °C. Im Weinklimaschrank lässt sich der Rotwein gut für den Verkauf bereithalten. Rotweine sind generell länger lagerfähig als Weißweine. Ihr höherer Gerbsäuregehalt (Tanningehalt), der beim Vergären mit Schale und Kernen gelöst wird, verlangt sogar eine längere Reifezeit. Die Gerbsäuren verbinden sich dabei mit anderen Stoffen zu einem unlöslichen Niederschlag, dem Bodensatz (Depot). Dieses Depot muss durch Dekantieren abgeschieden werden (→ 73).

Gerbstoffarme Rotweine können relativ jung getrunken werden (ein bis fünf Jahre Reifezeit); der bekannte Beaujolais primeur ist ein Rotwein, der ohne Reifezeit getrunken wird.

7.3.3 Vorratshaltung von Schaumwein

Schaumweine, die im Handel verkauft werden, benötigen keine zusätzliche Reifezeit. Es finden, im Unterschied zu vielen Weinen, keine positiven Veränderungen statt. Wichtig ist die richtige Kühlung auf etwa 6 °C bis 8 °C. Es genügt, wenn die Flaschen entsprechende Zeit vorher angeliefert und gekühlt werden.

Sollte der Schaumwein vor dem Servieren nicht ausreichend kühl sein, kann in einem Sektkühler eine Mischung aus Wasser, Eiswürfeln und Kochsalz hergestellt werden. Darin wird er, unter ständigem Drehen des Flaschenhalses zwischen den Handflächen rasch auf Trinktemperatur gebracht. Dieses Verfahren des schnellen Abkühlens nennt man Frappieren.

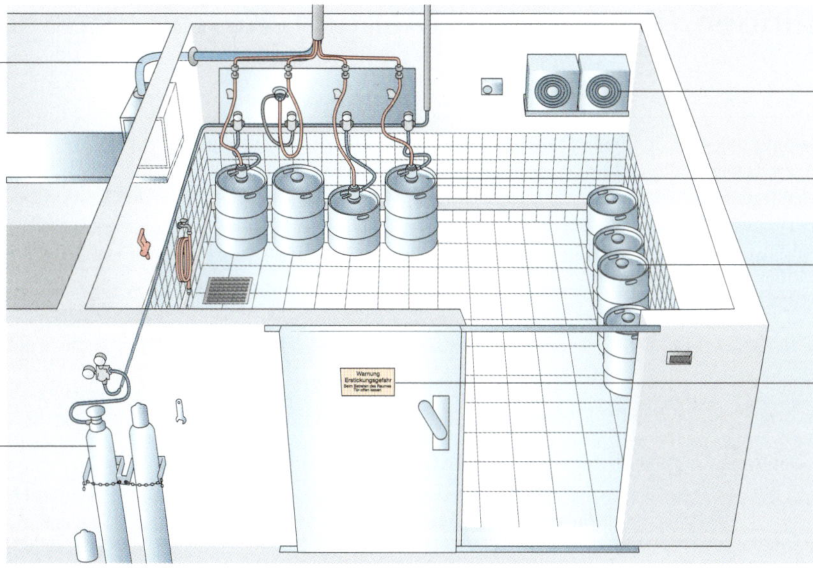

1. Bierkühlraum mit Bierfässern

7.3.4 Vorratshaltung von Bier

Bier ist ein sehr empfindliches Getränk:

- Erschütterungen z. B. beim Transport bewirken, dass die Kohlensäure weniger stark an die Flüssigkeit gebunden ist und das Bier schal wird. Erst mehrere Tage (mindestens zwei) nach dem Transport hat Flaschen- und Fassbier wieder genügend geruht. Deshalb ist es entsprechend frühzeitig anzuliefern. Bierflaschen sollten vor dem Einräumen in den Kühlschrank auf unbeschädigte Ettiketten kontrolliert und eventuell gesäubert werden; das Mindesthaltbarkeitsdatum ist zu beachten.
- Temperaturschwankungen schaden dem Bier. Unter etwa 5 °C wird das Bier (vorübergehend) trüb und es schäumt zu wenig. Zu warmes Bier (über 12 °C) schäumt zu stark. Wird Fassbier zu warm gelagert, kann es nachgären; dieses ist nicht verkaufsfähig, weil die sogenannte Hefetrübung die Qualität mindert.
- Licht beeinträchtigt schon nach kurzer Zeit den Biergeschmack; das Bier schmeckt unangenehm „ölig". Deshalb sind Bierflaschen in der Regel braun oder grün, damit bestimmte Strahlen dem Bier nicht schaden können.
- Gerüche der Umgebung werden auf das Bier übertragen. Deshalb sollten im Bierkeller oder -kühlraum keine anderen Lebensmittel, auch kein Leergut gelagert werden.
- Die Lagerzeit von Bier ist eingeschränkt; das Mindesthaltbarkeitsdatum ist zu beachten. Bei einer Bierlieferung sollte das frisch gelieferte Bier hinter das „ältere" Bier gestellt werden.
- Bier im Fassanstich behält nur kurze Zeit (je nach Zapfanlage wenige Tage) seinen frischen Geschmack. Deshalb ist es unter Umständen besser, kleinere Gebinde zu kaufen.

7.3.5 Vorratshaltung bei Spirituosen

Spirituosen sind aufgrund ihres hohen Alkoholgehalts über 16 Vol.-% ohne Kühlung lange lagerfähig. In Flaschen abgefüllt findet keine Qualitätsverbesserung durch Reifeprozesse mehr statt. Deshalb werden Spirituosen kurzfristig eingekauft und eventuell sofort auf die entsprechende Trinktemperatur gebracht:

- Weinbrand, Cognac, Whisky, Calvados usw. zwischen 18 °C und 20 °C,
- Liköre zwischen 14 °C und 18 °C,
- Tresterbrände (Grappa, Trester, Marc) und Obstbrände (Kirschwasser, Himbeergeist usw.) zwischen 10 °C und 12 °C,
- Korn, Wodka, Aquavit, Gin usw. um 1 °C.

Die Flaschen werden stehend und dunkel gelagert, weil manche Spirituosen bei heller Lagerung ihre Farbe verlieren.

Liköre mit hohem Zuckergehalt zeigen bei kühler Lagerung Zuckerkristallbildung, die durch leichtes Erwärmen wieder verschwindet.

1. Wie kann die Sicherung des Getränkeangebots durch Verträge erreicht werden?
2. Welche Bedingungen müssen erfüllt sein, damit bei der Lagerung von Wein keine Qualitätsverluste entstehen?
3. Warum soll Fassbier nicht erst heute bestellt werden, wenn es morgen ausgeschenkt werden soll?
4. Warum ist es nicht nötig, große Vorräte an Spirituosen oder Schaumwein einzulagern?
5. Erklären Sie den Unterschied zwischen Kauf auf Probe und Kauf auf Abruf.

8 Berechnungen (Rezepturen, Mengen, Kosten, Erträge)

Rezepturen

Für eine Sonderveranstaltung sollen Sie 50 Whiskey sour zubereiten. Für einen Whiskey sour benötigen Sie:
4 cl Whiskey (Bourbon), 2 cl Zitronensaft, 2 cl Läuterzucker, 1 Dash (d) Angustora, evtl. Sodawasser

a) Berechnen Sie die benötigten Mengen für 50 Personen, wenn mit einem Schankverlust von 4 % gerechnet wird. Wie viele Flaschen Whiskey zu 0,7 Liter (l), Zitronensaft zu 0,5 Liter und Läuterzucker in cl müssen Sie anfordern?

b) 0,7 Liter Whiskey kosten 18,75 €, der Zitronensaft (frisch gepresst) pro Liter kostet 6,50 € und der Läuterzucker kostet pro 10 cl 0,15 €. Mit welchem Betrag in € müssen Sie die Bar nach Ausgabe der Waren belasten?

a) Whiskey:
50 · 4 cl Whiskey = 200 cl = 2 Liter

96 % ≙ 200 cl $\frac{100 \cdot 200}{96}$ ≙ 208,33 cl
100 % ≙ x cl

208,33 cl : 70 cl = **2,98 Fl.** ≙ **3 Flaschen**

Lösung: Es werden 3 Fl. à 0,7 Liter Whiskey angefordert.

a) Zitronensaft:
50 · 2 cl Zitronensaft = 100 cl = 1 Liter

96 % ≙ 100 cl $\frac{100 \cdot 100}{96}$ ≙ 104,17 cl
100 % ≙ x cl

104,17 cl : 50 cl = **2,08 Fl.** ≙ **3 Flaschen**

Lösung: Es werden 3 Fl. à 0,5 Liter Zitronensaft angefordert.

a) Läuterzucker (LZ):
50 · 2 cl LZ = 100 cl = 1 Liter

96 % ≙ 100 cl $\frac{100 \cdot 100}{96}$ ≙ **104,17 cl**
100 % ≙ x cl

Lösung: Es werden 104,17 cl ≙ 105 cl Läuterzucker angefordert.

b)

Whiskey	= 18,75 €/0,7 Liter · 3 Flaschen	= 56,25 € für Whiskey
Zitronensaft	= 3,25 €/0,5 Liter · 3 Flaschen	= 9,75 € für Zitronensaft
Läuterzucker	= 0,15 €/10 cl · 1,05 Liter	= 1,58 € für Läuterzucker
		67,58 €

Lösung: Die Bar wird mit 67,58 € belastet.

Mengen, Kosten, Erträge

Für eine Sonderveranstaltung werden 58 Gläser Sekt-Orange bestellt, der mit 4,00 € auf der Karte steht.

a) Berechnen Sie, wie hoch die Materialkosten für die 58 Gläser Sekt-Orange höchstens sein dürfen, wenn mit 210 % Gemeinkosten, 15 % Gewinn und der gesetzlichen Mehrwertsteuer gerechnet wird.

b) Ermitteln Sie den Kalkulationsfaktor, mit dem der Betrieb rechnet.

c) Die gesamten Materialkosten für den Sekt-Orange belaufen sich für die geladenen Gäste auf 49,88 €. Berechnen Sie für diesen Fall die Gewinnveränderung in € und den neuen Gewinnzuschlag in %.

a) 58 Gäste · 4,00 € = 232,00 € Inklusivpreis (inkl. MwSt.)

	Materialkosten	100 %		**54,69 €**
–	Gemeinkosten	210 %	114,84 €	↑
=	Selbstkosten	310 % > 100 %		169,53 €
–	Gewinn	15 %	25,43 €	
=	Geschäftspreis/Nettoverkaufspreis	115 % > 100 %		194,96 €
–	Mehrwertsteuer	19 %	37,04 €	
=	Inklusivpreis	119 %		232,00 €

Lösung: Die Materialkosten dürfen höchstens 54,69 € betragen.

b) $\frac{232,00}{56,69} = \mathbf{4,24}$

Lösung: Der Kalkulationsfaktor beträgt 4,24.

c)

	Materialkosten	100 %	49,88 €
+	Gemeinkosten	210 %	104,75 €
=	Selbstkosten	310 % > 100 %	154,63 €
+	Gewinn	**26,08 %**	**40,33 €**
=	Geschäftspreis		194,96 €

Lösung: Der Gewinn beträgt 26,08 % oder 40,33 €.

Rezepturen

Für die Ausstellung „Bergwelten" sind als Werbegeschenke Körbchen mit Dauerwaren-Spezialitäten (Speck, Wurst und Schinken) vorgesehen. Sie benötigen 300 dieser Werbegeschenke mit einem Gesamtgewicht von je 200 g (Speck, Wurst und Schinken) in den Körbchen. Der Aufschneideverlust bei Speck, Wurst und Schinken beträgt 4,5 %. Außerdem sollen je Körbchen ein 5cl-Fläschchen Kräuterschnaps und ein kleines Fernglas aus Kunststoff zur Deko dazugegeben werden.
Der Kräuterschnaps muss aus 1-Liter-Flaschen abgefüllt werden, wobei der Schankverlust 5 % beträgt.

a) Erstellen Sie eine Materialanforderung für die Spezialitäten (auf volle 100 g aufrunden), den Kräuterschnaps (auf volle 0,1 l aufruden) und die zusätzlich benötigten Artikel.
b) Berechnen Sie die gesamten Materialkosten für die Aktion. Verpackungskosten werden pauschal mit 125,00 € berechnet.

Spezialitäten	Materialpreis je Einheit	Einheit	Gewichtsanteil
Durchwachsener Speck	10,20 €	kg	5
Hartwurst	8,00 €	kg	5
Geräucherter Schinken	15,80 €	kg	4
Geräucherter Schinken	4,50 €	kg	6
gesamt			20 Teile
Zusätzlich benötigte Artikel			
Kräuterschnaps	14,50 €	1 Liter	
5-cl Fläschchen	0,08 €	1 Stück	
Körbchen, geflochten	1,47 €	1 Stück	
Deko - Fernglas aus Kunststoff	1,96 €	1 Stück	

Materialanforderung: Bei insgesamt 20 Gewichtsanteilen wiegt bei 200 g Gesamtmenge ein Anteil 10 g.

Durchwachsener Speck
benötigte Menge:
50 g • 300 Portionen = 15,00 kg
angeforderte Menge:
95,5 % ≙ 15,00 kg
100 % ≙ x
15 • 100/95,5 = **15,70 kg**

Hartwurst
benötigte Menge:
50 g • 300 Portionen = 15,00 kg
angeforderte Menge:
95,5 % ≙ 15,00 kg
100 % ≙ x
15 • 100/95,5 = **15,70 kg**

Geräucherte Schinken
benötigte Menge:
40 g • 300 Portionen = 12,00 kg
angeforderte Menge:
95,5 % ≙ 12,00 kg
100 % ≙ x
12 • 100/95,5 = **12,60 kg**

Geräucherte Schwarzwurst
benötigte Menge:
60 g • 300 Portionen = 18,00 kg
angeforderte Menge:
95,5 % ≙ 18,00 kg
100 % ≙ x
18 • 100/95,5 = **18,90 kg**

Kräuterschnaps
benötigte Menge:
0,05 l • 300 Portionen = 15,00 l
angeforderte Menge:
95 % ≙ 15,00 l
100 % ≙ x
15 • 100/95 = **15,80 kg**

15,8 Liter = **16 Flaschen** à 1 Liter müssen angefordert werden

	angeforderte Menge	Einzelpreis	Gesamtpreis	
Durchwachsener Speck	15,80 kg	10,20 €	161,16 €	
Hartwurst	15,80 kg	8,00 €	126,40 €	
Geräucherter Schinken	12,60 kg	15,80 €	199,08 €	
Geräucherte Schwarzwurst	18,90 kg	4,50 €	85,05 €	
Kräuterschnaps	16 Flaschen	14,50 €	232,00 €	
5-cl Fläschchen	300 Stück	0,08 €	24,00 €	
Körbchen, geflochten	300 Stück	1,47 €	441,00 €	
Deko-Fernglas aus Kunststoff	300 Stück	1,96 €	588,00 €	
Verpackung (pauschal)			125,00 €	
Gesamtpreis			**1,981,69 €**	
Preis je Stück			**6,61 €**	

Lösung: Die gesamten Materialkosten betragen 1981,69 €; der Stückpreis beträgt 6,61 €.

9 Fachsprache, Fremdsprache

m. = maskulin, le; f. = feminin, la (Mehrzahl = les)

Deutsch	Englisch	Französisch
Barservice	**Barservice**	**Service de Bar**
Barlöffel	bar spoon	cuiller à bar f.
Barmesser	bar knife	couteau à bar m.
Barzange	bar tongs	pince à bar f.
Bitterflasche	bitter bottle	flacon à angostura m.
Cocktailbecher	cocktail shaker	tamis à cocktail m.
Cocktailsieb	cocktail strainer	passoir à cocktail m.
Flaschen-Gläseruntersetzer	bottle and glass tray	plateau pour bouteilles et verres m.
Flaschenöffner	bottle opener	décapsulteur m.
Messbecher für Alkohol	measure for liquor	mesure à alcool f.
Muskatreibe	nutmeg grater	râpe à muscade f.
Roheisbehälter	ice bucket	seau à glace m.
Roheishammer	ice hammer	marteau à glace m
Rührglas	mixing glass	verre à melanger f.
Sektflaschenverschluss	champagne bottle closer	bouchon bouteille m.
Strohhalmbecher	straw holder	porte-paille m.
Zigarrenabschneider	cigar cutter	coupe-cigare m.
Zitronenpresse	lemon squeezer	presse-citron m.
Wein- und Schaumweinservice	**Wine and sparkling wine service**	**Service à vin et champagne**
Champagnerschüssel	champagne bowl	bol à champagne m.
Weinkühlerständer	stand for wine cooler	support pour seau à vin m.
Weinkühler	wine cooler	seau à vin m.
Rotweingestell (Flaschenhalter)	red wine holder	porte-bouteilles f.
Dekantierkaraffe	decanter	carafe à décanter f.
Korkhalter	cork pic	bouchon à tenir m.
Korkenzieher	cork-screw	tire-bouchon m.
Kellnermesser	waiter's knife	couteau de sommelier
Sicherungsbügel (Schaumwein)	agrafe	agrafe f. colerette

10 Projektorientierte Aufgabe

Thema: Getränkeverkauf Wein

Sie sind Restaurantleiter in einem Weinrestaurant. Das Angebot Ihrer Weinkarte ist breit gefächert und deckt alle Geschmacksrichtungen ab. Trotzdem ist der Umsatz an Wein bei gestiegenem Küchenumsatz rückläufig.

Aufgabe:

Welche Maßnahmen können Sie intern ergreifen?

Wie führen Sie diese Maßnahmen durch, um den Umsatz an Wein zu steigern?

Lösungsvorschlag

(Lösungsvorschläge geben Anregungen, wie die Projektaufgabe bearbeitet werden kann, und sind keine fertigen Lösungen.)

- Interne Werbemaßnahmen ergreifen (→ Grundstufe/Fachstufe 1, 345).
- Präsentationsmöglichkeiten für Weine arrangieren.
- Durch Fortbildungsmaßnahmen das Wissen der Mitarbeiter über Wein schulen, um die Gästeberatung zu verbessern.
- Degustationen (Verkostungen) (→ 67) mit Mitarbeitern durchführen.
- Angebotsgrößen (Ausschankgrößen) überprüfen.
- Speisenvorschläge mit passenden Weinen in Zusammenarbeit mit der Küche erstellen.
- Verkaufsgespräche und -techniken mit den Servicemitarbeitern proben.

Lernfeld 3.3
Führen einer Station

1. Vorbereitung in der Station

Zielformulierungen

Folgende Ziele sollen von Auszubildenden im Lernfeld Führen einer Station erreicht werden:

- Sie sind in der Lage, die Anforderungen zur Führung einer Station zu beschreiben.
- Es werden Vorbereitungsarbeiten im Restaurant ausgeführt, Gäste empfangen und platziert.
- Sie sind fähig, Gäste über das Speisen- und Getränkeangebot zu beraten, wobei Kommunikationsregeln eingehalten und verkaufspsychologische Kenntnisse genutzt werden.
- Bestellungen werden entgegengenommen.
- Sie servieren Speisen und Getränke nach unterschiedlichen Methoden und können Arbeiten am Tisch des Gastes ausführen.
- Im Interesse des Unternehmens bearbeiten sie Reklamationen gastorientiert.
- Sie erstellen Gästerechnungen, rechnen ab und verabschieden Gäste.
- Die Gästeberatung und -betreuung erfolgen auch fremdsprachlich.
- Sie arbeiten im Team und erkennen die Vorteile dieser Arbeitsorganisation.
- Die Arbeitsschritte erfolgen planmäßig nach ökonomischen und ökologischen Gesichtspunkten und werden selbstständig kontrolliert und bewertet.
- Es werden Tagesabrechnungen erstellt und Leistungslöhne berechnet.
- Sie kennen die Rechtsvorschriften.

1 Führen einer Station

Um die Zuständigkeitsbereiche im Restaurant klar erkennbar zu machen, werden sie je nach Größe der Restaurants in einzelne Stationen unterteilt. Zuständig für einen solchen Teilbereich ist der Leiter einer Station, der auch als Chef de rang bezeichnet wird.
Zur Führung einer Station sind folgende Fähigkeiten und Kenntnisse Voraussetzung:

- Beherrschung des First-Classe-Service (Fachkompetenz),
- Organisationstalent,
- die Fähigkeit, eine kleine Personengruppe zu führen (Sozialkompetenz),
- Deutsche und fremdsprachliche Kenntnisse (Englisch, Französisch),
- Kenntnisse über Speisen und Getränke,
- Verkaufstalent.

Zu den hauptsächlichen Aufgaben zum Führen einer Station gehören:

- Einteilen, Führen und Schulen der untergebenen Mitarbeiter,
- Organisieren der Vorbereitungsarbeiten und des Serviceablaufs,
- Beratung der Gäste und Verkauf,
- Arbeiten am Tisch des Gastes, wie Vorlegen, Flambieren, Tranchieren, Filetieren,
- Zubereiten und Anmachen von Speisen am Tisch des Gastes,
- Tabakwarenservice,
- Getränkeservice,
- Bonieren, Kassieren (inkassobevollmächtigt),
- Bearbeiten von Reklamationen,
- Vertretung des Vorgesetzten.

2 Vorbereitungsarbeiten

Zu den Vorbereitungsarbeiten im Restaurant zählen die Arbeitseinteilung der untergebenen Mitarbeiter sowie die Vorbereitungsarbeiten in Office und Restaurant. (→ Grundstufe/Fachstufe 1, 125).
Zu den organisatorischen Vorarbeiten gehört das Ausführen und Überwachen der Arbeiten nach Check- und Kontrolllisten (→ 21).

3 Verkaufsgespräche und -techniken

3.1 Die Servicebesprechung

Zu den Verkaufsgesprächen und -techniken zählt auch die tägliche Servicebesprechung. Dazu gehören die erforderlichen Tagesinformationen, wie:
- Welches „Geschäft" wird erwartet?
- Welche besonderen Gäste laut Reservierung werden erwartet (Gästedatei, Guest History → 91)?
- Worauf ist im Allgemeinen zu achten?

Besprechen von Fehlerquellen zum Serviceablauf des vergangenen Tages:
- Was könnte servicetechnisch verbessert werden?
- Weshalb wurden bestimmte Angebote nicht angenommen?
- Sind Reklamationen zu besprechen?

3.2 Besprechen des Tagesangebotes

Dies kann im Wechsel von jeweils einem anderen Mitarbeiter übernommen werden, da durch die intensive Vorbereitung, die dieser als Leiter der Besprechung benötigt, ein großer Lerneffekt erzielt wird.
Um spezielle Fragen stellen zu können, muss von den anderen Mitarbeitern gefordert werden, dass sie bis zum Zeitpunkt der Servicebesprechung das Angebot kennen.
Folgende Punkte werden bei dieser Besprechung geklärt:
- Was steht auf der Karte? Wie wird es zubereitet?
- Wie wird es richtig ausgesprochen?
- Mit welchen Worten wird das Gericht am besten empfohlen?
- Welche Zusammenstellungen mit anderen Gängen passen zu diesem Gericht/ergeben ein Menü?
- Welche Zusammenstellungen werden erfahrungsgemäß gewählt?
- Welche Getränke passen zu welchen Speisen?

Weitere Ausführungen zum Thema Verkaufsgespräche und -techniken finden Sie auch unter: → **Grundstufe/Fachstufe 1, 171 und 330, sowie auf Seite 137.**

1. Servicebesprechung

4 Gästebetreuung

Empfangen und Begrüßen der Gäste
Die Gäste werden beim Eintreten begrüßt; danach ist man ihnen, wenn nicht schon geschehen, beim Ablegen der Garderobe behilflich. Bei Gästen, die reserviert haben, sollte man sich nochmals über die Personenzahl vergewissern. Bei Gästen, die nicht reserviert haben, muss man sich ebenfalls nach der Personenzahl erkundigen und fragen, ob sie zu speisen wünschen.

Platzieren der Gäste
Haben die Gäste einen Tisch reserviert oder handelt es sich um Stammgäste, weiß man, wo sie zu platzieren sind. Anders verhält es sich bei Gästen, die nicht reserviert haben. Hier versucht man, auf die Wünsche der Gäste einzugehen, wie Nichtraucher, Fensterplätze. Dabei müssen jedoch auch betriebliche Gegebenheiten wie möglichst gleichmäßige Auslastung der einzelnen Stationen berücksichtigt werden.
Platzieren zu anderen Gästen ist in manchen Betrieben üblich. Ist dies der Fall, muss das Servierpersonal stets als Vermittler zwischen den Gästen auftreten. Die neu angekommenen Gäste werden um etwas Geduld gebeten. Auf gar keinen Fall sollte man mit neu angekommenen Gästen „im Schlepptau" zu einem infrage kommenden Tisch gehen. Folgende Regeln sind zu beachten:
- Einzelgast immer zu Einzelgast (männlich zu männlich und weiblich zu weiblich),
- zwei zusammengehörende Personen zu zwei zusammengehörenden Personen,
- Einzelgäste oder ein Paar nie zu Gruppen setzen; sie würden sich verloren fühlen.

Gäste zum Tisch führen

Um die Gäste zu platzieren, werden sie vom Servierpersonal zum Tisch geführt. Dabei geht das Servierpersonal voraus. Am Tisch angekommen, werden die Gäste gefragt, ob sie mit dem Tisch einverstanden sind. Danach ist das Servierpersonal beim Platznehmen behilflich.

Anbahnen des Verkaufs

Haben die Gäste Platz genommen, werden – wenn nicht bereits zuvor geschehen – die Kerzen angezündet. Brot und Butter werden eingesetzt.

Als **Verkaufsunterlagen** werden den Gästen Speise- und Getränkekarte, wenn möglich von der rechten Seite gereicht. Sie sollen jedoch keineswegs das Verkaufsgespräch ersetzen. Je nach Situation muss geschickt der richtige Augenblick gewählt werden, um zu beraten und zu empfehlen (→ Grundstufe/Fachstufe 1, 179).

Eine gute Zusammenarbeit mit der Küche ist beim Verkauf im À-la-Carte-Service von großer Bedeutung. Wissen über besondere, am Verkaufstag frisch zubereitete Speisen, nur kurzfristig haltbare Speisen, die bevorzugt anzubieten sind, oder auf der Karte gestrichene Gerichte ist sehr wichtig. Es darf nie Verblüffung über einen „absonderlichen" Geschmack gezeigt werden.

Der **Demonstrationsverkauf** ist möglich, wenn das Haus die Voraussetzungen dafür bietet. Es eignen sich Aperitif-, Digestifwagen, Kühlvitrinen mit Vorspeisen und Gerichten, Fleischwagen, Käsewagen, Salatbüfetts oder Kuchenvitrinen.
Bei dieser Art des Verkaufs ist es besonders wichtig, die angebotene Ware genauestens zu kennen und erklären zu können, da hier sehr oft Fragen über Herkunft und Geschmack gestellt werden.

Aufnehmen der Bestellung

Die Bestellung wird, wenn möglich, von der rechten Seite des Gastes aufgenommen.

- Die Körperhaltung sollte aufrecht sein, keinesfalls darf die Bestellung auf dem Beistelltisch oder sogar auf dem Gästetisch notiert werden.
- Bei mehreren Gästen sind die Bestellungen exakt, am besten im Uhrzeigersinn zu notieren, oder es ist im Aufnahmeblock ein kleiner Tischplan zu erstellen, um die Bestellungen für den jeweiligen Gast einzutragen. So wissen auch Mitarbeiter, welche Speisen und welche Getränke welcher Gast bekommt, ohne rückfragen zu müssen.
- Wünsche wie Bratstufen bei Steaks, Tee mit Milch oder Zitrone usw. sind zu erfragen. Nach dem Aufnehmen der Bestellung werden die Speise- und Getränkekarten wieder eingesammelt.

Bonieren

Nach der Bestellungsaufnahme wird boniert. Je nach Betriebsart sind die Bonierungsarten (→ Grundstufe/Fachstufe 1, 146) sehr unterschiedlich.

Servieren der Speisen und Getränke

Bevor mit dem Servieren der Speisen und Getränke begonnen wird, werden je nach Bestellung Gläser, Geschirr und Bestecke ein-, aus- oder umgedeckt.
Der Servierablauf à la carte richtet sich nach der jeweiligen **Serviermethode** (→ Grundstufe/Fachstufe 1, 136) des Hauses. Nach Beendigung des Essens können Zusatzangebote wie Mokka, Digestif oder Zigarren gemacht werden.
Kleine **Extradienstleistungen** sind auch im À-la-Carte-Geschäft eine Selbstverständlichkeit. Dazu zählen: Wasser für Tabletten, Fußbank, Sitzkissen, Kinderstühle, Rufen von Taxen.

Kassieren

Verlangt der Gast seine Rechnung, wird sie ihm verdeckt oder gefaltet auf einem Tablett oder in einem Kästchen gebracht (Kassieren, Zahlungsmöglichkeiten, → Grundstufe/Fachstufe 1, 149). Speise- und Getränkekarten sollten bereitgelegt werden, damit der Gast eine Kontrollmöglichkeit hat.

Verabschieden der Gäste

Brechen die Gäste auf, wird mit einem kurzen Blick der Tisch überprüft, ob nichts liegen gelassen wurde. Nachdem den Gästen in die Garderobe geholfen wurde, werden sie zur Tür begleitet und verabschiedet. Dabei bedankt man sich für den Besuch und wünscht einen guten Heimweg. Ein Händedruck muss vom Gast ausgehen.

Abschlussarbeiten

Der frei gewordene Tisch muss umgehend in einen einwandfreien Zustand gebracht werden, bevor er an andere Gäste vergeben wird. Dazu werden

- die Krümel mit einer klein zusammengefalteten Handserviette oder Tischbürste auf ein kleines Tablett gefegt;
- wenn nötig, das Tischtuch und/oder die Deckserviette erneuert. Danach wird neu eingedeckt; die Stühle werden auf Sauberkeit überprüft und ausgerichtet.

Vorausreservierungen der Gäste werden umgehend in die Gästekartei eingetragen.

Gästedatei „Guest History"

In der Guest History werden bei Stammgästen das Aufenthaltsdatum und der Umsatzwert eingetragen. Die Datei mit persönlichen Angaben wie Name, Adresse usw. sowie Behandlung und Vorlieben des Stammgastes wird, wenn nötig, aktualisiert.

1. Schildern Sie, wie man sich bei einem Verkaufsgespräch bei der Begrüßung und Anbahnung verhalten sollte.

5 Arbeiten am Tisch des Gastes

Mit den Arbeiten am Tisch des Gastes erfährt der Service eine Verfeinerung, durch die ein gastronomischer Betrieb den Ansprüchen seiner Gäste entgegenkommt. Zu den Arbeiten am Tisch des Gastes zählen:

- Tranchieren, Filetieren, Zubereiten und Flambieren von Speisen, Anmachen von Speisen, Servieren von Käse vom Brett oder Wagen,
- Tabakwarenservice,
- Eindecken von Spezialgedecken und Vorbereiten spezieller Speisen zum Verzehr.

Voraussetzungen für Arbeiten am Tisch des Gastes sind:

- Gewandter Umgang mit Arbeitsgeräten
- Fundierte Kochkenntnisse
- Kenntnisse über die Anatomie der zu zerlegenden Tiere oder einzelner Teile

Fachmännisch ausgeführte Arbeiten am Tisch des Gastes sind ein Teil dessen, was sich die Gäste unter Erlebnisgastronomie vorstellen. Außer dem Show-Effekt gibt es jedoch noch viele Gründe, Speisen am Tisch des Gastes zu tranchieren, zufiletieren, zuzubereiten oder anzumachen.

Tranchieren

Gründe für das Tranchieren am Tisch des Gastes sind:

- Auf Bestellung gebratene Fleischteile, die innen noch rosa oder blutig sind, sollten erst im letzten Augenblick am Tisch des Gastes tranchiert werden, um den Saftverlust so gering wie möglich zu halten.
- Der Gast kann die Portionsgröße selbst bestimmen.
- Da der Gast die Fleischteile vor sich sieht, hat er die Möglichkeit, seine Wahl zu treffen, wie Brust, Keule, Anschnitt, viel knusprige Haut oder Schwarte, fett, mager.

Filetieren und Zerlegen von Fischen

Fisch wird nicht nur verzehrfertig, sondern auch in Tranchen mit Haut und Gräten oder als Portionsfisch im Ganzen serviert. Gründe dafür sind:

- Bei Fischen, die mit Haut und Gräten zubereitet und serviert werden, bleibt das Fischfleisch saftiger.
- Der Beweis der Frische kann bei „blau" im Ganzen zubereiteten Fischen oder Teilen davon demonstriert werden, da nur bei frischem Fisch die Schleimhaut gut erhalten ist und sich blau färbt.
- Anhand bestimmter Körperformen und anderer Merkmale kann der Gast erkennen, dass ihm die bestellte Fischart serviert wird.

Zubereiten und Flambieren von Speisen

Am Tisch des Gastes werden Speisen zubereitet und durch Spirituosen, die Aromastoffe enthalten, verfeinert. Da nur die Aromastoffe benötigt werden, wird der unerwünschte Alkohol, der den Speisen einen „schnapsigen" Geschmack geben würde, abgebrannt (flambiert) oder ausgekocht. Aus folgenden Gründen werden Speisen am Tisch des Gastes zubereitet:

- Der Gast kann vor und während der Zubereitung seine Wünsche äußern (viel Senf, keine Sardellen usw.).
- Durch Kostproben, z. B. der Soße, kann der Gast vor der Fertigstellung noch geschmackliche Wünsche äußern.

Anmachen von Speisen

Hier hat der Gast, genau wie bei der Zubereitung von Speisen, die Möglichkeit, seine Wünsche zu äußern.

1. Canard à la presse

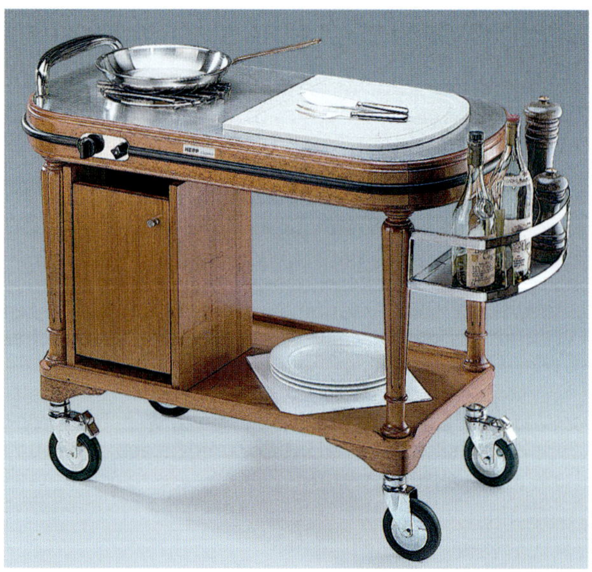

2. Flambierwagen

5.1 Tranchieren

Wer vor den Augen des Gastes tranchiert, muss über die Anatomie, das heißt über die Lage der Knochen und Gelenke, über den Sitz der Fleischteile sowie über den Verlauf der Fleischfasern in den einzelnen Fleischteilen genauestens Bescheid wissen. Um saubere, glatte Schnittflächen zu erzielen, müssen die Messer vor Servicebeginn gut geschärft bzw. abgezogen werden. Dies darf keinesfalls vor den Augen der Gäste geschehen. Als Grundsatz beim Aufschneiden gilt:
Immer quer oder schräg zur Faser schneiden. Dadurch wird die Faser verkürzt und das Fleisch ist im Biss zarter. Mit der Gabel sollte nicht in rosa oder blutig gebratene Fleischstücke gestochen werden, da dadurch zu viel Saft ausläuft.

Tranchiert werden hauptsächlich:
- **Schlachtfleisch:** Roastbeef, Châteaubriand, Entrecôte double, Porterhouse-Steak, Rinderkotelett, Kalbshachsen und -rücken, Lammkeulen und -rücken, Spanferkel
- **Hausgeflügel:** Hähnchen, Pute, Ente, Gans
- **Wildgeflügel:** Fasan, Wildente, Rebhuhn, Birkhuhn
- **Wild:** Rücken und Keulen von Hase, Reh und Hirschkalb
- **Krustentiere:** Hummer, Languste, große Krabben.

Die nachfolgend beschriebenen Arbeitsgänge gelten für Rechtshänder. Die aufgeführten Arbeitsmethoden sind lediglich eine Auswahl der zahlreichen Möglichkeiten.

Mise en place (Bereitstellung)
Tranchierbrett: Ein Brett mit Rille oder Kuhle zum Auffangen von Fleischsäften oder ein Fischbrett.
Tranchiergabel: Zweizinkige stabile Gabel zum Festhalten der Speisen.
Kurzes, stabiles Messer zum Auslösen der Knochen und Tranchieren des Fleisches.
Tranchelard: Langes, leicht biegsames Messer zum Schneiden von zarten Fleischteilen und Räucherfischen.
Großes Tranchiermesser zum Zerteilen von Krustentieren.

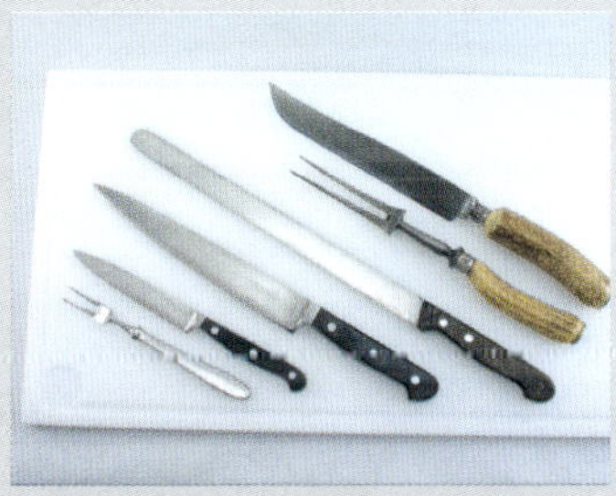
Arbeitsgeräte zum Tranchieren

Tragen der Arbeitsgeräte

5.1.1 Tranchieren von Fleisch

Tranchieren von Rinderrückensteaks
Vom Rinderrücken werden hauptsächlich folgende Steaks am Tisch tranchiert:
- **Porterhouse-Steak** (Rückenfleisch mit Knochen und Filet)
- **Rinderkotelett** – Côte de boeuf – (Rückenfleisch mit Knochen) für 2 bis 4 Personen, Rohgewicht mit Knochen ca. 300-350 g pro Person
- **Châteaubriand** (doppeltes Lendenstück)
- **Entrecôte double** (doppeltes Rinderrückensteak), Rohgewicht ca. 360-400 g für 2 Personen

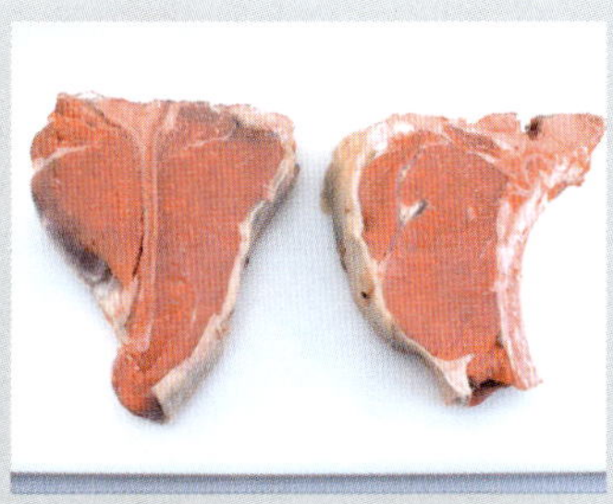
Porterhouse-Steak, Côte de bœuf

Châteaubriand, Entrecôte double

Tranchieren von Porterhouse-Steak
- Fleisch auf Tranchierbrett legen,
- Rückenfleisch und Filet mit dem Messer vom Knochen ablösen,
- Fleisch mit dem Gabelrücken festhalten,
- von beiden Fleischteilen im Schrägschnitt von rechts nach links 1–2 cm dicke Tranchen schneiden.

Die Anzahl der Tranchen (ohne Anschnitte) muss durch die Zahl der Gäste teilbar sein. Das Fleisch der anderen Steaks wird ebenso tranchiert.

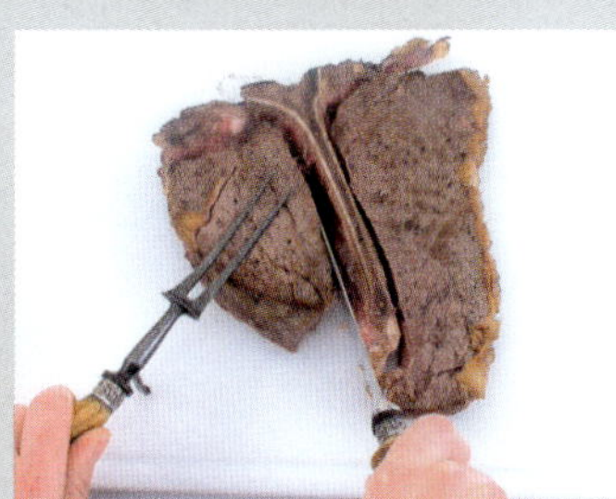
Auslösen eines Porterhouse-Steaks

Tranchieren der ausgelösten Fleischteile

5.1.2 Tranchieren von Geflügel

Wird Geflügel im Ganzen serviert, wird es dem Gast zuerst präsentiert. Danach wird auf einem Beistelltisch das Geflügel tranchiert. Dafür gibt es verschiedene Möglichkeiten:

- Geflügel mit Messer und Gabel anheben und über einem Teller eventuell im Körper des Tieres befindlichen Bratensaft und Fett auslaufen lassen. Dies ermöglicht eine saubere Arbeitsweise auf dem Tranchierbrett,
- Geflügel so legen, dass die Brust nach rechts, die Keulen nach links zeigen,
- Flügel am „Ellbogen" abtrennen.

Abtropfenlassen von Flüssigkeit

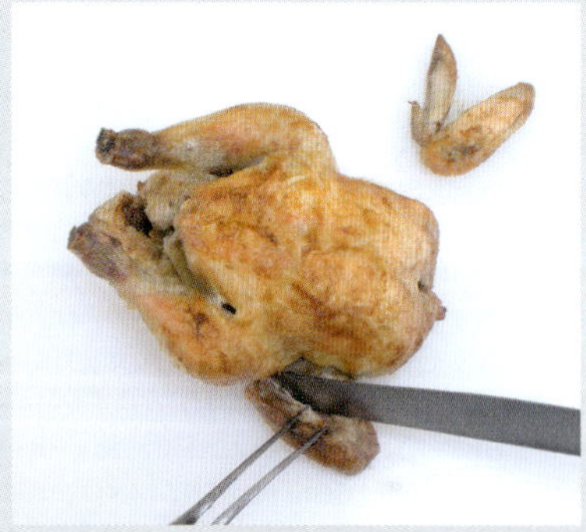

Abtrennen der Flügel am „Ellbogen"

Abdrehen der Keule, Methode I

- Geflügel auf die Seite legen,
- Gabel in der „Kniekehle" einstechen,
- Haut mit dem Messer zwischen Brust und Keule einritzen,
- Keule im Halbkreis Richtung Sterz mit der Gabel abdrehen, dabei den Oberschenkelknochen aus dem Schlossknochen drehen. Den restlichen Teil des Geflügels mit dem Messer festhalten,
- damit die knusprige Geflügelhaut an der Keule verbleibt, diese kurz vor Beendigung des Vorgangs am Sterz abtrennen.

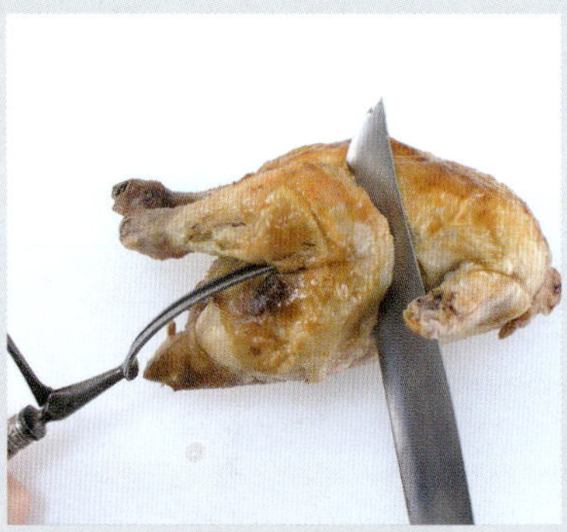

Einstechen in das „Kniegelenk"

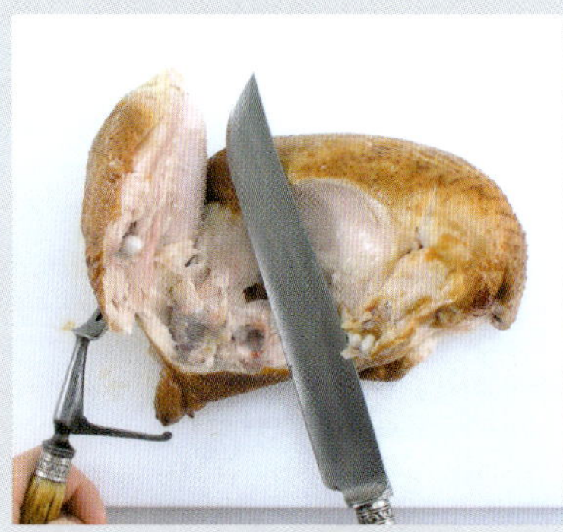

Abdrehen der Keule, Methode I

Abtrennen der Keulen, Methode II

- Geflügel auf den Rücken legen,
- die Keulen zeigen in Richtung Trancheur, die Brust in Richtung Gast,
- das Geflügel wird mit der Gabel an der Keule festgehalten,
- mit dem Messer wird die Haut zwischen Brust und Keulen eingeritzt,
- danach werden die Keulen mit dem Messer seitlich nach außen heruntergedrückt und vom Körper abgetrennt.

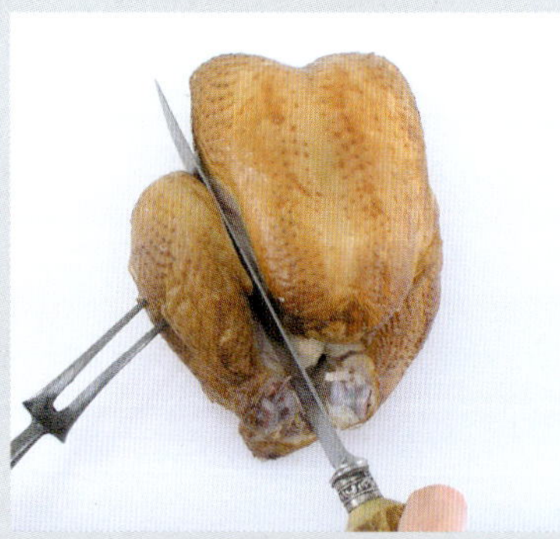

Einritzen der Haut zwischen Brust und Keule

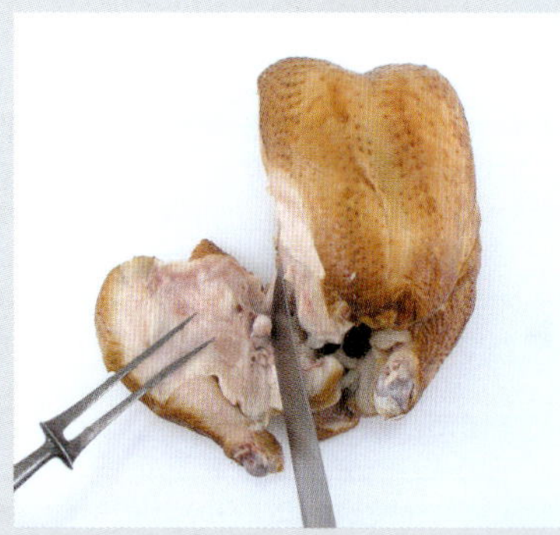

Herunterdrücken der Keulen, Methode II

Zerlegen der Keulen

Die Keulen werden je nach Größe unterschiedlich zerlegt.

- Kleine Keulen werden am „Kniegelenk" halbiert, wobei darauf zu achten ist, dass ein Fleischanteil der Oberkeule an der Unterkeule verbleibt.
- Große Keulen (wie Pute): Hierbei wird das Keulenfleisch mit dem Messer vom Knochen des Ober- und Unterschenkels abgelöst und in Portionen geteilt.

Tranchieren von kleinen Keulen

Tranchieren von großen Keulen

Ablösen des Brustfleisches, Methode I
- Das Geflügel auf den Rücken legen und mithilfe einer Gabel, die in die Seite eingestochen wird, festhalten,
- mit dem Messer die Haut beider Bauchlappen einschneiden (1),
- beide Flügel am „Schultergelenk" abtrennen (2),
- Brusthaut auf dem Brustbein längs mit dem Messer einritzen (3),
- mithilfe eines Löffels die Brustfilets (Rückseite des Löffels zum Fleisch) auf beiden Seiten des Brustbeines abschieben.

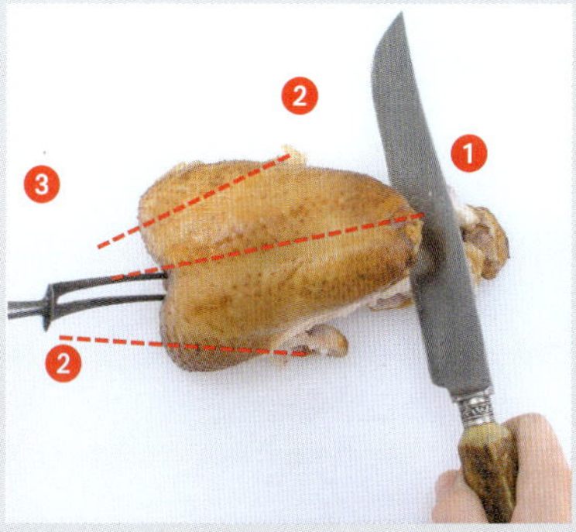

Einritzen der Bauchlappen

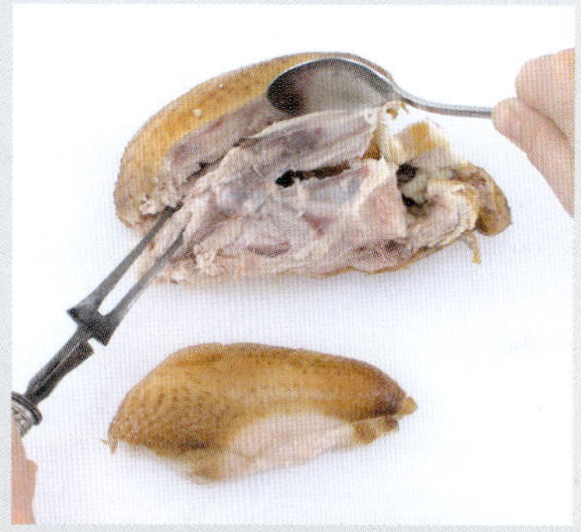
Ablösen des Brustfleisches, Methode I

Aufschneiden des Brustfleisches, Methode I
- Das Brustfleisch wird, an der Brustspitze beginnend, von rechts nach links in dünne Tranchen geschnitten.

Ablösen und gleichzeitiges Tranchieren des Brustfleisches, Methode II
Geeignet für rosa gebratenes Geflügel wie Fasan, Barberie-Ente.
- Flügel am „Schultergelenk" abtrennen (1),
- Brustfleisch in Tranchen der Länge nach herunterschneiden (2),
- die zuvor abgelösten Keulen werden, wenn sie noch blutig sind, zum Nachbraten in die Küche gegeben.

Tranchieren der Brust, Methode I

Tranchieren der Brust, Methode II

Auslösen der Filets (Austern)
Der letzte Arbeitsgang ist das Auslösen der Filets.
- Geflügelkarkasse auf die Seite legen und mit der Gabel festhalten,
- beide Filets, die sich oberhalb des „Hüftgelenks" befinden, mit einem Löffel ablösen.

Anrichten und Servieren
Bei Geflügel werden zuerst das Brustfleisch und die Filets, danach die Keulen und zuletzt Sonstiges wie Flügel oder Sterz (Birzel) den Gästen serviert.

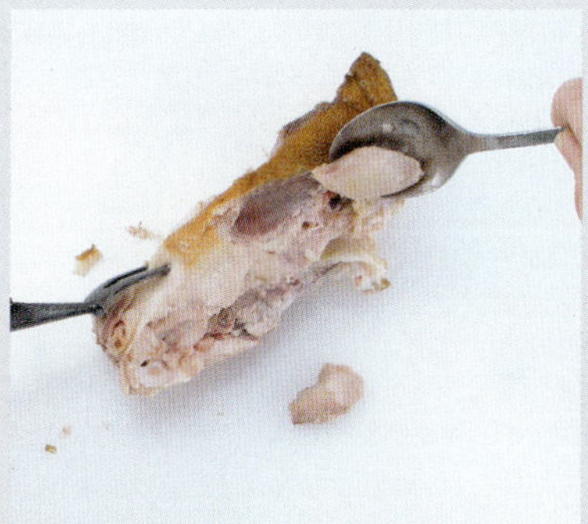
Auslösen der Filets (Austern)

Angerichteter Teller, 1. Service

Tranchieren von kleinem Geflügel
Bei kleinem Geflügel wird das Fleisch nicht von der Karkasse gelöst, sondern die Tiere werden lediglich zerteilt.
Methode I: Taube, Wachtel, Schnepfe
- Das Geflügel auf den Rücken legen,
- mit dem Messer der Länge nach längs des Brustbeines halbieren.

Methode II: Stubenküken, Rebhuhn
- Keulen abtrennen (siehe Methode I oder II, Abtrennen der Keulen),
- Brust mit Karkasse längs halbieren.

Teilen von kleinem Geflügel, Methode I

Teilen von kleinem Geflügel, Methode II

5.1.3 Tranchieren von Rücken und Hachsen (Haxen)

Tranchieren von Hasen-, Reh- und Lammrücken

- Gabel am Gratknochen einstechen,
- das Rückenfilet (Contrefilet) mit einem Löffel durch drehende Bewegung von der Karkasse lösen; dabei muss die Unterseite des Löffels zum Fleisch zeigen,
- Karkasse wenden und die kleinen Filets auf der Unterseite ebenso auslösen,
- Rückenfilets schräg zur Faser schneiden, damit die Tranchen größer ausfallen.

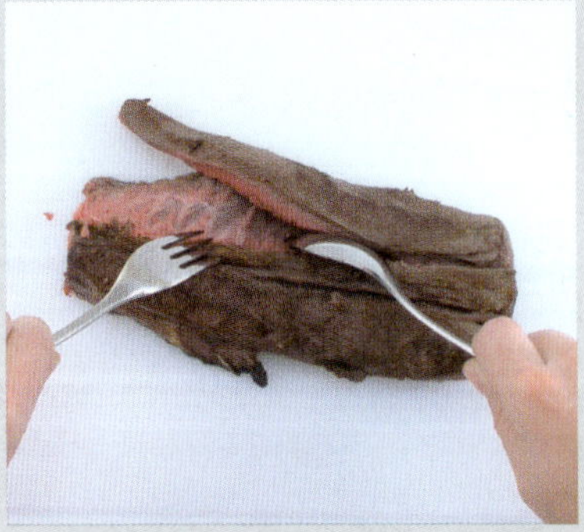

Auslösen kleiner Rückenfilets

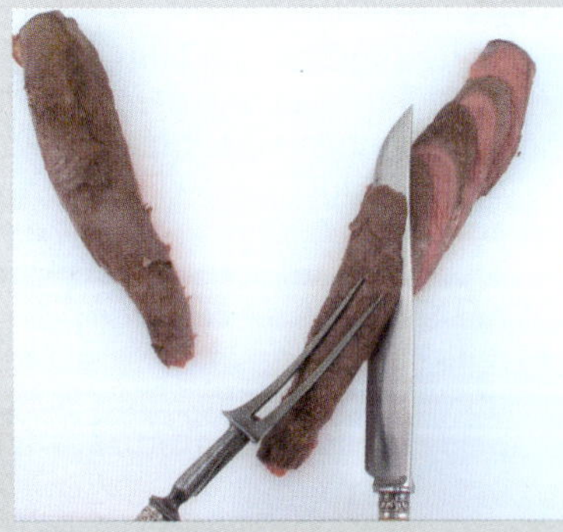

Tranchieren kleiner Rückenfilets

Tranchieren von Kalbs- und Hirschrücken

- Das Rückenfleisch mit einem Messer sauber von der Karkasse lösen,
- die Filets auf der Unterseite werden bei großen Rücken meist im Rohzustand in der Küche ausgelöst und sind nicht vorhanden,
- Rückenfleisch quer zur Faser in knapp 1 cm dicke Tranchen schneiden,
- nicht zum Anrichten benötigtes Rückenfleisch auf der Karkasse warm stellen, um ein Nachgaren zu verhindern.

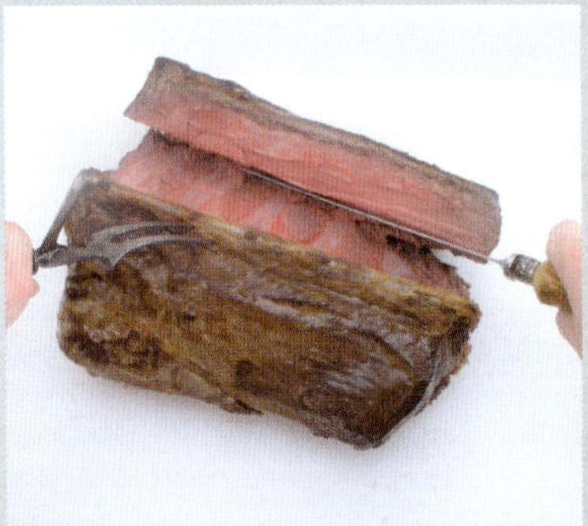

Auslösen großer Rückenfilets

Warmhalten auf der Karkasse

Tranchieren von Rehsattel für zwei Personen

- Da das Fleisch des Rehrückens sehr zart und die Faserstruktur sehr fein ist, kann das Rückenfleisch des Rehsattels ausnahmsweise auch mit der Faser geschnitten werden.
- Den Rehsattel längs auf das Tranchierbrett legen und mit der Gabel festhalten; dabei nicht in das Fleisch stechen.
- Das Fleisch der Länge nach in Tranchen von der Karkasse schneiden.

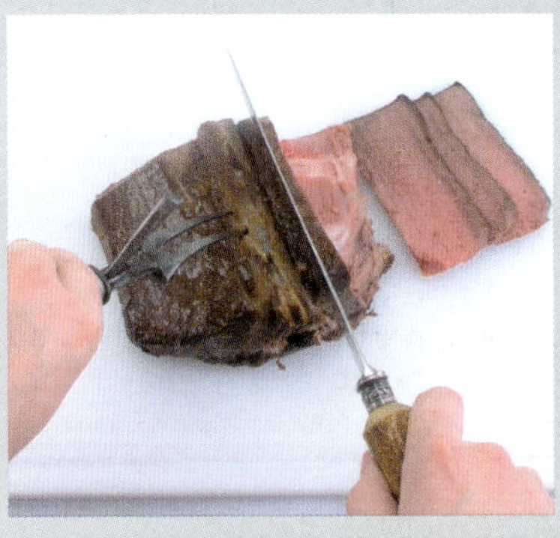

Tranchieren von Rehsattel für 2 Personen

Angerichtete Rückenfilets

Tranchieren von Kalbshachse (Haxe) für 2 bis 4 Personen

- Hachse am herausstehenden Knochen mit der linken Hand festhalten, dazu eine Serviette benutzen.
- Wenn nötig, Fleisch/Sehnen mit dem Messer durchtrennen (siehe Markierungen).
- Hachsenfleisch mit einem Löffel vom Knochen schälen, dabei zeigt die gewölbte Seite des Löffels zum Fleisch.
- Das Fleisch längs halbieren.
- Quer oder schräg in ca. 2 cm dicke Scheiben schneiden.

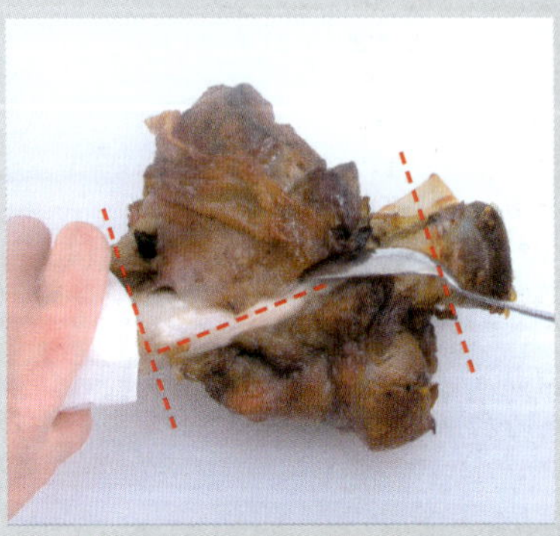

Abschälen des Hachsenfleisches

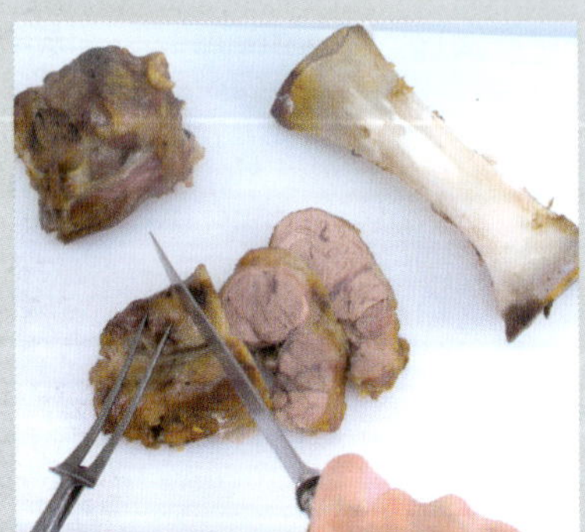

Tranchieren des Fleisches

5.1.4 Tranchieren von Krustentieren

Tranchieren eines Hummers

Männliche Tiere sind besser geeignet, weil bei ihnen das aufwendige Entfernen der Eier entfällt.

- Den Hummer mit dem Schwanzteil nach rechts auf das Tranchierbrett legen,
- Scheren mit den daranhängenden Armen vom Körper abdrehen,
- Tranchiermesser senkrecht in der Mitte des Hummers ansetzen und zuerst das Schwanzteil halbieren,
- Hummer um 180° wenden und auf die gleiche Weise das Kopf-Bruststück halbieren.
- Magen ① im vorderen Kopfbereich und Darm ② im Schwanzteil mit Gabel und Löffel entfernen; bei weiblichem Hummer auch die rötlichen Eier,
- Hummermark ③ auf Wunsch dem Gast mitservieren,
- Kruste des Schwanzteiles mit einem Löffel festhalten und das Schwanzfleisch mit einer Gabel von hinten nach vorne herausziehen,
- Schwanzfleisch in Tranchen schneiden und anrichten.

Abdrehen der Scheren und Arme

Halbieren des Schwanzteiles

Halbierter Hummer

Herauslösen des Schwanzfleisches

- Scheren mit der linken Hand festhalten und die daran haftenden Arme halbieren ①; danach die Messerspitze in das „Handgelenk" ② einstechen und die Schere abdrehen;
- kleines Scherenglied seitlich hin- und her bewegen (Flüssigkeit läuft aus der Schere!); danach das kleine Scherenglied abdrehen, bis es sich mit der daranhängenden Chitinplatte aus dem großen Scherenteil löst.

Abtrennen der Schere vom „Arm"

Auslösen der Chitinplatte

- Großes Scherenteil hochkant auf beiden Seiten mit einem Messer leicht anknacken, wieder flach auf das Brett legen und mit einem gefühlvollen Schlag mit der Messerrückseite oder durch Knacken mit einer Hummerzange öffnen;
- Kopfbruststück mit Beinen, aufgeschnittenes Scheren- und Schwanzfleisch sowie kleines Scherenglied auf einem Teller anrichten und garnieren.

Knacken und Auslösen der Scheren

Anrichtemöglichkeit für Hummer

5.2 Filetieren, Tranchieren und Zerlegen von Fischen

Ganze Fische oder auch Tranchen davon, die noch Haut und Gräten enthalten, werden am Tisch filetiert bzw. zerlegt, um dem darin meist ungeübten Gast behilflich zu sein. Vor Beginn ist der Gast auf jeden Fall zu fragen, ob ihm diese Arbeit abgenommen werden darf. Kenner zerlegen ihren Fisch gern selbst.
Zum Filetieren eignen sich alle festfleischigen Fische besonders gut. Fische, bei denen das Fleisch sehr leicht zerfällt, wie es bei Schollen der Fall ist, werden in der Regel im Ganzen vorgelegt und der Gast hebt das Fischfleisch beim Verzehr vom Grätengerüst ab, ohne zu filetieren.

Das Zerlegen und das Filetieren von Fischen setzten Wissen über Art und Vorhandensein von Flossen und Flossensäumen sowie über den Aufbau und Verlauf von Gräten und Fischfleisch voraus.
Um Aroma und Farbe des Fischfleisches nicht zu beeinträchtigen, eignen sich als Arbeitsbesteck Edelstahl- oder Silberbesteck (Fischmesser, Fischgabel, Löffel).
Filetiert und zerlegt werden hauptsächlich
- **Plattfische:** Seezunge, Rotzunge, Steinbutt, Heilbutt,
- **Rundfische:** Forelle, Lachs, Felchen (Renke).

5.2.1 Filetieren und Zerlegen von Plattfischen

See-, Rotzunge nach Müllerinart
Plattfische können auf der Servierplatte filetiert werden.
- Die Randflossen (Grätensaum) an beiden Seiten abtrennen,
- mit Löffel oder Fischmesser über die Wirbelgräte fahren, wodurch ein Einschnitt entsteht,
- die oberen Filets lösen, indem man das Fischmesser oder die Löffelspitze unter die Filets schiebt und diese damit von der Mittelgräte abschiebt.

Ablösen des Flossensaumes

Abschieben der oberen Filets

Kleine Plattfische wenden und auf der anderen Seite ebenso verfahren. Alle vier Filets vorlegen.
Bei größeren Plattfischen:
- Wirbelgräte mit der Gabel anheben und die daran haftenden Filets mit einem Löffel oder Fischmesser ablösen,
- zwei Filets vorlegen,
- die anderen beiden Filets auf die Wirbelgräte legen. Dies verhindert ein Austrocknen beim Warmstellen.

Abheben der Wirbelgräte

Warmstellen der Filets für den Nachservice

Steinbutt gedünstet oder pochiert
- Flossensaum und Haut entfernen,
- Kopf abtrennen, Bäckchen ablösen,
- Rückenfilet nach oben abschieben und durch Daraufdrücken mit Löffel oder Fischmesser längs teilen,
- Bauchfilet abschieben,
- Wirbelgräte abheben,
- untere Filets von der Haut lösen,
- Filets portionieren und anrichten.

Bei Babysteinbutt ist die untere weiße Haut zum Verzehr geeignet.

Portionierungsweise von kleinem Steinbutt

Portionierter Steinbutt

5.2.2 Filetieren und Zerlegen von Rundfischen

Forelle blau

Mise en place: Fischbesteck, Löffel, je ein Ess-, Arbeits- und Ablageteller, zwei Tellerrechauds.

- Pochierten Fisch mithilfe des Einsatzes aus dem Fischkessel heben,
- Fisch mit 2 Besteckteilen auf einen warmen Teller oder eine Porzellanplatte legen; die linke Körperseite unten, den Kopf nach rechts gerichtet,
- beide Rückenflossen sowie die fünf Flossen an der Unterseite entfernen (siehe Sterne).

„Trockenlegen" der Forelle

Entfernen der Flossen

- Die Fischhaut mit Fischmesser oder Löffel längs der Rückenseite sowie hinter den Kiemen durchtrennen,
- mit flach gehaltenem Fischmesser oder Löffel von vorne nach hinten leicht drückend über die Fischhaut fahren, um sie zu lockern,
- Fischhaut hinter den Kiemen beginnend in Richtung Schwanz abziehen,
- Forelle so wenden, dass die noch nicht abgezogene Seite oben liegt,
- Teller um 180° drehen,
- Fischhaut ebenfalls abziehen.

Einritzen der Fischhaut

Abziehen der Fischhaut

- Mittellinie zwischen Rücken und Bauchfilet einritzen,
- Rückenfilet nach oben, Bauchfilet nach unten vorsichtig abschieben,
- mit 2 Besteckteilen verbliebene Fischhälfte auf den Essteller legen,
- Rückengräte mit einer Gabel am Schwanz einstechen und zum Kopf hin anheben; die daran haftenden Filets mit einem zweiten Besteckteil ablösen,
- Bauchfilets auf der Innenseite nach verbliebenen Gräten absuchen.

Einritzen der Mittellinie

Ablösen der Rückengräte

- Auf dem Arbeitsteller verbliebene Filets mit den Filets auf dem Essteller in ihrer ursprünglichen Form zusammensetzen (Grätenprobe),
- Bäckchen aus dem Kopf entfernen und mit anrichten.

Diese Arbeitsweise bietet sich bei Portionsfischen (250 g) an.

Größere Fische werden nicht zusammengebaut, sondern dem Gast mit Haupt- und Nachservice serviert. Butter wird nach dem Einsetzen angeboten.

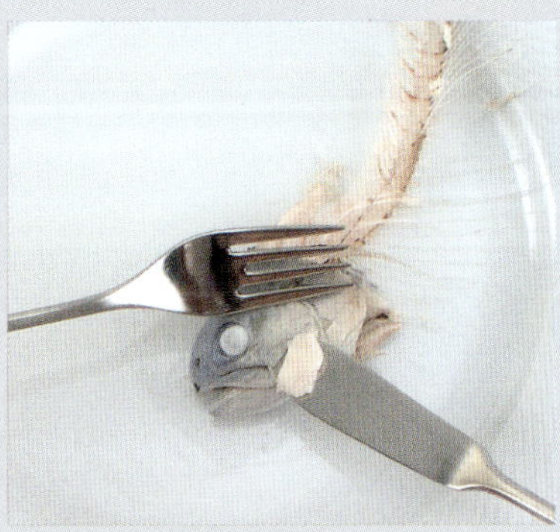

Auslösen der Bäckchen

Verzehrfertig angerichtete Forelle

Forelle nach Müllerinart
Gebratene Rundfische können auf der Anrichteplatte filetiert werden.

- Flossen entfernen (siehe Rundfische blau zubereitet),
- Kopf abtrennen,
- Fischhaut an der Rückenseite einritzen,
- den Fisch mit einem oberhalb der Rückengräte flach geführten Fischmesser vom Kopf in Richtung Schwanz halbieren und die Hälften aufklappen.

Halbieren des Fisches

Entfernen der Mittelgräte

- Rückengräte durch Einstechen mit einer Gabel am Schwanz mithilfe eines zweiten Besteckteiles entfernen,
- Grätenprobe an den Bauchlappen durchführen,
- Fischhälften zusammenklappen; die Haut muss am Fisch verbleiben und wird mitserviert,
- auf Essteller anrichten,
- Bäckchen aus dem Kopf lösen; dies ist bei zu stark gebratenem Fisch oft nicht möglich.

Durchführen der „Grätenprobe"

Zusammengesetzter, servierfertiger Fisch

5.2.3 Tranchieren von gebeiztem und kalt geräuchertem Fisch

Tranchieren von Räucherlachs

- Die geräucherte Lachshälfte mit der Schwanzseite nach rechts, Hautseite nach unten, auf ein Tranchierbrett legen,
- mit der linken Hand, einer zusammengefalteten Serviette oder einer Gabel den Lachs halten,
- an der Schwanzseite beginnend von links nach rechts mit einem Tranchelard dünne Scheiben schräg abschneiden und anrichten.

Aufschneiden von Räucherlachs

Anrichtemöglichkeit für Räucherlachs

Wissen Sie Bescheid?

1. Aus welchen Gründen werden am Tisch des Gastes Speisen tranchiert, filetiert oder zubereitet?
2. Nennen Sie Kenntnisse, die bei Arbeiten am Tisch des Gastes Voraussetzung sind.
3. Beschreiben Sie mögliche Unfallgefahren und deren Vermeidung beim Tranchieren.
4. Erklären Sie Art und Verwendungszweck des Handwerkszeuges, das Sie zum Tranchieren benötigen.
5. Zählen Sie Steaks aus dem Rinderrücken auf, die sich zum Tranchieren am Tisch des Gastes eignen.
6. Beschreiben Sie das Tranchieren eines gebratenen Fasans und eines Stubenkükens.
7. Auf welche Art wird das Fleisch von kleinen Rücken (Hase, Lamm) und das von größeren Rücken (Kalb, Hirsch) von der Karkasse abgelöst und aufgeschnitten?
8. Weshalb sollte vermieden werden, Fleisch in Richtung des Faserverlaufes aufzuschneiden?
9. Schildern Sie in der richtigen Reihenfolge die Arbeitsschritte beim Filetieren einer Forelle blau.

5.3 Filetieren und Tranchieren von Obst

Grapefruit (Pampelmuse)
- Die Grapefruit quer halbieren und mit der Schnittfläche nach oben legen,
- mit einer zweizinkigen Gabel in der Mitte einstechen,
- mit einem gebogenen Grapefruitmesser Haut und Fruchtfleisch am Stück aus der Schale schneiden,
- einzelne Filets mit dem Messer von den Häuten trennen,
- Haut aus der Schale heben; die Filets verbleiben in der Schale.

Auslösen des Fruchtfleisches

Anheben der Haut und Abstreifen der Filets

Kaktusfeige, Passionsfrucht (Maracuja), Kaki (zum Auslöffeln)
- Kaktusfeigen: Stacheln in der Küche entfernen lassen, längs halbieren.
- Passionsfrucht: quer halbieren.
- Kaki: längs halbieren.

Granatapfel, Papaya (Baummelone)
- Granatapfel: quer halbieren, Kerne und Saft ausschaben und in einer Schale servieren.
- Papaya: längs halbieren, ungenießbare Kerne entfernen.

Zu allen Früchten kann Streuzucker und Zitronensaft serviert werden.

1 Kaktusfeige, 2 Passionsfrucht, 3 Kaki

1 Granatapfel, 2 Papaya

Melone
- Die gewünschte Portionsgröße keilförmig von der Blüte zum Stiel herausschneiden,
- Kerne mit einem Löffel entfernen,
- das Melonenstück mit einer Gabel festhalten und mit einem Messer von der Schale lösen,
- Melonenfleisch in Stücke schneiden und versetzt in der Schale anrichten,
- auf Wunsch des Gastes mit Likörwein oder Spirituosen aromatisieren.

Herauslösen des Fleisches

Fleisch einschneiden und versetzt anrichten

Ananas
- Die Ananas an den Blättern festhalten und den unten herausstehenden Stiel großzügig abschneiden,
- auf die Schnittfläche stellen und die Schale mit „Augen" von oben nach unten rundherum abschneiden,
- Ananasfleisch in Scheiben vom Strunk schneiden (Methode I) oder quer in 1 cm dicke Scheiben schneiden und den holzigen Strunk in der Mitte entfernen (Methode II),
- anstatt die Ananas zu schälen, kann sie auch ausgehöhlt werden (Methode III).

Abschneiden der Schale

Schnittmethoden für Ananas

1. Flambieren

Welche Spirituose zu welcher Speise?

Die Zugabe der Spirituosenmenge beim Flambieren sollte ca. 2 cl bis 4 cl pro Portion betragen. Bei mehreren Portionen kann die Menge pro Portion etwas reduziert werden. Brände aus Obst passen immer zu dem Obst, aus dem sie gewonnen wurden. Im Übrigen entscheidet die gängige Geschmacksrichtung oder eigenes Empfinden. Die Spirituose muss jedoch mit der Speise harmonieren. Beispiele:
Weinbrand, Cognac, Whiskey: gebratenes Schlachtfleisch, Fisch und zu fast allen Süßspeisen
Brände mit Wacholder: Tomatensuppe, Wild, gebratenes Schlachtfleisch
Brände mit Anis: Lamm, Fisch
Rum: Süßspeisen mit Ananas, Bananen
Orangenliköre: Entenbrust, Kurzbratgerichte süßsauer, Crêpes und viele Süßspeisen

5.4 Zubereiten und Flambieren von Speisen

Zubereiten der Speisen

Um am Tisch des Gastes Speisen zubereiten zu können, müssen fundierte Kochkenntnisse vorhanden sein. Gefühl für die richtige Dosierung von Salz bzw. Zucker und Gewürzen, richtiges Einschätzen der Gartemperatur sowie des Garpunktes sind Voraussetzung.
Für die Zubereitung am Tisch bieten sich Speisen mit kurzer Garzeit an. Bei Gerichten mit langer Zubereitungsdauer ist das Servierpersonal zu lange an einen Tisch gebunden. Es ist zweckmäßig, im „Gespann" zu arbeiten, da das Herbeibringen der Beilagen und Zutaten und gleichzeitiges Arbeiten am Tisch des Gastes von einer Person nicht bewältigt werden können.
Folgende Punkte sind bei der Zubereitung zu beachten:

- Gargut vor dem Garen salzen; Ausnahmen: z. B. Leber oder Nieren: Salz erst nach dem Garen.
- Wird zu Beginn Butter verwendet, sollte diese in die kalte Pfanne gegeben und mit dieser zusammen erhitzt werden.
- Das Fett muss für die vorgesehene Garmethode den optimalen Hitzegrad erreicht haben.
- Es darf nie zu viel Gargut in die Pfanne gelegt werden, da dieses dann nicht brät, sondern zu kochen beginnt.
- Das Bratgut ist stets leicht rosa bzw. blutig (z. B. Filetgulasch, Leber) zu braten.
- Nach Fertigstellen der Soße darf das Bratgut nicht mehr in der Soße kochen, da es sonst zäh wird.
- Soßen werden probiert, indem man einen kleinen Löffel auf ein Tellerchen legt, etwas Soße in den kleinen Löffel schöpft und entweder den Gast kosten lässt oder sich diskret seitwärts abwendet und selbst verkostet.

Flambieren der Speisen

Während oder am Ende der Zubereitung werden Speisen manchmal flambiert. Unter Flambieren versteht man das Würzen und Verfeinern von Speisen durch Spirituosen mit Aroma- und Geschmackstoffen, wobei der unerwünschte Alkohol abgebrannt wird (→ 92).

Unfallgefahren

Die Spirituosen dürfen nie direkt aus der Flasche in die Pfanne gegossen werden (Explosionsgefahr), sondern müssen erst in eine Louche (kleine Schöpfkelle) gegossen und dann den Speisen beigegeben werden.
Während des Flambiervorganges darf sich das arbeitende Servierpersonal nie mit dem Kopf oder anderen Körperteilen über der Pfanne befinden.
Zu den Gästen sollte ein Sicherheitsabstand von ca. 1 m eingehalten werden

Flambiervorgang

Befindet sich keine Flüssigkeit in der Pfanne, sondern nur das trockene Bratgut, wird die Spirituose mit der Schöpfkelle direkt in die Pfanne gegossen und diese etwas zurückgezogen. Die Alkoholdämpfe werden durch die sich unter der Pfanne befindliche Flamme entzündet. Vorsicht ist angebracht, da die Flamme dabei sehr hoch auflodert! Befindet sich Flüssigkeit in der Pfanne (wie bei Crêpes Suzette), muss die Spirituose, um den Alkohol abzubrennen, in der Schöpfkelle über der Flamme erhitzt werden und brennend über die Speisen gegossen werden. Damit der Alkohol besser abbrennt, wird die Pfanne dabei etwas angehoben und bewegt, um Sauerstoff zuzuführen.

5.4.1 Vorspeisen

Garnelen in Curryrahm

Zutaten pro Person
100 g rohes Schwanzfleisch von
großen Garnelen (z. B. Prawns)
10 g Butter, etwas Öl
20 g fein gehackte Zwiebel
60 g feine gemischte Würfel
von Ananas, Banane, Apfel
1 Teelöffel Mango-Chutney gehackt
0,2 l Sahne und Brühe gemischt
1 cl Zitronensaft
Menagen-Service: Salz, Pfeffermühle, Curry, Worcestershire-Soße, Bourbon-Whiskey

Arbeitsgänge

- Fleisch mit Salz und Pfeffer würzen
- in heißem Öl anbraten
- mit 2–3 cl Whiskey flambieren
- warm stellen
- Butter in die Pfanne geben
- Zwiebeln darin anschwitzen
- Früchte und Mango-Chutney beifügen
- mit Curry bestäuben
- mit Sahne-Brühegemisch ablöschen
- aufkochen, würzen, abschmecken
- Garnelenfleisch in die Soße geben und vermengen
- evtl. im Reisrand anrichten
- garnieren mit Ananas, Banane usw.

Grüne Nudeln „Pikant"

Zutaten pro Person
50 g grüne Nudeln (Rohgewicht)
20 g Butter
50 g gehackte Schalotten
60 g Steinpilze in Würfeln
40 g Tomatenfleisch in Würfeln
je 5 cl Sahne und Weißwein
3 fein gehackte Sardellen
1 EL gehackte Kräuter
Kapernbeeren, scharfe Peperoni
Menagen-Service: Salz, Pfeffermühle, Pernod, geriebener Parmesan

Arbeitsgänge

- Schalotten in Butter anschwitzen
- Steinpilze darin dünsten
- Tomatenfleisch, gehackte Kräuter und Sardellen zugeben
- mit Weißwein und Sahne ablöschen
- mit Salz, Pfeffer und einem Spritzer Pernod abschmecken
- gekochte grüne Nudeln zugeben und vermengen
- im tiefen Teller anrichten
- mit Kapernbeeren und den scharfen Peperoni garnieren

Zugaben: Frisch geriebener Parmesan

5.4.2 Suppen

Tomatensuppe mit Gin

Zutaten für 5 Personen
50 g Butter
50 g feine rohe Schinkenwürfel
1/2 Knoblauchzehe fein gehackt
100 g rohe Champignonscheiben
50 g Lauchstreifen
200 g Tomatenfleischwürfel
200 g püriertes Tomatenfleisch
0,75 l Tomatensaft
0,1 l geschlagene Sahne
Röstbrotwürfel
Menagen-Service: Salz, Zucker, Glutamat, Pfeffermühle, Thymian, Gin

Arbeitsgänge

- Butter in Kasserolle schmelzen
- Zwiebeln, Knoblauch, Schinken, Champignons und Lauch in dieser Reihenfolge zugeben und anschwitzen
- Tomatenfleischwürfel zugeben
- mit 3 bis 4 cl Gin flambieren
- püriertes Tomatenfleisch und -saft zugeben
- mit Glutamat, Salz, Zucker und Hauch Thymian würzen
- 2–3 Minuten durchkochen, nachschmecken
- mit Röstbrotwürfeln und Sahne garnieren

5.4.3 Hauptgänge

Flambierte Kalbsnierenscheiben, Filetgulasch oder geschnetzelte Leber

Zutaten pro Person

150 g Fleisch – (Nieren, Leber)

20 g Butter, etwas Öl

je 1 Teelöffel Streifen von Zwiebeln, Essiggurken und Schinken, gehackte Petersilie

50 g Champignons in Streifen

0,15 l gebundene Jus

1 EL Crème fraîche

1/2 Zitrone

Menagen-Service: Salz, Pfeffermühle, Worcestershire-Soße, Senf, Weinbrand/Cognac

Arbeitsgänge

- Öl in Pfanne erhitzen
- Fleisch unter mehrmaligem Wenden anbraten (blutig)
- mit Weinbrand flambieren
- auf einem Teller warm stellen
- Butter in die Pfanne geben
- Zwiebeln, Schinken, Champignons in dieser Reihenfolge anschwitzen
- mit gebundener Jus und Crème fraîche ablöschen
- Gurken/Senf (ca. 1 TL) zugeben
- Soße durchkochen, abschmecken
- Fleisch salzen, pfeffern; in der nicht mehr kochenden Soße sautieren und anrichten

Beilagen: Rösti, Reis, Teigwaren

Schweinemedaillons auf italienische Art

Zutaten pro Person

4 Medaillons à 40 g

20 g Öl, 20 g Butter

1 Esslöffel feine Zwiebelwürfel

1 Teelöffel gehackte Petersilie

1 mittlere gehackte Knoblauchzehe

2 EL Tomatenketchup

0,15 l Jus naturell

1/2 Teelöffel fein geschnittener Rosmarin

Menagen-Service: Salz, Pfeffermühle, Tabasco, Senf, Weinbrand

Arbeitsgänge

- Öl in der Pfanne erhitzen
- Medaillons mit Salz und Pfeffer würzen
- zartrosa braten
- flambieren und warm stellen
- Zwiebeln und Knoblauch in Butter goldgelb anschwitzen
- Rosmarin zugeben
- mit Jus ablöschen, Ketchup zugeben
- Petersilie und Senf (1/2 Teelöffel) zugeben
- durchkochen und pikant abschmecken
- Medaillons durch die nicht mehr kochende Soße ziehen, anrichten

Beilagen: Spaghetti sowie separat dazu gereichter, geriebener Parmesan

Käsefondue nach Neuenburger Art

Zutaten pro Person

100 g Vacherinkäse fein geschnitten

ca. 0,1 l Neuenburger Weißwein trocken

2 cl bis 3 cl Kirschwasser

ca. 1 Teelöffel bis 2 Teelöffel Stärke

Menagen-Service: Salz, Pfeffermühle, Muskat, Paprika

Arbeitsgänge

- feuerfestes Geschirr (Caquelon) mit Knoblauch ausreiben
- 3/4 des Weines darin erwärmen
- Käse zugeben und auf schwachem Feuer unter ständigem Rühren zergehen lassen bis zur Blasenbildung
- Stärke mit restlichem Weißwein anrühren und der Käsemasse zufügen
- mit Kirschwasser, Salz und den Gewürzen abschmecken
- auf Spiritusrechaud für alle Gäste erreichbar einsetzen

Beilage: Würfelig geschnittenes Weißbrot, das sich die Gäste auf Fonduegabeln stecken und in die leicht köchelnde Masse tunken

5.4.4 Süßspeisen

Crêpes Suzette I

Rezeptur für Crêpes
(→ Grundstufe/Fachstufe 1, 279)

Zutaten für 2 Personen

4 dünne Crêpes

1 gehäufter Esslöffel Streuzucker

30 g Butter

0,1 l Orangensaft

2 cl Zitronensaft

Menagen-Service: Orangenlikör, Cognac

Crêpes Suzette II

Zutaten wie für Crêpes Suzette I; *anstatt des Streuzuckers jedoch 5 Stücke Würfelzucker an Orangen- und Zitronenschale abgerieben*

Arbeitsgänge

- Zucker in der Pfanne karamellisieren
- Butter zugeben, durchschwenken
- mit Orangen-, Zitronensaft und 2 cl Orangenlikör ablöschen, aufkochen
- eine Crêpe einlegen, wenden, zu einem Viertel falten oder rollen
- mit den 3 anderen Crêpes ebenso verfahren
- 3 bis 4 cl Cognac in der Louche über der Flamme erwärmen; dabei die Flamme überschlagen lassen
- Crêpes damit flambieren, anrichten

Arbeitsgänge Crêpes Suzette II

- Butter in Pfanne schmelzen
- Zuckerwürfel zugeben, zerdrücken, ablöschen – Rest wie Crêpes Suzette I

Crêpes Sir Holden

Zutaten für 4 Personen

Zutaten wie für Crêpes Suzette I, zusätzlich:

300 g gedünstete Schattenmorellen

0,2 l leicht mit Stärke gebundener Saft der Schattenmorellen

20 g Butter, Streuzucker

0,2 l geschlagene Eierlikörsahne

auf 4 gekühlten Tellern je eine große Kugel Nusseis, zentral angerichtet

gebräunte Mandeln, Schokoladenspäne

Menagen-Service: Orangenlikör, Cognac, Kirschwasser

Arbeitsgänge

- Crêpes nach Rezeptur Crêpes Suzette I herstellen, nicht falten
- je einen Crêpe auf eine Eiskugel legen
- mit reduzierter Soße überziehen
- Butter in Pfanne geben, schmelzen
- 1 Esslöffel Zucker hinzufügen (nicht karamellisieren)
- Schattenmorellen zugeben
- mit Kirschwasser flambieren
- mit gebundenem Saft der Schattenmorellen ablöschen und erhitzen
- Crêpes mit Eierlikörsahne überziehen
- mit gebräunten Mandeln und Schokoladenspänen garnieren
- heiße Kirschen außen herum anrichten

Banane Aurora

Zutaten pro Person

1 geschälte, längs geteilte Banane

20 g Butter

4 cl Orangensaft, 2 cl Zitronensaft

8 cl Erdbeermark

20 g bis 40 g Zucker, je nach Süße des Erdbeermarks

1 Kugel Vanilleeis/Sahnerosette auf Orangenscheibe, gehackte Pistazien

Menagen-Service: Orangenlikör, Kirschwasser

Arbeitsgänge

- Butter in der Pfanne zergehen lassen, Zucker einstreuen
- sofort mit Orangen-, Zitronensaft, Erdbeermark und 2 cl Orangenlikör ablöschen, leicht durchkochen
- Bananenhälften mit der runden Seite nach unten einlegen
- ca. 1 Minute pochieren, wenden
- mit brennendem Kirschwasser flambieren
- auf Teller anrichten und mit der Soße überziehen
- Eis anlegen und mit Pistazien bestreuen
- Sahnerosette ansetzen

Pfirsiche, Birnen

Zutaten für 2 Personen
4 halbe, geschälte, entkernte, frische Pfirsiche oder vollreife, weiche Birnen
8 cl Zitronen-/Orangensaftgemisch
4 Kugeln Vanilleeis
40 g Butter
Menagen-Service: Läuterzucker, Orangenlikör, Weinbrand

Arbeitsgänge

- Saft mit 4 cl Orangenlikör, Butter und etwas Läuterzucker in der Pfanne aufkochen
- Früchte mit einer Gabel einstechen, um ein gleichmäßiges Garen zu erzielen
- in der Pfanne unter öfterem Wenden in der Soße dünsten
- kurz bevor die Soße eingekocht ist, mit 4 cl Weinbrand flambieren
- mit Vanilleeis anrichten

Erdbeeren, Himbeeren

Zutaten für 2 Personen
300 g frische Erdbeeren (wenn nötig etwas zerkleinert) oder Himbeeren
2 Esslöffel Johannisbeergelee, rot
2 cl Zitronensaft
4 cl Orangensaft
20 g Butter
20 g bis 40 g Zucker, je nach Süße der Früchte
0,1 l leicht geschlagene Vanillesahne
gehackte Pistazien
Menagen-Service: Himbeergeist

Arbeitsgänge

- Butter in der Pfanne schmelzen
- Zucker und Johannisbeergelee zugeben
- mit Orangen- und Zitronensaft ablöschen
- alle Zutaten glatt rühren und kurz aufkochen
- Erdbeeren bzw. Himbeeren zugeben
- kurz erhitzen (die Früchte bzw. Fruchtstücke dürfen dabei nicht zerfallen)
- mit 3 cl bis 4 cl brennendem Himbeergeist flambieren
- in Cocktailschalen anrichten, mit dickflüssiger Vanilleschlagsahne überziehen und mit gehackten Pistazien bestreuen

Wissen Sie Bescheid?

1. Welche Kenntnisse benötigt das Servierpersonal zum Zubereiten von Speisen am Tisch des Gastes?
2. Die Kalbsnierenscheiben sind zäh. Welche Fehler können bei der Zubereitung unterlaufen sein?
3. Wie stehen Sie zu der Aussage „Das Wichtigste beim Flambieren von Speisen ist die Show!"?
4. Nennen Sie Unfallgefahren, die durch unsachgemäßes Arbeiten beim Flambieren auftreten können.
5. Beschreiben Sie den Flambiervorgang,
   a) wenn sich keine Flüssigkeit,
   b) wenn sich viel Flüssigkeit in der Pfanne befindet.
6. Nennen Sie einige Gerichte und dazu jeweils eine passende Spirituose, die sich zum Verfeinern eignet.
7. Aus welchen Gründen sollten größere Fleischteile oder ganze Fische nicht am Tisch gegart werden?
8. Nennen Sie Gerichte, die sich als Vorspeisen zum Zubereiten und Flambieren am Tisch eignen.
9. Beschreiben Sie die Herstellung einer Tomatensuppe mit Gin.
10. Erstellen Sie eine Warenanforderung an die Küche über die Zutaten mit Mengenangaben, die Sie für zwei Personen für einen Filetgulasch benötigen.
11. Erklären Sie die Herstellung von Crêpes Suzette.
12. Zucker kann auf verschiedene Arten bei flambierten Süßspeisen eingesetzt werden; nennen Sie zwei davon.

5.4.5 Anmachen von Speisen am Tisch des Gastes

Angemachtes Tatar

Zutaten pro Person

150 g fein zerkleinertes Rindfleisch

1 rohes Eigelb

30 g bis 50 g Zwiebelwürfel

20 g bis 40 g Essiggurkenwürfel

1 kleines Sardellenfilet

2 bis 3 Kapern

Menagen-Service: Salz, Pfeffermühle, Essig, Öl, Senf, Ketchup, Tabasco, Paprika (Spirituosen: Weinbrand, Wodka usw. auf Wunsch)

Arbeitsgänge

- tiefen Teller oder Glasschüssel, Gabel und Löffel bereitstellen
- Sardellenfilet mit Löffelrücken schaben, Kapern zerdrücken
- Spelzen der Kapern entfernen
- Eigelb, Essig, Salz, Senf, etwas Ketchup und Gewürze nach Geschmack zugeben und vermengen
- 1 Esslöffel Öl tropfenweise einrühren
- Zwiebel-/Gurkenwürfel zugeben
- Fleisch zugeben und unterarbeiten
- mit kleiner Gabel auf Teller dem Gast eine Probe reichen (bei mehreren Personen selbst abschmecken)
- anrichten, ausgarnieren

Beilagen: Brot, Butter, Zwiebelringe, Gewürzgurke, Tomate, Radieschen

Angemachter Käse

Zutaten pro Person

100 g Rahmfrischkäse oder Camembert

20 g Butter, etwas Sahne

evtl. 1 rohes Eigelb

20 g bis 40 g fein geschnittene Zwiebeln

1 Teelöffel gehackte Kräuter

Menagen-Service: Salz, Pfeffermühle, Paprika, Kümmel, auf Wunsch trockener Sherry oder Kirschwasser

Arbeitsgänge

- tiefen Teller oder Glasschüssel, Gabel und Löffel bereitstellen
- Käse in den tiefen Teller geben
- bei Camembert, wenn nötig, die Rinde abschneiden oder abschaben
- Butter zugeben (evtl. Eigelb) und mit dem Käse verarbeiten
- würzen; mögliche Geschmackszugaben:

Rahmfrischkäse: Salz, Paprika, Kräuter, ein Schuss trockener Sherry

Camembert: Salz, Pfeffer, Paprika, Zwiebeln, Kümmel, Kräuter, 1/2 cl Kirschwasser

- zu Nocken oder Laiben formen, anrichten, garnieren

Garnelen-, Hummercocktail

Zutaten pro Person

80 g bis 100 g gekochtes Garnelen- oder Hummerfleisch

2 EL Mayonnaise oder Joghurt

20 g geschlagene Sahne

1/2 Teelöffel gehackter Dill

Zitronensaft

30 g fein geschnittener Kopfsalat

Garniturbestandteile

Menagen-Service: Salz, Pfeffermühle, Tabasco, Worchestershire-Soße, Weinbrand, Ketchup

Arbeitsgänge

- Cocktailschale mit fein geschnittenen Salatstreifen auslegen
- Garnelen-/Hummerfleisch in einem Teller mit Salz, Worchestershire-Soße, Zitronensaft leicht marinieren
- das Fleisch auf den geschnittenen Salatblättern anrichten
- in einer Glasschale Soße herstellen

Beispiel 1: Joghurt mit Schlagsahne, Salz, Zitronensaft, Worcestershire-Soße und Dill

Beispiel 2: Mayonnaise mit Schlagsahne, Salz, Zitronensaft, Tabasco, 1 Teelöffel Ketchup, 1/2 cl Weinbrand

- Soße abschmecken, über das Fleisch nappieren, ausgarnieren

1. Delikatessen für spezielle Gerichte

2. Angerichteter Fingerbowlen-Service

5.5 Spezialgedecke

Spezialgedecke werden zu speziellen Gerichten eingedeckt, zu deren Verzehr außer den herkömmlichen Grundbestecken Messer, Gabel und Löffel noch spezielle Bestecke (→ Grundstufe/Fachstufe 1, 118) oder die Finger benötigt werden. Gründe dafür sind:

- Die Speisen werden in ihren natürlichen Schalen oder Gehäusen serviert, wie Muscheln und Schnecken.
- Das Fleisch wurde von der Küche nicht aus den Krusten gelöst, wie bei Hummer, Langusten und Krebsen.
- Die Speise wird im Ganzen und nicht nur leicht essbare Teile davon serviert, z. B. bei Artischocken.
- Bei dieser Art zu speisen wird automatisch langsam gegessen, was in unserer hektischen Zeit vielen Menschen kaum mehr gelingt. Wie eine dieser Speisen auf genussvolle Art verzehrt werden kann, wird am Beispiel der Artischocke erläutert: Mit Messer und Gabel kann lediglich der Artischockenboden verzehrt werden. Das an den Blättern anhaftende Fleisch wird verzehrt, indem der Gast Blatt für Blatt einzeln abzupft, in Soße tunkt und das am unteren Blattende haftende Fleisch mit den Zähnen abstreift.

Die bekanntesten Spezialgedecke werden eingedeckt für:

- Schnecken im Häuschen
- Frische Austern auf Eis
- Miesmuscheln nach Seemannsart
- Flusskrebse im Sud
- Hummer, Languste kalt
- Echten Kaviar mit Toast oder Blinis
- Artischocken/Spargel
- Fondue oder Friture Bourguignonne

Fingerbowlen-Service

Werden beim Essen spezieller Gerichte die Finger zu Hilfe genommen, wird eine Fingerbowle eingedeckt:

- Als Untersatz dient ein flacher Teller von ca. 21 cm oder der zum Bowlenset gehörende Untersatz.
- Eine Stoffserviette (Ausnahme: Zellstoff bei färbenden Speisen) wird auf diesen Untersatz gelegt.
- Ein Bowlengefäß wird bei fettigen Speisen mit warmem Wasser, bei zuckerhaltigen Speisen (Obst) auch mit kaltem Wasser ca. bis zur Hälfte, maximal 2/3, gefüllt.
- Das Bowlengefäß wird in die oberste Öffnung der Serviette eingeschoben (Bild 2).
- Eine dicke Zitronenscheibe wird an den Rand des Bowlengefäßes gesteckt.

Benutzung der Fingerbowle

Um die Bowle so diskret wie möglich unter den Augen anwesender Gäste zu benutzen, werden unter der zurückgeschlagenen Serviette mit der Zitronenscheibe die Finger abgerieben und danach im Wasser abgespült. Zum Abtrocknen der Finger kann der obere Teil der Serviette oder die Mundserviette benutzt werden. Nach Gebrauch wird die Bowle mit dem oberen Teil der Serviette abgedeckt.

Servietten bei Spezialgedecken

Da bei manchen Spezialgedecken die Gefahr des Verschmutzens der Kleidung beim Verzehr der Speisen besteht, sollten dem Gast speziell für diesen Gang extra große Servietten gereicht werden. Für einen besonders guten Schutz sind auch spezielle Schürzen im Handel erhältlich.

① Tiefer Teller auf Unterteller mit eingelegtem Suppenlöffel. Der hohe Rand des Tellers hält den Suppenlöffel waagerecht.
② Schneckengabel rechts, evtl. 45°
③ Schneckenzange links
④ Brotteller mit Serviette
⑤ Brotkorb mit Weißbrot
⑥ Salz- und Pfefferstreuer
⑦ Schneckenpfanne auf Unterteller
⑧ Glas für Getränk

Getränkevorschlag: Silvaner, Riesling (D), Sauvignon Blanc (Friaul I), Pinot Grigio (Venetien I)

1. Schnecken im Häuschen mit Weißbrot

5.5.1 Schnecken

Schnecken sind Schalentiere, die seit alter Zeit als Nahrungsquelle dienen und heutzutage als Delikatesse zubereitet werden. Am bekanntesten sind
Weinbergschnecken und Achatschnecken: Diese Schnecken werden heutzutage überwiegend in Schneckengärten gezüchtet und ganzjährig als Konserve oder Tiefkühlprodukt angeboten. Das Fleisch dieser Schnecken ist im gegarten Zustand dunkel und wird überwiegend warm serviert.
Wellhornschnecke: Diese Meeresschnecke hat in gegartem Zustand ein hellgraues festes Fleisch und wird kalt mit Mayonnaise oder warm als Ragout verzehrt.

Verzehr von Schnecken im Häuschen:

- Mit der linken Hand mit der Schneckenzange ein Schneckenhäuschen fassen,
- den Inhalt des Schneckenhäuschens, Schnecke und Flüssigkeit mithilfe der Gabel auf den Suppenlöffel schütten; das leere Gehäuse an den Rand der Schneckenpfanne oder auf einen Ablageteller legen,
- die Schneckengabel mit den Zinken auf dem Rand des Untertellers ablegen,
- mit dem Löffel das Schneckenfleisch mit der Flüssigkeit zum Munde führen,
- im Teller verschüttete Flüssigkeit mit Brot auftunken.

Schnecken in Kräuter-Knoblauchbutter

Zutaten pro Person
1 Dtz. gegarte, geputzte Weinberg- oder Achatschnecken mit Fond
Buttermischung aus:
50 g Butter
15 g gehackte Petersilie
1/2 Teelöffel Worchestershire-Soße
1 Teelöffel Zitronensaft
1 mittlere Zehe Knoblauch
20 g Schalottenwürfel
Salz, Pfeffer nach Geschmack

Arbeitsgänge

Herstellung der Buttermischung:
- Butter schaumig rühren
- Knoblauch mit Salz zerreiben
- Knoblauchsalz und restliche Zutaten mit der Butter gut verrühren

Fertigstellen der Schnecken:
- Schneckenfleisch mit einem Teelöffel Fond jeweils in Häuschen füllen
- Öffnung mit ca. 5 g Buttermischung verschließen
- in Schneckenpfanne einsetzen und im Ofen oder Salamander erhitzen (nie in Mikrowellengeräten)

Beilage: Stangenweißbrot

① Flacher Teller mit Serviette auf Unterteller
② Austerngabel rechts, evtl. 45°
③ Brotteller mit Chesterecken links; werden als Beilage Weißbrot und Butter gereicht, zusätzlich Brotmesser
④ Fingerbowle
⑤ Ablageteller (eventuell)
⑥ Pfeffermühle, evtl. Tabasco
⑦ Austernteller mit Eis, frischen Austern und Zitrone
⑧ Glas für Getränk

Getränkevorschlag: Chablis, Montrachet, Pouilly Fussé (Burgund F), Muscadet (Loire F) oder herber Sekt

1. Frische Austern auf Eis mit Chesterecken

5.5.2 Austern

Austern sind Meeresmuscheln, die in Austernparks gezüchtet werden. Am schmackhaftesten sind sie in den Monaten mit „r". Der Geschmack variiert nach Herkunft und Sorte. Bekannte Austernarten:

- europäische Auster: flachschalig, z. B. Belon, Marenne, Imperiales,
- portugiesische Auster: bauchig (Felsenauster),
- pazifische Auster (Felsenauster): z. B. Gigas, Fines de claires.

Bekannte Zubereitungsarten:

- roh mit Zitrone oder Vinaigrette,
- Angel on horseback: Austernfleisch hauchdünn mit Speck umwickelt, auf Spießchen gegrillt.

Verzehr von Austern:

- Austern mit der linken Hand auf den Essteller legen,
- mit der Austerngabel eventuell den Austernbart (Lamellen) entfernen, er kann auch mitverzehrt werden,
- das Austernfleisch mit Zitronensaft (Vinaigrette), gemahlenem Pfeffer, eventuell Tabasco würzen,
- mit der linken Hand die Austernschale halten und mit der rechten Hand unter Zuhilfenahme der Gabel das Austernfleisch lösen,
- die Austernschale zum Mund führen und das Fleisch mit der Flüssigkeit schlürfen,
- leere Austernschale ablegen.

Frische Austern auf Eis mit Chesterecken

Zutaten pro Person
6 oder 12 Stück Austern, je nach Größe
1/2 Zitrone
gestoßenes Eis
wenn vorhanden, Algen als Garnitur

für die Chesterecken:

3 kleine Scheiben Pumpernickel
15 g Butter
2 dickere Scheiben Chesterkäse

Arbeitsgänge

- Austern vorsichtig öffnen, damit die Flüssigkeit nicht herausläuft
- mit einem Pinsel Schalensplitter entfernen
- Austernfleisch auf Aussehen (Farbe, Feuchtigkeit) und Geruch prüfen
- auf einem Austernteller mit Eis, Algen und Zitrone anrichten
- Pumpernickel mit Butter bestreichen und lagenweise mit Chesterscheiben aufeinandersetzen
- in Ecken schneiden und anrichten

① Tiefer Teller auf Unterteller mit Serviette
② Suppenlöffel, evtl. Austern- oder Fischgabel
③ Brotteller mit Messer
④ Brot und Butter
⑤ Fingerbowle
⑥ Ablageteller
⑦ Salz und Pfeffer
⑧ Glas für Getränk
⑨ Terrine mit Muscheln

Getränkevorschlag: Trockener Riesling oder Müller-Thurgau (D), Muscadet, Sancerre (Loire F), Galestro (Toscana I) oder Altbier, Pils

1. Miesmuscheln nach Seemannsart mit Brot und Butter

5.5.3 Muscheln

Mies- oder Pfahlmuscheln werden überwiegend in der Nordsee und im Atlantik in Muschelkulturen gezüchtet. Die Form ist oval, die Schalenklappen außen blauschwarz. Am schmackhaftesten sind sie in den Monaten mit „r".

Bekannte Zubereitungsarten:
- Muscheln nach Seemannsart in würzigem Sud gegart, z. B. Muscheln mit pommes frites (moule au frites),
- Muschelfleisch gebacken,
- Muschelragout und Muschelsuppe,
- marinierte oder geräucherte Muscheln.

Verzehr von Mies- oder Pfahlmuscheln:
Muscheln mit etwas Sud in den Suppenteller schöpfen.
Möglichkeit I
- Muschel in die linke Hand nehmen und mit der rechten Hand mithilfe einer Gabel das Muschelfleisch herausnehmen und verzehren.

Möglichkeit II
- Statt der Gabel eine leere Muschelschale in die rechte Hand nehmen und diese als „Zange" zum Herausnehmen des Muschelfleisches benutzen,
- leere Muschelschalen auf Ablageteller legen,
- verbliebenen Sud auslöffeln.

Miesmuscheln nach Seemannsart

Zutaten pro Person
ca. 750 g Muscheln in der Schale
0,1 l trockenen Weißwein
0,1 l Wasser
50 g Schalotten/Gemüsestreifen
30 g Butter
10 g gehackte Petersilie
1 Lorbeerblatt
etwas Salz, Pfeffer

Arbeitsgänge

Muscheln unter fließendem Wasser gründlich abbürsten
- haarähnliche Fasern (Spinnfäden) mit einem Ruck von hinten nach vorne ausreißen
- Muscheln, die sich nicht schließen, aussortieren
- Schalotten/Gemüsestreifen in Butter anschwitzen
- mit Wasser und Wein aufgießen
- würzen, salzen und kurz durchkochen
- Muscheln zugeben und abgedeckt ca. 8 Minuten garen, danach nicht geöffnete Muscheln aussortieren
- mit dem Sud anrichten

① Tiefer Teller auf Unterteller mit Serviette
② Krebsmesser rechts
③ Krebsgabel links
④ Brotteller mit Messer
⑤ Brot und Butter
⑥ Fingerbowle
⑦ Ablageteller
⑧ Salz und Pfeffer
⑨ Glas für Getränk
⑩ Terrine mit Flusskrebsen
⑪ Kleines Suppentassengedeck oder Schälchen, evtl. mit Löffel

Getränkevorschlag: Halbtrockener Riesling, Silvaner (D), Chablis (Burgund F), Hermitage (Rhône F), Verdicchio (Marken I)

1. Flusskrebse im Sud (à la nage)

5.5.4 Flusskrebse

Flusskrebse zählen zu den Krustentieren. Je nach Wohngewässer (Fluss, Bach oder Teich) ist der Geschmack der Krebse unterschiedlich.
Die Fangzeiten sind in Deutschland auf die Monate August und September beschränkt. Lebende Importware (z. B. aus Australien) ist fast das ganze Jahr über erhältlich.
Flusskrebse, die kurz nach dem Panzerwechsel gefangen werden, bezeichnet man auch als Butterkrebse. Das zum Verzehr geeignete Fleisch befindet sich im Schwanzteil, in den Scheren und in geringem Maße auch in den Armen und Beinen.

Verzehr von Flusskrebsen:
- Ein bis zwei Krebse ohne Sud auf den Essteller legen,
- mit der linken Hand den Krebs am Brustpanzer fassen und mit der rechten Hand das Schwanzteil abdrehen,
- Schwanzringe durch Längsschnitt mit dem Krebsmesser öffnen, das Fleisch mit der Gabel herauslösen und den Darm entfernen,
- die Scherenspitzen in das Loch der Messerklinge stecken und hebelartig aufbrechen; ebenso die Beine,
- die leeren Krusten auf den Ablageteller legen, das Fleisch mit der Gabel essen, die Beine aussaugen,
- den Sud aus der Tasse dazu trinken.

Flusskrebse im Sud (à la nage)

Zutaten pro Person
6 bis 8 große Süßwasserkrebse von
über 80 g je Stück
50 g feine Würfel von Sellerie, Möhren und Zwiebeln
50 g Butter
0,1 l trockener Weißwein
0,3 l Fischfond oder Wasser
Salz, Dill, Lorbeer, Thymian, Petersilienstiele, Cayenne-Pfeffer

Arbeitsgänge
- von Gemüsewürfeln, Gewürzen, Kräutern, Salz, Weißwein und Fond einen kräftigen Sud kochen
- gut gewaschene Krebse in den kochenden Sud geben
- ca. 8 Minuten kochen
- Krebse aus dem Sud nehmen und in einer Terrine anrichten
- Butterflocken und eine Prise Cayenne-Pfeffer in den Sud geben, durchkochen, abschmecken und über die angerichteten Krebse gießen (der kräftige Sud kann auch separat angerichtet werden)

Beilage: Weißbrot

① Flacher Teller mit Serviette
② Mittelmesser rechts; rechts davon evtl. in 45°. Schrägung eine Hummergabel (zusätzlich, je nach Vorbereitung des Hummers, eine Hummerzange)
③ Mittelgabel links
④ Brotteller mit Messer
⑤ Brot und Butter
⑥ Fingerbowle
⑦ Sauciere mit Soße
⑧ Ablageteller
⑨ Salz und Pfeffer
⑩ Glas für Getränk
⑪ Angerichteter Hummer

Getränkevorschlag: Extra trockener Qualitätsschaumwein (F, D) Entre-Deux-Mers (Bordeaux F), Chablis (Burgund F), kalifornischer Chardonnay (USA),

1. Halber Hummer oder Languste kalt mit Cocktailsoße, Toast und Butter

5.5.5 Hummer und Langusten

Hummer und **Langusten** zählen ebenfalls zu der Familie der Krustentiere. Als Vorspeise eignet sich am besten die Hälfte eines 500 g schweren Tieres.
Hummer besitzen wie Flusskrebse am vordersten Beinpaar Scheren. Lebendfrische Ware stammt überwiegend aus den Gewässern des Nordatlantiks, aus Frankreich, Norwegen und Maine/USA.
Langusten sind erkennbar an den etwas längeren Fühlern und dem stacheligen Rücken. Sie leben in den etwas wärmeren Gewässern des Atlantiks, Südafrikas, Portugals und des Indischen Ozeans.

Verzehr von Hummer/Langusten:
Es wird davon ausgegangen, dass Hummer oder Languste, wie auf → 97 beschrieben, vorbereitet wurde.
- Das ausgelöste Fleisch mit dem Mittelbesteck, Messer und Gabel unter Zugabe von Soße essen,
- mit der/dem Hummergabel/-spatel das in den dicken Armen und Krusten verbliebene Fleisch herauslösen und mit Messer und Gabel verzehren,
- die Beine mit der Hand vom Körper abbrechen; mit den Zähnen aufknacken (wenn sie zu stabil sind, Hummerzange benutzen) und das Fleisch aussaugen,
- die leeren Krusten auf den Ablageteller legen.

Hummer oder Languste kalt

Zutaten pro Person
1 Hummer oder Languste lebend, ca. 500 g
2,5 l Wasser
ca. 100 g in Rauten geschnittene Zwiebel, Lauch, Sellerie, Karotten, etwas Petersilienstängel
30 g Salz
je 1/2 Teelöffel Kümmel- und Dillsamen
2 bis 3 zerdrückte Pfefferkörner

Arbeitsgänge

- lebende(n) Hummer oder Languste auf ein kleines Brettchen binden, damit sich beim Kochen der Schwanz nicht krümmt
- Wasser mit Zutaten in einem ovalen Gefäß ca. 5 Minuten durchkochen
- Tier mit Brett nach oben in die kochende Flüssigkeit einlegen
- ca. 15 Minuten pochieren (75 °C) (höhere Gartemperatuen sind zu vermeiden, da sonst das Schwanzfleisch zäh und trocken wird)
- herausnehmen und kurz mit kaltem Wasser abschrecken
- bis zur Verabeitung im erkalteten, passierten Sud aufbewahren

① Flacher Teller mit Serviette auf Unterteller
② Mittelmesser und Kaviarmesser (Kaviarmesser evtl. 45°) rechts
③ Mittelgabel links
④ Brotteller mit Messer
⑤ Toast und Butter
⑥ Evtl. Fingerbowle, falls der Gast seine zurechtgemachten Häppchen aus der Hand verspeist
⑦ Glas für Getränk
⑧ Angerichteter Kaviar mit Kaviarlöffel und Zutaten

Getränkevorschlag: Naturherber oder extra herber Champagner bzw. Sekt, eisgekühlter Wodka

1. Echter Kaviar mit Toast und Butter

5.5.6 Kaviar

Kaviar ist roher, gesalzener Fischrogen von weiblichen Stör-/Sterletarten, der heutzutage überwiegend aus Zuchtbeständen der Aquakulturen stammt.
Bekannte Sorten: Beluga hat ein feines Aroma, hellgraues Korn und eine zarte Schale; Osietra mit ähnlichem Korn und leicht nussartigem Geschmack, Sevruga, kleines Korn, würzig.
„Malossol" bedeutet schwach gesalzen (3 % bis 4 %).
Bekannte Angebotsformen: Kaviar mit Blinis (kleine Pfannkuchen aus Buchweizenmehl) oder Reibekuchen mit Sauerrahm. Auf Eis mit gekochtem, gehacktem Ei (Eiklar und Eigelb getrennt), Zitrone, Toast und Butter.

Verzehr von Kaviar:
Kaviar mit Toast und Butter
- Toast auf dem Brotteller mit Butter bestreichen, auf den Essteller legen,
- mit dem Vorlegelöffel Kaviar auf den Toast häufen,
- mit dem flachen Kaviarmesser vorsichtig verteilen,
- mit den Zutaten je nach Geschmack bestreuen,
- mit Messer und Gabel oder aus der Hand verzehren.

Kaviar mit Blinis und Sauerrahm
- etwas Kaviar auf die Blinis häufen, verteilen, Sauerrahm darüber geben, mit Messer und Gabel verzehren.

Kaviar auf Eis mit Toast und Butter

Zutaten pro Person

1-Unze-Portionspackung oder aus der Großpackung 30 g Kaviar

2 Scheiben Toast

20 g Butter

1/2 Zitrone

1 hart gekochtes Ei

gehackte Zwiebeln auf Wunsch

Anrichteweise I (Großpackungen)

– Die Großpackung (Dose) auf Eissockel zum Gast bringen und ihm die Menge Kaviar vorlegen, die er wünscht, oder eine bestimmte abgewogene Menge Kaviar in einem Chillcup auf Eis anrichten

Anrichteweise II (Portionspackung)

– Glas öffnen und auf gestoßenem Eis anrichten. Der Verschluss wird dazugelegt (→ Bild 1)

Garnitur:

– Das gekochte Ei wird fein gewürfelt (Eiklar und Eigelb getrennt) und wie die anderen Zutaten in kleinen Schälchen angerichtet

Blinis mit Kaviar

① Flacher Teller mit Serviette auf Unterteller
② Mittelmesser rechts
③ Mittelgabel links
④ Brotteller mit Messer
⑤ Brot, evtl. Butter
⑥ Fingerbowle
⑦ Ablageteller
⑧ Soße oder andere Dips
⑨ Glas für Getränk
⑩ Salz und Pfeffer

Getränkevorschlag: Trockener Riesling (D), Johannisberg (Wallis CH), Sauvignon de Touraine (Loire F), Lugana (Lombardei I)

1. Große Artischocke (entbartet) im Ganzen warm oder kalt serviert

5.5.7 Artischocken

Die Artischocke ist eine aus dem Orient stammende distelartige Pflanze. Das Fleisch der Artischocke wirkt appetitanregend; deshalb wird es als Vorspeise gern gereicht. Bekannte Sorten:
Rundliche, faustgroße Artischocke, Anbaugebiet überwiegend Frankreich, wie die Sorte „Prince de Bretagne". Kleinere, längliche Artischocke, Anbaugebiete Spanien, Italien, z. B. die Sorte „Violette de Palermo".
Bekannte Zubereitungsarten:
Große gekochte Artischocken, mit Vinaigrette oder Buttersoße.

Verzehr von Artischocken:

- Mit den Fingern ein Blatt nach dem anderen abzupfen,
- den Stielansatz des Blattes in die bereitgestellte Soße tunken (dippen),
- das Blatt zum Mund führen und das am unteren Drittel des Blattes befindliche Fleisch mit den Zähnen abstreifen,
- nicht genießbare Teile auf den Ablageteller legen,
- den zum Schluss verbliebenen Artischockenboden mit Soße bedecken und mit Messer und Gabel verzehren.

Sollte die Artischocke nicht entbartet sein, muss der Bart nach Abzupfen der Blätter vom Boden abgelöst werden.

Artischocke mit Knoblauchdip

Zutaten pro Person
1 ganze große, runde Artischocke
50 g Mayonnaise
50 g Joghurt
1 mittelgroße Knoblauchzehe
1 Esslöffel gehackte Kräuter
Weißbrot
20 g Butter

Anrichteweise

- Artischocke waschen und die äußersten Blattspitzen stutzen
- den Stiel abbrechen
- Schnitt- und Bruchstellen mit Zitronensaft einreiben
- in Salzwasser ohne Deckel ca. 30 bis 40 Minuten garen (die Artischocke ist gar, wenn sich die Blätter herauszupfen lassen)
- die mittleren oberen Blätter herausdrehen und den Bart (Rasierpinselgröße) mit einem Löffel entfernen
- aus Mayonnaise, Joghurt, fein geriebenem Knoblauch und gehackten Kräutern die Soße herstellen

Beilagen: Weißbrot und Butter

Wissen Sie Bescheid?

1. Was macht den Verzehr spezieller Gerichte so interessant?
2. Zählen Sie alle Ihnen bekannten Spezialgedecke mit den dazu benötigten Besteckteilen auf.
3. Erklären Sie Anrichteweise und Benutzung der Fingerbowle.
4. Ein interessierter Gast fragt Sie: „Wie werden Krebse gegessen?" Erklären Sie es gastgerecht.
5. Welche Getränke empfehlen Sie zu frischen Austern und Hummer kalt?

1. Käse und Arbeitsgeräte zum Zerkleinern

5.6 Servieren von Käse

Nach dem Motto „Käse schließt den Magen" wird den Gästen als Abschluss eines Essens eine Käseauswahl angeboten. Besonders ansprechend ist das Servieren von Käseauswahlen auf dekorativ angerichteten Brettern oder vom Käsewagen. Steckschilder mit Namen und Herkunft der einzelnen Käsesorten oder die Deckel der Käseschachteln genügen als Dekoration.

2. Aufschneiden von Käse

Als Beigaben sollten für die unterschiedlichen Käsesorten Früchte wie Trauben, Melonen, Ananas, Nüsse, Tomaten, Radieschen, eventuell Kräuter und Zwiebeln bereitstehen. Verschiedene Brotsorten wie Weißbrot, Vollkornbrot und Pumpernickel runden das Angebot ab.
Die Käse werden nach ihrer Geschmacksintensität angeordnet: zuerst die milden, dann die mittelkräftigen und hinten die pikanten. Damit der Käse weich bleibt und nicht austrocknet, muss er entweder mit einer Käseglocke abgedeckt oder, falls vorhanden, in einer gekühlten Schauvitrine aufbewahrt werden.
Zum Aufschneiden und Vorlegen sollten mehrere Messer und Gabeln zur Verfügung stehen, um die verschiedenen Geschmacksrichtungen nicht zu vermischen. Für den Service sollten Personen zuständig sein, die sich in den einzelnen Geschmacksrichtungen bestens auskennen und auch über die Herstellung der Käsesorten Bescheid wissen.
Zwischendurch sollte das Käseangebot immer wieder sauber zusammengestellt und aufgefüllt werden. Ein Käseangebot, das nur aus Reststücken besteht, ist unappetitlich und nicht verkaufsfördernd.

1. Stellen Sie eine Käseauswahl zusammen, die Käse jeder Geschmacksrichtung enthält.
2. Wie wird eine Käseauswahl aufgebaut?
3. Worauf ist beim Aufschneiden von verschiedenen Käsen zu achten?
4. Welche Beigaben können eine Käseauswahl bereichern und abrunden?

5.7 Servieren von Tabakwaren

Aus der breiten Palette der Tabakwaren werden in der Gastronomie fast ausschließlich Zigaretten und Zigarren für den Gast bereitgehalten.

Aufbewahrung der Tabakwaren

Zigaretten sind in der Aufbewahrung durch ihre gute Verpackung problemlos. Schaden können sie lediglich bei sehr warmer, trockener Lagerung nehmen.
Zigarren bewahrt man fachgerecht in einer Klimabox bei einer Luftfeuchtigkeit von 60 % bis 70 % auf, die durch einen eingebauten Hygrometer kontrolliert wird. In eingebaute Behälter muss gelegentlich Wasser nachgefüllt werden.

Zigarettenservice

Wünscht ein Gast Zigaretten, so sollte keinesfalls auf Automaten im Haus verwiesen werden. Beim Servieren wird die eventuell geöffnete Zigarettenpackung auf einem Mittelteller angerichtet und ein Zündholzbriefchen des Hauses dazugelegt.

Zigarrenservice

Nach der äußeren Form werden Zigarren in verschiedene Grundformen unterteilt. Das Format sagt nichts über den Geschmack der Zigarren aus. Dieser wird nur durch die Tabakmischung und die Farbe des Deckblattes bestimmt.

Bereitstellung für den Zigarrenservice:

Eine zusammengestellte Auswahl wird übersichtlich angerichtet. Die Marken sollten namentlich gekennzeichnet und eventuell mit Preisen versehen sein.
Auf einem Extratablett werden bereitgestellt: Zigarrenabschneider, Zigarrenschere, Kerze, Fidibus (aus Zedernholz), lange Streichhölzer.

Servieren der Zigarren:

Die Zigarrenauswahl wird dem Gast angeboten. Nachdem sich der Gast die Zigarre ausgesucht und zum Rauchen vorbereitet hat, entzündet man das Streichholz oder den Fidibus an der brennenden Kerze und reicht sie dem Gast mit der nicht brennenden Seite voraus.

Bezeichnung	Herkunft	Geschmacksrichtung
Sumatra	Holland	europäisch
Havanna	Kuba	amerikanisch
Bahia	Brasilien	südamerikanisch
Manuila	Philippinen	asiatisch

1. Vier wichtige Zigarrengrundtypen

1. Auf welche Art werden Zigarren fachgerecht aufbewahrt?
2. Welche Arbeitsgeräte werden im Tabakwarenservice eingesetzt?
3. Beschreiben Sie das fachgerechte Servieren einer Zigarre.

2. Klimabox (Humidor) mit Zigarrenauswahl

3. Bereitstellung im Tabakwarenservice

4. Zigarrenformate

6 EDV

Einsatzmöglichkeiten von EDV-Systemen im Restaurant

- Mitarbeiterabrechnungen erstellen und auswerten.
- Berechnung von Leistungslöhnen nach verschiedenen Abrechnungsmodellen (z. B. nach Gruppenleistungslohn = Tronc)
- Bestimmte Funktionen können mit Zugriffsrechten vor Veränderung geschützt werden.
- Die Journalfunktion dient zur Nachverfolgung von Bonier- und Rechnungsvorgängen.
- Bei der Bonierung von Artikeln in einer laufenden Sonderaktion bzw. in einem bestimmten Zeitbereich (Happy Hour) erfolgt die Berechnung automatisch mit dem verminderten Preis.
- Auf Belegen bzw. Rechnungen können alle für das Finanzamt erforderlichen Daten auf Wunsch mit aufgedruckt werden.
- Auf Bestellungen können Zusatztexte, z. B. „medium", „1. Gang", auf den Bestellbons mit aufgedruckt werden, um sicherzustellen, dass Gästewünsche beachtet und nicht vergessen werden.
- Einzelne Tische oder Reviere können bestimmten Servicemitarbeitern zugeordnet und auch geschützt werden, das heißt, andere Servicekräfte können auf diese Tische nicht zugreifen.
- Grafische Tischanzeige mit verschiedenen Einstellmöglichkeiten, z. B. farbliche Veränderung der entsprechenden Tische bei längerer Nichtbearbeitung
- Angaben zu Stammgästen können in Gästedateien eingetragen werden, um Sonderwünsche zu berücksichtigen.
- Splitten von Rechnungen, wenn Gäste getrennt zahlen möchten oder Personen den Tisch wechseln.
- Verschiedene Abteilungen können miteinander vernetzt werden, z. B. Bar und Restaurant.
- Gutscheine können automatisch verwaltet und verbucht werden.
- Führen von Statistiken, z. B. bei sich wiederholenden Sonderaktionen.
- Kontrollmöglichkeiten, z. B. wenn zwei Flaschen Whiskey verbraucht, aber nur vier Gläser Whiskey boniert wurden.

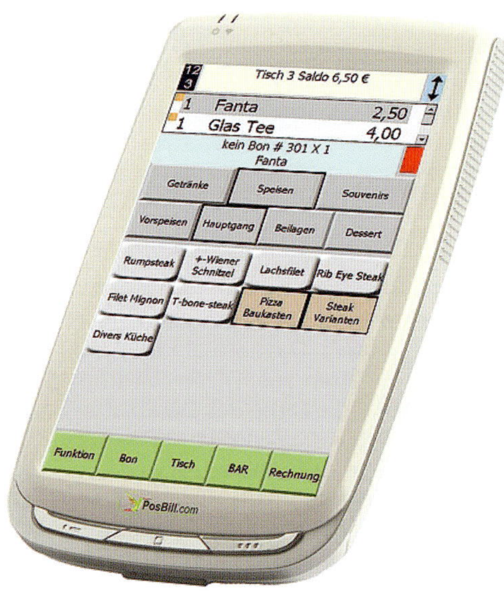

1. Bestellung per Funk an Bondrucker

2. Beispiel einer EDV-Kassenoberfläche im Bestellmodus

Kopfzeile für Mitarbeiter, Kasse, Arbeitsplatz und Arbeitsdatum. Sie können mit den PosBill Kassensystemen mehrere Kassen und mehrere Arbeitsplätze einrichten.

Eingabedisplay mit großen Ziffern und Zahlen. Farbe und Schriftart können Sie selbst bestimmen.

Das **Kontrollfenster** zeigt alle Posten des Tisches. Der zuletzt bonierte Artikel steht an erster Stelle. Postenstornos bleiben in der Liste erhalten und werden gesondert gekennzeichnet.

Die **Artikelanzeige** zeigt Ihnen alle im System angelegten Artikel mit ihren zugehörigen Haupt- und Untergruppen. So braucht das Personal keine Artikelnummern auswendig zu wissen. Das spart Zeit und Einarbeitungsaufwand.

Mit dem **Zahlenblock** können Sie die gewünschte Anzahl eines Artikels bestimmen sowie Artikel per Artikelnummer buchen.

Mit der vertikalen **Funktionsleiste** können Sie beispielsweise ein Storno durchführen, einem Gast einen Tisch zuordnen, einen Zusatztext eingeben oder auch den Außer-Haus-Modus wählen. In der horizontalen Funktionsleiste können Mitarbeiter und Tische gewechselt werden und auch alle Bezahlungsvorgänge gesteuert werden.

7 Berechnungen (Zuschlagskalkulation, Gewinnermittlung)

Sie planen in Ihrem Restaurant, das in einer belebten Fußgängerzone liegt, eine Sonderaktion mit dem Thema „Schlemmen auf gut Badisch". Ihre Stadt wird von vielen Touristen über die Mittagszeit besucht. Das Konzept soll den Gästen die Möglichkeit geben, typische Speisen zu verkosten. Eine der Speisen ist eine Sülze von geräucherter Bachforelle mit Meerrettichsahne und Toast. In der Küche wird folgende Rezeptur für 4 Personen verwendet:

Zutaten	Preis/kg ohne MwSt.
500 g Bachforellenfillets	Preis/kg 5,10 €
600 g Fischfond	Preis/l 2,50 €
30 g Aspikpulver	0,15 €
70 g Gemüsewürfel	1,00 €
0,1 g Safran	1,20 €
100 g Meerrettichsahne	0,70 €
8 Scheiben Toast	0,40 €

a) Berechnen Sie die Materialkosten der Vorspeise für 1 Portion.
b) Kalkulieren Sie den Inklusivpreis unter Verwendung folgender Einzelzuschlagsätze: Gemeinkosten 140 %, Gewinn 20 %, Bedienungsgeld 12,5 %, sowie der gesetzlichen Mehrwertsteuer. Das Ergebnis auf volle 0,50 € aufrunden.
c) Der hohe Anteil an Mitbewerbern veranlasst Sie, den Kartenpreis für das genannte Gericht auf 8,50 € zu senken. Berechnen Sie den verbleibenden Gewinn in Prozent, wenn die übrigen Zuschlagsätze gleich bleiben.
d) Die 42 Plätze im Lokal sind durchschnittlich 1,25-mal pro Abend belegt. Der durchschnittliche Umsatz pro Gast beträgt 17,50 €. Berechnen Sie den voraussichtlichen Jahresumsatz, wenn 14 Tage Betriebsferien berücksichtigt werden.

a) Beispielrechnung:

1,00 l Fischfond – 2,50 €
0,60 l Fischfond – x €

$$\frac{2{,}50 \cdot 0{,}60}{1{,}00} = \mathbf{1{,}50\ €}$$

Lösung: 600 g Fischfond kosten 1,50 €.

Forellenfilet	5,10 €
Fischfond	+1,50 €
Aspikpulver	+ 0,15 €
Gemüsewürfel	+ 1,00 €
Safran	+ 1,20 €
Meerrettich	+0,70 €
Toast	+0,40 €
	10,05 €

10,05 €: 4 Personen = **2,51 €**

Lösung: Die Materialkosten pro Person betragen 2,51 €.

b)

	Materialkosten	100%		2,51 €
+	Gemeinkosten	140%	3,51 €	
=	Selbstkosten	240% =100%		6,02 €
+	Gewinn	20%	1,20 €	
=	Geschäftspreis	120% =100%		7,22 €
+	Bedienungsgeld	12,5%	0,90 €	
=	Nettoverkaufspreis	112,5% = 100%		8,12 €
+	Mehrwertsteuer	19%	1,54 €	
=	Inklusivpreis	119%		**9,66 €**

9,66 € auf volle 0,50 € aufrunden = **10,00 €**

Lösung: Der Kartenpreis beträgt aufgerundet auf volle 0,50 € 10,00 €.

c)

	Materialkosten	100% ↓		2,51 €
+	Gemeinkosten	140%	3,51 €	
=	Selbstkosten	240% = 100%		6,02 €
+	Gewinn	?%		?
=	Geschäftspreis/ Nettoverkaufspreis	???% = 100%		6,35 €
–	Bedienungsgeld	12,5 ↑	0,79 €	
=	Nettoverkaufspreis	112,5 = 100%		7,14 €
–	Mehrwertsteuer	19%	1,36 €	
=	Inklusivpreis	119%		**8,50 €**

6,35 €
–6,20 €
0,33 €

100% ≙ 6,02 €
x % ≙ 0,33 €

$$\frac{100 \cdot 0{,}33\ €}{6{,}02} = \mathbf{5{,}48\%}$$

Lösung: Der Gewinn beträgt nach der Preisänderung noch 0,33 € oder 5,48 % pro Portion.

d)
42 Sitzplätze • 1,25 Belegungen/Abend = 52,5 Belegungen am Abend.

52,5 Bel./Abend • 17,50 € = 918,75 €

918,75 • 351 Tage = 3**22.481,25 €**

Lösung:
Unter Berücksichtigung von zwei Wochen Betriebsferien kann mit einem Jahresumsatz von 322.481,25 € gerechnet werden.

8 Fachsprache, Fremdsprache

Häufig vorkommende Redewendungen im Restaurant
S = Servierpersonal, **G** = Gäste

m. = maskulin, le; f. = feminin, la (Mehrzahl = les)

Deutsch	Englisch	Französisch
Begrüßung	**Greetings**	**Salutation**
S: Guten Morgen/Tag/Abend Herr/Frau/Fräulein	Good morning/afternoon/evening Sir/Madam/Miss	Bon jour/soir Monsieur/Madame/Mademoiselle
G: Ist dieser Tisch/Platz noch frei?	Is this table/seat free?	Est-ce que cette table/cette place est libre s.v.p. (= s'il vous plaît)?
G: Einen Tisch für zwei Personen bitte.	A table for two please.	Je voudrais une table pour deux personnes.
S: Ist Ihnen dieser Tisch recht?	Is that table all right?	Cette table-là, va bien?
Bestellung	**Ordering**	**Commande**
G: Kann ich bitte die Speise-/Getränkekarte bekommen?	Could I have the menu/winelist, please?	Je voudrais la carte/la carte de vin s.v.p.
S: Hier bitte, die Speise- und Getränkekarte.	Here is the menu and the wine list please.	Voilà la carte et la carte des vins s.v.p.
G: Was können Sie mir empfehlen?	What can you recommend?	Qu'est-ce que vous me conseillez?
G: Haben Sie vegetarische Gerichte?	Do you offer vegetarian dishes?	Vous faites des plats végétariens?
S: Darf ich Ihnen einen Aperitif anbieten?	May I offer you a before-dinner drink?	Puis-je vous offrir un apéritif?
G: Gibt es auch Kinderportionen?	Do you do half portions for children?	Vous faites des demi-portions pour les enfants?
G: Bitte ein Glas …	A glass of …, please.	Un verre de …, s.v.p.
S: Haben Sie schon gewählt?	Are you ready to order?	Vous avez choisi?
G: Bitte bringen Sie uns …	Bring us …, please.	Apportez-nous … s.v.p.
S: Wir haben leider kein/e … mehr.	I'm afraid we've run out of …	Nous n'avons malheureusement pas/plus de …
S: Was wünschen Sie als Vorspeise/Hauptgang/Nachtisch?	What would you like as a starter/ for your main course/for dessert?	Qu'est-ce que vous prenez comme hors-d'oeuvre/plat principal/dessert?
G: Ich nehme ein Rinderrückensteak.	I'll have a Sirloin steak.	Je prends une entrecôte.
S: Wie möchten Sie Ihr Steak haben, blutig, rosa oder durchgebraten?	How would you like your steak, rare (underdone), medium, well done?	Comment voulez-vous l'entrecôte, saignant, à point, bien cuit?
S: Was möchten Sie trinken?	What would you like to drink?	Qu'est-ce que vous désirez comme boisson(s)?
G: Eine Flasche/eine halbe Flasche … bitte.	A bottle of/Half a bottle of …, please.	Une bouteille/Une demi-bouteille de … s.v.p.
S: Danke für Ihre Bestellung.	Thank you for your order.	Merci de/pour votre commande.

Deutsch	Englisch	Französisch (m. = maskulin, le; f. = feminin, la (Mehrzahl = les))
Während des Essens	**During the meal**	**Pendant le repas**
S: Guten Appetit!	Enjoy your meal!	Bon appétit!
S: Hat es Ihnen geschmeckt?	Did you like it?	Est-ce que c'était à votre goût?
S: Haben Sie noch einen Wunsch?	Is there anything else I can do for you?	Désirez-vous encore quelque chose?
G: Könnten wir noch etwas Brot/Wein/Wasser bekommen?	Could we have some more bread/ wine/ water, please?	Est-ce que vous pourriez nous apporter encore un peu de pain/un peu de vin/un peu d'eau, s. v. p.?
Bezahlung – Verabschiedung	**Payment – Saying goodbye**	**Paiement – Départ**
G: Bezahlen bitte.	Could I have the bill, please.	L'addition, s. v. p.
S: Alles zusammen?	All together?	Tout ensemble?
G: Getrennte Rechnungen, bitte.	Separate bills, please.	Vous faites des notes séparées, s. v. p.
S: Hier ist Ihre Rechnung, es macht ... Euro und ... Cent.	Here is your bill, please. That's ... Euro and ... Cent.	Voilà l'addition, ça fait ... Euro et ... Cent
G: Das ist für Sie.	That's for you.	Voilà pour vous.
G: Das stimmt so.	Keep the change.	C'est bon, vous gardez tout.
S: Vielen Dank, wir würden uns freuen, wenn Sie uns wieder besuchten.	Thank you very much, we would be glad to see you again.	Nous serions heureux de vous revoir dans notre maison.
S: Auf Wiedersehen, ich wünsche Ihnen noch einen schönen Tag/Abend.	Goodbye/Bye-bye, have a nice day/ evening.	Au revoir, je vous souhaîte une belle journée/soirée.
Beschwerden	**Complaints**	**Réclamations**
G: Haben Sie mein/e ... vergessen?	Have you forgotten my ...?	Vous pensez à mon/ma/mes ... n'est-ce pas?
G: Das habe ich nicht bestellt.	I didn't order that.	Ce n'est pas ce que j'ai commandé.
G: Das Essen ist kalt/versalzen.	The food's cold/too salty.	Le repas est froid/trop salé.
G: Das Fleisch ist zäh.	The meat's tough.	Cette viande est dure.
G: Der Fisch ist nicht frisch.	The fish isn't fresh.	Le poisson n'est pas frais.
G: Nehmen Sie es bitte zurück.	Take it back, please.	Écoutez, vous pouvez remporter cela.
G: Die Rechnung scheint mir nicht zu stimmen.	There seems to be a mistake on the bill.	Je crois qu'il y a une erreur dans l'addition.
G: Das habe ich nicht gehabt, ich hatte ...	I didn't have that, I had ...	Je n'ai pas pris de ..., j'ai pris ...

9 Projektorientierte Aufgabe

Thema: Führen einer Station

In Ihrem Restaurant werden zur kommenden Saison drei neue Mitarbeiter eingestellt. Durch Ihre längere Betriebszugehörigkeit und Ihr Engagement wurde Ihnen die Aufgabe der Einarbeitung der neuen Mitarbeiter übertragen.
Sie leiten eine Station im Restaurant mit 60 Sitzplätzen an 15 Tischen. Die Geschäftsleitung wünscht außerdem, dass ab sofort der Verkauf von Digestifs und Kaffee- und Teespezialitäten forciert wird. Es gab in letzter Zeit vermehrt Reklamationen von Gästen über Sachmängel in Bezug auf Servicequalität und die Qualität der Speisen. Auch hier wünscht die Geschäftsleitung ein standardisiertes Vorgehen im Umgang mit Reklamationen.
Sie haben für morgen Mittag eine Teambesprechung mit den neuen Servicekräften anberaumt.

Aufgabe:
Erstellen Sie als Handreichung geeignete Unterlagen u. a. mit den Punkten:
- Servicequalität,
- Reklamationsmanagement,
- Zusatzverkauf von Digestifs und Kaffee- und Teespezialitäten.

Lösungsvorschlag:
(Lösungsvorschläge geben Anregungen, wie die Projektaufgabe bearbeitet werden kann, und sind keine fertigen Lösungen.)
- Übersicht der infrage kommenden Kaufmotive des Gästekreises erstellen.
- Verhaltensweise von Gästen auflisten und mögliche Vorgehensweisen und Alternativwege festlegen.
- Verhalten gegenüber bestimmten Gästegruppen erarbeiten.
- Übersicht über Grundlagen im Verkauf mit allen wesentlichen Punkten (→ Grundstufe/Fachstufe 1, 175) erstellen.
- Schulungen für Mitarbeiter planen mit verschiedenen Punkten, u. a. Gästeverhalten, Sonderverkauf.
- Mögliche Serviermethoden erörtern und auf Durchführbarkeit überprüfen.
- Mögliche Varianten über den Ablauf eines Gastgespräches erarbeiten.
- Fragestellung bzw. Angebotsformulierungen überprüfen und eventuell korrigieren.
- Vorgehen beim Eintreffen der Gäste, z. B. Platzieren, Garderobe usw., festlegen.
- Angebotskarten aktualisieren bzw. dem üblichen Standard anpassen.
- Planen von Sonderaktionen (z. B. Spezialitätenwochen) und Mitarbeiter darüber informieren.
- Mitarbeiter in die Lage versetzen, verkaufsfördernde Aussagen zu den gültigen Angeboten zu formulieren.
- Verbindliche Vorgaben zur Bestellaufnahme am Tisch des Gastes festlegen.
- Können Speisen anhand der Servierregeln fachgerecht serviert werden?
- Wird der Sonderverkauf von bestimmten Artikeln (Kaffee, Digestifs usw.) durchgeführt?
- Ausreichende Anzahl der materiellen Ausstattung (Karaffen, Gläser usw.) vorhanden und einsatzbereit?
- Informationsunterlagen über die angebotenen Kaffee-, Tee- und Digestifsorten erstellen.
- Muster für Kassiervorgänge erstellen.
- Ist den Mitarbeitern das Vorgehen beim Verabschieden der Gäste bekannt?
- Gästekartei/-datei anlegen und immer wieder aktualisieren.
- Sind die Aufgabengebiete, Kompetenzen und Befugnisse klar formuliert und begrenzt?
- Ziele im Reklamationsmanagement festlegen.
- Vorgehensweisen bei eventuellen Reklamationen bekannt machen und Anwendung üben.
- Mitarbeiter im Umgang mit dem reklamierenden Gast trainieren.
- Reklamationen nach verschiedenen Möglichkeiten analysieren und auswerten.

Lernfeld 3.4 Arbeiten im Bankettbereich

1. Begrüßung des Gastes zur Bankettabsprache

Zielformulierungen

Folgende Ziele sollen von Auszubildenden im Lernfeld Arbeiten im Bankettbereich erreicht werden:
- Sie sind in der Lage, die Bedeutung des Bankettbereiches zu beschreiben und bei Sonderveranstaltungen mitzuwirken.
- Sie führen unter Anwendung von Kommunikationsregeln und verkaufspsychologischen Kenntnissen Bankettbesprechungen durch und halten Vereinbarungen fest.
- Sie können unter Berücksichtigung von Vorgaben und nach Absprache mit der Küche Menüs und Büfetts zusammenstellen sowie korrespondierende Getränke, Aperitifs und Digestifs empfehlen.
- Sie gestalten Menükarten für Sonderveranstaltungen und wirken beim Erstellen von Bankettmappen mit. Dies erfolgt auch in einer Fremdsprache.
- In Zusammenarbeit mit betroffenen Abteilungen bereiten sie Sonderveranstaltungen vor.
- Sie reflektieren deren Ablauf und Ergebnis und leiten daraus Verbesserungsvorschläge ab.
- Sie beachten Rechtsvorschriften.
- Sie sind in der Lage, Kosten und Erträge zu errechnen.
- Sie arbeiten im Team und erkennen die Vorteile dieser Arbeitsorganisation.

1 Sonderveranstaltungen (Bankettgeschäft)

Sonderveranstaltungen werden von den Gästen zu verschiedenen Anlässen gebucht:
- persönliche Anlässe wie Verlobung, Hochzeit, Taufe, Geburtstag, Kommunion/Konfirmation, Todesfall;
- Treffen von Vereinen, Reisegesellschaften;
- Tagungen, Kongresse und Seminare;
- Firmenfeiern, Ehrungen und Bälle.

Sonderveranstaltungen sind in der Gastronomie ein regelmäßiger, eigenständiger und wichtiger Bestandteil des Umsatzvolumens. Sie sind als „Volumenbringer“ eine entscheidende Einflussgröße für die Gewinnsituation im Verpflegungs- und Beherbergungsbereich vieler Betriebe. Dies ist auf folgende Eigenarten der Sonderveranstaltungen zurückzuführen:
- bessere Planungsmöglichkeiten, da Personenzahl, zeitlicher Ablauf und der Umfang der zu erbringenden Leistung genau bekannt sind;
- bessere Kapazitätsauslastung der Lokalitäten;
- erhöhte Zimmerbelegung durch Übernachtung von Teilnehmern der Sonderveranstaltungen;
- einfachere Dienstplangestaltung und gezielter Einsatz sowie bessere Auslastung des Personals;
- rationellere Arbeitsdurchführung aufgrund der großen Anzahl gleichartiger Speisen und Getränke;
- gut kalkulierbarer Wareneinsatz;
- Garantie für die Nutzung der bereitgestellten Räume im Tagungs-, Bankett- und Restaurantbereich sowie im Beherbergungsbereich.

2 Organisationsmittel

2.1 Erstellen einer Bankettmappe

Die Unterlagen für den Verkauf von Sonderveranstaltungen/Banketts werden in einer Mappe zusammengestellt. Diese Unterlagen bestehen einerseits aus dem Angebot des Hauses, das auch dem Gast (Veranstalter) zur Verfügung steht, und andererseits aus internen Unterlagen, die für den Verkäufer gedacht sind, wie z. B. Gästekartei usw.

Folgende Unterlagen sollte eine Bankettmappe für Gast und Verkäufer enthalten:
- Anfahrtsskizze,
- Checkliste über das Angebot des Hauses,
- Informationen von A bis Z, in denen alphabetisch alle Möglichkeiten des Hauses aufgeführt sind, z. B. A wie Anlieferungsrampe, D wie Deckenhöhen, R wie Rufanlage,
- Hotelorientierungsplan,
- Raumpläne mit Angabe der technischen Anschlüsse,
- Pläne für Tisch- und Tafelformen sowie Bestuhlungsmöglichkeiten,
- Übersicht über maximale Personenzahl der unterschiedlichen Tafelformen oder Bestuhlungsmöglichkeiten in den einzelnen Räumen,
- Vorschläge über das Speisenangebot,
- Getränkevorschläge,
- Preislisten für technische Geräte, zusätzliches Personal, Raummieten usw.,
- Veranstaltungsauftrag (Laufzettel, Circular, Function- Sheet und Avis),
- Anschauungsmaterial in Form von Prospekten.

Zusätzlich benötigt der Verkäufer:
- Schreibutensilien, Visitenkarten,
- Raumbelegungsplan der Restaurations-, Bankett- und Tagungsräume,
- Angabe über verfügbare Bettenkapazität am Tag der Veranstaltung,
- Bestandslisten über bevorzugt zu verkaufenden Wein und Sekt oder über Jahrgänge, die nicht mehr nachkaufbar sind,
- Anschauungsmaterial (Fotos) von kalten Büfetts, eingedeckten Festtafeln und Dekorationen,
- Vorlagen für die Gestaltung von Speise- und Getränkekarten,
- Angebote von Wochenend- und Tagungspauschalen sowie Tagungspaketen,
- Bei Verkaufsgesprächen außer Haus, eventuell Wein und Gläser für eine kleine Weinprobe,
- wenn es sich um Stammgäste handelt, Unterlagen von früheren Veranstaltungen.

2.2 Einsatz der Organisationsmittel

Checklisten

In Checklisten (→ Bild1, 125) sind alle Leistungen aufgeführt, die ein Haus anbietet. Jedes Haus muss eine für sich individuell ausgearbeitete Checkliste erstellen.
Im Verkaufsgespräch werden die Checklisten mit dem Veranstalter Punkt für Punkt durchgegangen. Die zu besprechenden Punkte werden angekreuzt und nach ihrer Klärung exakt formuliert in dem Veranstaltungsauftrag festgehalten.

CHECKLISTE für Veranstalter

Veranstalter:
Name/Firma: ______
Kontaktperson: ______
Anschrift: ______
Tel.: ______ Telefax: ______ E-Mail: ______
Veranstaltungstermin: von: ______ bis: ______
Teilnehmerzahl: ______

Veranstaltungsart:
☐ Ball ☐ Kongress/Tagung
☐ Produktpräsentation ☐ Schulungen ☐ Bankett
☐ Modenschau ☐ Ausstellung

Zusätzliche Räumlichkeiten:
☐ Lagerraum ☐ Tagungsbüro ☐ Pausenraum
☐ Splitmeetingräume ☐ Künstlergarderobe

Veranstaltungsablauf:
1. Aufbauzeit: ______ 4. Beginn: ______
2. Proben: ______ 5. Ende: ______
3. Einlass: ______ 6. Abbauzeit: ______

Veranstaltungsorganisation:
Ansprechpartner: ______
Tel.: ______ Fax: ______ E-Mail: ______

Ausstellungsorganisation:
Ansprechpartner: ______
Tel.: ______ Fax: ______ E-Mail: ______

Dekorations- und Unterhaltungsorganisation:
Ansprechpartner: ______
Tel.: ______ Fax: ______ E-Mail: ______

1. Checkliste für Veranstalter

CHECKLISTE für Veranstaltungsbuchungen

Name:
Ort:
Straße:
Telefon:
Telefax:
Gesprächsdatum:

Datum der Veranstaltung:
Gesprächspartner im Hotel:

UNTERBRINGUNG
- Anzahl der Personen
- Arrangement
- Zimmer
- Daten der An- und Abreise
- Namensliste
- Gastgeschenke
- Informationsstand
- Art der Bezahlung
- Anfahrt
  Parkplatz (Garagen)
- Lagerraum

VERANSTALTUNG
- Teilnehmerzahl
- Tagungsprogramm
- Bestuhlungsplan
- Sitzordnung
- Pressetisch
- Namensschilder
- Tischdekoration
- Konferenzgetränke
- Fahne/Tischfähnchen
- Empfangstisch
- Gästebuch
- Informationsmaterial
- Garderobe
- Tabakwaren
- Musik
- Bühne
- Laufsteg
- Polizeistunden-verlängerung
- GEMA-Anmeldung

MAHLZEITEN
- Frühstück
- Mittagessen
- Abendessen
- Imbissauswahl
- Menü/Büfett
- Kaffeepausen
- Cocktail
- Spirituosen
- Kaffee/Tee
- Gebäck

RAHMENPROGRAMM
- Sonderdekorationen
- Proben
- Tombola

PERSONAL (zusätzlich)
- Stenotypist
- Dolmetscher
- Fotograf
- Entertainer
- Handwerker
- Wachpersonal
- Filmvorführer
- Hostessen

TECHNISCHES ZUBEHÖR
○ ohne Berechnung
△ Preis auf Anfrage

- Moderationskoffer △
- Flip-Chart ○
- Pinnwand ○
- Overhead-Projektor 400, 575 W ○
- Diaprojektor ○
- Diaprojektor mit Spezialobjektiv ○
- Infrarot-Fernbedienung ○
- Leinwand 2,5 m x 2,5 m ○
- Zeigestab ○
- Laserpointer △

- Kassettendeck ○
- Tonbandgerät ○
- Faxgerät △
- Fotokopierer △

- Podest ○
- Rednertisch/-pult ○
- Mischpult und Boxen △
- Funkmikrofon mit Mikroport △
- Umhängemikrofon mit Kabel △
- Video-Beamer △
- Video-Beamer, Datenprojektor, EGA und VGA △
- VHS-PAL, Videorekorder mit Bildschirm
- VHS-PAL,Secam, NTSC △
- U-Matic-PAL, Secam △
- U-Matic, PAL, High Band △
- U-Matic-Videorkorder (Low Band) △
- Farbmonitor 68, 72 cm △
- Videokamera, VHS-Camcorder △
- S-VHS Camcorder △
- Video-Kassette △

- Scheinwerfer 500–1000 W △
- Strahler △

- Simultan-Dolmetscheranlage mit Kopfhörern

1. Checkliste und Planungshilfe

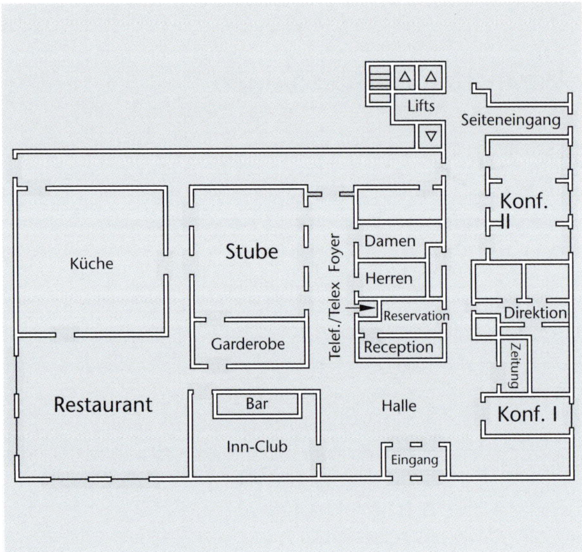

1. Hotelorientierungsplan

Datum	Raum			
	Restaurant	Stube	Konferenz 1	Konferenz 2
Mo. 11.07.	12.00 ME Fa.X Station 1 Laufzettel 117-2		10.00 - 18.00 16 Personen Tagung Fa. X Laufzettel 117-1	8.00 - 11.00 40 Personen Vortrag Fa. Y Theaterbestuhl. Miete 200,–
Di. 12.07.	12.30 ME 19.30 AE 130 Personen Fa. Solo Laufzettel 127-2	ganztägig A-la-Carte-Gäste		9.00 - 11.00 70 Pers. Fa. Solo Tag. Laufz. 127-1 Begleitpersonen siehe Rahmenprogramm
Mi. 13.07.	12.30 ME. Fa. Y Station 2 à la carte 19.00 60 Person. Hochzeit Fam. K/W Laufzettel 137-4	12.00 ME Fa. ZZ Laufzettel 137-3	9.00 -17.00 16 Personen Tagung Fa. Y Laufzettel 137-1	8.00-16.00 60 Personen Tagung Fa. ZZ Laufzettel 137-2
Do.14.07.		14.00-17.00 ca. 90 Personen Einzeltische 4 Personen Selbstzahler		
Fr. 15.07.		19.00 40 Personen Hochzeit Fam. K. Laufzettel 157-1		
Sa. 16.07.				
So. 17.07.				

2. Raumbelegungsplan (Veranstaltungsübersicht)

Hotelorientierungsplan

Der Hotelorientierungsplan dient dazu, dem Gast eine Übersicht über die Räumlichkeiten zu geben.

Raumbelegungsplan (Veranstaltungsübersicht)

Aus dem Raumbelegungsplan ist ersichtlich, welche Räume zu welchem Zeitpunkt durch wen belegt sind. Um Doppelbelegungen der einzelnen Räume zu vermeiden, darf nur ein Original dieses Planes existieren (manuell oder im Computer). Vorreservierungen (Optionen) müssen deutlich als solche gekennzeichnet werden.
Der Raumbelegungsplan enthält neben den eingetragenen Reservierungen auch Hinweise darüber, wo sich die Mitarbeiter über die Durchführung der eingetragenen Veranstaltungen genauer informieren können.

Tafelformen und ihre Verwendung

Je nach Veranstaltungsart stehen verschiedene Tafelformen (→ 127) zur Verfügung.

- **Blockform:** Die Tische werden in Zweierreihen aneinandergestellt gestellt. Eine Blocktafel sollte für maximal 50 Personen gestellt werden. Die Bestuhlung ist außen. Ehrengäste sitzen an der Kopfseite oder in der Mitte der Längsseite.
  Verwendung: Festlichkeiten, Konferenzen
- **U-Form, O-Form (Tafel):** Die Tische werden in Einerreihe zu einem U oder O gestellt; die Bestuhlung ist außen.
  Verwendung: Tagungen, Konferenzen, Seminare
- **U-Form (Block):** Der Kopf wird in Einerreihe gestellt, die beiden Schenkel als Zweierreihen; die Bestuhlung ist außen sowie an beiden Schenkeln innen; Ehrengäste sitzen an der Kopfseite.
  Verwendung: Festlichkeiten
- **E- und Kammform (Tafel):** Die Tische werden in Einerreihen zu einem E gestellt; bei der Kammform werden noch einige Schenkel hinzugefügt. Die Bestuhlung erfolgt am Kopf außen sowie beidseitig an jedem Schenkel, Ehrengäste sitzen an der Kopfseite.
  Verwendung: große einfache Veranstaltungen
- **E- und Kammform (Block):** Die Schenkel werden in Zweierreihen gestellt.
  Verwendung: große festliche Veranstaltungen
- **Aufgelockerte Tafelform:** Runde, eckige oder ovale Tische oder Blöcke werden für jeweils ca. zehn Personen raumfüllend gestellt; die Bestuhlung ist außen. Ehrengäste sitzen nach Möglichkeit an einem Tisch, der sich im Mittelpunkt der anderen Tische befindet.
  Verwendung: festliche Anlässe jeder Art
- **Einzeltische:** Sie werden im Raum und an den Wänden verteilt und je nach Größe mit ein bis sechs Stühlen versehen.
  Verwendung: À-la-Carte-Geschäft, Reisegesellschaften
- **Parlament:** Die Tische werden einzeln in Reihen mit Abstand, eventuell auch im Halbkreis aufgestellt und nur an einer Seite mit Stühlen versehen.
  Verwendung: Vorträge, Schulungen

Raum	Länge m	Breite m	Höhe m	Parlament	Block	U-Form	E-Form	Kammform	Karree	8er Tische rund	T-Form	Theater	Einzelt. 4 Pers.	Cocktail	Stehbüfett
Restaurant	17,00	13,50	3,15	140	46	80	112	136	56	96	54	250	130	200	140
Stube	11,40	10,20	3,15	70	30	42	70	–	42	48	40	170	120	160	120
Konferenz I	8,20	3,50	2,55	20	18	18	–	–	–	16	16	30	20	30	20
Konferenz II	10,50	7,20	2,55	50	24	30	40	–	34	32	28	70	60	100	70

1. Übersicht zum Stellen von Tischen und Tafelformen sowie Bestuhlungsmöglichkeiten in den Veranstaltungsräumen

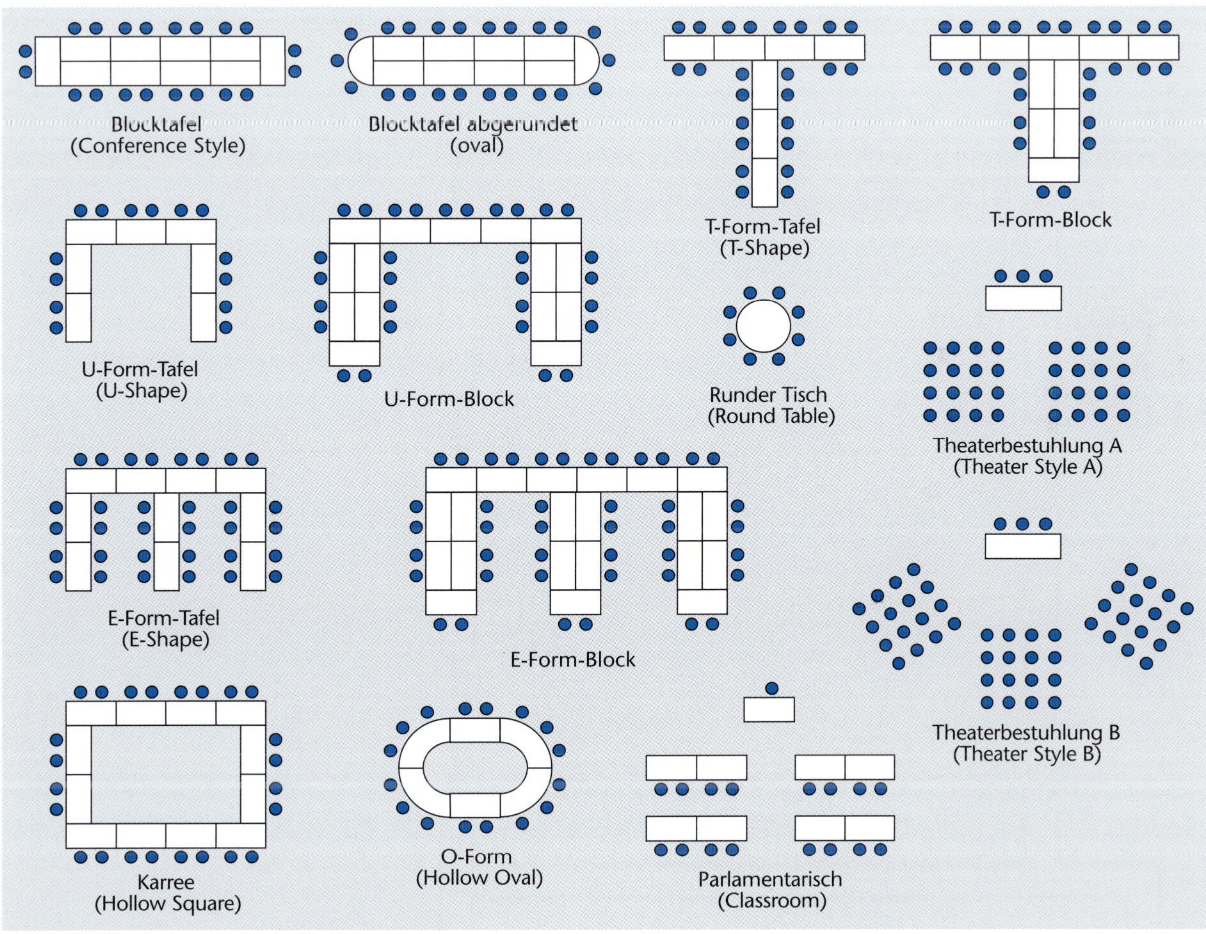

2. Tisch- und Tafelformen, Bestuhlungsmöglichkeiten

Raumpläne

Anhand der Raumpläne/-maße (→ 129) können sich Veranstalter und Verkäufer orientieren, wie bei der Veranstaltung Bestuhlung, Tisch- oder Tafelformen sowie sonstige Aufbauten optimal für den jeweiligen Anlass gestellt werden können.

Bei Konferenzen und Präsentationen sind zu beachten:

- Lichteinfall bei Tageslicht,
- Anschlüsse für technische Einrichtungen,
- Aufbauten wie Stellwände und Tische bei Präsentationen,
- Laufstege bei Modenschauen.

Der Tafelstell- und Tafelorientierungsplan

Für die Stellform eines jeden Raumes bietet es sich an, Pläne zu erstellen (→127). Der jeweilige Plan ist auf die maximale Auslastung des entsprechenden Raumes ausgelegt. Wird eine Stellform für weniger Personen als maximal möglich benötigt, so wird die Tafel um die entsprechende Länge gekürzt.

Einsatz des Tafelstell- und Tafelorientierungsplanes:

- Der Plan erleichtert das Stellen und Bestuhlen der Tafeln.
- Die einzelnen Service-Stationen können eingezeichnet werden.
- Der Veranstalter kann anhand des Planes die Tischordnung erstellen.

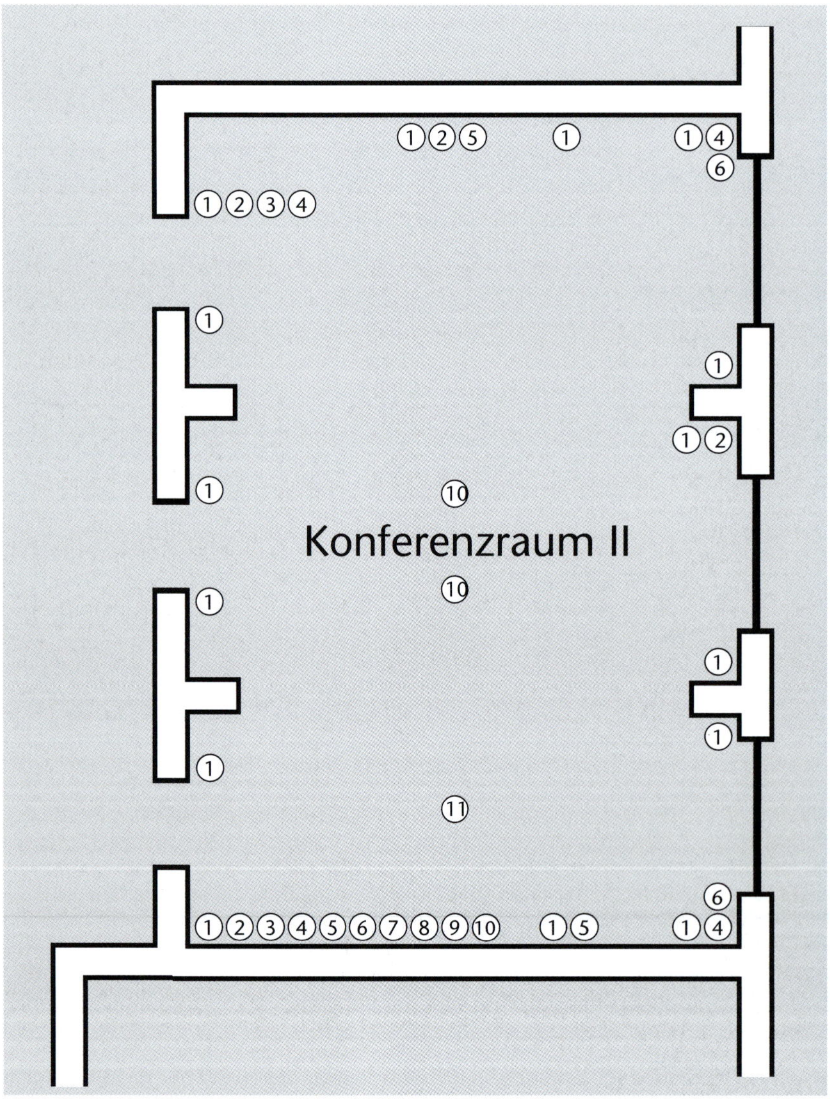

Technische Anschlüsse

① Steckdose 230 V
② Steckdose 400 V
③ Telefonanschluss
④ TV-Lautsprecheranschluss
⑤ Mikrofonanschluss
⑥ TV
⑦ Data-Anschluss
⑧ Kopierapparat
⑨ Telefax
⑩ Netzwerkanschluss (LAN)
⑪ Beamer

Sämtliche Räume haben Aircondition, WLAN Tageslicht und schallisolierte Fenster

1. Raumplan (Räume und Technik)

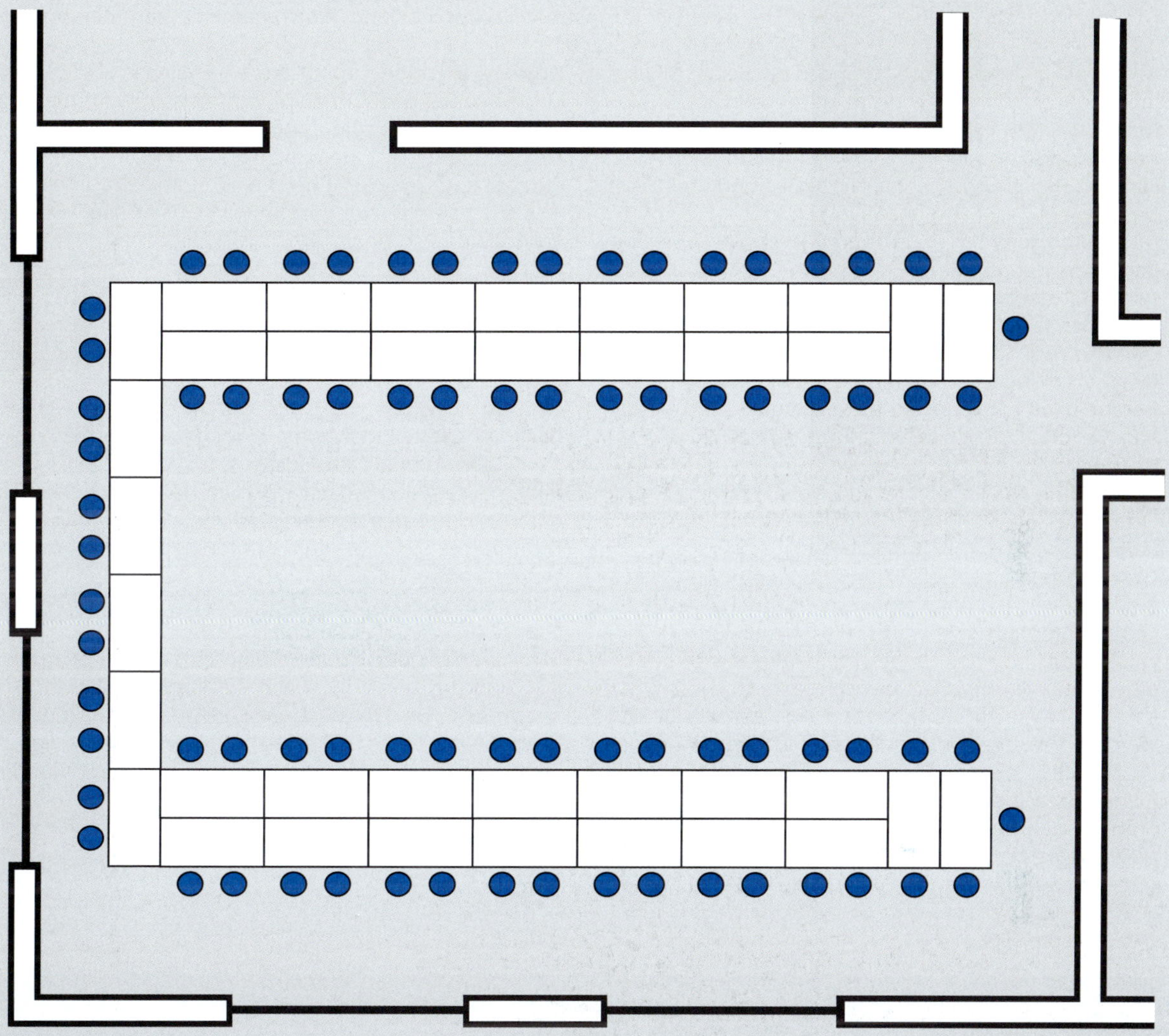

Stellplan
Restaurant U-Tafel (Block), 78 Personen
Raumgröße 1.700 cm x 1.350 cm
Banketttische 160 x 80 cm, Anzahl 38
Bankettstühle 78

Stirnseite Kopf		12 Stühle
Schenkel außen je 16	≙	32 Stühle
Schenkel innen je 16	≙	32 Stühle
Schenkelenden je 1	≙	2 Stühle (nur bestuhlen bei voller Personenzahl)
Total		78 Stühle

1. Tafelstellplan und Tafelorientierungsplan für Restaurant, U-Tafel bei maximaler Auslastung

Informationen von A bis Z

Um Ihnen die Planung Ihrer Veranstaltung zu erleichtern, haben wir für Sie diese Informationen zusammengestellt.

Abfallbeseitigung: Bei Ausstellungen mit Bedarf für einen separaten Abfallcontainer kann dieser durch das Hotel bestellt werden. Berechnung findet nach Gewicht statt.
Anlieferungsrampe: Für Anlieferungen steht eine Rampe neben dem Lastenaufzug zur Verfügung. Abstand zur Straße 12 m, Rampenbreite 7 m, Höhe 1,20 m.
Ausstellungen: Bei Auto- und Maschinenausstellungen muss der Tank entleert und mit Stickstoff gefüllt sein, Batterien abgeklemmt und eine Abdeckung unter der Ölpfanne gewährleistet sein.
Beflaggung: Es stehen fünf Masten zur Verfügung.
Beschilderung: Elektronische Anzeige in der Halle
Beleuchtung: In Räumen stufenlos und zentral regelbar, Verfolgerspot mit Bedienung möglich.
Busparkplätze: Siehe Lageplan.
Deckenhöhen: Siehe Übersicht Veranstaltungsräume.
Dolmetscheranlagen: Drei Dolmetscherkabinen vorhanden.
Garderobe: Kann speziell für Veranstaltungen besetzt werden, verrechnung entweder pauschal oder auf Selbstzahlerbasis.
Hostessen: Können über das Bankettbüro oder in eigener Regie engagiert werden.
Klimaanlage: Alle Räume sind voll klimatisiert und werden von unseren Technikern auf Ihren Wunsch eingestellt.
Kongressfahrkarte: Kann bei Kongressen bei der Stadtverwaltung angefordert werden und berechtigt die Kongressteilnehmer, zu einem günstigen Tarif öffentliche Verkehrsmittel zu nutzen.
Kopien: Einzelne Kopien erstellen wir für Sie im Bankettbüro. Bei großem Kopieranfall ist die Anmietung eines Kopierers für Ihr Tagesbüro möglich.
Lastenaufzug: Ein Lastenaufzug, 5,0 m x 3,0 m x 2,5 m, Türbreite 2,30 m, Türhöhe 2,5 m, Tragfähigkeit 4.000 kg, steht zur Verfügung. Es sind alle Etagen erreichbar.
Menükarten: Von unseren Standardkarten werden beim Mittagessen pro Tisch (sechs Personen) zwei Karten aufgelegt, beim Abendessen eine Karte pro Person. Besondere Kartenwünsche sind gegen Aufpreis erhältlich.
Namensschilder: Sie sind durch das Bankettbüro nach Vorbestellung und Berechnung gemäß der jeweiligen Auswahl erhältlich.
Parkplätze: Parkplätze für Teilnehmer sind in der Tiefgarage. Höhe der Garage 2,10 m.
Rufanlage: Wird in den Konferenzräumen nur auf Wunsch angeschlossen.
Sicherheitspersonal: Kann über das Hotel zum jeweils gültigen Tarif besorgt werden.
Stromversorgung: In den Konferenzräumen ist zusätzlich Starkstrom mit 16 A und 32 A angeschlossen.
Techniker: Ein Haustechniker steht auf Anfrage zur Verfügung.
Telefaxe: Für ein separates Telefax ist es notwendig, einen Antrag auf Installation und Gerätevermietung zu stellen.
Zusatzgeräte aller Art

1. Informationsmappe

	Preisliste für technisches Gerät	
Sämtliche audio-visuellen Geräte werden Ihnen von einem speziell für diesen Abschnitt Ihrer Tagung verantwortlichen Techniker bereitgestellt. Dieser steht Ihnen selbstverständlich auch während Ihrer Tagung bei Zusatzwünschen zur Verfügung.	Diaprojektor ohne/mit Leinwand	43,00/64,00 €
	Overheadprojektor ohne/mit Leinwand	43,00/64,00 €
	LCD-Aufsatz – Monochrom für PC-VGA	125,00 €
	LCD-Aufsatz – Monochrom, mit Monitor, für Laptop	250,00 €
	LCD-Aufsatz – Farbe, für PC-VGA	350,00 €
	Flipchart mit Stiften und Papier	20,00 €
	Fotokopien pro Stück	0,50 €
	Fotokopiergerät plus Kopien	125,00 €
	Infrarot-Fernbedienung für Diaprojektor	20,00 €
	Leinwand-Stativ 2 x 2 m/3 x 4 m/2 x 3 m	23,00 €/150,00 €/90,00 €
	Kassettenrekorder mit Mitschnittmöglichkeit u. Bandmaterial	100,00 €
	Kompaktanlage mit Musikkassette, Compact-Disk und Boxen	100,00 €
	Mikrofon (Beschallung für ca. 25–30 Gäste inklusive 1 Mikrofon)	100,00 €
	Jedes weitere kabelgebundene Mikrofon	65,00 €
	Drahtloses Mikrofon plus Beschallung	100,00 €
	(ab 4 Mikrofonen wird ein Techniker benötigt) Betreuung durch Techniker pro Stunde, werktags/samstags/sonntags	43,00 €/50,00 €/65,00 €
	Pinnwand	15,00 €
	Video/Monitor, mit Medienwagen VHS (PAL)	120,00 €
	dto. VHS (NTSC & SECAM)	140,00 €
	dto. U-Matic, LOW	170,00 €
	Großbildprojektor mit Videosystem und Leinwand	Preis auf Anfrage
	Laserpointer, Beamer	40,00 €

2. Preisliste für technisches Gerät

3 Menükunde

Bei Menüs handelt es sich um ein fertig zusammengestelltes Angebot von Speisefolgen an den Gast. Je nach Tagesmahlzeit, mittags oder abends, Anlass (Feiertage, Arbeitsessen, Banketts usw.) ist das Angebot vom einfachen dreigängigen Menü für Mittags- und Arbeitsessen bis zu exklusiven, mehrgängigen Menüs vielfältig.
Die klassische Speisefolge: Sie dient als Raster für die Reihenfolge sämtlicher Speisekarten und Speisefolgen. Komplett wird die Vielzahl ihrer Gänge kaum mehr angeboten. Eine Ausnahme in der Einhaltung der Reihenfolge eines Menüs kann der Käsegang in Verbindung mit festgelegten korrespondierenden Getränken bilden. Wenn zur Süßspeise ein korrespondierendes Getränk, etwa Sekt, serviert wird, wird der Käsegang vor der Süßspeise serviert. Als korrespondierendes Getränk zum Käse kann, wenn passend, der Wein des Hauptganges serviert werden. Dadurch wird der Wechsel Wein – Sekt – Wein vermieden.

deutsch	französisch	englisch
• Kalte Vorspeise	• Hors d'œuvre froid	• Cold starter, cold hors d'œuvre
• Suppe	• Potage	• Soup
• Warme Vorspeise	• Hors d'œuvre chaud	• Hot hors d'œuvre
• Fischgericht	• Poisson	• Fish
• Großes Fleischgericht	• Grosse pièce	• Joint
• Warmes Zwischengericht	• Entrée chaude	• Hot entrance
• Kaltes Zwischengericht	• Entrée froide	• Cold entrance
• Gefrorenes Getränk	• Sorbet	• Sorbet
• Braten (Salat, Kompott)	• Rôti (salade, compote)	• Roast (salad, compote)
• Gemüsegericht	• Entremets de légume	• Vegetables
• Warme Süßspeise	• Entremets de douceur chaud	• Hot sweet entremet
• Kalte Süßspeise (Eis)	• Entremets de douceur froid (glace)	• Cold sweet entremet (ice)
• Käsegericht	• Entremets de fromage	• Cheese
• Nachtisch	• Dessert	• Dessert
• Mokka	• Moka	• Mocca

1. Aufbau der klassischen Speisefolge

Mittagsmenüs: Sie bestehen fast immer aus drei, höchstens vier Gängen. Die gut vorbereiteten oder ganz fertiggestellten Gerichte für diese Menüs ersparen vor allem dem eiligen Mittagsgast längere Wartezeiten. Durch die kurze Servicezeit müssen die Speisen nicht lange warm gehalten werden.
Abendmenüs: Sie sind exklusiver und werden zum Teil erst auf Bestellung zubereitet. Der Grund dafür ist, dass Gäste abends oft aus einem besonderen Anlass ein Restaurant aufsuchen und ihnen auch mehr Zeit zur Verfügung steht.

3.1 Regeln zum Erstellen von Menüs

Bei der Zusammenstellung eines Menüs beginnt man mit dem Hauptgang und richtet die anderen Gänge danach aus.
Das für den Hauptgang verwendete Material und seine Geschmacksrichtung bestimmen, von welcher Art Suppe, Vorspeisen, Zwischengerichte und Süßspeisen sein müssen. Die modernen Menükombinationen gehen über fünf bis sechs Gänge kaum hinaus.

Ernährungsphysiologische Grundsätze: Menüs müssen ein ausgewogenes Verhältnis von Eiweiß, Fetten, Kohlenhydraten und Ballaststoffen aufweisen sowie vitamin- und mineralstoffreich zusammengestellt werden. Auswahl und Zubereitung der Speisen müssen den verringerten Energiebedarf des heutigen Menschen berücksichtigen.

Sättigungswert: Bei mehr als drei Gängen sollten keine gebundenen Suppen gereicht werden. Im Sommer verzichtet man auf das Angebot schwerer Speisen.
Saison und Marktangebot: Moderne Transportmittel haben Länder und Erdteile einander auch kulinarisch näher rücken lassen, sodass man nicht mehr wie früher an die Saison bzw. einheimische Lebensmittel gebunden ist.
Moderne Konservierungsmethoden gewährleisten die Verfügbarkeit fast aller Nahrungsmittel über das ganze Jahr.
Manche Lebensmittel werden jedoch, bedingt durch Schonzeiten oder klimatische Bedingungen, nur in bestimmten Monaten frisch oder in besonders guter Qualität angeboten. Dies sollte im Angebot der Speisekarte zum Ausdruck kommen.
Wiederholungen: Sie machen ein Menü eintönig und beeinträchtigen dadurch seinen Genusswert. Ausnahmen können jedoch bei speziellen Menüs gemacht werden, die auf einen Rohstoff bzw. Anlass abgestimmt sind. Beispiele dafür sind Jagd-, Spargel-, Fischmenüs, bei denen sich der gleiche Rohstoff, jedoch stets anders zubereitet, im Menü wiederholen kann.
Für alle anderen Menüs gilt es, sie harmonisch, jedoch abwechslungsreich zu gestalten. Besonders auf der Tageskarte, auf der mehrere Menüs mit der gleichen Suppe und Süßspeise angeboten werden, schleichen sich oft Wiederholungsfehler ein.
Folgende Wiederholungen sollten **vermieden** werden:
- **Farbe:** z. B. Tomatensuppe, Hähnchen in Paprikarahm, rote Grütze (3x rot),
- **Rohstoff:** z. B. Geflügelsalat, Hühnerkraftbrühe, Putenbruststeak (3x Geflügel) – Ausnahmen s. oben!,
- **Zubereitungsart:** z. B. Geflügelrahmsuppe, Frikassee vom Kalb, Cremespeise (3x „gekremt"),
- **Garungsart:** z. B. Tintenfischringe in Bierteig, Rinderfilet Wellington, Apfelkrapfen (3x gebacken),
- **Geschmacksrichtung:** z. B. Melone in Portwein, Schinken in Burgunder, Weinschaum (3x Wein).

Steigerungen: Innerhalb eines Menüs muss sich die Qualität der Speisen und Rohstoffe ergänzen und steigern. Wird mit qualitativ hochwertigen Vorspeisen und Suppen begonnen, darf das Angebot zum Hauptgang hin nicht nachlassen.
Ein **negatives Beispiel** wäre:

Vorspeise:	Gänseleberpastete
Suppe:	Austernrahmsuppe
Hauptgang:	Sauerbraten oder Schweinegulasch

3.2 Menügestaltung für bestimmte Anlässe

Menüs werden je nach Anlass, Personenkreis oder Jahreszeit unterschiedlich zusammengestellt.

3.2.1 Menügestaltung für Feiertage

Menüs an Feiertagen wie Ostern, Pfingsten, Weihnachten, Neujahr bringt der Gast mit bestimmten Speisen in Verbindung, die, bedingt durch das Saisonangebot, auch eine bestimmte Tradition haben. Dieser Erwartung sollte man Rechnung tragen.

Beispiele für Material, das für traditionelle Menüs zusammengestellt werden kann, sind:

- **Ostern:** Als Vorspeise Eier von Kiebitz, Wachteln oder Möwen im Kressenest; zum Hauptgang Lammbraten.
- **Pfingsten:** Das Frühjahr mit seinem vielfältigen Angebot erleichtert die Menügestaltung. Als Vorspeisen bieten sich frische Frühlingssalate an, zum Hauptgang Rehbock (ab 15. Mai), junge Frühjahrsgemüse und frischer Spargel. Zum Dessert stehen Erdbeeren und Rhabarber zur Verfügung.
- **Weihnachten** werden von vielen Gästen typische Gerichte von Karpfen, Gans, Truthahn, Wild und Wildgeflügel mit den dazu passenden Gemüsen der Jahreszeit wie Kohl, Maronen und Wintersalaten bevorzugt. Zur Herstellung von Desserts bieten sich besonders wohlschmeckende Früchte der Jahreszeit wie Äpfel, Maronen, Nüsse und Orangen an.
- **Silvestermenüs** zeichnen sich durch sehr viele Delikatessen wie Edelfische, Schalen- und Krustentiere aus. Zum Hauptgang beim Galamenü werden überwiegend die besten Teile (Filet, Rücken) von Schlacht- und Jagdtieren verwendet oder Brustfleisch von Haus- und Wildgeflügel.

1. Zählen Sie die Gänge der klassischen Speisefolge in der richtigen Reihenfolge in Deutsch auf.
2. Wodurch unterscheiden sich im Wesentlichen Menüs für das Mittagessen von den Abendmenüs?
3. Nennen Sie Beispiele für Wiederholungfehler in Menüs.
4. Ordnen Sie folgende Speisen der jeweiligen Jahreszeit zu: Gänsebraten, Austern, Spargel, Erdbeeren, Spinat und Karpfen.

Frohe Ostern

Gekochte Kiebitzeier im Kressenest
mit pikanter Cocktailsoße und Röstbrot
***
Kraftbrühe von Kaninchen
***
Lammkeule rosa gebraten
mit Rosmarinsoße, Blattspinat
und neuen Kartoffeln
***
Eisschale „Ostergruß"
Waldmeisterparfait mit österlichen Naschereien

Frohe Festtage

Rehkraftbrühe mit Madeira verfeinert
***
Auflauf von Karpfen
Tomatenreis und Blätterteiggebäck
***
Weihnachtsgans knusprig gebraten,
mit glasierten Maronen, Apfelrotkohl
und Kartoffelklößen nach Thüringer Art
***
Geeister Christstollen
mit Orangenschaum,
Weihnachtsgebäck

Prosit Neujahr

Pastete von Jagdfasan
mit Apfel-Selleriesalat, Cumberlandsoße,
warme Brioche
***
Kürbisrahmsuppe
unter der Blätterteighaube
***
Neptuns Spezialitäten
Eine Variation von Auster, Hummer, Lotte und Steinbutt
mit Kräuterschaum
***
Mandelsorbet
***
Medaillons vom Kalbsfilet
mit Gemüselasagne und schwarzen Nudeln
***
Eisbombe „Sankt Silvester"
Baumkuchenscheiben, gefüllt mit Pralineneis,
umlegt mit exotischen Früchten

1. Menübeispiele für Festtage

Herrenessen

Pikanter Rindfleischsalat
mit Landbrot
***
Zwiebelsuppe auf französische Art
***
Hechtfilet gedünstet, in Senfsoße
***
Knusprig gebratenes Spanferkel
mit Kartoffel- und Kopfsalat,
gerädelter Rettich
***
Walnusshalbgefrorenes
mit Orangenfilets

Jagdessen

Der Jäger oft vergeblich harrt,
bequemer ist es à la carte!

Hasenkraftbrühe
mit Madeira verfeinert
***
Zanderfilet im Gemüsebett
mit Krebsschwänzen
***
Geschnetzelte Rehleber
mit frischen Steinpilzen im Kartoffelnest
***
Fasanenbrüstchen in Sahnesoße
mit glasierten Trauben und Maronen,
Champagnerkraut und Spätzleomelett
***
Parfait von Waldbrombeeren
Feingebäck

Spargelessen

Salat von grünen Spargelspitzen
mit Toast und Butter
***
Spargelbouillon mit Eierstich
und Spinatklößchen
***
Schwetzinger Stangenspargel auf badische Art
in Schinkenpfannkuchen gehüllt,
mit Käse überbacken
***
Karamellisierte Spargelspitzen
mit Erdbeeren und Vanilleeis

1. Menübeispiele für verschiedene Anlässe

3.2.2 Menügestaltung für Arbeits- und Festessen

Die Menügestaltung für einen größeren Personenkreis unterscheidet sich in vielen Punkten von der Menügestaltung für die tägliche Menükarte, bei der der Gast außer dem vorgeschlagenen Menü noch viele andere Gerichte zur Wahl hat. Anlässe für die Gestaltung dieser Menüs sind

- Tagungen mit Arbeitsessen,
- Festessen aus persönlichen oder betrieblichen Gründen wie Geburtstage, Hochzeiten, Jubiläen,
- Bankette zum Anlass von Staatsempfängen/Presseball.

Da bei solchen Veranstaltungen von einem größeren Personenkreis die gleichen Speisen verzehrt werden, ist es ratsam, Speisen anzubieten, von denen man annehmen kann, dass sie von der Mehrzahl der Gäste gern gegessen oder zumindest nicht abgelehnt werden.
Gerichte und Rohstoffe, die nicht von allen Gästen gegessen werden, sind u. a. fettes oder blutiges, nicht durchgebratenes Fleisch, frische Austern, Schnecken, Wildhase, Innereien. Die Ablehnung kann auch religiöse, ethische oder gesundheitliche Gründe haben.

Bei der Zusammenstellung eines Menüs für einen großen Personenkreis muss außer auf die Gäste auch auf die betrieblichen Gegebenheiten Rücksicht genommen werden. Gerichte, die küchen- und serviertechnisch oft Schwierigkeiten bereiten, sind u. a. überbackene Suppen, Forelle blau, reichhaltiges Beilagenangebot zum Vorlegen oder Süßspeisen wie Crêpes Suzette, am Tisch bereitet.

Menügestaltung unter einem bestimmten Motto

Werden Menüs unter einem bestimmten Motto wie „Herrenessen", „Kulinarisches Frühlingserwachen", „Buntes Faschingstreiben" angeboten, so müssen die Menüs und die Rohstoffwahl auf das Motto abgestimmt werden.
Werden herzhafte Gerichte gereicht, sollte man im Angebot nicht immer herzhaft mit fett gleichsetzen, was jedoch nicht heißt, dass man auf Schweinshachse oder Gänsebraten verzichten muss. Beliebt sind deftige, herzhafte Gerichte wie gepökelte Ochsenbrust, Gulasch, Schinken in Brotteig, aber auch würzige Fischgerichte.

Menügestaltung, die an einen bestimmten Rohstoff gebunden ist

Wird das Thema des Menüs von einem bestimmten Anlass oder Rohstoff bestimmt, so ist die Regel „keine Wiederholung von Rohstoffen" aufgehoben. *Beispiele*:
Jagdmenüs: Bei Menüvorschlägen für Jagdgesellschaften darf alles, auch wiederholt, angeboten werden, was Land und Wasser dem Jäger und Fischer bieten. Besondere Spezialitäten sind dabei auch der Aufbruch (Herz, Leber). Als Beilagen sollten Zutaten aus Wald und Feld mit in die Menüs aufgenommen werden.
Fischmenüs: Bei Fischmenüs kann die ganze Vielfalt aus Neptuns Reich angeboten werden, auch Schalen- und Krustentiere.

3.2.3 Menüs für bestimmte Zielgruppen

Auf der Tageskarte können gezielt bestimmte Personengruppen angesprochen werden. Kleine Menüs, die ohne großen Aufwand von der bestehenden Karte abgewandelt werden können, genügen oft schon.

Kinder: Durch originelle Kartengestaltung (Sets, Kinderbüfett) oder Fantasienamen, die man Speisen verleiht, kann man den Appetit des kleinen Gastes anregen. Kindergerechte Zubereitung gehört dazu.
Senioren/Autofahrer: Ihnen bietet man leichte Menüs an, vor allem keine blähenden Speisen. Eine Reduzierung der normalen Portionsgröße ist angebracht.
Vegetarier: Menüs für Vegetarier sind im Allgemeinen nur in darauf spezialisierten Restaurants zu bekommen. Gemüse- oder Salatplatte mit Ei sollte jedoch nicht das einzige Gericht sein, welches man diesem Gästekreis auf Anfrage anbietet.
Energiebewusste: Interesse findet auf jeden Fall ein Menü für Gäste, die sehr auf die schlanke Linie achten. Dabei interessiert es sie besonders, wie viele Kalorien sie zu sich nehmen.
Vollwertmenü: Diese Kostform findet viele Anhänger. Ein entsprechendes Menüangebot sollte auf keiner Speisekarte fehlen.
Diabetiker-, Magenschonkostmenüs: Diese Menüangebote sollte man solchen Betrieben überlassen, die sich darauf spezialisiert haben und denen dafür ausgebildetes Personal zur Verfügung steht.

Leichte Kost für Autofahrer

Rinderkraftbrühe mit Gemüsestreifen
***
Geschnetzeltes von der Putenbrust
im Reisrand
mit Kopfsalatherzen
***
Vanilleeis mit Kiwischeiben und Sahne

Vegetarisches Menü

Tofusalat auf schwedische Art
mit Äpfeln, Zwiebeln, Rote Bete, Gurken
***
Auberginenschnitzel gebacken,
auf Tomatenspaghetti
***
Kaiserschmarren mit Zwetschgenkompott

Für Energiebewusste

Klare Champignonsuppe mit Kräutern
***
Rumpsteak (150 g) vom Grill
Kartoffeln mit Kümmel in der Folie gegart,
Bohnensalat
***
Obstsalat von frischen Früchten
2.840 Kilojoule (700 kcal)

Vollwertmenü

Brennnesselsuppe
mit Klößchen von Dinkelkörnern
***
Gedünstetes Zanderfilet
auf Gemüsekeimlingen mit Braunreis
***
Pumpernickelcreme
dazu frische Erdbeeren, mit Honig gesüßt

1. Menübeispiele für Festtage

Wissen Sie Bescheid?

1. Welche Rückschlüsse auf das Restaurant kann der Gast aus der Gestaltung (inhaltlich, formal, grafisch) der Speisekarte ziehen?
2. Welche Einflussfaktoren sind beim Erstellen von Speisekarten zu berücksichtigen?
3. Nennen Sie fünf Regeln zur Erstellung von Speisekarten in Bezug auf Schreibweise und Rechtschreibung.
4. Begründen Sie, weshalb Klarheit und Wahrheit des Angebotes zu den wichtigsten Punkten beim Erstellen von Speisekarten zählen.
5. Erstellen Sie zwei dreigängige Menüs aus Spezialitäten Ihres Bundeslandes, die so formuliert sind, dass diese Menüs auch von landesfremden Gästen verstanden werden.
6. Erstellen Sie ein fünfgängiges Menü mit drei korrespondierenden Getränken, Motto „kulinarischer Frühling".
7. Ein Gast bestellt für 100 Personen frische Austern als Vorspeise; was würden Sie ihm raten?

4 Gerichte für Menüs regionalen deutschen Ursprungs

1. Maultaschen

2. Leberknödelsuppe

Baden-Württemberg

Flädlesuppe: Pfannkuchenstreifen in Fleischbrühe
Brätknödelsuppe: Brätbällchen (Brät = Wurstmasse) in Fleischbrühe
Gaisburger Marsch: Eintopf aus Fleischbrühe mit Spätzle, Kartoffelwürfeln und Rindfleisch, mit Zwiebelschmelze
Zwiebelrostbraten: auf Filderkraut mit Spätzle
Schwetzinger Stangenspargel: mit Kratzede (zerissene Pfannkuchen)
Maultaschen: große Nudelteigtaschen (ca. 6 x 6 cm) mit Hackfleisch-Spinat-Füllung
Saure Kutteln: Streifen von gekochtem Rindermagen in brauner, säuerlicher Soße
Zwiebelkuchen: Zwiebel-, Speckstreifen, Ei-Sahne-Masse auf dünnem Hefeteig; zu neuem Wein
Schwarzwälder Kirschsahnetorte

Bayern (Mittel- und Südbayern)

Leberknödelsuppe: Fleischbrühe mit einem großen Knödel aus Leber und Brötchen
Züngerl sauer: gekochte, in Streifen geschnittene Kalbslunge in brauner, säuerlicher Soße
Schweins- und Kalbshachsen: mit Kraut, Knödel
Donauwaller (Wels): gekocht mit Kräutersoße
Schwammerl: Pilzragout mit Speck und Zwiebeln, Semmelknödel
Pichelsteiner (Büchelsteiner = Berg bei Regensburg): Gemüsetopf mit Rind- und Schweinefleisch, Kartoffeln, Rindermarkscheiben
Obazter (Baz = Masse): mit Zwiebeln, Butter, Sahne und Kümmel angemachter Camembert oder Frischkäse

Bayern (Nordbayern und Franken)

Nürnberger Gewarch (Durcheinander): Salat von Ochsenmaul, Nürnberger Stadtwurst, gekochte Eier und Zwiebeln
Saure Zipfel: Nürnberger Bratwürste, gekocht in Essigsud mit Lorbeer, Pfeffer und Zwiebeln
Kronfleisch: gekochtes Rinderzwerchfell (wird oft zum zweiten Frühstück gereicht)
Hopfensprossen: gekocht, mit Soße aus Milch, Brötchen und hart gekochten Eiern
Nürnberger Lebkuchen

Berlin – Brandenburg

Kartoffelsuppe mit Bockwurst
Kasseler (Caseler) Rippenspeer: gepökelter, geräucherter Schweinerücken, gebraten
Löffelerbsen mit Speck: Eintopfgericht aus gelben Erbsen
Teltower Rübchen: weiße kleine Rüben, gedünstet
Gardesterne: runde Brotscheibe mit Tatar, Spiegelei; Garnitur: zwei kreuzweise gelegte Streifen Sardellen
Hackepeter: angemachtes Schweinehack mit Schusterjungen (Kümmelbrötchen)
Berliner Pfannkuchen
Amerikaner
Kalte Ente (kaltes Ende): aus Weißwein, Schaumwein, Zitrone: wurde bei General von Papen als „kaltes Ende" statt Mokka nach der Mahlzeit serviert

Bremen – Niedersachsen

Oldenburger Blutsuppe: Schlachtfestbrühe mit Mehl und Schweineblut gebunden, leicht säuerlich
Braunkohl (Grünkohl) mit Pinkel: Braun- oder Grünkohl mit Bremer Wurstspezialität aus Hafergrütze, Speck und Zwiebeln
Labskaus: Gericht aus Pökelfleisch, Kartoffeln und Zwiebeln, garniert mit roter Bete, Salzhering, Salzgurken und eventuell Spiegelei
Eiserkuchen: Hippengebäck

Hamburg – Schleswig-Holstein

Hamburger Aalsuppe: Suppe aus Gemüse, Schinkenbrühe, Backpflaumen, kleinen Kochbirnen, Schwemmklößchen, etwas frischem Aal

1. Rheinischer Sauerbraten

2. Frankfurter Kranz

Friesische Buttermilchsuppe: aus Speckbrühe, Buttermilch, getrockneten Birnenschnitzen und Rosinen
Hamburger Rundstück: halbiertes Brötchen, belegt mit heißem Schweine- oder Rinderbraten oder einer Frikadelle (diese Komposition eroberte Amerika als „Hamburger")
Birnen, Bohnen, Speck (Grüner Heinrich): Eintopf aus Speck, grünen Bohnen und säuerlichen Bergamottbirnen
Rote Grütze
Lübecker Marzipan
Apfelsuppe mit Schneeklößchen

Hessen

Frankfurter Würstchen: aus Schweinefleisch, kalt geräuchert
Frankfurter Grüne Soße: aus sieben Kräutern mit gekochten, gehackten Eiern, Mayonnaise und Joghurt hergestellt (zu gekochtem Rindfleisch)
Schwarzer Magister: Auflauf aus Weißbrot und Backpflaumen
Frankfurter Kranz
Frankfurter Pudding: aus Semmelmehl, Mandeln, Butter, Eiern, Zucker

Thüringen und Sachsen

Rotwickel: Rotkohlrouladen mit einer Füllung aus Wildhackfleisch und Pilzen
Leipziger Allerlei: junges Frühjahrsgemüse, leicht in Soße gebunden, Morcheln, Krebsbutter
Köthener Krautklump: Eintopfgericht aus Schweinefleisch, Weißkohl, Kochbirnen und Gemüse mit Einlage von Kartoffelklößen
Soleier: gekochte Eier (mit angeknackter Schale) in Sole (Lake) aus Salz, Wasser, Gewürzen
Sächsische Quarkkeulchen: Masse aus Kartoffeln, Mehl, Zucker, Quark, Backpulver, Zimt, Milch, in schwimmendem Fett ausgebacken und heiß mit Zimtzucker serviert

Mecklenburg-Vorpommern

Pommersche Bohnensuppe: aus weißen Bohnen und Gänseleber
Herzschlagsuppe: aus Kalbsherz, Lunge, Gerste, Zwiebeln, Perlgraupen, Kartoffeln
Rindfleisch mit Backpflaumen: gekochtes Rindfleisch mit Zwiebelsoße und Backpflaumen
Gänseschwarzsauer: gekochtes Gänseklein mit in Blut und Mehl gebundener Soße; als Einlage kleine Kartoffelklöße und Backpflaumen
Geräucherte Flunder: auf Kümmelweißkraut

Rheinpfalz und Saarland

Pfälzer Weinsuppe
Gefüllter Saumagen: mit Hackfleisch und Kartoffeln gefüllt, gekocht oder gebraten
Kastanien (Keschte): geröstet zu Wein oder in Form von Püree als Beilage
Gfillte: Kartoffelknödel, mit Hackmasse oder Blut-, Leberwurst gefüllt

Rheinland und Westfalen

Rheinischer Sauerbraten in mit Pfefferkuchen angedickter Soße mit Rosinen
Pannhas (Knabbeldanz): Schlachtbrühe mit Blut- und Leberwurstmasse, mit Buchweizenmehl angedickt, erkaltet in Scheiben geschnitten und gebraten
Himmel und Erde: Brei aus Kartoffeln (Erde) und Äpfeln (Himmel) mit gebratener Blutwurst
Westfälischer Pfefferpotthast: Rindfleischwürfel und Zwiebeln geschmort, Soße mit geriebenem Weißbrot gebunden
Westfälisches Blindhuhn: Eintopf aus grünen und weißen Bohnen, Karotten, Kartoffeln, Äpfeln und Speck
Halver Hahn: Halbes Roggenbrötchen mit Holländer oder Limburger Käse und Senf

5 Verkaufsgespräche und -techniken

5.1 Absprache einer Sonderveranstaltung – Fallbeispiel

Sonderveranstaltungen werden je nach Art des Betriebes von der Bankettabteilung, dem Geschäftsführer/Inhaber/Besitzer, dem Restaurant- oder Küchenleiter mit dem Veranstalter abgesprochen.

Fallbeispiel: Annahme einer Familienfeier
Das Ehepaar Kuban/Wöhrle möchte am Mittwoch, dem 13.07. .., ab ca. 19 Uhr in einem netten Rahmen mit 60 Personen seine Hochzeit feiern. Durch telefonische Anfrage erkundigt es sich, ob dies möglich sei.

5.2 Ablauf einer telefonischen Anfrage

Um zu klären, ob die Veranstaltung angenommen werden kann, werden der Raumbelegungsplan (→ 126) und der Plan über Tafelformen und Kapazität der Räume (→ 127) benötigt. Aus den beiden Plänen ist ersichtlich, dass zu dem gewünschten Termin das Restaurant zur Verfügung steht. An Tafelformen bieten sich die U-Form oder die aufgelockerte Tafelform mit runden Tischen an. Ist der Gast mit dem Vorschlag einverstanden, ist Folgendes zu notieren und/oder zu vereinbaren:
- Name, Anschrift, Telefonnummer des Veranstalters,
- Termin zur Absprache der Veranstaltung,
- Zusendung von Unterlagen zur Vorabinformation,
- zeitliche Abstimmung der Reservierungsoption und Eintragung der Veranstaltung im Raumbelegungsplan,
- Angabe des eigenen Namens und der Telefondurchwahlnummer und Faxnummer für Rückfragen.

Geschäftsbedingungen für Veranstaltungen (Auszug)

Kann eine Veranstaltung nicht durchgeführt werden, ohne dass das Hotel dies zu verantworten hat, so behält sich das Hotel den Anspruch auf Zahlung der Miete und einer Entschädigung vor.

Zeitraum Abbestellung – Veranstaltung	Anspruch des Hotels
22 und mehr Tage	Berechnung der Miete* entfällt, vorausgesetzt, das Hotel kann anderweitig vermieten.
21 bis 15 Tage	Berechnung der Miete
14 bis 8 Tage	Berechnung der Miete zuzüglich Ersatz von 33 % des entgangenen Umsatzes (Speisen); falls dieser noch nicht konkret festliegt, gilt Mindest-Menüpreis-Bankett x Personenzahl.
1 bis 0 Tage	Berechnung der Miete zuzüglich Ersatz von 66 % des entgangenen Umsatzes (Speisen); falls dieser noch nicht konkret festliegt, gilt Mindest-Menüpreis-Bankett x Personenzahl.

* Die Höhe der Miete ergibt sich aus der Auftragsbestätigung.

<table>
<tr><th>Optimale Durchführung der verkauften Veranstaltung</th><th>Verringerung des Risikos</th><th>Erhaltung des Veranstalters als Gast für die Zukunft</th></tr>
<tr><td colspan="2">• Bei vorläufigen Buchungen sollte ein Termin für die endgültige Zu- oder Absage festgesetzt werden.</td><td rowspan="5">• Auf besondere Wünsche wird, wenn möglich, eingegangen.
• Die Adresse des Veranstalters und sonstige Unterlagen dienen bei Werbemaßnahmen und künftigen Verkaufsgesprächen als Grundlage.
• Ein großer Teil von Veranstaltungen wird jährlich wiederholt. Deshalb sind Akten mit Verbesserungsvorschlägen aufzuheben.
• Bei der Preisgestaltung ist nicht allein nach der Wareneinsatzkalkulation, sondern auch nach einer detaillierten Berechnung zu kalkulieren. Dabei ist die optimale Nutzung der Küchenkapazität, von Räumen und Zimmern angemessen zu berücksichtigen.
• Nach jeder Veranstaltung sollte sich der Bankettleiter schriftlich beim Veranstalter bedanken.</td></tr>
<tr><td colspan="2">• Wenn möglich, sollte eine Garantie über die Mindestabnahme (Menüzahl, Getränkeumsatz) vereinbart werden.</td></tr>
<tr><td colspan="2">• Bei mehreren Veranstaltungen am gleichen Tag sollte versucht werden, das gleiche oder ein ähnliches Menü zu verkaufen.</td></tr>
<tr><td colspan="2">• An Feiertagen (z. B. Weihnachten, Ostern) sollten vorrangig auf die Festmenüs abgestimmte Menüs angeboten werden.</td></tr>
<tr><td>• Alle Verkaufsgespräche werden vom Verkaufsleiter koordiniert und geplant.
• Der Küchenchef wird bei der Menübesprechung hinzugezogen.
• Ein Probeessen wird durchgeführt.
• Sämtliche Veranstaltungen der kommenden Woche werden mit den zuständigen Abteilungsleitern durchgesprochen.
• Alle betroffenen Abteilungen bekommen rechtzeitig und gleichzeitig detaillierte, schriftliche Informationen.</td><td>• Ein schriftlicher Vertrag dient als Grundlage des Geschäftes und wird bei Rechnungserstellung benötigt (besonders bei Großveranstaltungen).
• In Lager und Keller vorrätige Artikel sollten bevorzugt angeboten werden.
• Bei Konferenzen und Tagungen sollten auch Zimmer verkauft werden.</td></tr>
</table>

1. Verkauf von Sonderveranstaltungen

Mögliche Redewendungen im Verkaufsgespräch

In der Begrüßungsphase:
„Guten Morgen/Tag/Abend, Herr/Frau ..., mein Name ist ..., ich bin zuständig für die Absprache von Sonderveranstaltungen und Ihr Ansprechpartner."
„Nett, dass Sie sich Zeit genommen haben."
„Haben Sie uns gut gefunden?"
In der Vertrauensphase:
„Darf ich Ihnen die vorgesehenen Veranstaltungsräume zeigen, damit Sie sich ein besseres Bild machen können?"
„Was darf ich Ihnen zu trinken anbieten? Ein Erfrischungsgetränk, Kaffee, Tee oder etwas Alkoholisches?"
In der Verkaufsphase:
„Haben Sie sich unsere Vorschläge angesehen und vielleicht schon etwas Passendes gefunden?"
„Sind Sie an ein bestimmtes Budget gebunden?" (ausschließlich bei Mitarbeitern einer Firma)
„Um ganz sicherzugehen, ziehe ich unsere Fachleute aus den Abteilungen ... zurate."

5.3 Ablauf eines Verkaufsgesprächs für Sonderveranstaltungen

Verkaufsgespräche über Sonderveranstaltungen finden in der Gastronomie in den meisten Fällen mündlich in den gastronomischen Betrieben, seltener telefonisch oder beim Kunden statt. Da der Verkauf einer Veranstaltung von einem erfolgreichen Verkaufsgespräch abhängig ist, kommt diesem besondere Bedeutung zu. Grundlage für den Bankettverkäufer ist die Beherrschung des gesamten Repertoires des Bankettgeschäftes sowie sein Wissen über die verschiedenen Möglichkeiten des Küchenangebotes, des Service und der Räumlichkeiten. Auch der Verkäufer selbst fördert durch gepflegtes Äußeres und gute Umgangsformen den Verkauf. Mit anderen Worten: Die drei Säulen des Verkaufs sind Sympathie, Fachwissen und Überzeugungskraft.
Ein Verkaufsgespräch kann in vier Phasen unterteilt werden:

- Kennenlernphase,
- Vertrauensphase,
- Verkaufsphase,
- Abschlussphase.

5.3.1 Kennenlernphase

Sie beginnt mit dem Augenblick, in dem Gast und Verkäufer zusammentreffen. Dies geschieht meist in der Hotelhalle oder an der Rezeption. Schon in diesem Moment werden die Beteiligten ihren Ersteindruck mit Sympathie oder Antipathie bezüglich der anderen Person bewerten.
Folgende Vorgangsweise ist angebracht:

- Dem Gast mit einem positiven Ausdruck („Hallo-Effekt") begegnen und ihn mit Handschlag, Tagesgruß und Name (Titel – wenn bekannt) begrüßen.
- Sich selbst vorstellen, seinen Aufgabenbereich nennen.
- Einige unverbindliche freundliche Worte wechseln.

Zu vermeiden sind im Verkaufsgespräch:

- Räumlichkeiten ohne angenehme Atmosphäre oder in denen Störungen durch Gäste/Mitarbeiter möglich sind.
- Während des Verkaufsgespräches durch Aufstützen der Arme, den Tisch in Beschlag nehmen.
- Mund/Gesicht während des Verkaufsgespräches am Tisch mit den Händen abzudecken.
- Dem Gast ins Wort zu fallen/zu unterbrechen.
- Für den Gast unverständliche Fachsprache verwenden, z. B. „Ich empfehle Ihnen lardierte Tournedos mit Pommes château und braisiertem Gemüse."
- Den Gast zu überreden, anstatt ihn zu überzeugen.
- Klatsch, wie negative Äußerungen über Konkurrenzunternehmen oder Gäste.
- Themen wie Politik, Religionen, Nationalitäten usw.

5.3.2 Vertrauensphase

Der Übergang zwischen Kennenlern- und Vertrauensphase ist fließend. In dieser Phase ist es wichtig, dem Gast zu signalisieren, dass er sich bezüglich seiner Veranstaltungswünsche verstanden fühlen kann und den für ihn richtigen Betrieb gewählt hat. Zu diesem Zeitpunkt sollte man dem Gast, wenn möglich,

- die für ihn vorgesehenen Veranstaltungsräume zeigen,
- mit ihm eine Räumlichkeit mit Atmosphäre, in der man ungestört ist, für das Verkaufsgespräch aufsuchen,
- den Gast richtig platzieren (mindestens gleichwertige Sitzgelegenheiten, gute Lichtverhältnisse für den Gast),
- dem Gast ein Getränk bzw. einen Imbiss anbieten. Selbstverständlich haben für den Gast sämtliche Verkaufsunterlagen, auch wenn sie ihm vorher zugesandt wurden, bereitzuliegen.

5.3.3 Verkaufsphase

Nachdem in den vorangegangenen Phasen der zwischenmenschliche Kontakt hergestellt wurde, wird nun in der Verkaufsphase das vom Betrieb empfohlene bzw. vom Gast gewünschte Produkt in allen Einzelheiten besprochen. Dazu gibt es je nach Angebot und Wünschen verschiedene Vorgehensweisen:

- Durch offene Fragestellung den Gast dazu veranlassen, seine Wünsche zu äußern, und versuchen, diese mit den betrieblichen Gegebenheiten zu vereinbaren.
- Flexibilität demonstrieren! Ausgefallene Gästewünsche als realisierbar in Aussicht stellen. Bei für das Haus nicht realisierbaren Wünschen Flexibilität zeigen und sich um entsprechende Lösungen/Alternativen bemühen.
- Bei speziellen Fragen, die man nicht mit Sicherheit selber beantworten kann, Spezialisten hinzuziehen, z. B. Küchenchef, Techniker, Sommelier usw.

Während der Verkaufsphase kann eine Weinprobe durchgeführt sowie bei Großveranstaltungen ein Probeessen angeboten werden.

5.3.4 Abschlussphase

Wenn alle vorausgegangenen Gesprächsphasen erfolgreich bewältigt worden sind, wird sich zu diesem Zeitpunkt zeigen, ob ein potenzieller Gast gewonnen wurde. Ist der Gast zur Bestellung bereit, so wird zur Vertragserfüllung als Vertragsgrundlage ein ausgefülltes Vertragsformular mit allen Einzelheiten der Veranstaltung (→ 140) von Gast und Verkäufer abgezeichnet und dem Gast mitgegeben oder ihm nachgesandt. Anschließend wird der Gast verabschiedet und hinausbegleitet.

Bei den abschließenden nachfolgenden Arbeiten handelt es sich um Abschlussarbeiten, die externe und interne Maßnahmen beinhalten.

- **Externe Maßnahmen:** Darunter versteht man z. B. Beantragung der Sperrzeitverkürzung, GEMA-Anmeldung sowie Buchen von Künstlern, zusätzlichem Personal usw.
- **Interne Maßnahmen:** Dazu zählt der interne Informationsfluss für Veranstaltungen in Form eines Veranstaltungsauftrages (Laufzettel, circular, Function-Sheet, Avis), der an alle betroffenen Abteilungen weitergeleitet werden muss.

1. Interner Informationsfluss einer Sonderveranstaltung

Hotel
Bayerisches Haus

Tel: 09876 – 54321 Fax: 09876 – 54123

Veranstaltungs- ☒ **Auftrag** ☐ **Anfrage/Angebot** ☐ **Option bis**

Lfd. Nr. 137-4 — **5**

Hinweistafel Empfang: *Restaurant Hochzeit Fam. Kuban/Wöhrle*	Tag und Datum der Veranstaltung: *Mittwoch 13.07.20..*
Veranstalter: *Fam. Kuban*	Rechnung an: *Herrn Robert Kuban*
Bestellt durch: *Frau Maria Kuban*	*70190 Stuttgart Rudolfstr. 25*
75365 Calw Tel.: *07654/32109*	Raummiete: — —
Otto-Löhner-Str. 17 Fax.: *07654/32101*	angen. am: *04.-15.* durch: *Fü* Tel. ☐ Korr. ☐ Pers. ☒

Uhrzeit:	Personen:	Art der Veranstaltung:	Raum	Tischform	Tischwäsche
19.00	*52 E 8 K*	*Hochzeit*	*Restaurant*	☐	*weiß*

GETRÄNKE: Tagungsgetränke: ja / nein

zum Empfang:
- *alkoholfrei Florida Lady*
- *Sherry fino*
- *Hausmarke auf Wunsch mit Cassis/O.-Saft*

VERANSTALTUNGSABLAUF / SPEISEFOLGE

✱ Toast ☐ Tischrede

Zeit:
Beginn: *19.00*
Essen: *20.00*
Ende: *open end*

zum Essen:

Nr. 4 2012 Neuweierer Mauerberg Riesling Kabinett trocken Bereich Ortenau Baden 0,7 l 16,00 EUR

Nr. 28 2009 Sasbachwaldener „Alde Gott" Spätburgunder Weißherbst Spätlese trocken Bereich Ortenau Baden 0,7 l 18,00 EUR

Sekt Hausmarke 0,75 l 18,00 EUR

nach dem Essen: *abfragen Mokka - Kaffee Williams - Kirsch - Remy - Calvados*

	Serviermethode:
** 2 Minuten*	
Garnelencocktail mit Toast und Butter	*amerikanisch*
Kraftbrühe von Wiesenchampignons	*amerikanisch*
■ ca. 15 Minuten	
Kalbsrückensteak in Trüffelbutter mit Safranreis, Mandelbällchen und Sommersalaten in der Knusperschüssel	*Vorlegeservice (französisch)*
Eisbombe „Loreen" Haselnusseisbombe mit frischen Erdbeeren, Sahne und Feingebäck	*Service-aufmarsch tranchieren (englisch)*
	EUR *65.00*

Garderobe ~~pauschal~~: *Haus* selbst: —

Menükarten: *Druck auf Seide 12.00 per Stück*

Blumen: *1 großes ovales Gesteck am Kopf 80.00, 6 kleinere ovale Gestecke je 3 längs à 65.00* } *weiß grün*

Tabakwaren: *Selbstzahler* | Kerzen: *weiß 8 x 3*

Overheadprojektor: — | Diaprojektor: —

Leinwand: — | Flipchart: —

Musik: *3 Personen* | GEMA *Haus*

Verpflegung Musik: *Menü Hochzeit ohne Vorspeise 23.30 Uhr*

Bemerkungen: *Bar > Selbstzahler/Kinder: alkoholfreie Getränke nach Wahl/1 Veganer/Geschenktisch: Vasen*

Hotelzimmer:
8 Einzelzimmer mit Dusche/WC *Bad* vom *13.07.* bis *14.07.* EUR *130.00*
6 Doppelzimmer mit Dusche/WC — vom *13.07.* bis *14.07.* EUR *210.00*
Frühstücksbüfett EUR *28.00* pro Person/Tag

Mikro: — Rednerpult: —

Fotograf: *Durch Veranstalter*

Bestätigung: JA/NEIN

Datum	Veranstalter:	Direktion:	Veranstaltungsleiter
..-15-04.	Unterschrift *M. Kuban*	Unterschrift *Fü*	Unterschrift *[Unterschrift]*

1. Veranstaltungsauftrag (Laufzettel/circular/Function-Sheet/avis)

6 Vorbereitungsarbeiten

6.1 CHECKLISTE für die Bereitstellung bei Sonderveranstaltungen

Datum der Veranstaltung:

Datum/Uhrzeit:

Raum:

- ☐ Stühle
- ☐ Sessel

TISCHE

mit Tischdeckenunterlagen
- ☐ 80 cm x 80 cm
- ☐ 160 cm x 80 cm
- ☐ 160 cm x 40 cm
- ☐ Ø 160 cm

TISCH- UND TAFELTÜCHER
- ☐ 130 cm x 130 cm
  Farbe:
- ☐ 210 cm x 130 cm
  Farbe:
- ☐ 530 cm x 130 cm
  Farbe:
- ☐ 370 cm x 210 cm
  Farbe:
- ☐ Ø 210 cm
  Farbe:
- ☐ Tischläufer
  Farbe:
- ☐ Deckservietten
  Farbe:

SERVIETTEN
- ☐ Mundservietten
  Farbe:
- ☐ Handservietten
  Farbe:

SONSTIGES
- ☐ Salz
- ☐ Pfeffer
- ☐ Essig
- ☐ Öl
- ☐ Senf
- ☐ Brotkörbe
- ☐ Kerzenhalter, 1er, 2er, 3er
- ☐ Kerzen
  Farbe:
- ☐ Ascher
- ☐ Tabletts
- ☐ Weinuntersetzer
- ☐ Belegdeckchen/Manschetten
- ☐ Tranchierbrett/-besteck
- ☐ Réchaudbatterie
- ☐ Aperitifwagen
- ☐ Vorspeisen-/Kuchenwagen
- ☐ Flambierwagen
- ☐ (Stand-)Kühler
- ☐ Menükarten
- ☐ Tischkarten

BESTECK
- ☐ Tafelmesser
- ☐ Tafelgabeln
- ☐ Tafellöffel
- ☐ Mittelmesser
- ☐ Mittelgabeln
- ☐ Mittellöffel
- ☐ Fischmesser
- ☐ Fischgabeln
- ☐ Gourmetlöffel
- ☐ Buttermesser
- ☐ Kuchengabeln
- ☐ Kaffeelöffel
- ☐ Mokkalöffel
- ☐ Vorleger
- ☐ Soßenkellen
- ☐ Gemüselöffel
- ☐ Spezialbestecke
  Art:
  Art:

GESCHIRR
- ☐ Platzteller
- ☐ Teller Ø 28 cm
- ☐ Teller Ø 26 cm
- ☐ Teller Ø 19 cm
- ☐ Teller Ø 15 cm
- ☐ Suppenteller
- ☐ Cocktailschalen
- ☐ Suppentassen 0,25 l
- ☐ Suppentassen 0,1 l
- ☐ Kaffeetassen/-untertassen
- ☐ Mokkatassen/-untertassen

GLÄSER
- ☐ Weißweingläser
- ☐ Roséweingläser
- ☐ Rotweingläser
- ☐ Rotweingläser, Burgund
- ☐ Rotweingläser, Bordeaux
- ☐ Sektgläser, Kelch
- ☐ Sektgläser, Flöte
- ☐ Sektgläser, Champagner
- ☐ Sektgläser, Schale
- ☐ Likörweingläser
- ☐ Wassergläser, Stiel
- ☐ Wassergläser, Becher
- ☐ Tumbler, klein
- ☐ Tumbler, groß
- ☐ Snifter

1. Checkliste für die Bereitstellung bei Sonderveranstaltungen

1. Stellen der Festtafeln

2. Festliche Tischdekoration

6.2 Eindecken von Festtafeln

Tafel stellen: Die Tafel wird durch Tische oder auch im Verbund mit Tisch-Steckplatten in der gewünschten Größe gestellt (Platz pro Gast ca. 65 bis 80 cm). Falls die Tische und Platten nicht mit Tischdeckenunterlagen überzogen sind, kann dies mit speziell für große Tafeln zurechtgeschnittenen Tischdeckenunterlagen erfolgen.
Tischwäsche: Die Tafel wird mit Tafeltüchern versehen (→ Grundstufe/Fachstufe 1, 127).
Stühle: Die Stühle werden angestellt und genau ausgerichtet.
Platz fixieren: Der Platz vor dem Stuhl wird auf dem Tisch durch einen Platzteller oder eine Mundserviette fixiert.
Stühle abdrehen: Die Stühle werden um 90° abgedreht, damit beim Eindecken ungehindert um die Tafel herumgegangen werden kann.
Eindecken von Geschirr, Besteck und Gläsern: Die im Service für die Leitung zuständige Person erstellt ein Mustergedeck. Das Eindecken der Tafel erfolgt nach den Arbeitsgängen, die auf den Seiten 129 ff. im Band zu Grundstufe/Fachstufe 1, Lernfeld 1.2, beschrieben werden.
Menagen: Als Menagen werden auf Festtafeln zunächst nur Salzstreuer eingesetzt. Zu den einzelnen Gängen zusätzlich gehörende Menagen werden angeboten, wenn diese Gänge serviert werden.
Aschenbecher: Sie werden nicht eingedeckt. Beginnt ein Gast vor Beendigung des Essens zu rauchen, werden kleine Gedeckaschenbecher eingesetzt und nach Benutzung sofort wieder entfernt.
Menükarten: werden aufgelegt, Tischkärtchen mit Namen an den entsprechenden Platz gestellt.

3. Verlängerung von Tafeln durch Steckplatten

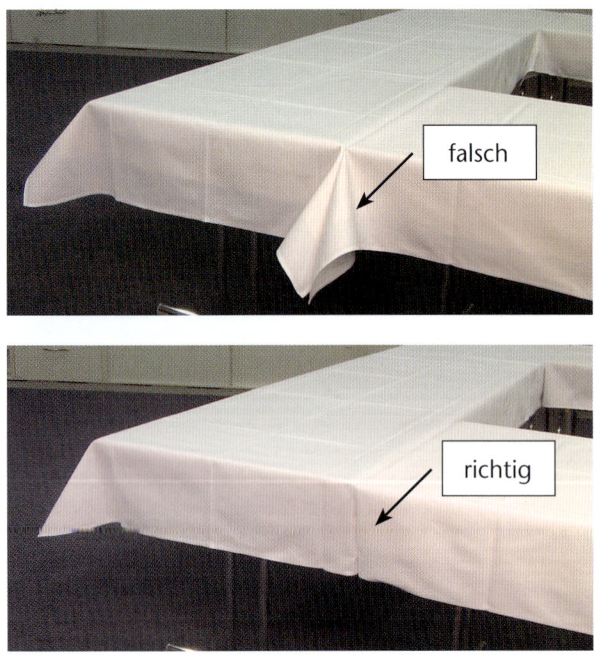

4. Bei quer anschließenden Tafeln, z. B. unten, werden die Tischtuchzipfel nach innen geschlagen

1. Dekoration für Ostern

2. Dekoration für Silvester

6.3 Dekorieren von Festtafeln

Auf das Wohlbefinden der Gäste hat die geschmack- und fantasievoll dekorierte Festtafel einen entscheidenden Einfluss. Durch die Harmonie von Funktion (Porzellan, Geschirr, Gläser, Besteck) und Ästhetik (Blumen, Kerzen, Bänder und andere Dekors) lassen sich Tischinszenierungen schaffen, die für die Gäste ein optisches Erlebnis sind.

Grundregeln

- Die Dekoration muss dem Anlass entsprechen.
- Die Tafel sollte mit Dekoration nicht überladen werden.
- Die Dekoration darf in der Höhe nicht den Blick über die Tafel zu anderen Personen hin versperren.
- Bei der Anordnung der Dekoration ist es ratsam, von der Mitte der Tafel auszugehen, um sie dann nach den Seiten hin auszurichten.

Dekorationsgegenstände

Tischläufer sind vor allem für längliche Festtafeln gut geeignet, deren Tischbreite jedoch mindestens 1,20 m betragen sollte. Sie werden längs, in der Mitte der Tafel, glatt oder leicht gerafft in einer Breite von ca. 30 bis 40 cm aufgelegt. Mit den Läufern wird die Eintönigkeit der Tafeltücher unterbrochen. Auf den Tischläufern wird die Dekoration angeordnet.

Tischbänder (Zierbänder) können glatt, gedreht oder als Schleifen oberhalb oder zwischen den Gedecken aufgelegt sowie an Gestecken, Kerzenhaltern und bis zum Fußboden reichenden Tischdecken befestigt werden.

Kerzen werden in Kandelabern (Ständer für mehrere Kerzen) eingesetzt. Zuvor werden sie kurz angezündet, wobei man sie kopfüber hält. Dadurch vermeidet man Dochttropfer, die sonst an der Kerze entlanglaufen; außerdem lassen sie sich bei Bedarf schneller anzünden. Die Kerzen bekommen einen guten Halt in den Kandelabern, wenn man das Fußende zuvor in heißes Wasser stellt oder sie mittels kleiner Plättchen aus Knetmasse befestigt.

Spiegel können für sich oder als Unterlage für sonstige Dekorationsgegenstände verwendet werden.

Tischkärtchen (Platzkärtchen) in originellen Aufmachungen tragen mit zur Dekoration bei, erleichtern es dem Gast, seinen Platz zu finden, und geben dem Servierpersonal die Möglichkeit, den Gast mit seinem Namen anzusprechen.

Figuren, Schalen, Glaskugeln und andere zum Anlass passende Gegenstände werden zwischen Kerzen und Gestecken platziert.

Blumengestecke: Blumengestecke sind die festlichste Form der Blumendekoration. Man unterscheidet runde Gestecke für quadratische oder runde Tische, längliche Gesteckformen für rechteckige oder ovale Tafeln.

Sonstige Dekorationen, die man je nach Anlass verwendet, setzen der Fantasie keine Grenzen, z. B.

- Laub, Zweige, Gräser, Moos, Wurzeln,
- frische Früchte, Obst, Gemüse, Getreide,
- Fischernetze, präparierte Schalen-/Krustentiere,
- Wimpel, Musikinstrumente, Luftballons usw.

Mise en place der Arbeitsgeräte: Steckmasse oder Steckigel, Schale, Entdorner, Blumenschere, -messer und -draht

Bereitstellung: flache Schale mit eingepasster Steckmasse
Blumen: gelbe Calla, weiße Rosen, orange Gerbera, rotes Viburnum
Beiwerk: Begonie, Frauenmantel, Pistazien

Steckmasse etwa 15 Minuten wässern evtl. in Folie wickeln, in Schale einsetzen, Calla als Richtblumen einstecken. Diese Gesteck soll eine längliche Dreiecksform erhalten.

Blumen: Gerbera mit Blumendraht verstärken und auf etwa ein Drittel bis die Hälfte der Höhe der mittleren Calla aufbauen, Rosen dazustecken.

Gesteck mit rotem Viburnum und Schneebeere ergänzen.

Mit Beiwerk Begonie, Frauenmantel und Pistazie auffüllen.

1. Arrangieren eines Blumengesteckes für eine festliche Tafel

7 Ablauforganisation und Teamarbeit

Empfang der Gäste: Das zuständige Personal empfängt die Gäste, nimmt ihnen die Garderobe ab und führt sie zu dem für den Empfang vorgesehenen Ort.
Für Geschenke, Post und Blumen muss ein Extratisch bereitstehen. Leere Blumenvasen sowie ein Abfallbehälter für Geschenkpapier müssen bereitgehalten werden. Bei einem Brautstrauß muss immer gefragt werden, ob er in Wasser gestellt werden soll oder ob er zum Trocknen vorgesehen ist.

Anbieten des Aperitifs: Den Aperitif nehmen die Gäste beim Empfang meist im Stehen ein. Trotzdem werden einige Tische und Stühle bereitgestellt. Cocktailbeilagen und Aschenbecher stehen im Raum auf den Tischen verteilt.
Aperitifs können auf unterschiedliche Weise serviert werden:
- Eine Auswahl wird in Gläser eingeschenkt und auf Tabletts gesetzt. Das Servierpersonal geht damit zu den einzelnen Gästegruppen und bietet an.
- Ein fahrbarer Servierwagen wird mit Gläsern, Flaschen und Zutaten bestückt; das Servierpersonal arbeitet „im Gespann“: Einer erfragt den Wunsch des Gastes, der andere schenkt ein.
- Die Aperitifs werden an der Hausbar oder an einer kleinen improvisierten Bar ausgeschenkt. Die Getränke werden auf Bestellung zubereitet bzw. eingeschenkt.
- Die Gäste bedienen sich an einer kleinen improvisierten Bar selbst. Dies ist jedoch nur bei einem kleinen Personenkreis möglich.

Tafelorientierungsplan: Dieser wird anhand des Sitzplanes erstellt, der vom Veranstalter vorgegeben ist. Es gibt zwei Möglichkeiten, einen Tafelorientierungsplan zu erstellen:
- Die Namen der Gäste werden in den Plan eingetragen.
- Die Sitzplätze werden im Plan mit Nummern versehen. In einer Anlage werden die Gästenamen alphabetisch geordnet eingetragen und mit der entsprechenden Nummer versehen. Bei einer aufgelockerten Tischform wird noch zusätzlich die Tischnummer eingetragen:

Tisch 1:	*Herr Arendt, Karl*	*Platz 3*
	Frau Arendt, Luise	*Platz 4*
Tisch 2:	*Herr Bell, Anton K.*	*Platz 7*
	Frau Bell, Barbara	*Platz 8*

Die Gäste finden dadurch schneller ihren Platz oder können von dem hierfür zuständigen Personal an ihren Platz geführt werden.

Serviceeinteilung: Ein Tafelorientierungsplan mit Einteilung der Stationen für den Service wird im Office ausgehängt. Die Serviceteams können sich dadurch mit ihrer Station und den Namen der Gäste vertraut machen. Grundsätzlich gilt Folgendes:
- Servierperson 1 ist die leitende Person der jeweiligen Station und hält während der Ansprachen Wache. Das restliche Servierpersonal verlässt den Raum.
- Servierperson 2 jeder Station ist zuständig für das Anzünden der Kerzen und das Abrufen der Gänge.
- Kollegiale Hilfe untereinander ist selbstverständlich.

1. Anbieten eines Aperitifs

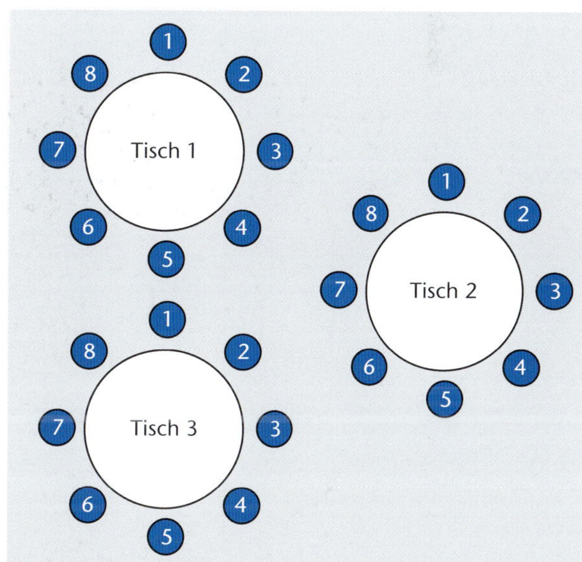

2. Tafelorientierungsplan

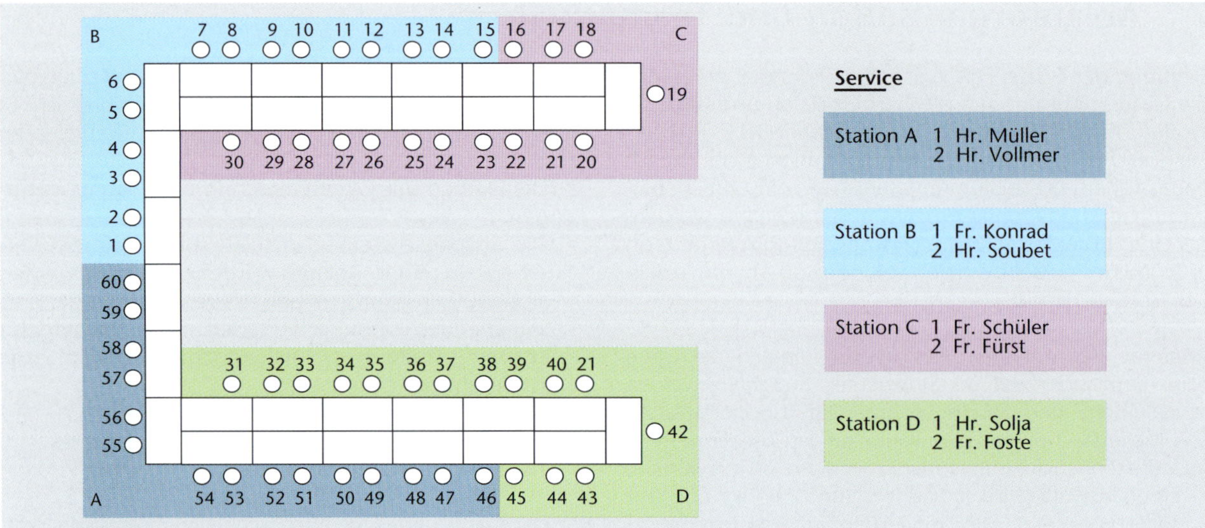

1. Tafelorientierungsplan und Stationseinteilung für die Hochzeit Familie Kuban/Wöhrle (Laufzettel → 518)

	Station A		Station B		Station C		Station D	
	Service 1	Service 2	Service 1	Service 2	Service 1	Service 2	Service 1	Service 2
Gäste platzieren zuständig für Getränkenachservice, sonstige Wünsche	60–55	54–46	1–6	7–15	16–24	25–30	31–36	37–45
Getränke								
Weißwein einschenken, für Kinder alkoholfreie Getränke nach Wahl	60–46		1–15		16–30		31–45	
Vorspeise								
Toast anbieten (Nachservice), Butter		60–46		1–15		16–30		31–45
Vorspeisen einsetzen	60–55	54–46	1–6	7–15	16–24	25–30	31–36	37–45
Vorspeisenteller und Besteck abräumen	60–55	54–46	1–6	7–15	16–24	25–30	31–36	37–45
Suppe								
Einsetzen der Suppe	60–55	54–46	1–6	7–15	16–24	25–30	31–36	37–45
Abräumen der Suppe	60–55	54–46	1–6	7–15	16–24	25–30	31–36	37–45
Hauptgang								
Rotwein einschenken, nicht benötigte Weißweingläser ausheben	60–46		1–15		16–30		31–45	
Salat einsetzen mit Gabel		60–46		1–15		16–30		31–45
28er-Teller einsetzen	60–55	54–46	1- 6	7–15	16–24	25–30	31–36	37–45
Fleisch vorlegen (kein Nachservice)	60–46		1–15		16–30		31–45	
Beilagen vorlegen (Nachservice) Hauptgang abräumen		60–46		1–15		16–30		31–45
28er-Teller mit Besteck abräumen	60–55	54–46	1–6	7–15	16–24	25–30	31–36	37–45
Salatteller abräumen	60–55	54–46	1–6	7–15	16–24	25–30	31–36	37–45
Abräumen der Brotteller, Messer, Butter	60–55	54–46	1–6	7–15	16–24	25–30	31–36	37–45
Platzteller und Menagen ausheben	60–46		1–15	16–30	31–45			
Tische säubern		60–46		1–15		16–30		31–45
Dessertbesteck herunterziehen	60–55	54–46	1–6	7–15	16–24	25–30	31–36	37–45
Süßspeise								
Nicht benötigte Gläser ausheben		60–46		1–15		16–30		31–45
Sekt einschenken	60–46		1–15	16–30	31–45			
Eisbombe präsentieren, tranchieren, anrichten und einsetzen	60–46	60–46	1–15	1–15	16–30	6–30	31–45	31–45
Dessertteller abräumen	60–55	54–46	1–6	7–15	16–24	25–30	31–36	37–45
Heißgetränke und Digestif								
Im Gespann vom Wagen aus anbieten	60–46	60–46	1–15	1–15	16–30	16–30	31–45	31–45

2. Serviceablauf Hochzeit Familie Kuban/Wöhrle als Team (→ 518)

7.1 Teamarbeit im Serviceablauf

Der Serviceablauf richtet sich nach der gestellten Form der Tische oder Tafeln und den Plätzen, an denen die Ehrengäste sitzen.
Gleichzeitige Arbeitsabläufe in allen Stationen zeichnen einen erstklassig organisierten Bankettservice aus. Das erfahrenste Servierpersonal wird für die wichtigsten Stationen eingeteilt. Um einen schnellen, reibungslosen Serviceablauf zu gewährleisten, sollte eine Servicekraft bei Speisen (je nach Servierart) nicht mehr als sechs bis zehn Gäste, im Getränkeservice während der Menüfolge nicht mehr als 12 bis 15 Gäste zu betreuen haben.

Der Beginn des jeweiligen Serviceablaufes wird durch ein diskretes Zeichen einer leitenden Person angezeigt. Die Ehrengäste werden zuerst bedient. In den anderen Stationen kann nach jedem Gang ein Wechsel des Beginns erfolgen, damit der Eindruck einer Benachteiligung vermieden wird. Serviert wird nach den Servierregeln (→ Grundstufe/Fachstufe 1, 132).

Gründe für die Nichteinhaltung von Servierregeln können sein:

- **Aufgelockerte Tischform:** Ist ein gleichzeitiger Servicebeginn an allen Tischen aus personellen Gründen nicht möglich, wird tischweise serviert, wobei mit dem Tisch der Ehrengäste begonnen wird.
- **U-Form/E-Form/Kamm-Form:** Da die Ehrengäste bei diesen Tafelformen meist am Kopf sitzen, wird mit dem Servieren auch am Kopf oben in der Mitte begonnen und von dort aus nach beiden Außenseiten serviert.
- Infolgedessen muss teilweise während des Servierens von einem Gast zum anderen auch rückwärts gegangen werden.

7.2 Abschlussarbeiten

Getränke: Alle ausgeschenkten Flaschen sollten in der Nähe des Veranstaltungsraumes gesammelt werden, damit die verantwortliche Person im Service oder der Besteller einen Überblick über den Konsum erhält.
Blumen: Da die Blumen vom Veranstalter bezahlt werden, muss dieser gefragt werden, was mit ihnen geschehen soll.
Kuchen und Sonstiges: In vielen Gegenden werden bei familiären Veranstaltungen Kuchen und Torten angeliefert und die nicht verzehrten Stücke den Teilnehmern nach Hause mitgegeben. Verpackungsmaterial ist bereitzustellen. Mit dem Veranstalter ist abzusprechen, ob er selber oder das Haus die Verteilung übernimmt.
Rechnung: Die Rechnung wird nach Möglichkeit am Abend der Veranstaltung erstellt, damit der Gastgeber oder Besteller gegenzeichnen kann.
Aufräumen: Sobald die letzten Gäste gegangen sind, muss der Veranstaltungsraum aufgeräumt und gelüftet werden.

8 Veranstaltungsanalyse

Nach einer Veranstaltung sind die erbrachten Leistungen zu analysieren und zu überprüfen. Dies sollte sowohl aus der Sicht des Betriebes als auch aus der Sicht des Gastes geschehen. Die Stärken des Angebotes und der erbrachten Leistung müssen immer wieder neu herausgefunden und gegebenenfalls ausgebaut werden. Den erkannten Schwächen ist durch geeignete Maßnahmen zu begegnen. Diese ständige Überprüfung dient zur Verbesserung der Gesamtkonzeption. Bei einer Veranstaltungsanalyse sind folgende Fragen zu beantworten:

- Wurde das Angebot von den Gästen positiv angenommen?
- Wurden die geplanten Mengen und die Kosten für die verbrauchten Mengen eingehalten?
- Blieben die Ausgaben für zusätzliche Lohnkosten für Aushilfen im Rahmen der Vorgaben?
- Ist der erwartete Umsatz erreicht worden?
- Welche Mängel wurden beim Ablauf der Speisen- und Getränkeausgabe festgestellt?
- Sind Mängel beim Ablauf des Speise- und Getränkeservice festgestellt worden?
- War der zeitliche Ablauf im vorgegebenen Rahmen?
- Welche Speisen und Getränke wurden von den Gästen bevorzugt angenommen?
- Welche Speisen und Getränke wurden schlecht angenommen? Lag es an der Menge oder der Qualität?
- Gab es Reklamationen?
- Wie war die Reaktion der Mitarbeiter?
- Sollte die gleiche oder eine ähnlich gestaltete Veranstaltung ohne wesentliche Änderung wieder so stattfinden?
- Welche Maßnahmen können aufgrund der gewonnenen Erkenntnisse ergriffen werden?

Wissen Sie Bescheid

1. Aus welchen Gründen sind Sonderveranstaltungen für die Gastronomie meist gewinnbringender als der normale Restaurationsbetrieb?
2. Nennen Sie sämtliche Unterlagen, die ein Verkäufer von Sonderveranstaltungen bereithalten muss.
3. Erklären Sie den Aufbau und Einsatz der einzelnen Verkaufsunterlagen.
4. Schildern Sie den Verlauf eines Verkaufsgespräches von der telefonischen Anfrage über die Absprache bis zu den abschließenden Arbeiten.
5. Beschreiben Sie das Eindecken einer Festtafel.
6. Nennen Sie Gegenstände, die zum Dekorieren einer Festtafel verwendet werden können.
7. Erklären Sie, worauf beim Arrangieren eines Blumengesteckes besonders zu achten ist.
8. Schildern Sie den Ablauf eines festlichen Banketts vom Empfang bis zu den Abschlussarbeiten.

9 EDV (Möglichkeiten der EDV im Verkaufs- und Bankettbereich)

Planungsgrundlagen für Sonderveranstaltungen

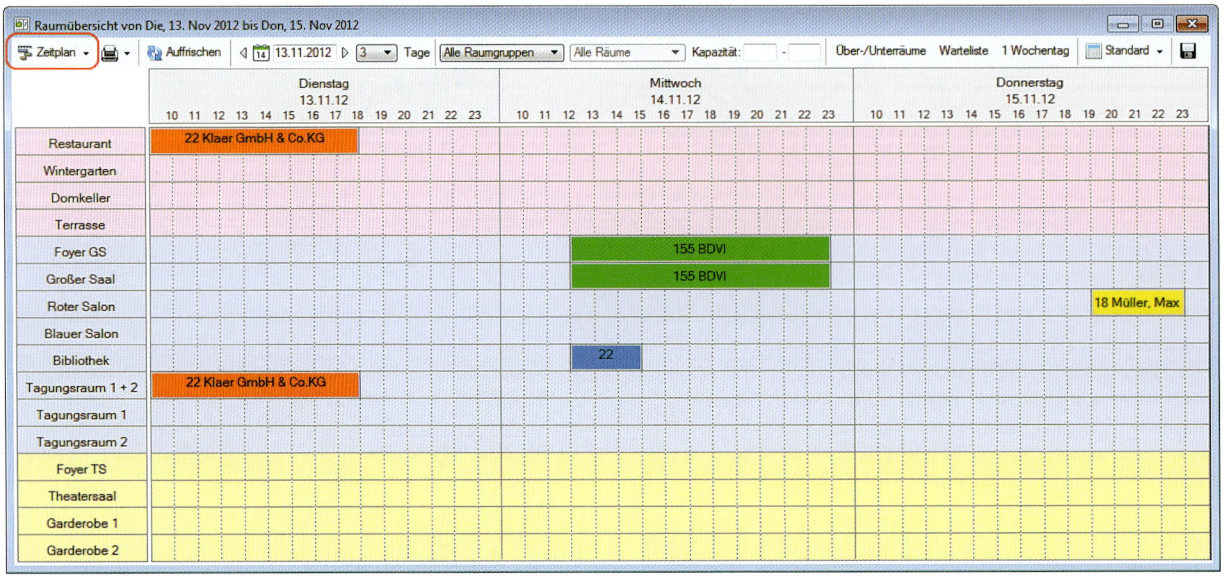

1. Raum-/Terminübersicht

Mit einer EDV-gestützten Bankettplanung lassen sich Veranstaltungen sehr komfortabel und zeitsparend in die Realität umsetzen. Die gängigen Bankettplanungsprogramme basieren auf Datenbanksystemen, die den gesamten Betrieb, mitsamt den Vorgängen von den Örtlichkeiten bis hin zum Sortiment und der Veranstaltungsanalyse abbilden. Die grundlegenden Teile des hier am Beispiel der Software BANKETTprofi vorgestellten Programms beziehen sich auf:

Veranstaltungen
Eine Belegungsübersicht über gebuchte oder als Option gekennzeichnete Räume (→ Bild 1) mit einer umfangreichen Terminübersicht der zu erwartenden und geplanten Veranstaltungen und Sonderaktionen, die von allen Abteilungen im Hause als Planungsgrundlage genutzt werden. Nachdem eine neue Veranstaltung angelegt ist, werden die Daten zu dieser Veranstaltung vom Programm verwaltet. (→ Bild 2)

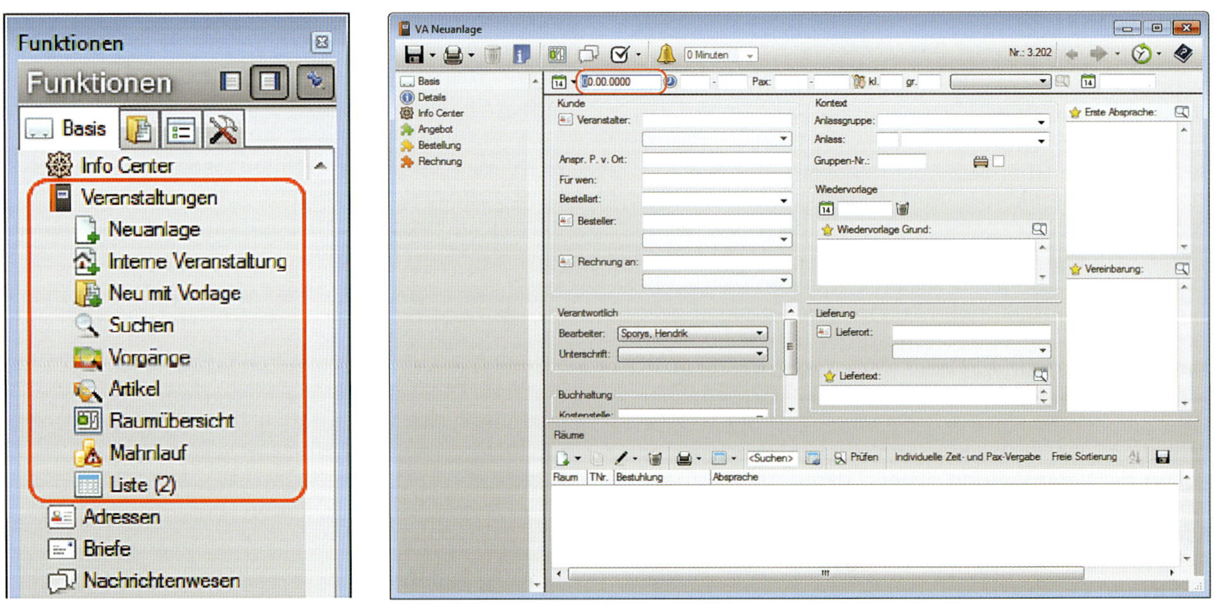

2. Neuanlage einer Veranstaltung über das Infocenter

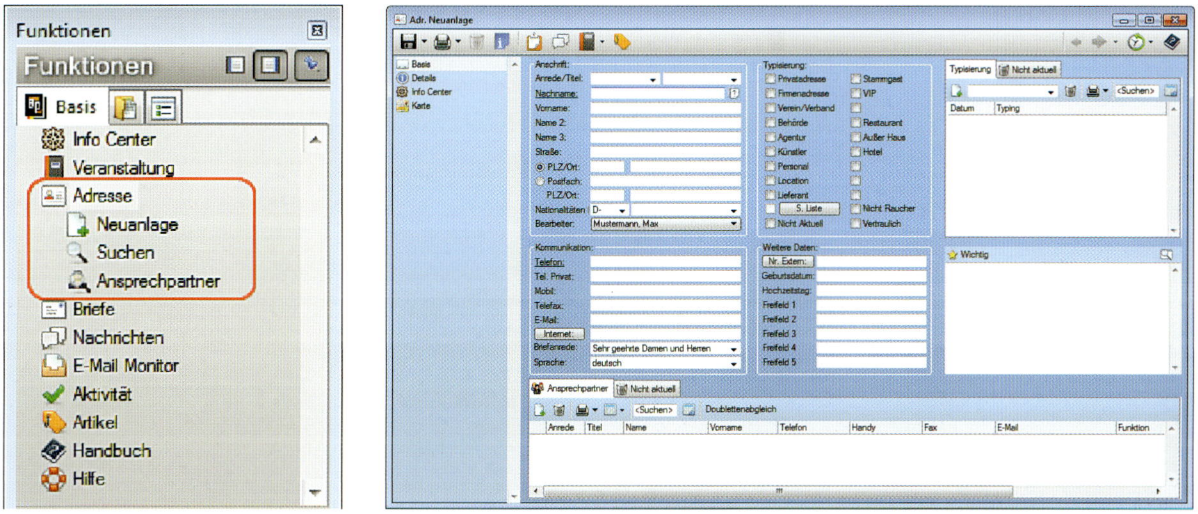

1. Adressanlage

Adressen

Adressstammdaten (→ Bild 1) stellen die Grundlagen für die Kommunikation mit dem Kunden zur Verfügung. Sei es per Telefon, Fax oder E-Mail. Dieser Programmteil bildet auch die Basis für jeglichen Schriftverkehr mit dem Kunden, wie Optionsbestätigungen, Kostenvoranschläge, Rechnungsstellung, aber auch Lieferantenadressen für Fremdleistungen, wie Blumenbestellungen können hier hinterlegt werden. Beim Erstellen eines Dokumentes wird die Adresse automatisch aus der Adressdatei übernommen, wobei komfortable Suchmechanismen, wie die phonetische Suche die Arbeit erleichtern. Die erstellten Briefe und E-Mails werden abgespeichert und können jederzeit wiedergefunden werden (automatische Ablage). Wichtige Grundlage für die Adressdatei ist die Datenpflege. Bei jeder Möglichkeit, z. B. bei Kundenkontakt, sollte die Aktualität der gespeicherten Adressdaten überprüft werden. Die im Programm enthaltene Textverarbeitung (→ Bild 2) kann aber auch für andere Textvorlagen genutzt werden, so können z. B. Laufzettel, Menükarten, ganze Bankettmappen für die Angebotserstellung aus hinterlegten Vorlagen erstellt werden. Für jeden innerbetrieblichen Vorgang ist eine Formularerstellung möglich.

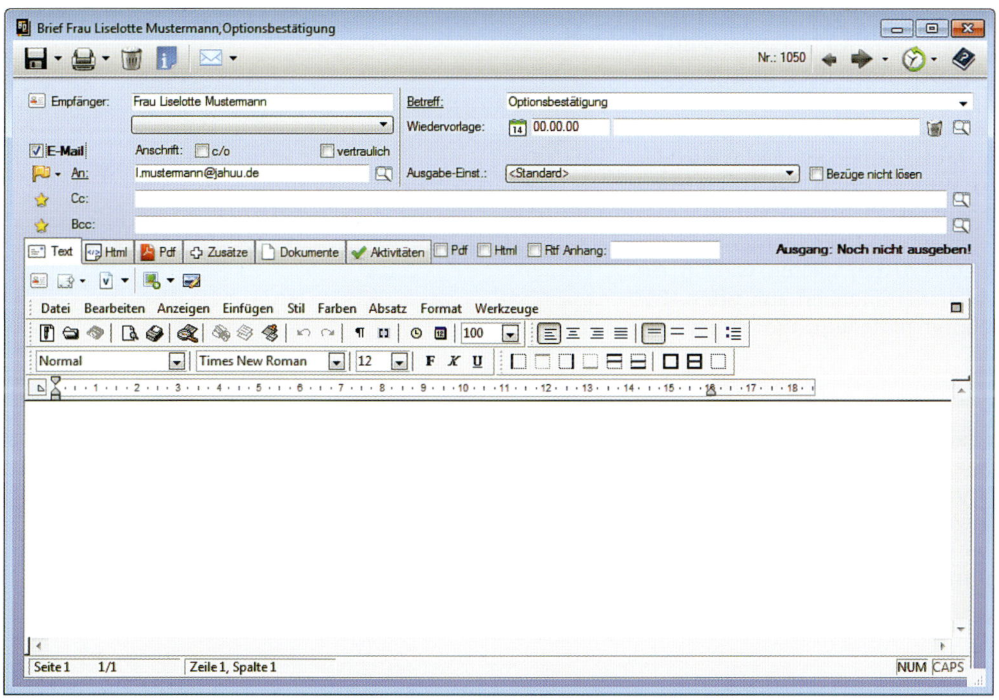

2. Briefbeispiel Textverarbeitung

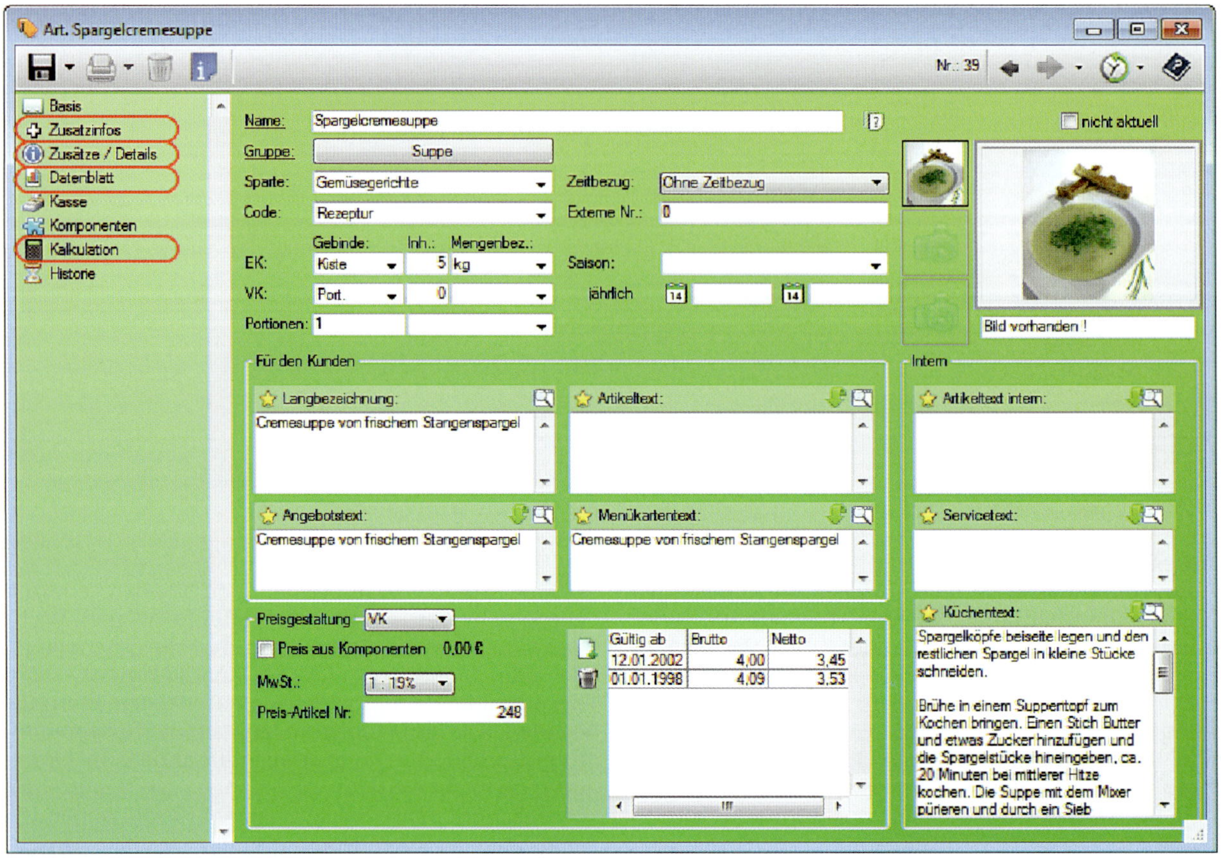

1. Artikeldatenblatt

Artikel

Zur Angebotserstellung ist eine Artikeldatei (→ Bild 1), in der alle Leistungen, Speisen Getränke, Arrangements ... hinterlegt sind, unumgänglich. Beim Beratungsgespräch mit dem Kunden, können so z. B. jederzeit einzelne Menübestandteile gestrichen, oder durch andere Speisen ersetzt werden. Da die Artikeldatenbank alle Preise der einzelnen Komponenten enthält, erhält der Kunde auch sofort während des Verkaufsgesprächs Auskunft über den Preis seines individuell geplanten Menüs. Ferner kann die beratende Person mit Details zu den Speisen, wie z. B. ein hinterlegtes Bild oder Nährwertangaben aufwarten. Für die Küche ist eine Rezeptur hinterlegt, die als Kalkulationsgrundlage dient.

Räume

Über ein eingebautes Zeichenmodul können für die Räumlichkeiten individuelle Bestuhlungen nach Wunsch des Kunden vorgenommen werden. Dabei sind die Raumabmessungen bereits gespeichert. Auf dem Raumplan (→ Bild 2) basierend werden Tischpläne ausgegeben, die wiederum Basis für Platzzuweisungen sein können.

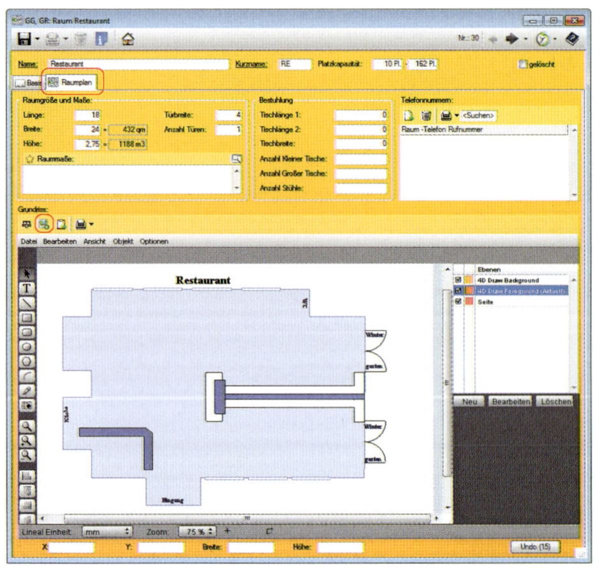

2. Raumplan

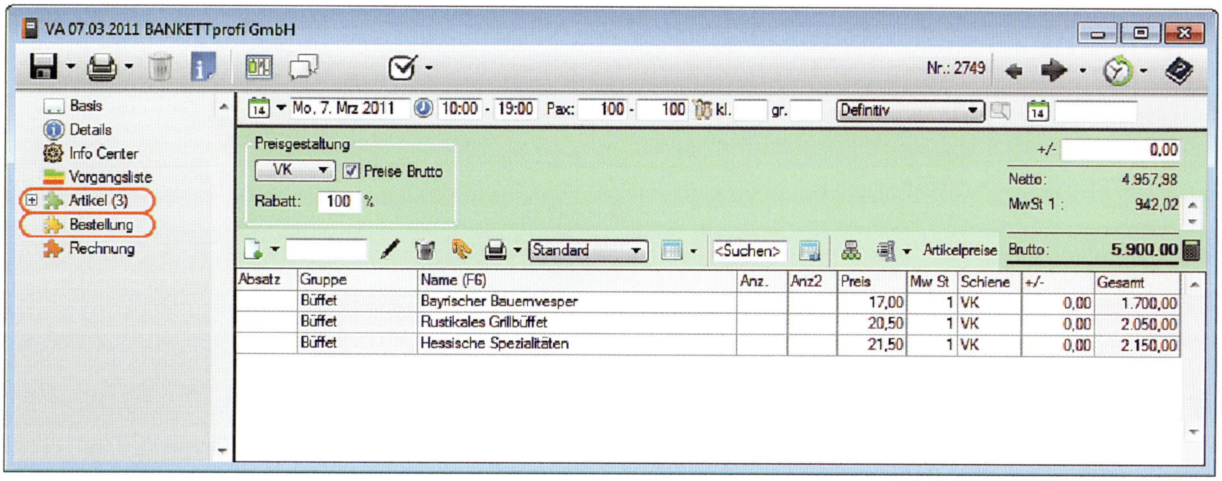

1. Bestellung

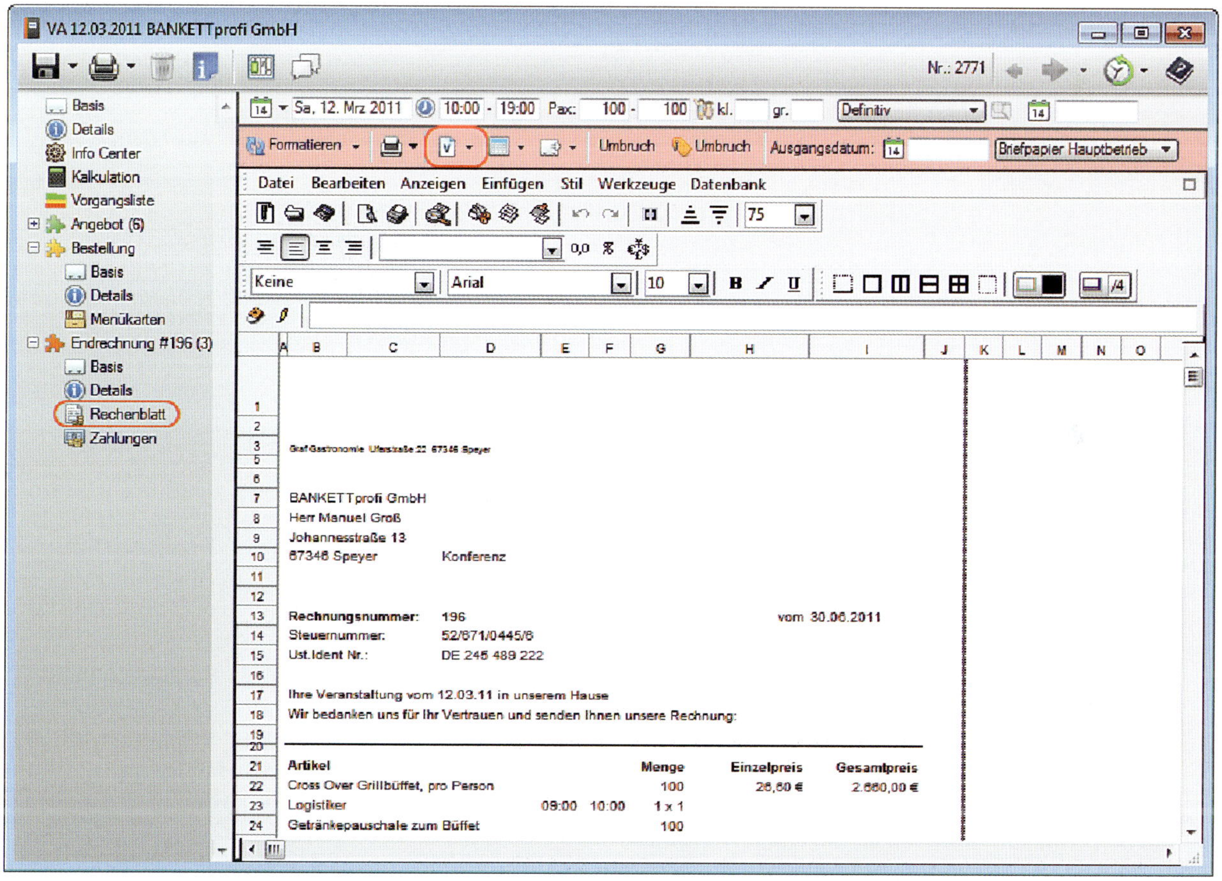

2. Abschlussarbeiten/Rechnung erstellen

Rechnungsstellung

Nach erfolgreich abgeschlossener Veranstaltung wird die Rechnungsadresse kontrolliert und die Rechnungsartikel aus der Artikeldatenbank auf der Grundlage der Bestellung (→ Bild 1) samt Preisen kopiert. Es kommt häufig vor, dass die konsumierten Artikel von der Bestellung abweichen, dann müssen diese aus der Artikeldatenbank nachgeladen werden. Nachdem der Verbrauch ermittelt wurde, bzw. aus einem Kassensystem bereits vorliegt, kann mit dem Programm die Rechnung erstellt und über die eingebaute Textverarbeitung ausgedruckt werden. Anschließend wird automatisch der Zahlungseingang überwacht und verbucht, bzw. das Mahnverfahren eingeleitet.

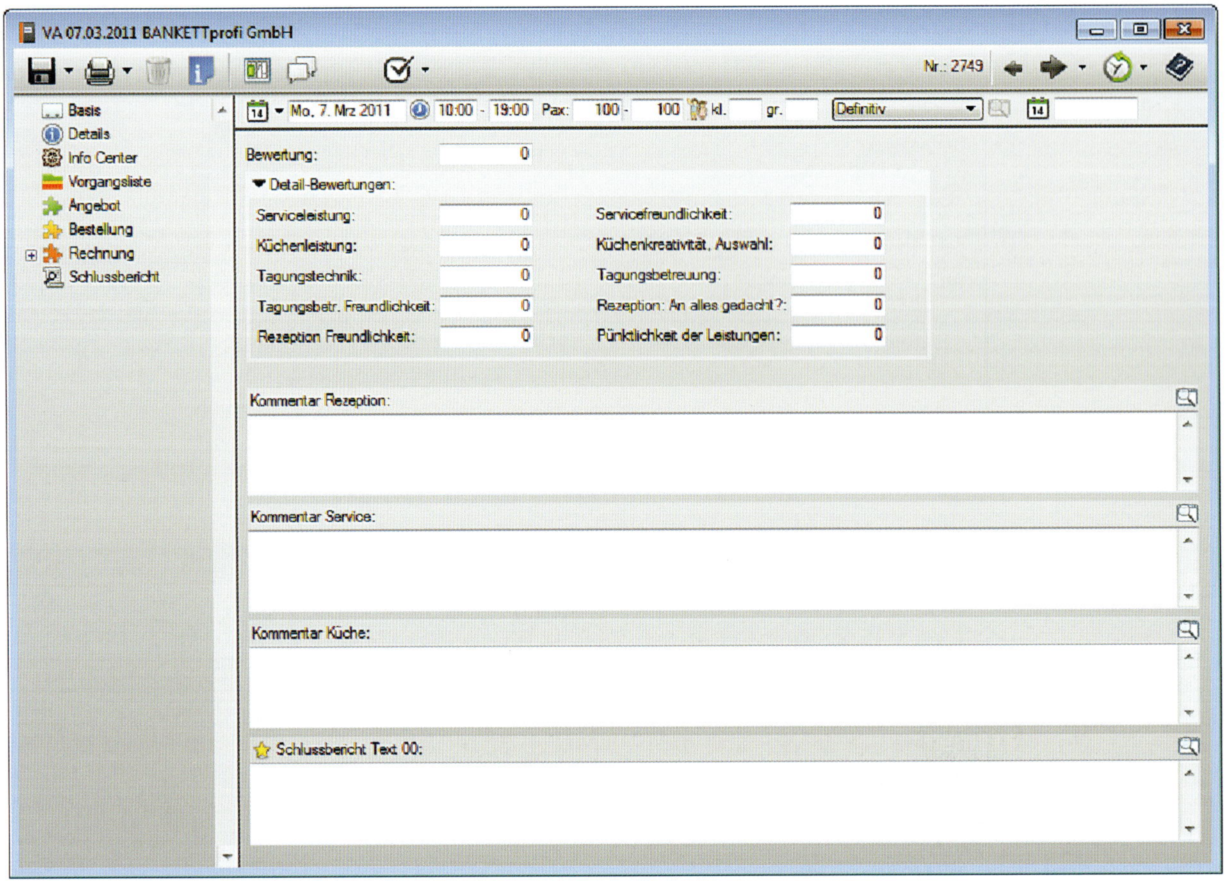

1. Bewertung einer Veranstaltung

Bewertung einer Veranstaltung

Im Schlussbericht wird eine Bewertung der Veranstaltung abgegeben. Diese Bewertung kann zum einen von Ihrem Unternehmen und zum anderen durch eine Kundenbefragung erfolgen.

Ebenso wie bei der manuellen Methode wird die Analyse einer Veranstaltung Impulse für künftige Vorhaben geben. Wiederum von Vorteil bei der informationstechnischen Methode sind kurze Wege, d. h., alle Abteilungen können die Bewertungen der anderen Abteilungen einsehen und es müssen keine einzelnen Bewertungsbögen zusammengefasst werden. Das Programm bietet hierfür eine vorgefertigte Maske, in der die einzelnen Stationen z. B. Küche, Service, Rezeption usw. ihre Eindrücke eintragen. Die Detailbewertungen können über Schulnoten erfolgen, zusätzlich ergänzt durch individuelle Kommentare. Das Programm berechnet automatisch eine Durchschnittsnote. (→ Bild 1)

Vorteil: die Bewertung der Veranstaltung kann mittels EDV sehr zeitnah durchgeführt werden, solange alle Beteiligten noch alles frisch in Erinnerung haben. Eine lückenlose und vollständige Datenpflege ist für eine aussagekräftige Bewertung wiederum unerlässlich.

Wissen Sie Bescheid?

1. Schildern Sie den Aufbau eines Bankettprogramms. Welche Vorteile bietet die Raumübersicht?
2. Inwiefern ist die informationstechnische Methode der Veranstaltungsplanung einer manuellen, formulargestützten Vorgehensweise vorzuziehen?
3. Was versteht man unter einer Adressdatenbank?
4. Welche Voraussetzungen müssen erfüllt sein, dass die Artikeldatenbank für die Speisenkartenerstellung herangezogen werden kann?
5. Mit welchem Programmteil werden Raumpläne erfasst?
6. Wie schreibt man mit einem Bankettprogramm Rechnungen?
7. Erläutern Sie die Möglichkeiten des elektronischen Controlling in der Veranstaltungsplanung!

10 Berechnungen

Der örtliche Golfclub möchte im Hotel Hohental seinen Jahresabschluss feiern. Für diesen Anlass liegen dem 1. Vorsitzenden insgesamt 60 Anmeldungen vor. Die beiden Vorsitzenden und der Kassierer des Vereins entscheiden sich bei der Menübesprechung für das Menü 2 zum Preis von 49,50 €. Die Kosten für das Essen und den Aperitif werden vom Golfclub übernommen, die Getränke müssen von den Vereinsmitgliedern selbst bezahlt werden.

a) Als Aperitif wünschen Sie einen Champagner von Veuve Clicquot (20,41 €/0,75 Liter Flasche, ohne MwSt). Wie viele Flaschen Champagner muss der Hotelier bereitstellen, wenn er mit einem Schankverlust von 10 % rechnet und insgesamt 90 Gläser à 10 cl ausgeschenkt werden?

b) Berechnen Sie den Materialwert für ein Glas Champagner.

c) Kalkulieren Sie den auf 0,10 € aufgerundeten Inklusivpreis für ein Glas Champagner unter Verwendung folgender Einzelzuschlagsätze: Gemeinkosten 180 %, Gewinn 14 %, Bedienungsgeld 13 % sowie der gesetzlichen Mehrwertsteuer.

d) Das langjährige Vereinsmitglied Werner möchte an diesem Abend anlässlich seines Geburtstages als Digestif seinen Lieblingscognac von Otard spendieren, der zu einem Preis von 4,95 € je Glas auf der Getränkekarte angeboten wird. Erstellen Sie die Rechnungen für die 60 Menüs und den Aperitif an den Kassierer des Golfclubs und für den Digestif an das Vereinsmitglied Werner, wenn nur 2/3 der Vereinsmitglieder einen Cognac trinken. Weisen Sie jeweils die Mehrwertsteuer aus.

a)

90 Gläser · 0,10 Liter (l) = 9,00 l = 90 %

100 % ≙ x l
90 % ≙ 9,00 l

$$\frac{9{,}00 \cdot 100}{90} = 10{,}00\,l$$

10,00 l : 0,75 Flasche = **13,33 Flaschen** ≙ **14 Flaschen**

Lösung: Es müssen 14 Flaschen Champagner bereit gestellt werden.

b)

0,75 l ≙ 20,41 €
1,00 l ≙ x €

$$\frac{20{,}41 \cdot 1{,}00}{0{,}75} = 27{,}21\ €/\text{Liter}$$

10,00 Liter · 27,21 € = 272,10 € Materialwert

$$\frac{272{,}10\ €}{90\ \text{Gläser}} = \mathbf{3{,}02\ €\ pro\ Glas}$$

Lösung: Der Materialwert pro Glas beträgt 3,02 €.

c)

	Materialkosten	100 %		3,02 €
+	Gemeinkosten	180 %	5,44 €	
=	Selbstkosten	280 % → 100 %		8,46 €
+	Gewinn	14 %	1,18 €	
=	Geschäftspreis/Nettoverkaufspreis	114 % → 100 %		9,64 €
+	Bedienungsgeld	13 %	1,25 €	
=	Nettoverkaufspreis	113 % → 100 %		10,89 €
+	Mehrwertsteuer	19 %	2,07 €	
=	Inklusivpreis	119 %		**12,96 €**

Lösung: Der Kartenpreis für ein Glas Champagner beträgt 12,96 € aufgerundet auf volle 0,10 € > 13,00 €.

d1)

Rechnung an Kassierer

60 Menü · 49,50 € = 2.970,00 €
90 Gläser Champagner · 13,00 € = 1.170,00 €
4.140,00 €

119 % ≙ 4.140,00 €
19 % ≙ x €

$$\frac{4.140{,}00 \cdot 19}{119} = \mathbf{661{,}01\ €}$$

Lösung: Der Inklusivpreis beträgt 4.140,00 €. Darin sind 661,01 € Mehrwertsteuer enthalten.

d2)

Rechnung an Werner

2/3 der Gäste = 40 Gäste = 40 Cognac
40 Cognac · 4,95 € = 198,00 €

119 % ≙ 198,00 €
19 % ≙ x €

$$\frac{198{,}00 \cdot 19}{119} = \mathbf{31{,}61\ €}$$

Lösung: Der Inklusivpreis beträgt 198,00 €. Darin sind 31,61 € Mehrwertsteuer enthalten.

11 Fachsprache, Fremdsprache

Einfache Verkaufsgespräche für Bankettveranstaltungen sollten von Restaurantfachleuten auch in einer Fremdsprache geführt werden können.

Fallbeispiel

Telefonische Anfrage des ausschließlich Englisch sprechenden Mr. Noname.

C = Customer, **B** = Banqueting Manager

B: "Good afternoon. Here is the Black Forest Hotel Banqueting Manager. My name is Willy Walker. Can I help you?"
C: "Yes, this is John Noname, International Consultants Ltd. I'm phoning to enquire if you could cater for a reception we're planning."
B: "I see. For what day would that be, Mr. Noname?"
C: "April 5 th ."
B: "April 5 th. And for what time of the day?"
C: "The evening."
B: "What sort of function would it be, Mr. Noname?"
C: "It'll be a dinner party for our sales personnel from abroad."
B: "I see. And how many people would be there?"
C: "There'll be about twenty of us."
B: "Yes, that would be possible."
C: "I think your Black Forest Room would be suitable."
B: "Yes, that's free then. It's a very pleasant room. How much per head would you like to spend, Mr. Noname?"
C: "Around 40,00 € per person."
B: "Would that include drinks, or would they be extra?"
C: "Oh, they'd be extra."
B: "Yes, well, that would be fine. I'll confirm those details in writing to you. Do you have our banqueting information pack, Mr. Noname?"
C: "No, I don't."
B: "Then I'll send it to you with my letter of confirmation. You'll find a set of menus and a wine list in it. We can discuss the menu and wines and any further details after you've seen it. Could I have your address and telephone number, please?"
C: "Yes, of course. It's ..."

12 Projektorientierte Aufgabe

Thema:
Erstellen einer Bankett(Verkaufs-)mappe
Sie sind als leitender Angestellter der Bankettabteilung in einem umgebauten und neu eröffneten Hotel mit Veranstaltungsräumen in verschiedenen Größen und Ausstattungen tätig. Für das zu erwartende Bankettgeschäft benötigen Sie Verkaufsunterlagen.

Aufgabe:
Erstellen Sie eine Bankett(Verkaufs-)mappe für den Verkauf von Sonderveranstaltungen.

Lösungsvorschlag
(Lösungsvorschläge geben Anregungen, wie die Projektaufgabe bearbeitet werden kann, und sind keine fertigen Lösungen.)
- Plan über Lage und Größe der Räumlichkeiten erstellen.
- Technische Anschlüsse der einzelnen Räumlichkeiten eintragen.
- Maße, Mengen und Formen der vorhandenen Tische und Stühle als Vorlage für Tisch- und Tafelformen in Erfahrung bringen.
- Für das Erstellen der Angebote in der Verkaufsmappe den Markt erforschen.
- Dienstleistungen von in der Nähe befindlichen Fremdveranstaltern (Künstler, Floristen usw.) in Erfahrung bringen.

Folgende Unterlagen erstellen:
- Checklisten über das Angebot des Hauses,
- Hotelorientierungsplan,
- Pläne für Tisch- und Tafelformen,
- Bestuhlungsmöglichkeiten,
- Speisevorschläge (Menü, Büfett),
- Getränkevorschläge,
- Preislisten für Raummiete, techn. Geräte usw.,
- Veranstaltungsauftrag,
- Anschauungsmaterial.

Zusätzlich:
- Raumbelegungspläne
- Getränkebestandslisten
- Angebote für z. B. Wochenendpauschale

Rechtsvorschriften

1. Gesetzliche Bestimmungen (Auszug)

Inhaltsverzeichnis Rechtsvorschriften

1 Unternehmensgründung

1.1 Auswahl der Rechtsform des Unternehmens

Die Rechtsform eines Unternehmens ist neben der Wahl des Standorts und der Betriebsart von entscheidender Bedeutung für dessen Erfolg. In jedem speziellen Fall sind folgende Fragen zu klären:
- Wie groß ist das Unternehmen?
- Wer investiert in das Unternehmen?
- Sollen am Unternehmen eine Einzelperson oder mehrere Personen beteiligt sein?
- Wer soll das unternehmerische Risiko tragen und für Schulden haften?
- Wer soll das Unternehmen führen, die Entscheidungen treffen und Anordnungen erteilen?
- Wer soll das Unternehmen nach außen vertreten, zum Beispiel Verträge abschließen?
- Welche steuerlichen Vor- und Nachteile haben die verschiedenen Rechtsformen der Unternehmen?

1.2 Einzelunternehmung

Etwa 90 % aller Unternehmen in Deutschland werden als Einzelunternehmung geführt. Im Hotel- und Gaststättengewerbe ist der Anteil noch höher. Der Inhaber der Einzelunternehmung hat dabei das volle unternehmerische Risiko und haftet mit seinem gesamten Vermögen für die Verbindlichkeiten des Unternehmens (Vollhaftung). Andererseits ist er alleine gewinnberechtigt. Weitere Vorteile sind eine hohe Flexibilität (bei Entscheidungen braucht niemand gefragt zu werden) und ein geringer bürokratischer Aufwand. Die Bereitschaft von Kreditinstituten, einen Kredit einzuräumen, ist höher, wenn mit dem Privatvermögen und nicht nur mit dem Betriebsvermögen gehaftet wird.

1. Welche Überlegungen sollten bei der Entscheidung für die Rechtsform eines Unternehmens angestellt werden?
2. Warum werden die meisten gastgewerblichen Betriebe als Einzelunternehmen geführt?

Grundform	Personengesellschaft			Kapitalgesellschaften		Sonderform
Rechtsform	Gesellschaft des bürgerlichen Rechts GbR	Offene Handelsgesellschaft OHG	Kommanditgesellschaft KG	Aktiengesellschaft AG	Gesellschaft mit beschränkter Haftung GmbH	GmbH & Co. KG
Rechtsnatur	natürliche Personen			juristische Personen		Sonderform
Mindestkapital	keine Vorschriften			50.000,00 €	25.000,00 €	siehe GmbH
Haftung	unbeschränkt	unbeschränkt unmittelbar und solidarisch	Komplementär unbeschränkt Kommanditist beschränkt	beschränkt auf das Grundkapital (Aktienwert)	beschränkt auf das Stammkapital (Geschäftsanteil)	Komplementär (GmbH) beschränkt auf das Gesellschaftsvermögen, Kommanditist beschränkt auf die Einlage
Geschäftsführung und Vertretung	jeder Gesellschafter	jeder Gesellschafter	nur der Komplementär	Vorstand	Geschäftsführer	Geschäftsführung der Komplementär-GmbH
Gesetzliche Gewinnverteilung	nach Köpfen	4 % der Kapitaleinlage, Rest nach Köpfen	4 % der Kapitaleinlage, Rest im angemessenen Verhältnis	anteilsmäßiger Gewinnbetrag (Dividende)	anteilsmäßiger Gewinnbetrag	siehe KG
Verlustbeteiligung	nach Köpfen	nach Köpfen	im angemessenen Verhältnis			

1. Beispiele für Rechtsformen von Unternehmen

1.3 Besonderheiten von Personen- und Kapitalgesellschaften

1.3.1 Personengesellschaften

Natürliche Personen sind die Träger der Personengesellschaften. Sie sind an den Entscheidungen beteiligt und für sie verantwortlich.

Die Gesellschaft des bürgerlichen Rechts (GbR): Sie entsteht durch einen Gesellschaftsvertrag, in dem sich die Gesellschafter gegenseitig versichern, die Erreichung eines gemeinsamen Zwecks (ideeller oder wirtschaftlicher Art) in der durch den Vertrag bestimmten Weise zu fördern und die vereinbarten Beiträge zu leisten. Die Gesellschafter können den Vertragsinhalt (die Beziehungen untereinander und die Geschäftsführung und -vertretung) weitgehend nach ihren Vorstellungen bestimmen. Wenn im Gesellschaftsvertrag nichts anderes vereinbart ist, gelten die gesetzlichen Regelungen. Bei einer GbR haftet ein Gesellschafter selbstschuldnerisch (auch für Dinge, die er selbst nicht verschuldet hat) mit seinem gesamten Privatvermögen und den Gesellschaftsanteilen gesamtschuldnerisch (= Vollhaftung).

Offene Handelsgesellschaft: Der Zweck einer OHG ist es, ein Handelsgewerbe unter gemeinschaftlicher Firma (Name, unter dem ein Kaufmann seine Geschäfte betreibt, zum Beispiel Müller OHG) zu betreiben.

Kommanditgesellschaft: Eine Kommanditgesellschaft wird gegründet, wenn ein Unternehmer die Beteiligung von Kapitalgebern wünscht, ohne sie voll an den unternehmerischen Entscheidungen zu beteiligen.

Die KG besteht aus mindestens einem Gesellschafter (Kommanditist), dessen Haftung beschränkt ist auf die Vermögenseinlage, die er in das Unternehmen einbringt, und mindestens einem Gesellschafter (Komplementär), der unbeschränkt haftet.

1.3.2 Kapitalgesellschaften

Kennzeichnend sind die eigene Rechtspersönlichkeit und die Beschränkung der Haftung auf die Geschäftsanteile (Teilhaftung). Eine Kapitalgesellschaft gilt als eigenständige juristische Person, die zum Beispiel verklagt werden kann und selbst haftet.

Aktiengesellschaft (AG): Zu ihrer Gründung sind mindestens fünf Personen erforderlich, die für ihre Einlage Aktien (Anteilscheine) erhalten. Die Aktionäre wählen in der Hauptversammlung einen Aufsichtsrat, der die Geschäftsleitung (Vorstand) bestimmt. Grundsatzentscheidungen werden von den Aktionären in der Hauptversammlung getroffen. Der Stimmenanteil hängt von der Anzahl der Aktien ab. Die Aktionäre haften nur mit ihrer Kapitaleinlage.

1. Erläutern Sie die wesentlichen Unterschiede zwischen einer Kapital- und einer Personengesellschaft.

Gesellschaft mit beschränkter Haftung (GmbH): Die Rechte der Gesellschafter sind im Vergleich zur AG umfangreicher. Die GmbH hat zwei Organe: die Versammlung der Gesellschafter sowie einen oder mehrere Geschäftsführer mit Geschäfts- und Vertretungsbefugnis. Die Haftung beschränkt sich auf die Einlage.

Mischform (GmbH & Co. KG):
Bei der GmbH & Co. KG besteht eine Kombination zwischen Personen- und Kapitalgesellschaft, bei der der Komplementär (der persönlich haftende Gesellschafter) eine GmbH ist. Somit ist die Haftung auf die Kapitaleinlage beschränkt.

1.4 Betriebsgründung

Betrieb ist der Ort, an dem produziert wird oder Dienstleistungen erbracht werden. Das Unternehmen ist die rechtliche und organisatorische Form, in die der Betrieb eingebettet ist.

Ein Unternehmen kann mehrere Betriebe bewirtschaften, z. B. Hotel- oder Restaurantketten.

Das Gaststättengesetz unterscheidet zwischen

- Schankwirtschaften: Es werden ausschließlich Getränke zum Verzehr an Ort und Stelle verabreicht.
- Speisewirtschaften: Zubereitete Speisen werden zum Verzehr an Ort und Stelle verabreicht.
- Beherbergungsbetrieben: Gästen werden Übernachtungsmöglichkeiten bereitgestellt.

Verschiedene Voraussetzungen müssen erfüllt sein, damit man einen Betrieb eröffnen bzw. führen kann:

- Der Betriebsinhaber muss eine Erlaubnis (Konzession → 158) zum Führen der entsprechenden Betriebsart (z. B. Hotel, Café) besitzen, wenn er alkoholhaltige Getränke an Dritte weitergibt bzw. verkauft.
- Die Räumlichkeiten müssen den entsprechenden Vorschriften genügen.
- Eine ausreichende wirtschaftliche und finanzielle Basis muss vorhanden sein.
- Die Rechtsform des Unternehmens muss festgelegt sein. Der Betrieb ist anzumelden.

Anmeldungspflicht

Die meisten Unternehmen werden ins Handelsregister eingetragen. Vor der Anmeldung beim Registergericht des Amtsgerichts ist zu entscheiden, welche Rechtsform (z. B. Einzelunternehmen, Personengesellschaften wie OHG, KG oder Kapitalgesellschaften wie GmbH, AG) gewählt wird. Außerdem ist die Anmeldung notwendig

- beim Gewerbeamt oder Steueramt der Gemeinde,
- beim Finanzamt,
- bei der Industrie- und Handelskammer,
- bei den Trägern der Sozialversicherung: Krankenkasse (dies schließt die Anmeldung bei der Pflege-, Renten- und Arbeitslosenversicherung ein) und der Berufsgenossenschaft für die Unfallversicherung.

Realkonzession	Personalkonzession			
wird nicht mehr erteilt, besteht aber noch bei älteren Betrieben.	wird natürlichen Personen (Gastwirten, Geschäftsführern) oder juristischen Personen (Gesellschaften) erteilt.			
Erlaubnis aufgrund alter Rechte, die an ein Grundstück gebunden sind; erlischt, wenn sie 3 Jahre nicht ausgeübt wird.	**Dauererlaubnis** auf Lebzeiten erlischt, • wenn sie 1 Jahr nicht ausgeführt wird, • durch Verzicht, • durch Entzug, • durch den Tod des Inhabers.	**Vorläufige Erlaubnis** für meist 3 Monate, um einen konzessionierten Betrieb zu übernehmen.	**Stellvertreter-erlaubnis** für Personen, die jemanden vertreten, der eine Dauererlaubnis besitzt.	**Gestattung** zum vorübergehenden Betrieb eines Gastgewerbes, z. B. bei Vereinsfesten. Ein Unterrichtungsnachweis ist nicht erforderlich.

§ 2, Absatz 2
Einer Konzession bedarf nicht, wer
- alkoholfreie Getränke oder
- kostenlose Kostproben oder
- zubereitete Speisen oder in Verbindung mit einem Beherbergungsbetrieb Getränke und zubereitete Speisen an Hausgäste verabreicht.

§

1. In Anlehnung an § 2 Gaststättengesetz

2. Arten von Konzessionen, in Anlehnung an Gaststättengesetz (GastG)

1.5 Voraussetzungen für die Erteilung der Konzession

Man unterscheidet die Real- und die Personalkonzession.

Persönliche Voraussetzungen:
Der Unternehmer muss rechts- und geschäftsfähig sein und die persönliche Zuverlässigkeit durch ein polizeiliches Führungszeugnis nachweisen können.
Als nicht zuverlässig gilt insbesondere,
- wer als Trinker eingestuft wird,
- wer befürchten lässt, dass er Unerfahrene, Leichtsinnige oder Willensschwache ausbeuten wird,
- wer dem Alkoholmissbrauch, verbotenem Glücksspiel, der Hehlerei oder der Unsittlichkeit Vorschub leisten wird,
- wer vermutlich die Vorschriften des Gesundheits- oder- Lebensmittelrechts, des Arbeits- und Jugendschutzgesetzes und des Steuerrechts nicht einhalten wird.

1.6 Unterrichtungsnachweis

Der Bewerber um eine Konzession muss nachweisen, dass er über die Grundzüge der für den in Aussicht genommenen Betrieb notwendigen lebensmittelrechtlichen Kenntnisse unterrichtet worden ist und mit ihnen als vertraut gelten kann.
Diese Unterrichtung wird von den Industrie- und Handelskammern durchgeführt und soll die Gäste vor Gesundheitsschäden, Täuschung und Irreführung schützen. Weitere fachliche Kenntnisse werden nicht gefordert; eine Prüfung findet nicht statt. Die Berufsausbildung in einem Hotel- und Gaststättenberuf gilt auch als Nachweis.

1. Begründen Sie, warum nur persönlich zuverlässige Antragsteller eine Konzession erhalten.
2. Erläutern Sie den Begriff Unterrichtungsnachweis.

1.7 Räumliche Begrenzung der Konzession

Die Konzession erstreckt sich auf alle Betriebsräume. Sie müssen in ihrer Lage, Beschaffenheit, Einteilung und Ausstattung für den Betrieb geeignet sein. Zum Beispiel sind Mindestraumgrößen für Gasträume und Fremdenzimmer festgelegt. Außerdem gibt es in den einzelnen Bundesländern genaue Vorschriften über Fluchtwege, Toiletten, Küchen, Kühl- und Personalräume.

Öffentliches Interesse
Der Betrieb darf einem wichtigen öffentlichen Interesse nicht entgegenstehen. Zum Beispiel erhält ein Betrieb keine Konzession, wenn er in der Nähe von Krankenhäusern liegt und voraussichtlich die Nachtruhe stört.

1.8 Konzessionsfreie Betriebe (Beispiele)
- Milchbar ohne Alkoholausschank,
- Stehimbiss in einem Lebensmittelgeschäft während der Ladenöffnungszeiten (ohne Alkoholausschank),
- Abgabe von alkoholfreien Getränken aus Automaten,
- Abgabe von alkoholfreien Getränken und zubereiteten Speisen in Reisebussen,
- Strauß- oder Besenwirtschaften (Gastbetriebe in Weinbaugebieten, die selbst erzeugten Wein in den Räumen des Winzers ausschenken; höchstens vier Monate im Jahr; die Abgabe einfacher Speisen ist gestattet, alkoholfreie Getränke müssen abgegeben werden),
- Betriebskantinen,
- Abgabe unentgeltlicher Kostproben,
- Beherbergungsbetriebe, die nicht mehr als acht Gäste gleichzeitig beherbergen können, wenn keine erlaubnisbedürftige Speise- und Schankwirtschaft mitbetrieben wird,
- Autobahnraststätten und Betriebe der Deutschen Bahn AG. Sie werden von den zuständigen Behörden genehmigt und überwacht.

2 Gaststättengesetz

Das Gaststättengesetz besteht aus 38 Paragrafen (§ 16, 17 und 27 sind aufgehoben).

§ 1 definiert den Begriff „Gaststätte" als Betrieb zur gewerbsmäßigen Bewirtung oder Beherbergung von Personen außerhalb ihrer Wohnung.

Die **§§ 2, 3, 4, 8, 9, 11, 12, 13, 14** und **24** behandeln die Fragen der Konzessionserteilung und -rücknahme, Widerruf und Erlöschen der Konzession sowie die konzessionsfreien Betriebe.

§ 5 erklärt, dass jederzeit Auflagen zum Schutze der Gäste und Beschäftigten gegen Gefahren für Leben, Gesundheit oder Sittlichkeit sowie allgemein gegen schädliche Umwelteinwirkungen erlassen werden können.

§ 6 bestimmt, dass neben alkoholhaltigen auch alkoholfreie Getränke anzubieten sind und dass mindestens ein alkoholfreies Getränk (bezogen auf die gleiche Menge) nicht teurer sein darf als das billigste alkoholische Getränk.

§ 7 regelt die Nebenleistungen. Er lautet: (1) Im Gaststättengewerbe dürfen der Gewerbetreibende oder Dritte auch während der Ladenschlusszeiten Zubehörwaren an Gäste abgeben und ihnen Zubehörleistungen erbringen. (2) Der Schank- oder Speisewirt darf außerhalb der Sperrzeiten zum alsbaldigen Verzehr und Verbrauch

1. Getränke und zubereitete Speisen, die er in seinem Betrieb verabreicht,
2. Flaschenbier, alkoholfreie Getränke, Tabak- und Süßwaren an jedermann über die Straße abgeben.

Dem Bereich **Zubehörwaren** werden auch z. B. Fisch, Obst und Zeitungen zugeschlagen, unter **Zubehörleistungen** versteht man z. B. Leistungen von Sportlehrern, Friseuren oder Masseuren eines Hotels.

§ 10 handelt von der Weiterführung eines Gaststättengewerbes nach dem Tode des Erlaubnisinhabers. Er bestimmt, dass der Ehegatte oder der minderjährige Erbe, der Nachlassverwalter oder der Testamentsvollstrecker den Betrieb bis zur Dauer von zehn Jahren nach dem Erbfall weiterführen darf, wenn er der Erlaubnisbehörde unverzüglich Anzeige erstattet, dass er den Betrieb weiterführen will.

§ 15 regelt die Rücknahme und den Widerruf der Erlaubnis, wenn sich die persönlichen oder räumlichen Voraussetzungen, die zur Erteilung der Konzession notwendig waren, änderten.

Weitere Gründe sind, wenn

- der Betreiber den in der Konzession gesteckten Rahmen überschreitet oder Auflagen nicht erfüllt,
- Personen entgegen einem Verbot nach § 21 beschäftigt werden.

§ 18 (→ 160)

§ 19 weist darauf hin, dass aus besonderem Anlass (z. B. Wahlen, Demonstrationen) der Ausschank alkoholischer Getränke ganz oder teilweise verboten werden kann.

§ 20 (→ 159, oben rechts)

§ 21 besagt, dass die Beschäftigung einer Person in einem Gaststättenbetrieb untersagt werden kann, wenn Tatsachen die Annahme rechtfertigen, dass die Person die erforderliche Zuverlässigkeit nicht besitzt.

§

§ 20 Allgemeine Verbote
Verboten ist,

1. alkoholische Getränke an „erkennbar Betrunkene" zu verabreichen. Unter Umständen kann der Wirt für Schäden, die der Betrunkene erleidet oder verursacht, haftbar gemacht werden.
2. dass der Wirt die Speisenabgabe mit dem Verzehr von Getränken koppelt (Trinkzwangverbot) oder für die Speisen in diesem Fall einen Preisaufschlag verlangt. Der Wirt kann aber die Getränkeabgabe an den Verzehr von Speisen koppeln.
3. nur alkoholische Getränke anzubieten oder die Abgabe alkoholfreier Getränke vom Bestellen alkoholischer Getränke abhängig zu machen oder einen Preisaufschlag auf alkoholfreie Getränke zu erheben, wenn der Gast kein alkoholhaltiges Getränk bestellt (Koppelungsverbot bei Getränken).
4. die Abgabe von Branntwein oder überwiegend branntweinhaltigen Lebensmitteln aus Automaten. (Die Abgabe an Jugendliche ist nach dem Jugendschutzgesetz verboten.)

1. In Anlehnung an Gaststättengesetz (GastG)

§ 22 bestimmt, dass den zuständigen Behörden der Zutritt zu den Geschäftsräumen und zum Grundstück zu gestatten ist, wenn sie Prüfungen und Besichtigungen vornehmen. Es ist ihnen Auskunft zu erteilen und Einsicht in die Geschäftsunterlagen zu gewähren.

§ 23 regelt den Ausschank von Getränken durch Vereine und Gesellschaften.

§ 25 behandelt Sonderregelungen für Betreuungseinrichtungen des Staates oder staatlicher Betriebe.

§ 26 befasst sich mit Sonderbestimmungen über den Ausschank selbst erzeugter Getränke (Strauß- und Besenwirtschaften → 158).

§ 28 zählt die Ordnungswidrigkeiten auf, die durch die Nichtbeachtung des Gaststättengesetzes begangen werden können.

Eine Ordnungswidrigkeit begeht, wer fahrlässig oder vorsätzlich handelt. Fahrlässig handelt, wer die erforderliche Sorgfalt außer Acht lässt; vorsätzlich handelt, wer die möglichen Folgen seines Tuns voraussieht und sie billigend in Kauf nimmt.

§ 29–38 regeln den Erlass von Verwaltungsvorschriften, die Zuständigkeit von Behörden, die Gültigkeit mit dem Gaststättengesetz konkurrierender Gesetze und das Inkrafttreten.

Verstöße gegen das Gaststättengesetz

Die Konzession kann bei groben und wiederholten Verstößen befristet oder auf Dauer widerrufen werden. Ein Widerspruch gegen den Widerruf der Konzession ist grundsätzlich möglich und hat aufschiebende Wirkung. Schwerwiegende Verstöße können aber auch die Schließung des Betriebes nach sich ziehen. Weniger schwerwiegende Verstöße werden mit Geldbußen belegt.

§

§ 18 Sperrzeit
Für Schank- und Speisewirtschaften und öffentliche Vergnügungsstätten ist eine Sperrzeit festgesetzt. Sie ist in den Bundesländern verschieden geregelt. Während dieser Zeit ruht der Gaststättenbetrieb und die Gäste dürfen sich nicht in den Gasträumen aufhalten. Der Wirt ist verpflichtet, den Gästen den Beginn der Sperrzeit anzukündigen, und muss sie zum Verlassen der Gaststätte auffordern. Es dürfen keine Speisen und Getränke mehr serviert werden, bereits Serviertes darf noch verzehrt werden. Gästen, die der Aufforderung, das Lokal zu verlassen, nicht nachkommen, ist der Aufenthalt zu verleiden. Bewährte Mittel sind das Aufstuhlen, Ausfegen und Lüften. Bei hartnäckigen Gästen ist – in der Regel erst nach Androhung – die Polizei zu rufen.

Ausgenommen von den Sperrzeiten sind

- die Automatenabgabe von alkoholfreien Getränken, Bier und Speisen für Betriebsangehörige einer Firma während der Nachtschicht,
- Bundeswehreinrichtungen und ähnliche Einrichtungen,
- die Passagierverpflegung bei Schiffen, Zügen und Flugzeugen,
- Hotelgäste in Räumen, die nicht für die Allgemeinheit zugänglich sind,
- Privatgäste des Wirtes,
- Gäste in Gefahrensituationen, z. B. bei Sturm oder Demonstrationen.

Sonderregelungen gibt es für

- Bahnhofsgaststätten und Autobahnraststätten,
- bestimmte Betriebsarten (z. B. Vergnügungslokale): Hier kann die Sperrzeit auf Antrag und gegen Gebühr verkürzt werden,
- bestimmte Orte (Kur- oder Badeorte): Hier kann die Sperrzeit verkürzt oder verlängert werden,
- bestimmte Stadtteile (z. B. Altstadt),
- bestimmte Tage (z. B. Silvester, Nacht zum 1. Mai): Hier kann die Sperrzeit verkürzt oder ausgesetzt werden,
- Einzelfälle, wenn der Wirt eine einmalige Verkürzung beim Landratsamt oder der Ortspolizeibehörde beantragt.

1. In Anlehnung an Gaststättengesetz (GastG)

3 Lebensmittel- und Futtermittelgesetzbuch (LFGB)

Das Lebensmittel- und Futtermittelgesetzbuch (LFGB) ersetzt das Lebensmittel- und Bedarfsgegenständegesetz (LMBG). Das LFGB ergänzt die Verordnung (EG) Nr. 178/2002 des Europäischen Parlamentes.

LFGB § 1 - Abs. 1
Zweck des Gesetzes ist es, vorbehaltlich des Absatzes 2 bei Lebensmitteln, Futtermitteln, kosmetischen Mitteln und Bedarfsgegenständen den Schutz der Verbraucherinnen und Verbraucher durch Vorbeugung gegen eine oder Abwehr einer Gefahr für die menschliche Gesundheit sicherzustellen

LFGB § 2 - Abs. 2
Lebensmittel sind Erzeugnisse und Stoffe im Sinne des Artikels 2 der **VO (EG) Nr. 178/2002.**
Zu „Lebensmitteln" zählen auch Getränke, Kaugummi sowie alle Stoffe – einschließlich Wasser - die dem Lebensmittel bei seiner Herstellung oder Ver- bzw. Bearbeitung absichtlich zugesetzt werden.

Nicht zu „Lebensmitteln" gehören: z. B.

a) Futtermittel,
b) lebende Tiere, soweit sie nicht für das Inverkehrbringen zum menschlichen Verzehr hergerichtet worden sind,
c) Pflanzen vor dem Ernten.

VO (EG) Nr. 178/2002 - Artikel 14
Lebensmittel gelten als nicht sicher, wenn davon auszugehen ist, dass sie

a) gesundheitsschädlich sind,
b) für den Verzehr durch den Menschen ungeeignet sind.

LFGB - § 5 – Abs. 2
Es ist verboten,

1. Lebensmittel für andere derart herzustellen oder zu behandeln, dass der Verzehr gesundheitsschädlich ist.
2. mit Lebensmitteln verwechselbare Produkte für andere herzustellen, zu behandeln oder in den Verkehr zu bringen.

LFGB § 11
Es ist verboten, Lebensmittel unter irreführender Bezeichnung, Angabe oder Aufmachung gewerbsmäßig in den Verkehr zu bringen oder für Lebensmittel allgemein oder im Einzelfall mit irreführenden Darstellungen oder sonstigen Aussagen zu werben. Eine Irreführung liegt vor, wenn

1. bei einem Lebensmittel zur Täuschung geeignete Bezeichnungen, Angaben, Aufmachung, Darstellung oder sonstige Aussagen über Eigenschaften, insbesondere über Art, Beschaffenheit, Zusammensetzung, Menge, Haltbarkeit, Ursprung, Herkunft oder Art der Herstellung oder Gewinnung verwendet werden.
2. einem Lebensmittel Wirkungen beigelegt werden, die ihm nach den Erkenntnissen der Wissenschaft nicht zukommen.
3. zu verstehen gegeben wird, dass ein Lebensmittel besondere Eigenschaften hat, obwohl alle vergleichbaren Lebensmittel dieselben Eigenschaften haben,
4. einem Lebensmittel der Anschein eines Arzneimittels gegeben wird.

1. In welchem Zusammenhang steht das LFGB und die VO (EG) Nr. 178/2002?

4 Zusatzstoff-Zulassungsverordnung (ZZulV)

4.1 Art und Weise der Kenntlichmachung:

Für die Prüfung, ob eine Kenntlichmachung, z. B. auf der Speise- und Getränkekarte, erforderlich ist, empfiehlt es sich, in den Zutatenverzeichnissen der verpackten Lebensmittel zu prüfen, ob dort die genannten Zusatzstoffe aufgeführt sind.
Bei verpackten Lebensmitteln, die an eine Einrichtung zur Gemeinschaftsverpflegung oder eine Gaststätte geliefert werden, muss ein Zutatenverzeichnis auf der Verpackung oder in den Geschäftspapieren angegeben sein.
Bei Produkten ohne Zutatenverzeichnis, z. B. offen bezogenen Lebensmitteln, empfiehlt es sich, beim Lieferanten Informationen über die jeweiligen kenntlichmachungspflichtigen Zusatzstoffe einzuholen.

Wie? Gut sichtbar, leicht lesbar, nicht verwischbare Schrift.

Wer, wo, wie:

- in Gaststätten, auf Speise- und Getränkekarten
- in Einrichtungen zur Gemeinschaftsverpflegung:
- auf Speise- und Getränkekarten oder in Preisverzeichnissen oder, soweit eine Speisekarte oder Preisverzeichnisse ausliegen oder ausgehändigt werden, in einem sonstigen Aushang oder einer schriftlichen Mitteilung.

Was: Für die Kenntlichmachung der jeweiligen Zusatzstoffe muss der in der Tabelle in Spalte 2 „Kenntlichmachung" angegebene Wortlaut verwendet werden.

Die Angaben dürfen in Fußnoten angebracht werden, wenn in der Verkehrsbezeichnung darauf hingewiesen wird.

4.2 Kenntlichmachung der zugelassenen Stoffe

Art der Zusatzstoffe, E-Nummer	Kenntlichmachung und Beispiele für Lebensmittel, die diese Zusatzstoffe enthalten können
Farbstoffe E 100 – E 180 (dazu gehören auch Beta-Carotin und Riboflavin) Chinigelb E 104 und Azofarbstoffe E 102 ff.	**Kenntlichmachung** „mit Farbstoff" – z. B. alkoholfreie Getränke, Campari E 104, 102 u. s. w. müssen mit Warnhinweis „Kann Aktivität und Aufmerksamkeit bei Kindern beeinträchtigen." versehen werden – z. B. Lachsersatz
Konservierungsstoffe E 200–E 219, E 230–E 235, E 239, E 249–E 252, E 280–E 285, E 1105	**Kenntlichmachung** „mit Konservierungsstoff oder konserviert" Lachsersatz, Feinkostsalate, Mayonnaisen, Sauerkonserven (Essiggurken, Rote Bete), Käse, Anchosen, Fleischerzeugnisse
Antioxidationsmittel E 310–E 321	**Kenntlichmachung** „mit Antioxidationsmittel" Trockensuppen, Brühen, Würzmittel, Schinken
Geschmacksverstärker E 620–E 635	**Kenntlichmachung** „mit Geschmacksverstärker" Gewürzmischungen, Aromazubereitungen, Trockensuppen, Fleischerzeugnisse, Soßen, Würzmittel
Schwefeldioxid/Sulfite E 220–E 228	**Kenntlichmachung** „geschwefelt" Essig, Trockenobst, Kartoffelerzeugnisse, Meerrettich
Eisensalze E 579, E 585	**Kenntlichmachung** „geschwärzt" schwarze Oliven
Stoffe zur Oberflächenbehandlung (Überzugsmittel) E 901–E 904, E 912, E 914	**Kenntlichmachung** „gewachst" Zitrusfrüchte, Melonen, Äpfel, Birnen
Süßstoffe E 950–E 952, E 954, E 957, E 959 andere Süßungsmittel (Zuckeralkohole) (kein Klassennname) E 420, E 421, E 953, E 965–E 967	**Kenntlichmachung** „mit Süßungsmittel(n)", bei Aspartam (E 951) zusätzlich: „enthält eine Phenylalaninquelle" süß-saure Konserven, Soßen, Senf, Feinkostsalate, brennwertverminderte Lebensmittel (z. B. Joghurt, Cola-Getränke) Anmerkung: Wenn Sorbit (E 420) als Stabilisator verwendet wird, ist eine Kenntlichmachung nicht erforderlich
Phosphate (Stabilisator) E 338–341, E 450–E 452	**Kenntlichmachung** „mit Phosphat" nur bei Fleischerzeugnissen, z. B. Brühwürste, Kochschinken
Coffein	**Kenntlichmachung** „coffeinhaltig" Cola und colaähnliche Erfrischungsgetränke
Chinin, Chininsalze	**Kenntlichmachung** „chininhaltig" Erfrischungsgetränke
Lebensmittel, Zutaten, Zusatzstoffe und Aromen, die aus einem gentechnisch veränderten (gv) Organismus bestehen oder hergestellt werden.	**Kenntlichmachung** „gentechnisch verändert" oder „aus gentechnisch verändertem …", z. B. Obst, Gemüse, Öle, Stärke, Mehle, Eiweiße
Allergene	**Kenntlichmachung** „kann Spuren von Nüssen enthalten"; Müsli, Schokolade usw.

5 Haftungsbestimmungen

5.1 Schadenshaftung des Schankwirtes und des Beherbergungswirtes

Es ist zwischen Schankwirt und Beherbergungswirt zu unterscheiden. Der Schankwirt haftet nur für eigenes Verschulden und für das Verschulden seines Personals. Die Pflicht zur Haftung besteht auch, wenn noch kein Vertrag zwischen Gast und Wirt zustande kam, z. B. beim Betreten des Gastraumes oder bei im Voraus angeliefertem Gepäck (vorvertragliche Haftung). Ein Verschulden liegt auch vor, wenn Einrichtungsgegenstände oder Geräte, die der Gast benutzt, nicht in Ordnung oder unfallträchtig sind.

5.2 Produkthaftung

Das Produkthaftungsgesetz sieht eine verschuldensunabhängige Gefährdungshaftung vor. Danach haftet der Endproduktthersteller (der Wirt) für die Schadensfolgen, auch wenn der Fehler im Grundstoff oder Teilprodukt liegt (Beispiel: Der Wirt haftet für die Gesundheitsschäden, die ein Gast durch vergiftete Soße erleidet, obwohl das Soßenpulver der Firma XY das Gift enthielt). Speisen und andere Zubereitungen fallen unter den Begriff Produkt.

5.3 Verkehrssicherungspflicht

Der Gastwirt ist verpflichtet, alle zugänglichen Grundstücksflächen, Zugänge und Räume so zu sichern (z. B. durch Beleuchtung im Gebäude und in den Außenanlagen), dass für den Gast evtl. drohende Gefahren abgewendet werden. Besondere Beachtung ist hier auf das Verhalten von alkoholisierten Personen zu richten.

5.4 Garderobenhaftung

Die gesetzliche Haftung des Gastwirts (§ 710 ff. BGB) hat nur Bedeutung für den Beherbergungswirt.
Den Betreiber einer Schank- und Speisewirtschaft treffen Verwahrungspflichten an dem von seinen Gästen eingebrachten Gut, z. B. der Garderobe, allenfalls als Nebenverpflichtung, wenn dem Wirt ein Verschulden nachgewiesen werden kann.
Dies liegt vor, wenn die Gaststätte keine Ablagemöglichkeiten für die Garderobe im Gastraum anbietet und somit dem Gast die Möglichkeit nimmt, seine Garderobe selbst zu beobachten.
Dies wäre der Fall, wenn die Garderobe nur in einem vom Gastraum getrennten unbewachten Nebenraum abgelegt werden kann. Eine Haftung entsteht auch dann, wenn das Bedienungspersonal dem Gast die Garderobe abnimmt und in eine Garderobenanlage verbringt und dafür eine Gebühr verlangt. Eine Haftung entfällt, wenn der Gast die Garderobe beobachten kann. Es ist unerheblich, ob ein Schild mit der Aufschrift „Für Garderobe wird nicht gehaftet" angebracht ist oder nicht. Lediglich der Beherbergungswirt haftet für die Garderobe seines Gastes, die dieser ihm für einen bestimmten Zeitraum zur Obhut übergibt, z. B. wenn der angereiste Gast zunächst im Restaurant eine Mahlzeit einnehmen will und deswegen seine Garderobe dem Hotelier bzw. dessen Beauftragten zur Aufbewahrung übergeben hat (= eingebrachte Sachen).

1. Worin unterscheiden sich die Haftungsbestimmungen zwischen Schankwirt und Beherbergungswirt?

Der Beherbergungswirt haftet gegenüber dem Gast in gewissen Fällen auch für Schäden, für die ihn oder sein Personal keine Schuld trifft (strenge Haftung).

In der Höhe unbeschränkte Haftung tritt ein:

- Für Schäden, die der Wirt oder sein Personal (im Dienst) verursachen (Körper- und Sachschäden).
- Für Schäden an Gegenständen, die zur Aufbewahrung übernommen wurden oder bei denen unberechtigterweise die Abewahrung abgelehnt wurde, sowie für deren Verlust. Der Wirt darf die Aufbewahrung ablehnen bei sperrigen, gefährlichen oder für das betreffende Haus zu kostbaren Gegenständen. Er kann verlangen, dass der Gast ihm die aufzubewahrenden Sachen in einem versiegelten und verschlossenen Behältnis übergibt.
- Für Schäden und Verlust z.B. von im Voraus angeliefertem oder nach Abreise zurückgebliebenem Gepäck, wenn Personal es in seine Obhut übernommen hat, das dazu bestellt ist.

In der Höhe beschränkte Haftung in allen übrigen Fällen
Sie ist auf das 100fache des Bettenpreises pro Gast und Nacht (mindestens 600,00 € und höchstens 3.500,00 € pro Gast) begrenzt. Die Haftung für Geld, Wertpapiere und Kostbarkeiten ist auf 800,00 € pro Gast und Nacht beschränkt.

Keine Haftung ist vorgesehen bei

- nicht eingebrachten Sachen wie z. B. Kraftfahrzeuge und deren Inhalt,
- lebenden Tieren,
- Dingen, die der Gast an anderen als den üblichen Orten ablegt, z. B. Brieftasche in der Telefonzelle oder Toilette.

1. Strenge Schadenshaftung des Beherbergungswirts nach § 701 BGB

5.5 Preisangabenverordnung

Die Position des Verbrauchers soll durch die Möglichkeit des Preisvergleichs gestärkt werden. Grundlage hierzu ist die Preisauszeichnung, die der Preisklarheit und der Preiswahrheit gegenüber Gästen und Kunden dient.
Zur Preisangabe ist jeder verpflichtet, der Waren oder Leistungen gegenüber Letztverbrauchern anbietet oder hierfür wirbt. Anzugeben sind jeweils die gültigen Endpreise einschließlich Bedienung, sonstiger Bestandteile (z. B. Konzertzuschlag) und gesetzlicher Umsatzsteuer (Mehrwertsteuer).
Das Speisen- und Getränkeangebot eines Betriebes ist in die Speise- und Getränkekarte aufzunehmen. Diese müssen als Preisverzeichnisse entweder in ausreichender Zahl auf den Tischen aufliegen oder jedem Gast vor Entgegennahme der Bestellung ausgehändigt werden.
Anzugeben sind jeweils die gültigen Endpreise einschließlich Bedienung, sonstiger Bestandteile (z. B. Konzertzuschlag) und gesetzlicher Umsatzsteuer (Mehrwertsteuer). Auf Verlangen sind sie auch bei der Abrechnung vorzulegen. Außerdem müssen Gaststättenbetriebe neben dem Eingang zur Gaststätte ein Preisverzeichnis anbringen, aus dem die Preise für wesentliche Getränke und für Gedecke und Tagesgerichte ersichtlich sind.
Selbstbedienungsgaststätten, Erfrischungshallen, Kioske und Bierzelte müssen umfassende Preisverzeichnisse so anbringen, dass die Gäste sich leicht informieren können.
In jedem Beherbergungsbetrieb ist ein Preisverzeichnis an einer gut sichtbaren Stelle z. B. Rezeption, anzubringen, aus dem Zimmerpreise und sonstige Leistungen (Frühstück, Halbpension, Telefongebühr) ersichtlich sind.

1. In Anlehnung an Preisangabenverordnung (PAngV)

5.6 Unlauterer Wettbewerb

Als unlauteren Wettbewerb bezeichnet man ein Verhalten im Wirtschaftsverkehr, durch das mit unzulässigen Mitteln versucht wird, sich einen ungerechtfertigten Vorsprung vor den Konkurrenten zu verschaffen. Deshalb ist er gesetzlich verboten. Alle Werbemaßnahmen und Wettbewerbsmaßnahmen, die gegen gute Sitten verstoßen, sind unlauter.

- Gästefang durch Verlockung, z. B. unwahre und unbeweisbare Behauptungen wie „bestes Haus der Stadt" und ähnliche Renommierangaben.
- Irreführung des Gastes durch Warenunterschiebung, z. B. falsche Warenbezeichnung (Riesling-Silvaner statt Müller-Thurgau), falsche Herkunftsbezeichnung (Helgoländer Hummer statt Hummer aus dem Mittelmeer), falsche Qualitätsbezeichnung (Kraftbrühe statt Fleischbrühe oder Fruchtsaft statt Fruchtsaftgetränk).
- Ausbeutung fremder Leistung, z. B. durch Bestechung von Beschäftigten der Konkurrenz mit Schmiergeldern, um Geschäftsgeheimnisse zu erkunden.
- Anstößige und diskriminierende Werbung oder Marketingmaßnahmen durchführen.
- Anschwärzen von Konkurrenten, z. B. Schädigung des Ansehens durch üble Nachrede über Geschäft, Inhaber und Beschäftigte.
- Benutzen von fremden Firmen- und Markenzeichen, ohne eine Genehmigung einzuholen.

Gegen unlauteren Wettbewerb können Betroffene (eventuell auch Wirtschafts- und Verbraucherverbände) auf Unterlassung klagen. Schuldhafte Verstöße sind strafbar und können zu Schadenersatzansprüchen führen.

2. In Anlehnung an Gesetz gegen den unlauteren Wettbewerb (UWG)

5.7 Garantieregelung

Zwei Jahre Garantie sind Pflicht
Gewährleistungspflicht
Seit dem 1. Januar 2002 werden Verkäufer (Hersteller und Händler) durch ein neues Schuldrecht stärker in die Pflicht genommen. Die Gewährleistungspflicht für Neuwaren wird von sechs Monatenauf eine EU-einheitliche Mindestdauer von zwei Jahren verlängert. Der Käufer hat in diesem Zeitraum Anspruch auf „Nacherfüllung", das heißt ein bis zwei Nachbesserungsversuche oder die Nachlieferung ordnungsgemäßer Ware. Nur wenn die gewählte Alternative unverhältnismäßig teuer wäre, darf der Verkäufer auf die andere ausweichen. Sind die Versuche fehlgeschlagen, kann der Käufer die Erstattung des Kaufpreises oder einen Preisnachlass verlangen. Für die Nacherfüllung ist zu empfehlen, sofort eine Frist zu setzen. Nach dieser Frist kann schon bei leichter Nachlässigkeit des Verkäufers Schadenersatz für Ersatzbeschaffung und Reparatur gefordert werden.

Beweislastumkehr
1. Der Käufer muss nicht mehr die Nachlässigkeit des Verkäufers beweisen, der Verkäufer muss den Vorwurf widerlegen.
2. Der Gesetzgeber geht in den ersten sechs Monaten ab dem Kaufdatum davon aus, dass ein Mangel, der in dieser Zeit auftritt, von Anfang an vorhanden war. Ist der Verkäufer anderer Ansicht, muss er belegen, dass mit der Ware beim Kauf noch alles in Ordnung war. Den Käufer trifft die Beweispflicht erst ab Beginn des siebten Monats.

Rechtslage bei Gebrauchtwaren
Nach Gesetz gilt auch hier die Zweijahresfrist. Die Gewährleistung darf jedoch vertraglich auf sechs Monate begrenzt werden. Ein Haftungsausschluss ist allerdings nicht mehr möglich. Für Verträge zwischen Privatpersonen gelten diese Regelungen allerdings nicht.

3. In Anlehnung an Bürgerliches Gesetzbuch (BGB)

6 Sonstige Rechtsvorschriften

6.1 Fundsachen – verloren oder liegen gelassen

Fundsachen – verloren oder liegen gelassen

Liegen gelassene Sachen
Häufig bleiben Gegenstände liegen, die dem Gast gehören. Liegen gelassene Sachen werden entdeckt (nicht gefunden). Beispiel: Das Zimmermädchen entdeckt im Hotelzimmer einen Geldschein.

Behandlung von liegen gelassenen Sachen
- Der Entdecker muss den Gegenstand dem Wirt übergeben (in größeren Häusern am Empfang abgeben).
- Der Wirt muss den Gast benachrichtigen.
- Der Wirt muss den Gegenstand sorgfältig und kostenlos aufbewahren, bis sich der Eigentümer meldet (nach sechs Monaten wie Fundsache behandeln).
- Kein „Finderlohn", nur Ersatz der eventuell entstandenen Kosten (z. B. Porto, Telefongebühren).
- Wenn sich der Eigentümer der liegen gelassenen Sache innerhalb von sechs Monaten nicht meldet bzw. nicht ermittelt werden kann, muss der Wirt den Fund bei der Polizei melden. Sechs Monate nach der Meldung wird der Wirt Eigentümer.

Verlorene Sachen
Als verloren gelten Gegenstände, wenn sie dem Eigentümer unfreiwillig „entfallen" und deshalb „herrenlos" irgendwo liegen. Beispiel: Ein Ohrring wird auf dem Fußboden der Toilette gefunden.

Behandlung von gefundenen Sachen
- Der Finder muss den Gegenstand dem Wirt übergeben bzw. am Empfang abgeben.
- Der Wirt muss den Verlierer benachrichtigen oder den Fund bei der Polizei (Fundbüro) anmelden (mit Angabe es Finders).
- Der Wirt muss die Sache angemessen aufbewahren.
- Der Wirt muss die Sache dem Eigentümer herausgeben.
- Der Finder hat Anspruch auf Finderlohn und Kostenersatz.
- Wenn sich der Verlierer innerhalb von sechs Monaten nach der Meldung bei der Polizei nicht meldet, wird der Finder Eigentümer der Sache.

6.2 GEMA/Schutz der Urheberrechte

Die Erlaubnis zu öffentlichen Tanzveranstaltungen (nur in einigen Bundesländern) und Schaustellung von Personen ist je nach Bundesland beim Landratsamt, Ordnungsamt oder der örtlichen Polizeibehörde einzuholen. Die Erlaubnis ist gebührenpflichtig.
Zum Schutz der Urheberrechte wurden Gesellschaften gegründet, die für die geschützten Rechte beim Nutzer Gebühren erheben und an die Beteiligten weiterleiten:

GEMA	GLV	VG-Wort
Gesellschaft für musikalische Aufführungs- und mechanische Vervielfältigungsrechte	Gesellschaft zur Verwertung von Leistungsschutzrechten	Verwertungsgesellschaft Wort

An die GEMA sind bei entsprechenden Veranstaltungen neben den GEMA-Gebühren die Gebühren für die anderen Verwertungsgesellschaften abzuführen.
Die Höhe der Gebühren ist je nach Veranstaltungsort und -umfang tariflich geregelt und wird im Bundesanzeiger veröffentlicht.
Der Wirt muss vor der Veranstaltung die Genehmigung zur Wiedergabe urheberrechtlich geschützter Werke einholen und danach eine Liste der genutzten Werke abgeben. Die GEMA nimmt die Interessen der Berechtigten (z. B. Komponisten, Textdichter) wahr. Sie ist verpflichtet, jedermann auf Verlangen die Nutzungsrechte zu angemessenen Bedingungen einzuräumen.

6.3 Glücksspiele

Nach § 284 Strafgesetzbuch wird mit Geldstrafe oder Gefängnis bis zu zwei Jahren bestraft, wer „öffentlich, ohne Erlaubnis" Glücksspiele veranstaltet.
Erlaubt ist das Spielen ohne Einsatz oder um einen geringen Geldwert. Glücksspiele sind z. B. Kartenglücksspiele wie Poker, Würfelspiele oder Lotteriespiele. Ihr Verbot bezieht sich nicht nur auf die Veranstaltung, sondern auch auf die Bereitstellung von Spielgeräten (Karten, Würfel), auf das Dulden und auf die Teilnahme. Für Lotteriespiele muss eine Genehmigung der zuständigen Behörde eingeholt und eine Lotteriesteuer entrichtet werden.
Geschicklichkeitsspiele wie Skat oder Doppelkopf bedürfen keiner Erlaubnis, wenn keine hohen Eintrittsgelder oder Sachgewinne gefordert bzw. ausgespielt werden.
Roulette, Bakkara oder Black Jack und ähnliche Glücksspiele sind nur in Betrieben mit Ausnahmegenehmigung gestattet (Spielbanken). Auch wer gewerbsmäßig genehmigte mechanische Spielgeräte aufstellt, bei denen eine Gewinnausschüttung möglich ist, benötigt eine Genehmigung der Ortspolizeibehörde. Die Einnahmen der Aufsteller sind steuerpflichtig. Der Wirt, der solche Spielgeräte in seinem Lokal aufstellt, darf das Spielen an diesen Geräten nur Erwachsenen gestatten.

1. Worin unterscheidet sich das Pfandrecht des Schankwirtes vom Pfandrecht des Beherbergungswirtes?
2. Nennen Sie Inhalt, maximale Dauer und Regelungen bei der Kündigung von Bierlieferungsverträgen.

7 Schankanlagen

Für den Betrieb von Schankanlagen sind die europäische Lebensmittelhygieneverordnung (852/2004), die Betriebssicherheitsverordnung bzw. das Arbeitsschutzgesetz gültig.

7.1 Gefährdungsbeurteilung

Der Betreiber einer Schankanlage ist verpflichtet, eine Gefährdungsbeurteilung (Bild 1) durchzuführen. Er kann sich z. B. von externen Dienstleistern unterstützen lassen. Bei technischen Änderungen muss die Beurteilung an der Anlage erneut durchgeführt werden.

Überprüfung der Anlage:

1. Prüfungen auf offensichtliche Mängel durch Sichtprüfung und einfache Funktionsprüfung
2. Prüfungen vor Inbetriebnahme der Schankanlage aufgrund § 10 Betriebssicherheitsverordnung

Wiederkehrende Prüfungen an sicherheitsrelevanten Arbeitsmitteln, wie beispielsweise der Druckgasversorgung, der Strom führenden Teile, der Kälteanlage und evtl. dem Reinigungsgerät. Die Ergebnisse der Prüfungen sind aufzuzeichnen.

In der Überprüfung ermittelt der Betreiber alle Daten, die für einen kontinuierlichen, sicheren Umgang mit Schankanlagen notwendig sind. Nach dem Stand der Technik ist für eine Prüfung ein Intervall von 2 Jahren empfehlenswert.

Beispiel: Gefährdung durch Druckgasversorgung (CO_2)
Situation:
Raum für die Aufstellung von Druckgasbehälter mit z.B. 15 m^2 Grundfläche.
Berechnung:
Raumgröße:
15 $m^2 \cdot 2{,}10$ Höhe = 31,5 m^3 Raumvolumen
Druckgasbehälter:
10 kg CO_2 = 5 m^3 Raumvolumen
Formel:
Gaskonzentration in % =
Gasvolumen: Raumvolumen · 100
Konzentration:
X = 5 m^3 : 31,5 m^3 · 100 = 15,87 = **16 %**
Folgen: Bei einem Defekt an der Druckgasleitung besteht in dem Raum akute Lebensgefahr durch die hohe Konzentration an Kohlendioxid (CO_2). Ein Gaswarngerät oder eine von einer Fachfirma berechnete Be- und Entlüftung ist zwingend notwendig.

1. Gefährdungsbeurteilung am Beispiel: Gefährdung durch Druckgasversorgung (CO_2)

7.2 Reinigung der Anlage

In der gültigen europäischen Lebensmittelhygieneverordnung ist festgelegt, dass Reinigung und Desinfektion so häufig durchgeführt werden müssen, dass kein Kontaminationsrisiko besteht (Bild 2).

Für die Reinigung von Getränkeschankanlagen gilt die DIN-Norm 6650-6 Getränkeschankanlagen – Anforderungen an Reinigung und Desinfektion.

Die Reinigung der Getränkeschankanlagen fällt in den Bereich des allgemeinen Hygienerechts. Das bedeutet, dass der Gastronom dafür Sorge tragen muss, dass seine Gäste nur hygienisch einwandfreie Produkte/Getränke erhalten. Die Reinigung der Getränkeschankanlage steht grundsätzlich in der eigenen Verantwortung des Gastronomen. Orientierungswerte für Reinigungsintervalle sind in der unten stehenden Tabelle angegeben.

Da es sich um „freiwillige Regeln" handelt, ist grundsätzlich kein Gastronom verpflichtet, innerhalb dieser Intervalle eine Reinigung vorzunehmen. Sollte es jedoch zu gerichtlichen Auseinandersetzungen kommen, wird die DIN-Norm herangezogen.

Getränk	Intervall
Fruchtsaft, Fruchtnektar Fruchtsaftgetränke	alle 7 Tage
Bier (außer alkoholfreies)	alle 7 Tage
Stilles Wasser, alkoholfreies Bier	1 – 7 Tage
Wein, kohlensäurehaltige, alkoholfreie Erfrischungsgetränke	täglich

2. Orientierungswerte für Reinigungsintervalle nach DIN 6650-6 für Schankanlagen

Datum	Leitung	Bauteile	Chemische Reinigung		Chemisch-mechanische Reinigung		Reinigungsmittel	Durchgeführt durch:	Unterschrift
			alkalisch	sauer	alkalisch	sauer			
15. Mai 20..	1 – 5	Zapfkopf, Zapfhahn			X		Mustermittel (A)	Herr Schneider	
20. Mai 20..	1 – 5	Zapfkopf, Zapfhahn		X			Mustermittel (S)	Frau Schulze	
25. Mai 20..	1 – 5	Zapfkopf, Zapfhahn			X		Mustermittel (A)	Herr Schneider	

3. Reinigungsnachweis der Schankanlage

8 Verträge im Gastgewerbe

8.1 Miet- und Pachtverträge

Im Mietvertrag verpflichtet sich der Vermieter, dem Mieter den Gebrauch der Sache zu gewähren. Im Pachtvertrag gewährt der Verpächter dem Pächter zusätzlich die Erträge („Früchte"), soweit sie nach den Regeln einer ordnungsgemäßen Wirtschaft als Ertrag anzusehen sind. Eine Wohnung wird daher gemietet, ein Betrieb gepachtet.
Rechtliche Folgen:

- Der Vermieter/Verpächter bleibt Eigentümer.
- Der Mieter/Pächter muss die Sache pfleglich behandeln.
- Eine Untervermietung oder -verpachtung bedarf der Zustimmung des Vermieters bzw. Verpächters.
- Die Kündigungsfrist eines Mietvertrages beträgt meist nicht mehr als ein Vierteljahr zum Quartalsende. Kündigungen von Pachtverträgen sind nur zum Ende des Pachtjahres zulässig.

8.2 Leasing-Verträge

Im Gastgewerbe erfolgt Leasing z. B. bei Wäsche, Maschinen und Fahrzeugen. Die Gegenstände werden auf Zeit gemietet. Wäsche wird von der Leasing-Firma auch gepflegt, Maschinen werden zum Teil kostenlos gewartet und repariert. Weitere Vorteile:

- geringerer Kapitalbedarf, da die Anschaffungskosten entfallen oder gering sind,
- volle steuerliche Absetzbarkeit der Leasing-Raten im laufenden Geschäftsjahr,
- keine Probleme beim Austausch z. B. gebrauchter EDV-Geräte gegen neue, moderne Anlagen.

8.3 Franchising-Verträge

Zwei Unternehmen gehen beim Franchising eine sehr-enge Zusammenarbeit ein, bleiben aber rechtlich und finanziell unabhängig (Bild 1).

8.4 Bewirtungsvertrag

Kommt es zur Bestellung und Bestellungsannahme, ist der Bewirtungsvertrag geschlossen. Der Wirt ist zur Lieferung in einer angemessenen Zeit und in einwandfreier Qualität verpflichtet. Bei mangelhafter Lieferung hat der Gast ein Recht auf Wandlung, Ersatzlieferung oder Minderung. Bei einwandfreier Lieferung muss der Gast die Speisen und Getränke annehmen und bezahlen.
Was der Gast nicht verzehrt oder nicht mitnimmt, gehört dem Wirt. Kassiert werden kann sofort nach der Lieferung oder vor dem Verlassen der Gaststätte. Bei Bewirtungsverträgen ist Stundung nicht üblich (Ausnahmen: Hotelgäste, Reisegesellschaften, bei Sonder- oder Festveranstaltungen, wenn eine Gesamtrechnung erstellt wird). Ist ein Gast gewillt zu zahlen, kann dies aber im Moment nicht, ist der Betrag zu stunden, wenn Name und Adresse bekannt sind. Es darf kein Pfand gegen den Willen des Gastes einbehalten werden (Gegensatz zum Beherbergungswirt). Die Verjährungsfrist für Zechschulden beträgt zwei Jahre vom Jahresschluss an gerechnet.

8.5 Zechprellerei

Sie liegt vor, wenn der Gast sich vor der Zahlung seiner Schuld drückt oder dies versucht. Zechprellerei ist ein Betrugsdelikt. Die Absicht muss nachgewiesen werden. Wenn der Gast nicht zahlen kann oder will und Name und Adresse nicht bekannt sind, so ist es am besten, die Polizei zu verständigen. In diesem Fall darf der Gast bis zum Eintreffen der Polizei festgehalten werden.

Der Franchise-Geber

- stellt die Geschäftsidee, das Know-how und das geschützte Warenzeichen zur Verfügung,
- liefert ein komplettes, durchdachtes und am Markt erprobtes Betriebskonzept,
- entwickelt das Konzept ständig weiter,
- bietet Anschluss an ein eingeführtes Reservierungssystem/eine Verkaufsorganisation,
- bietet betriebswirtschaftliche und technische Unterstützung bei der Planung, der Finanzierung und beim Geschäftsablauf,
- hilft, Personal zu finden und weiterzubilden,
- organisiert einen günstigen Einkauf der Betriebseinrichtung und der benötigten Waren,
- kontrolliert die präzise gefassten Vorgaben (Erscheinungsbild, Qualität, Arbeitsablauf),
- unterstützt den Absatz durch ausgeklügelte und umfangreiche Werbemaßnahmen.

Der Franchise-Nehmer

- schließt sein selbstständiges Unternehmen dem Unternehmen des Franchise-Gebers an,
- verpflichtet sich, das Betriebskonzept zu übernehmen (Produktpalette, Erscheinungsbild des Personals und des Betriebs, Qualitätsstandards usw.),
- bezahlt eine einmalige Aufnahmegebühr,
- bezahlt einen bestimmten Umsatzanteil als Franchising-Gebühren,
- bezahlt einen Anteil an den Werbungskosten,
- nimmt an Erfahrungs austausch-Tagungen, die unter der Leitung des Franchise-Gebers für die Franchise-Nehmer organisiert werden, teil,
- gestattet die umfangreichen und detaillierten Kontrollmaßnahmen in seinem Betrieb,
- stellt die Betriebskennzahlen zur Verfügung.

1. Besonderheiten des Franchising-Vertrags, Leistungen des Franchise-Gebers und Franchise-Nehmers

8.6 Beherbergungsvertrag

Der Beherbergungsvertrag kommt zustande, wenn ein Gast oder Reiseveranstalter das Angebot des Beherbergungswirtes annimmt oder der Wirt die Bestellung des Gastes annimmt.
Durch diese zwei übereinstimmenden Willenserklärungen, die zur Beweissicherung am besten schriftlich erfolgen, kommt der Vertrag zustande.
Der Beherbergungsvertrag ist ein gemischtypischer Vertrag, da dieser nicht als eigenständiger Vertrag im BGB verankert ist.

Der Beherbergungsvertrag besteht z. B. aus:
- **Mietvertrag**
  Vermietung des entsprechenden Zimmers
- **Werkvertrag**
  Bereitstellung des Wellnessbereiches
- **Kaufvertrag**
  Entnahme von Artikeln, z. B. Minibar
- **Dienstvertrag**
  Der Hotelbetrieb hat Mitarbeiter angestellt
- **Verwahrungsvertrag**
  Einlagerung von Garderobe oder Schmuck

Ein gültiger Vertrag muss erfüllt werden. Der Hotelier z. B. muss das Zimmer bereitstellen und der Gast muss dieses annehmen, wenn dieses mit der beworbenen Hotelkategorie übereinstimmt. Nimmt der Gast das Zimmer nicht an, so kann der Wirt den Zimmerpreis abzüglich der Einsparungen (Wäsche, Frühstück) in Rechnung stellen. Dies ist auch bei frühzeitiger Abbestellung möglich, wenn das Zimmer nicht mehr vermietet werden kann. Bei Auseinandersetzungen ist der Gerichtsstand der Standort des Hotels.

Zimmerpreise

Nach der Preisangabenverordnung sind folgende Punkte zu beachten:
Die Preise sind an einer öffentlich gut sichtbaren Stelle in der Hotelhalle oder Rezeption anzubringen. Die Kategorie der Zimmer und der entsprechende Preis müssen ebenfalls angegeben werden.
Die Preise sind immer als Endpreise inklusive aller Zuschläge anzugeben.
Telefongebühren müssen ebenfalls in Cent pro Einheit angegeben werden.

8.6.1 Rechte und Pflichten von Gast und Hotelier

Bei Abschluss eines Beherbergungsvertrages
verpflichtet sich der Gast:
- zur Annahme der Leistung und Bezahlung am Ende des Aufenthaltes.
- zur Zimmernutzung nur durch die im Vertrag genannten Personen.
- die Zimmereinrichtung pfleglich zu behandeln.
- das Zimmer nicht an andere Personen weiter- oder unterzuvermieten.
- am Abreisetag das Zimmer gemäß den Vertragsbedingungen pünktlich, z. B. spätestens bis 12:00 Uhr, zu räumen.
- den vereinbarten Preis zu zahlen.

verpflichtet sich der Hotelier:
- das vereinbarte Zimmer mit allen vertraglich festgelegten Punkten zu einem bestimmten Zeitpunkt bereitzustellen.
- einen ordnungsgemäßen Zustand der Zimmer und der Einrichtung entsprechend der Klassifizierung und der Gasterwartung bereitzustellen.
- bei Störungen, z. B. Überbuchung der Zimmer, alternativ einen gleichwertigen Ersatz bereitzustellen.

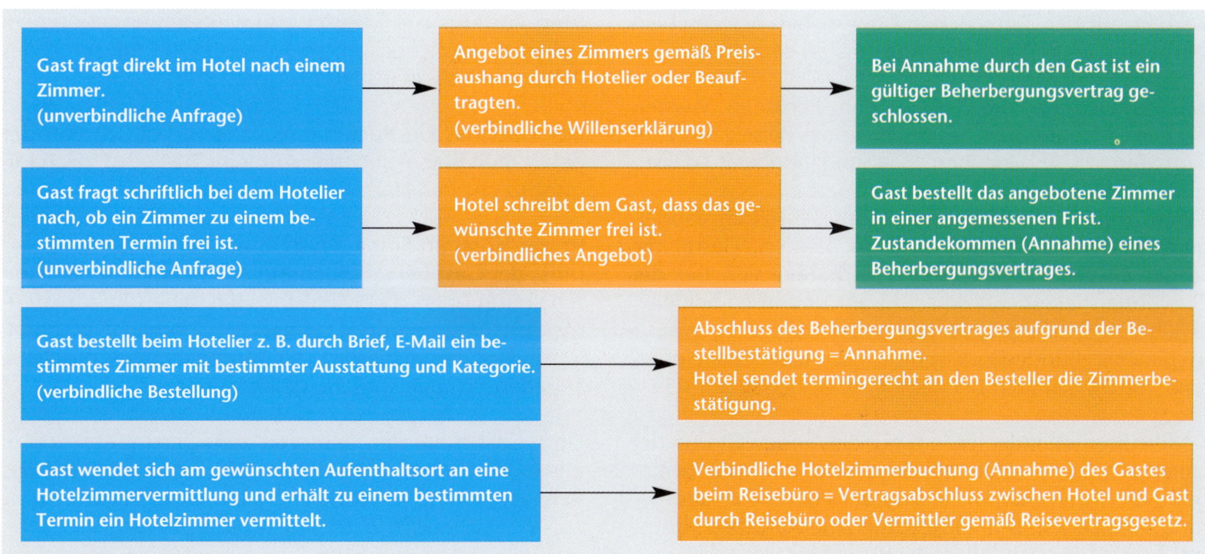

1. Möglichkeiten des Zustandekommens von Beherbergungsverträgen

§

1. Wird ein Hotelzimmer bestellt, zugesagt oder bei kurzfristiger Bestellung bereitgestellt, so ist ein Gastaufnahmevertrag zustande gekommen.
2. Der Abschluss eines Gastaufnahmevertrages verpflichtet die Vertragspartner für die gesamte Dauer des Vertrages zur Erfüllung der gegenseitigen Verpflichtungen daraus.
3. Verpflichtung des Gastwirtes ist es, das Zimmer entsprechend der Bestellung bereitzuhalten.
4. Verpflichtung des Gastes ist es, den Preis für die Zeit (Dauer) der Bestellung des Hotelzimmers zu bezahlen.
5. Nimmt ein Gast das bestellte Hotelzimmer nicht in Anspruch, so bleibt er rechtlich verpflichtet, den Preis für die vereinbarte Hotelleistung zu bezahlen, ohne dass es auf den Grund der Verhinderung ankommt. Dabei müssen nur tatsächliche Einsparungen des Betriebes abzuziehen sein. Die Einsparungen des Betriebes betragen erfahrungsgemäß bei der Übernachtung 20 %, bei Halbpensionsverträgen 30 %, bei Vollpensionsverträgen 40 % des vereinbarten Preises.
6. Kann der Gastwirt das in Anspruch genommene Zimmer anderweitig vergeben, so entfällt die Verpflichtung des Gastes zur Bezahlung der anderweitig erzielten Einnahmen für diesen Zeitraum.
7. Der Gastwirt hat einen Anspruch auf Barzahlung aller Leistungen vor Abreise und dementsprechend ein gesetzliches Pfandrecht an den eingebrachten Sachen des Gastes.
8. Gerichtsstand ist der Betriebsort, da auch im Falle einer Nichtbeanspruchung des Zimmers die Leistungen aus dem Gastaufnahmevertrag am Ort des Betriebes zu erbringen sind.

1. Rechtslage bei der Bestellung von Hotelzimmern in Anlehnung an Bürgerliches Gesetzbuch (BGB)

8.7 Gesetzliche Bestimmung zum Meldewesen für Beherbergungsgäste

Durch das Meldewesen soll die Fahndungstätigkeit der Polizei nach gesuchten Personen unterstützt werden. Die Meldepflicht des Beherbergungswirtes ist nach Landesrecht verschieden geregelt.

Einige Bundesländer verlangen die Ausfüllung des Meldescheines, andere nur die Führung eines Meldeverzeichnisses oder Fremdenbuches.

Bei der Ankunft werden vom Gast im Meldeschein Angaben zur eigenen Person und zum Partner eingetragen und durch Unterschrift bestätigt. Minderjährige Kinder werden nur der Zahl nach auf demselben Meldeschein vermerkt. Der Wirt hat den Ankunftstag einzutragen.

Bei Reisegesellschaften über zehn Personen werden die Reisenden auf dem Meldeschein des Reiseleiters zahlenmäßig mit Angabe ihrer Staatsangehörigkeit erfasst.

Gäste, die das Ausfüllen oder Unterschreiben verweigern, hat der Wirt der Polizei zu melden. Gäste, die länger als zwei Monate bleiben, haben sich bei der Einwohnermeldebehörde selbst an- und abzumelden.

In manchen Bundesländern muss der Meldeschein innerhalb von 24 Stunden bei der Polizei eingegangen sein.

Andere Bundesländer fordern nur die Aufbewahrung der laufend nummerierten Meldescheine und die Eintragung des Abreisetages. Sie sind der Polizei auf Anforderung vorzulegen. Die vorgeschriebene Aufbewahrungsfrist beträgt je nach Bundesland zwei bis vier Jahre.

8.8 Reisevertragsrecht (BGB)

Das Reisevertragsrecht ist im § 651a ff. festgelegt (→ 169). Wie der Beherbergungsvertrag ist der Reisevertrag ein gemischter Vertrag.

Es wird unterschieden nach:
- Einzelreisen,
- Gruppenreisen,
- Sonderfahrten,
- Pauschalreisen,
- Pauschalkuren,
- Ausflugsreisen.

Bietet ein Hotel beispielsweise zusätzlich zur Übernachtung Ausflüge mit Transfer und weiteren Angeboten zu einem Gesamtpreis an, so ist das Hotel im Sinne des BGB der Reiseveranstalter für dieses Angebot.

Der Gast hat ein Rücktrittsrecht (§ 651i BGB) von der gebuchten Reise und der Anbieter hat ein Entschädigungsrecht (→ 169).

Ist das Hotel im Sinne des BGB der Reiseveranstalter, so muss der Gast bei der Buchung einer angebotenen Pauschalreise über die Möglichkeiten einer Reisekostenrücktritts-Versicherung aufmerksam gemacht machen. Wird dies vernachlässigt, so kann der Gast mögliche Schadensersatzansprüche geltend machen.

Dem Gast muss der Reisepreis zurückerstattet werden, wenn die Reiseleistung durch Zahlungsunfähigkeit des Reiseveranstalters nicht ermöglicht wurde (→ 169).

Tage vor Reisebeginn	Höhe der Entschädigung
bis 30. Tag vor Reisebeginn	4 % des Reisepreises
28.–22. Tag vor Reisebeginn	8 % des Reisepreises
21.–15. Tag vor Reisebeginn	25 % des Reisepreises
14.–7. Tag vor Reisebeginn	40 % des Reisepreises
6 Tage vor Reisebeginn	50 % des Reisepreises
am Reisetag	80–90 % des Reisepreises

1. Pauschale Entschädigung des Reiseveranstalters bei Absage des Reisenden

Reisevertrag

§

§ 651 a Reisevertrag (BGB)
1) Durch den Reisevertrag wird der Reiseveranstalter verpflichtet, dem Reisenden eine Gesamtheit von Reiseleistungen (Reise) zu erbringen. Der Reisende ist verpflichtet, dem Reiseveranstalter den vereinbarten Reisepreis zu zahlen.

§ 651 f Schadensersatz
2) Wird die Reise vereitelt oder erheblich beeinträchtigt, so kann der Reisende eine angemessene Entschädigung in Geld verlangen.

§ 651 i Rücktritt vor Reisebeginn
2) Tritt der Reisende vom Vertrag zurück, so verliert der Reiseveranstalter den Anspruch auf den vereinbarten Reisepreis. Er kann jedoch eine angemessene Entschädigung verlangen. Die Höhe der Entschädigung bestimmt sich nach dem Reisepreis unter Abzug des Wertes der vom Reiseveranstalter ersparten Aufwendungen sowie dessen, was er durch anderweitige Verwendung der Reiseleistungen erwerben kann.

§ 651 k Sicherstellung, Zahlung
1) Der Reiseveranstalter hat sicherzustellen, dass dem Reisenden folgende Kosten infolge Zahlungsunfähigkeit oder Konkurses des Reiseveranstalters erstattet werden:
1. der gezahlte Reisepreis;
2. notwendige Aufwendungen, die für die Rückreise entstehen.

Die Verpflichtungen nach Satz 1 kann der Reiseveranstalter nur erfüllen:
1. durch eine Versicherung;
2. durch ein Zahlungsversprechen eines befugten Kreditinstituts.

3) Zur Erfüllung seiner Verpflichtung hat der Reiseveranstalter die Übergabe einer von diesem Unternehmen ausgestellten Bestätigung (Sicherungsschein → Bild 2 und 3) nachzuweisen.

4. In Anlehnung an Bürgerliches Gesetzbuch (BGB)

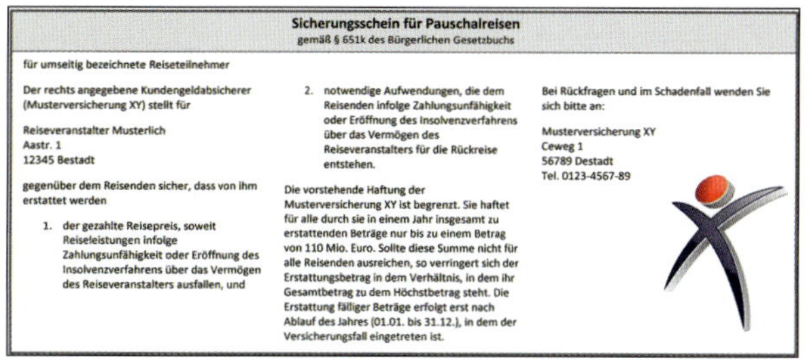

Sicherungsschein für Pauschalreisen
gemäß § 651k des Bürgerlichen Gesetzbuchs

für umseitig bezeichnete Reiseteilnehmer

Der rechts angegebene Kundengeldabsicherer (Musterversicherung XY) stellt für

Reiseveranstalter Musterlich
Aastr. 1
12345 Bestadt

gegenüber dem Reisenden sicher, dass von ihm erstattet werden

1. der gezahlte Reisepreis, soweit Reiseleistungen infolge Zahlungsunfähigkeit oder Eröffnung des Insolvenzverfahrens über das Vermögen des Reiseveranstalters ausfallen, und
2. notwendige Aufwendungen, die dem Reisenden infolge Zahlungsunfähigkeit oder Eröffnung des Insolvenzverfahrens über das Vermögen des Reiseveranstalters für die Rückreise entstehen.

Die vorstehende Haftung der Musterversicherung XY ist begrenzt. Sie haftet für alle durch sie in einem Jahr insgesamt zu erstattenden Beträge nur bis zu einem Betrag von 110 Mio. Euro. Sollte diese Summe nicht für alle Reisenden ausreichen, so verringert sich der Erstattungsbetrag in dem Verhältnis, in dem ihr Gesamtbetrag zu dem Höchstbetrag steht. Die Erstattung fälliger Beträge erfolgt erst nach Ablauf des Jahres (01.01. bis 31.12.), in dem der Versicherungsfall eingetreten ist.

Bei Rückfragen und im Schadenfall wenden Sie sich bitte an:

Musterversicherung XY
Ceweg 1
56789 Destadt
Tel. 0123-4567-89

2. Sicherungsschein

§9

2) Der Reiseveranstalter darf in Format und Schriftgröße von dem Muster abweichen und auf dem Sicherungsschein die Firma oder ein Kennzeichen des Kundengeldabsicherers und seines Beauftragten abdrucken. Ist der Sicherungsschein befristet, ist darauf in der Reisebestätigung in deutlich hervorgehobener Form hinzuweisen.

3. Gesetzliche Vorgaben für einen Versicherungsschein in Anlehnung an BGB

Frankfurter Tabelle (Auszug)

Art der Leistung	Mängel	Prozent	Bemerkung
Unterkunft	1. Abweichung vom gebuchten Objekt 2. Abweichende örtliche Lage (Strandentfernung)	0–25 5–15	je nach Entfernung
	5. Mängel in der Ausstattung des Zimmers		
	a) zu kleine Fläche	5–10	bei Zusage
	b) fehlender Balkon	5–10	je nach Jahreszeit
	d) fehlendes (eigenes) Bad/WC	15–25	bei Buchung
	l) Ungeziefer	10–50	
	b) Lärm in der Nacht	10–40	
	9. Fehlen der (zugesagten) Kureinrichtungen (Thermalbad, Massagen)	20–40	bei Kuraufenthalt
Verpflegung	1. vollkommener Ausfall	50	
	c) verdorbene (ungenießbare) Speisen	20–30	
Sonstiges	3. Service		
	a) Selbstbedienung (statt Service)	10–15	
Transport	a) niedrigere Klasse	10–15	

8.9 Pfandrecht

§ 704 des Bürgerlichen Gesetzbuches (BGB) besagt, dass der Beherbergungswirt für Wohnung und andere dem Gast gewährten Leistungen ein Pfandrecht an den eingebrachten Sachen des Gastes hat.

Pfandrecht bei freiwilliger Herausgabe
- alle Gegenstände sind geeignet.

Pfandrecht – Selbsthilferecht des Gastwirts
- Der Wirt darf nur bei Personen pfänden (gegen ihren Willen), mit denen ein Beherbergungsvertrag besteht.
- Für alle Forderungen aus Zimmervermietung, Speise- und Getränkeverzehr, Nebenleistungen (Garage- und Kopierkosten) und Auslagen (Telefongebühren, Waschen der Privatwäsche, Taxikosten usw.) sowie Beschädigungen, die der Gast verursacht hat, kann ein Pfand sichergestellt werden.

Pfändbare Sachen
Nur eingebrachte Sachen wie Schmuck und manche Kleidungsgegenstände sind pfändbar.
Nicht eingebracht sind z.B. Sachen, die im Auto des Gastes liegen, oder der Koffer im Schließfach am Flughafen.

Nicht pfändbare Sachen
- Sachen, die dem Gast nicht gehören, z. B. ein geliehener Laptop,
- das Fahrzeug des Gastes,
- die zur Erwerbstätigkeit benötigten Dinge, z. B. Werkzeuge, Taschenrechner, Computer, Musterkoffer,
- persönliche Dinge wie Trauring oder Brille.

Werden unpfändbare Sachen ohne Einwilligung des Gastes gepfändet, so ist der Wirt schadenersatzpflichtig. Der Wert der gepfändeten Sachen muss zu der Höhe der Schuld in angemessenem Verhältnis stehen. Der Wirt ist verpflichtet, die gepfändeten Sachen kostenlos und sorgfältig aufzubewahren, das Pfand gegen Bezahlung der Schuld auszuhändigen, die öffentliche Versteigerung mindestens einen Monat vorher mitzuteilen und den Überschuss aus der Versteigerung (erzielter Betrag abzüglich Schuld und Kosten) dem Gast zu geben.

1. Pfandrecht des Beherbergungswirtes

9 Spezielle Verträge

9.1 Bierlieferungsverträge (Bierbezugsverträge)

Der Bierlieferungsvertrag ist im Gesetz nicht ausdrücklich geregelt. Er enthält Elemente des Kauf-, Miet-, Werk- und Dienstleistungsvertrags. Vom normalen Kaufvertrag unterscheidet er sich durch eine Klausel, die besagt, dass das Bier und oft auch andere Getränke über einen längeren Zeitraum ausschließlich von einer Brauerei zu beziehen sind, weil dies eine Möglichkeit der langfristigen Kreditfinanzierung bei relativ geringen Sicherheitsleistungen darstellt.

Ausnahme:
Der Vertrag muss dem Wirt das Recht einräumen, andere Getränke als Bier von einem Dritten zu beziehen, wenn dieser sie billiger anbietet und die Brauerei auf die günstigeren Bedingungen nicht eingeht.
Bierlieferungsverträge sind nur in schriftlicher Form gültig. Sie werden von vielen gastgewerblichen Betrieben eingegangen.
Vertragsgründe sind meist ein günstiges, langfristiges Darlehen und/oder die Beschaffung der Betriebseinrichtung, auch ohne weitere Sicherheiten. Die Rückzahlung des Kredites erfolgt über einen Zuschlag zum Biereinkaufspreis, z. B. 4,00 € pro Hektoliter.

Beendigung des Vertrages
Der Bierlieferungsvertrag endet nicht mit der Darlehensrückzahlung, sondern erst mit dem Ablauf des vertraglich festgelegten Zeitpunkts.
Eine ordentliche Kündigung ist mit einer Frist von sechs Monaten möglich, wenn die Zinsen mehr als 6 % betragen. Dieses Kündigungsrecht kann nicht durch den Vertrag ausgeschlossen werden.

Unzulässige Wettbewerbsbeschränkung
Für alle Bierlieferungsverträge (auch früher abgeschlossene) gilt seit dem 1. Januar 1989 EU-Recht. Danach sind wettbewerbsbeschränkende Bezugspflichten unzulässig. Nach höchstrichterlicher Rechtsprechung verstößt ein Vertrag nicht gegen die guten Sitten, wenn
- ein angemessenes Verhältnis zwischen Leistung und Gegenleistung besteht,
- die Einzelbedingungen akzeptabel sind,
- der Fremdbezug von ca. 15 % des Bierumsatzes möglich ist.

Die Höchstlaufzeit der Bierlieferungsverträge ist auf zehn Jahre begrenzt (fünf Jahre, wenn auch andere Getränke Vertragsbestandteil sind); Ausnahmen: Verträge, die vor dem 1. Januar 1984 abgeschlossen wurden, oder wenn die Brauerei auch Verpächterin ist.

9.2 Automatenaufstellverträge

Automatenaufstellverträge werden z. B. für Zigaretten-, Spiel-, Musik- oder Schuhputzautomaten abgeschlossen. Sie räumen der Aufstellungsfirma das Recht ein, die Automaten in den Betriebsräumen aufzustellen. Der Wirt erhält dafür meist eine Umsatzbeteiligung.
Die Aufstellung mancher Verkaufsautomaten ist genehmigungspflichtig. Auskunft erteilt die Gemeindeverwaltung. Geldspielautomaten mit Gewinnmöglichkeit bedürfen einer Aufstellungserlaubnis durch die Polizeibehörde.

10 Jugendschutzgesetz

Durch die Einhaltung dieser Bestimmungen sollen Kinder und Jugendliche vor sittlichen und gesundheitlichen Gefahren (durch Alkohol und Nikotin) und vor Verwahrlosung geschützt werden. Zur Feststellung des Alters kann sich der Wirt den Ausweis vorlegen lassen.
Das Jugendschutzgesetz gilt nicht für verheiratete Jugendliche.

Der Wirt ist verpflichtet,
- ein Exemplar des Gesetzestextes in den Gasträumen in deutlich erkennbarer Form auszuhängen und
- für die Einhaltung der Bestimmungen zu sorgen. In Zweifelsfällen muss der Wirt das Alter der Gäste überprüfen. Verstöße gegen das Jugendschutzgesetz können mit hohen Geldbußen geahndet werden.

Der Aufenthalt in Gaststätten ist Kindern und Jugendlichen bis 16 Jahren nur gestattet, wenn sie ein Erziehungsberechtigter begleitet.

Erziehungsberechtigt im Sinne dieses Gesetzes ist
- jede Person, der allein oder mit einer anderen Person nach den Vorschriften des Bürgerlichen Gesetzbuches die Personensorge zusteht (Eltern, Vormund);
- jede sonstige Person über 18 Jahre, soweit sie aufgrund einer Vereinbarung mit dem Personensorgeberechtigten Aufgaben der Personensorge wahrnimmt oder soweit sie das Kind oder den Jugendlichen im Rahmen der Ausbildung betreut (Lehrer und Ausbilder).

Geschützte Altersgruppen ▶	Kinder bis 14 Jahre		Jugendliche ab 14 bis 16 Jahre		Jugendliche ab 16 bis 18 Jahre	
Gefährdungsbereiche ▼	ohne Begleitung eines Erziehungsberechtigten	in Begleitung eines Erziehungsberechtigten	ohne Begleitung eines Erziehungsberechtigten	in Begleitung eines Erziehungsberechtigten	ohne Begleitung eines Erziehungsberechtigten	in Begleitung eines Erziehungsberechtigten
Aufenthalt in Gaststätten (zur Einnahme einer Mahlzeit oder eines Getränkes)	nicht erlaubt	erlaubt	nicht erlaubt	erlaubt	erlaubt bis 24:00	erlaubt
Aufenthalt in Nachtbars und Nachtclubs	nicht erlaubt	nicht erlaubt	nicht erlaubt	nicht erlaubt	nicht erlaubt	nicht erlaubt
Abgabe und Verzehr branntweinhaltiger Getränke oder überwiegend branntweinhaltiger Lebensmittel	nicht erlaubt	nicht erlaubt	nicht erlaubt	nicht erlaubt	nicht erlaubt	nicht erlaubt
Abgabe und Verzehr anderer alkoholischer Getränke z. B. Bier, Wein	nicht erlaubt	nicht erlaubt	nicht erlaubt	in Begleitung eines Personensorgeberechtigten	erlaubt	erlaubt
Anwesenheit bei öffentlichen Tanzveranstaltungen z. B. Disko	nicht erlaubt	erlaubt	nicht erlaubt	erlaubt	erlaubt bis 24:00	erlaubt
Tanzveranstaltungen anerkannter Träger der Jugendhilfe	erlaubt bis 22:00	erlaubt	erlaubt bis 24:00	erlaubt	erlaubt bis 24:00	erlaubt
Besuch öffentlicher Filmveranstaltungen soweit jeweils freigegeben:	erlaubt ab 6 Jahren: bis 20:00	erlaubt	erlaubt bis 22:00	erlaubt	erlaubt bis 24:00	erlaubt
Rauchen in der Öffentlichkeit	nicht erlaubt	nicht erlaubt	nicht erlaubt	nicht erlaubt	nicht erlaubt	nicht erlaubt

Legende: ● (orange) nicht erlaubt; ● (blau) erlaubt; ● (gestreift) in Begleitung eines Personensorgeberechtigten (§ X Abs. X)

1. Bestimmungen des Jugendschutzgesetzes

11 Recht im Personalbereich

11.1 Abmahnung

Wann liegt eine Abmahnung vor?
Eine Abmahnung liegt dann vor, wenn der Arbeitgeber Vertragsverstöße und/oder Pflichtverletzungen des Arbeitnehmers beanstandet und diesen darauf hinweist, dass im Falle der Wiederholung Inhalt und Bestand des Arbeitsverhältnisses gefährdet sind.

Wozu eine Abmahnung?
Die Abmahnung soll gegenüber dem Arbeitnehmer eine Hinweis- und Warnfunktion haben. Hinsichtlich der Hinweisfunktion ist erforderlich, dass das Fehlverhalten des Arbeitnehmers in der Abmahnung deutlich und ausreichend konkretisiert wird und ihm aufgezeigt wird, wie er sich richtig zu verhalten hat.

Form und Frist der Abmahnung
Eine bestimmte Form für die Abmahnung ist nicht vorgeschrieben, sie kann mündlich oder schriftlich erteilt werden. Die Abmahnung ist nicht an eine Frist gebunden. Ist bereits eine längere Zeit seit dem Fehlverhalten verstrichen und konnte der Arbeitnehmer damit rechnen, dass eine Reaktion des Arbeitgebers nicht mehr folgt, ist die Abmahnung unzulässig.

Wer ist zur Abmahnung berechtigt?
Das Bundesarbeitsgericht geht davon aus, dass jeder Mitarbeiter, der aufgrund seiner betrieblichen Stellung dazu befugt ist, gegenüber dem Arbeitnehmer verbindliche Anweisungen bezüglich des Ortes, der Zeit sowie der Art und Weise der vertraglich geschuldeten Arbeitsleistung zu erteilen, auch befugt ist, eine Abmahnung auszusprechen.

Beteiligung des Betriebsrates
Dem Betriebsrat müssen die Abmahnung und die Stellungnahme des Arbeitnehmers mitgeteilt werden.

Wann darf der Arbeitgeber abmahnen?
1. Störungen im Leistungsbereich
Z. B.: Wiederholt unpünktliches Erscheinen am Arbeitsplatz. Unentschuldigtes Fehlen im Anschluss an einen Urlaub.
2. Störungen im Vertrauensbereich
Betrug, Diebstahl, Untreue, Tätlichkeiten und Beleidigungen von Vorgesetzten und Kollegen und andere unerlaubte Handlungen zum Nachteil des Arbeitgebers.

Wirkungsdauer der Abmahnung und Gegenmaßnahmen des Arbeitnehmers
1. Wirkungsdauer einer Abmahnung
Eine bestimmte Frist, nach der eine Abmahnung ihre Wirkung verliert, gibt es nicht. Vielmehr richtet sich dies nach den Umständen des Einzelfalles, wobei auf die Art der Verfehlung und das anschließende Verhalten des Arbeitnehmers abzustellen ist. Das Bundesarbeitsgericht geht z. B. bei geringfügigen Verfehlungen davon aus, dass eine „Löschung" nach zwei Jahren in Betracht kommt.

2. Gegenmaßnahmen des Arbeitnehmers
Der Arbeitnehmer muss unmittelbar auf die Abmahnung reagieren.
a) Ist die Abmahnung unberechtigt oder rechtswidrig, kann der Arbeitnehmer die Entfernung aus der Personalakte verlangen.
b) Der Arbeitnehmer hat zudem ein Recht auf Gegendarstellung, d. h., er kann der Abmahnung in der Personalakte eine Stellungnahme beifügen.

Sehr geehrte Frau Noname,

seit Beginn Ihrer Ausbildungszeit am 01.08.20... sind Sie wiederholt zu spät an Ihrem Arbeitsplatz erschienen. Am 12.04.20... betrug diese Verspätung drei Stunden. Aus diesem Grund erteilen wir Ihnen eine **Abmahnung**. Sie haben damit in grober Weise gegen die sich aus § 3 Nr. 2 des Ausbildungsvertrages ergebende Pflicht verstoßen, pünktlich zur Arbeit zu erscheinen. Wir können dieses wiederholte Fehlverhalten nicht unbeanstandet hinnehmen. Wir fordern Sie hiermit eindringlich auf, künftig Ihren Pflichten aus dem Ausbildungsverhältnis beanstandungsfrei nachzukommen. Sollten sich die geschilderten oder ähnliche Pflichtverletzungen wiederholen, müssen Sie mit der Kündigung Ihres Ausbildungsverhältnisses rechnen.

Mit freundlichen Grüßen

A. Nocare

1. Textbeispiel einer Abmahnung

Sehr geehrter Herr Nocare,

ich gebe folgende Stellungnahme zu der von Ihnen am 14.04.20... ausgesprochenen Abmahnung ab: Die dreistündige Verspätung, auf die sich die Abmahnung bezieht, entstand aus folgendem Grund: Auf dem Weg zur Arbeit entdeckte ich eine am Straßenrand liegende Person. Bis zum Eintreffen des von mir angeforderten Rettungsdienstes (ich bin Sanitäterin beim Malteser Hilfsdienst) leistete ich an Ort und Stelle Erste Hilfe. Danach stand ich der Polizei für eine Zeugenaussage zur Verfügung. Die Bestätigung der Polizei liegt dem Betrieb vor.
Aus diesem triftigen Grund bitte ich die Abmahnung aus meiner Personalakte zu entfernen. Sollte dies nicht geschehen, nehmen Sie diese Stellungnahme zu meiner Personalakte.

Mit freundlichen Grüßen

S. Noname

2. Stellungnahme (Gegendarstellung) der Abgemahnten

Personen-bedingt	Verhaltens-bedingt	Betriebs-bedingt
Beispielsweise	Beispielsweise	Beispielsweise
• (Lange) Krankheit	• Ständige Unpünktlichkeit	• Unaufschiebbare Rationalisierung
• Wiederholte Krankheit	• Arbeitsverweigerung	• Auslagerung von Tätigkeiten (Outsourcing), z. B. der Wäschepflege
• Leistung (mangelnde Einsatzfähigkeit)	• Beleidigungen, Tätlichkeiten	
	• Störungen des Betriebsfriedens	• Mangelnder Umsatz
	• Diebstahl	

1. Gründe einer Kündigung

Aushilfs- und Probearbeitsverhältnis

Ist einzelvertraglich eine Probezeit vereinbart, so verkürzt sich die Kündigungsfrist während dieser Probezeitauf zwei Wochen. Beträgt die Probezeit mehr als sechs Monate, so gilt die verkürzte Kündigungsfrist von zwei Wochen nur in den ersten sechs Monaten. Ein besonderer Kündigungstermin gilt nicht, sodass die Frist jederzeit auslaufen kann.
Beispiel:
Das Arbeitsverhältnis von Herrn Meier begann am 01.02. Die vereinbarte Probezeit beträgt drei Monate, das Ende der Probezeit ist am 30.04. Die Kündigung geht Herrn Meier am 30.04. zum 14.05. zu.
Die Kündigung wäre fristgerecht, da sie ihm noch am letzten Tag der Probezeit zugegangen ist. Aber angenommen, die Kündigung ginge ihm erst am 01.05. zu: In diesem Falle wäre die Probezeit beendet und daher eine Kündigung erst zum 30.06. möglich.

2. Kündigung in der Probezeit

11.2 Kündigung von oder durch Mitarbeiter

Im Kündigungsschutzgesetz (KSchG) werden drei Kündigungsgründe unterschieden:
- verhaltensbedingte,
- personenbedingte,
- betriebsbedingte.

Verhaltens- und personenbedingten Kündigungen muss regelmäßig eine Abmahnung vorausgehen, die eindeutig die Dinge benennt, die der Arbeitgeber beanstandet. Diese Abmahnung muss mit dem Hinweis versehen sein, dass eine Kündigung erfolgt, wenn keine Verhaltensänderung eintritt. Gegen eine ungerechtfertigte Abmahnung können selbstverständlich Rechtsmittel eingelegt werden. Bei einer betriebsbedingten Kündigung muss der Arbeitgeber darlegen, dass der Betrieb aus wirtschaftlichen Gründen verkleinert oder aufgelöst werden muss.

Form:
„Die Beendigung von Arbeitsverhältnissen durch Kündigung oder Auflösungsvertrag sowie die Befristung bedürfen zu ihrer Wirksamkeit der Schriftform." (§ 623 BGB)

Fristen:
Kündigungsfristen richten sich nach der Beschäftigungszeit der Arbeitnehmer; grundsätzlich gilt:
je länger die Beschäftigungszeit, umso länger die Kündigungsfrist.
Ist ein Tarifvertrag Rechtsgrundlage des Arbeitsvertrages, so gelten die im Tarif vereinbarten Kündigungsfristen, ansonsten sind die Kündigungsfristen im § 622 Bürgerliches Gesetzbuch (BGB) festgelegt. Die Fristen gelten sowohl für den Arbeitgeber als auch für den Arbeitnehmer.

Auflösungsvertrag
Mit einem Auflösungsvertrag können Arbeitgeber und Arbeitnehmer die Fristen umgehen. Die Agentur für Arbeit wertet einen Auflösungsvertrag wie eine Eigenkündigung, da der Arbeitnehmer freiwillig auf seine Beschäftigung verzichtet.

Mitbestimmung durch den Betriebsrat
Der Betriebsrat ist vor jeder Kündigung zu hören. Wurde der Betriebsrat nicht beteiligt, ist die Kündigung wirkungslos.

Schutz vor Kündigungen
Das Kündigungsschutzgesetz gilt für alle Mitarbeiter eines Betriebes, der mindestens 10 Beschäftigte hat.
Das Beschäftigungsverhältnis muss mindestens 6 Monate bestanden haben. Es erklärt Kündigungen für rechtsunwirksam, wenn sie sozial ungerechtfertigt sind.
„Sozial ungerechtfertigt ist die Kündigung, wenn sie nicht durch Gründe, die in der Person oder in dem Verhalten des Arbeitnehmers liegen, oder durch dringende betriebliche Erfordernisse, die einer Weiterbeschäftigung des Arbeitnehmers in diesem Betrieb entgegenstehen, bedingt ist."
(§ 1 KSchG)

1. Von welchen Faktoren sind Kündigungsfristen abhängig?
2. Durch welche Maßnahmen können Kündigungsfristen umgangen werden?

11.3 Arbeitszeugnisse

Arbeitnehmer und Auszubildende haben einen Anspruch auf ein Zeugnis. Der Arbeitgeber hat das Zeugnis bei Beendigung des Arbeitsverhältnisses zu erteilen, d. h. ab Zugang der Kündigung beim Arbeitnehmer. Dieser benötigt das Zeugnis oft für eine Bewerbung.
Es gibt zwei Arten:
- **ein einfaches Zeugnis** oder
- **ein qualifiziertes Zeugnis.**

Im einfachen Zeugnis sind Name, Beruf, Art und Dauer der Beschäftigung, Befugnisse und Fortbildungen anzugeben. Die Tätigkeiten des Arbeitnehmers sind so umfassend zu beschreiben, dass sich der künftige Arbeitgeber ein klares Bild machen kann.
Im qualifizierten Zeugnis werden zusätzlich das Verhalten und die Leistung bewertet. Hier muss der Arbeitgeber eine wahrheitsgemäße, sachliche und nachprüfbare Gesamtbewertung der Leistungen erstellen.
Dies betrifft unter anderem sein Verhalten gegenüber Vorgesetzten, Kollegen und Dritten.
Ob der Arbeitnehmer im ungekündigten Arbeitsverhältnis einen Anspruch auf Erteilung eines Zwischenzeugnisses hat, ist abschließend noch nicht gesetzlich geregelt. Hier muss ein berechtigtes Interesse des Arbeitnehmers vorliegen.
Ein berechtigtes Interesse des Arbeitnehmers für ein Zwischenzeugnis liegt z. B. vor, wenn
- der Arbeitgeber/Arbeitnehmer einen Stellenwechsel plant,
- eine Versetzung des Arbeitnehmers ansteht,
- der Betrieb verkauft wird oder der Inhaber wechselt,
- eine längere Unterbrechung des Arbeitsverhältnisses ansteht (Elternzeit, Freiwilliges soziales Jahr, Freiwilliger bei der Bundeswehr).

Möglicher Aufbau eines qualifizierten Zeugnis

1. Ein Maschinenbeschriebener Briefbogen/-papier der Firma mit Adressdaten des Arbeitgebers
2. Titel bzw. Überschrift (Zeugnis/Ausbildungszeugnis/Zwischenzeugnis)
3. Einleitung, Personalien des Arbeitnehmers
4. Beschäftigungsdauer inkl. Beschreibung von z. B. Positionen, Tätigkeitsbeschreibung, Aufgabenschwerpunkte
5. Leistungsbeurteilung inkl. Beschreibung von z. B. Leistungsbereitschaft, Arbeitsbefähigung, Arbeitsweise, Arbeitsergebnisse, Fachkenntnisse, ggf. Fortbildungsmaßnahmen
6. Zusammenfassende Gesamtleistungsbewertung
7. Dienstliche Führung z. B. Verhalten gegenüber Vorgesetzten, Mitarbeitern, Kunden
8. Schlussklauseln, Dankes- und Bedauernsformeln, Zukunftswünsche (auf Wunsch des Arbeitnehmers zu entfernen)
9. Ort, Ausstellungsdatum, Unterschrift des Ausstellers

12 Datenschutz

Durch den **Datenschutz** sollen personenbezogene Daten sowie Geschäfts-, Berufs- und Amtsgeheimnisse geschützt werden. Dazu gehören beispielsweise Name, Privat- und Geschäftsadresse, Geburtsdatum, Telefon- und Zimmernummer. Dies gebietet nicht nur die Diskretion, die jeder Gast vom Gastgeber erwartet, sondern auch das Gesetz. Der Umgang mit Daten, die bei der Bewirtung und Beherbergung anfallen, muss den geltenden Datenschutzgesetzen entsprechen,

Der Betroffene (Gast) hat folgende Rechte:	Pflichten für den Nutzer und Anwender von personenbezogenen Daten:
1. Einwilligungs- und Benachrichtigungsrecht: Er muss über die Verarbeitung und Speicherung der Daten informiert werden und einverstanden sein. 2. Auskunftsrecht: Er kann Auskunft über Herkunft, Art und Verwendung gespeicherter Daten verlangen. 3. Berichtigungsrecht: Daten sind zu berichtigen oder zu löschen, wenn sie unrichtig sind. 4. Recht auf Löschung: Daten sind zu löschen, wenn die Speicherung unzulässig oder nicht mehr notwendig ist. 5. Recht auf Sperrung: Der Betroffene kann Daten sperren lassen, wenn sie unrichtig sind oder die Richtigkeit vom Betroffenen bestritten wird.	1. Eingabekontrolle: Es muss überprüft werden, wann und von wem personenbezogene Daten eingegeben wurden. 2. Auftragskontrolle: Daten dürfen nur so verwendet werden, wie es vom Auftraggeber vorgegeben wurden. 3. Zugangs- und Benutzerkontrolle: Der Zugang und die Nutzung des Datenverarbeitungssystem für Unbefugte sind zu verhindern. 4. Speicherkontrolle: Unbefugte Eingabe, Veränderung oder Löschung sind zu verhindern. 5. Transport-, Übermittlungskontrolle: Beim Übermitteln und transportieren müssen Daten und Datenträger vor dem Lesen, Verändern und Löschen gesichert werden. 6. Organisationskontrolle: Die Organisation des Betriebs muss gewährleisten, dass alle Datenschutzbestimmungen eingehalten werden können.

13 Nichtraucherschutzgesetz

Bundesnichtraucherschutzgesetz:
Das Bundesnichtraucherschutzgesetz (BNichtr-SchG) soll nicht rauchende Personen vor den durch passives Rauchen bedingten gesundheitlichen Beeinträchtigungen schützen. Besonderer Schutz ist Kindern, Jugendlichen, Schwangeren und chronisch kranken Menschen zu gewähren. Des Weiteren wird die Altersgrenze für den Verkauf von Tabak von 16 auf 18 Jahre erhöht. Minderjährigen ist das Rauchen in der Öffentlichkeit von nun an ganz untersagt (→ 171). Auf das Rauchverbot muss in geeigneter Weise hingewiesen werden. Die Einrichtung der Raucherbereiche und die Erfüllung der Hinweispflicht obliegen dem Inhaber des Hausrechtes oder dem Betreiber des Verkehrsmittels.
Bei Verstößen gegen die neuen Regelungen drohen Bußgelder.

Folgende Einrichtungen werden vom Gesetz erfasst:
- Einrichtungen des Bundes sowie der Verfassungsorgane des Bundes,
- Verkehrsmittel des öffentlichen Personenverkehrs,
- Personenbahnhöfe der öffentlichen Eisenbahnen,
- Flughäfen und Luftfahrzeuge, die entgeltlich Personen befördern,
- Fahrgastschiffe, die Fahrgäste im Linienverkehr befördern.

Länderweite Nichtraucherschutzregeln
Nichtraucherschutzgesetze für Gaststätten, Länderbehörden, Kultur- und Sporteinrichtungen fallen allerdings in die Gesetzgebungskompetenz der einzelnen Bundesländer. Hier ist eine Vielzahl von Regelungen in den einzelnen Bundesländern zu beachten.

14 Projektorientierte Aufgabe

Thema: Rechtsvorschriften zur Eröffnung und zum Führen eines Betriebes

Als ausgebildete Hotel- und Restaurantfachfrau möchten Sie sich mit Ihrem Mann (Küchenmeister) selbstständig machen und finden nach längerem Suchen in einer Fachzeitschrift ein Objekt, das Ihren Vorstellungen entspricht.

Topangebot für Existenzgründer

Brauereifreies, gut eingeführtes Stadthotel***, 22 Doppel- und 4 Einzelzimmer, Restaurant mit 70 Sitzplätzen sowie zwei Nebenräumen und eine Küche sowie entsprechende Kühl- und Lagerräume, die vor einem Jahr auf den neuesten Stand der Technik gebracht worden sind; sechs Einzelgaragen und ausreichende, zum Haus gehörende Parkmöglichkeiten.
Komplett mit Inventar und Warenbestand zum Februar 20.. aus Altersgründen zu verpachten oder zu verkaufen.
Kaufpreis VB 620.000,00 €

Aufgabe:
Erstellen Sie eine Übersicht, welche Rechtsvorschriften für die Existenzgründung und bei der Führung des Betriebes zu beachten sind.

Wissen Sie Bescheid?

1. Beschreiben Sie die Rechtsform von GbR und GmbH sowie deren Haftungsregeln.
2. Begründen Sie, weshalb nur persönlich zuverlässige Antragsteller eine Konzession erhalten.
3. Erläutern Sie den Begriff „Unterrichtungsnachweis".
4. Nennen Sie fünf Betriebe, für die keine Konzession erforderlich ist.
5. Erklären Sie einem Gast die Sperrzeitenregelungen und welche Folgen es für ihn hat, wenn er sich nicht daran hält.
6. Wie und wo muss der Gast über Zusatzstoffe informiert werden?
7. Nennen Sie drei Hauptpunkte aus dem Lebensmittel- und Futtermittelgesetzbuch.
8. Wie lange darf ein Kind unter 14 Jahren abends an einer öffentlichen Tanzveranstaltung in Begleitung eines Erziehungsberechtigten teilnehmen?
9. Zählen Sie vier Verträge im Gastgewerbe auf und erläutern Sie diese.

Rezepturen/ Arbeitsgänge sind rot gedruckt

AMA Agrarmarkt Austria Marketing GesmbH, A-Wien: S. 116_1, 116_3, 116_5

Angelika Brauner, Hohenpeißenberg/Bildungsverlag EINS GmbH, Köln: S. 42_1, 42_2, 43_1+2, 44_1+2, 45_1+2, 46_1+2, 47_1+2, 48_1+2, 49_1+2, 50, 51_1+2, 52_1+2, 53_1+2, 54_1+2, 55_1+2, 56_1+2, 57_1+2, 58_1, 59_2, 60_1+2, 61_1+2, 62_1+2, 63_1, 64_1+2, 65_1+2, 66_1+2, 68_1

BANKETTprofi GmbH, Speyer: S. 148_1-3, 149_1-3, 150_1+2, 151_1+2, 152_1

Bildungsverlag EINS GmbH, Köln/Erik Schnauder, Karlsruhe: S. 24, 72_2, 74_1, 76_1, 77_2, 93_1-6, 94_1-8, 97_5+6, 99_1-8, 103_1-3, 104_1, 105_2+3, 106_1, 107_1, 108_2, 117_2, 142_3+4

Bildungsverlag EINS GmbH, Köln/lindemannPhotography, Köln: S. 73_1-3, 144_2-6

Bildungsverlag EINS GmbH, Köln/Werner Fürst, Calw: S. 6_1, 6_2, 22, 72_1, 84, 89, 90, 95_1-8, 96_1-8, 98_1-6, 100_1-6, 101_1-8, 102_1, 104_2, 107_3, 108_1, 109_1+2, 110_1+2, 111_1+2, 112_1+2, 113_1+2, 114_1, 115_1, 123_1, 142_1, 143_1, 144_1, 145_1

Bildungsverlag EINS GmbH, Köln/Werner Fürst, Calw/Erik Schnauder, Karlsruhe/Konrad Schuler, Freudenstadt: S. 28, 92_2, 97_1-4+7+8, 107_2, 142_5, 143_2

Fotolia Deutschland GmbH, Berlin: Cover, S. 4, 9_1 (Kadmy); 5, 41_1 (Minerva Studio); 23 (Igor Mojzes); 40_1, 41_2, 88_1, 120_1, 121_1 (Seite23); 40_2 , 41_6 (createur); 40_3, 41_4, 88_3, 120_3, 121_3 (KeepCoolBaby); 41_3 (md3d); 41_5 (white); 75_1 (bakerjim); 81 (Norman Kutz); 82 (Sergey); 88_2 (createur); 104_3 (sumners-graphicsinc); 114_2 (Lilyana Vynogradova); 116_2 (Himmelssturm); 116_4 (Bert Folsom); 116_6 (TwilightArtPictures); 117_1 (Lucky Dragon); 132_1 (Renaters); 132_2, 132_3 (massimo_g); 133_2 (zdenka1967); 133_3 (Smolyar Zhanna); 134_1 (tournee); 134_2 (Olga Shelego); 134_3 (Wilm Ihlenfeld); 136_1 (weseetheworld); 169_1 (Cobalt); 120_2 (createur); 121_2 (createur); 133_1 (Erica Guilane-Nachez); 134_4 (Elena Schweitzer)

Getty Images: S. 9_2 (DreamPictures)

HA AG/ramada.de: S. 9_3

iStockphoto: S. 106_2 (TeresaKasprzycka), 135_1 (clu), 135_2 (www.pressebuero.de/Peter Jobst)

Mev Verlag, Augsburg: S. 9_4

PosBill GmbH, Kehlbach: S. 118

Riedel Tiroler Glashütte GmbH, Kufstein, Österreich: S. 77_1

ullstein bild: S. 136_2 (Westend61/Dieter Heinemann)